Utilize este código QR para se cadastrar de forma mais rápida:

Ou, se preferir, entre em:
www.moderna.com.br/ac/livroportal
e siga as instruções para ter acesso aos conteúdos exclusivos do
Portal e Livro Digital

CÓDIGO DE ACESSO:
A 00232 ARPMATE5E 7 00727

Faça apenas um cadastro. Ele será válido para:

Da semente ao livro, sustentabilidade por todo o caminho

Plantar florestas
A madeira que serve de matéria-prima para nosso papel vem de plantio renovável, ou seja, não é fruto de desmatamento. Essa prática gera milhares de empregos para agricultores e ajuda a recuperar áreas ambientais degradadas.

Fabricar papel e imprimir livros
Toda a cadeia produtiva do papel, desde a produção de celulose até a encadernação do livro, é certificada, cumprindo padrões internacionais de processamento sustentável e boas práticas ambientais.

Criar conteúdos
Os profissionais envolvidos na elaboração de nossas soluções educacionais buscam uma educação para a vida pautada por curadoria editorial, diversidade de olhares e responsabilidade socioambiental.

Construir projetos de vida
Oferecer uma solução educacional Moderna é um ato de comprometimento com o futuro das novas gerações, possibilitando uma relação de parceria entre escolas e famílias na missão de educar!

Apoio: www.twosides.org.br

Fotografe o Código QR e conheça melhor esse caminho.
Saiba mais em *moderna.com.br/sustentavel*

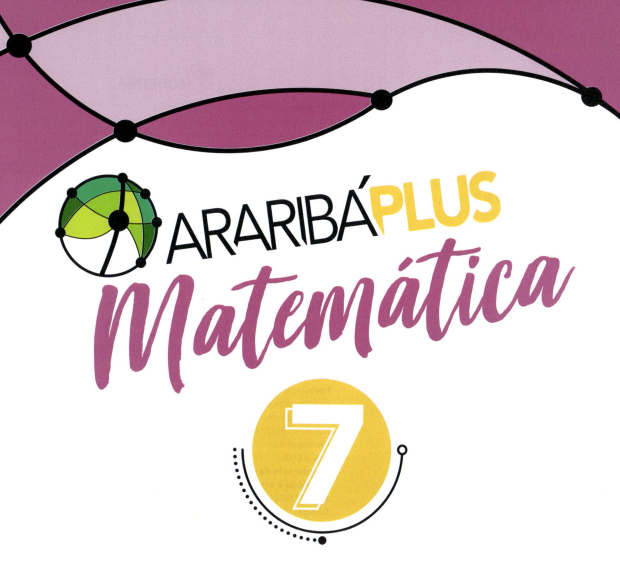

ARARIBÁ PLUS Matemática 7

Organizadora: Editora Moderna
Obra coletiva concebida, desenvolvida e produzida pela Editora Moderna.

Editores responsáveis:
Mara Regina Garcia Gay
Willian Raphael Silva

5ª edição

© Editora Moderna, 2024

Elaboração dos originais:

Mara Regina Garcia Gay
Bacharel e licenciada em Matemática pela Pontifícia Universidade Católica de São Paulo.

Willian Raphael Silva
Licenciado em Matemática pela Universidade de São Paulo.

Everton José Luciano
Licenciado em Matemática pela Faculdade de Filosofia, Ciências e Letras do Centro Universitário Fundação Santo André.

Fabio Martins de Leonardo
Licenciado em Matemática pela Universidade de São Paulo.

Juliana Ikeda
Licenciada em Matemática pela Universidade de São Paulo.

Maria José Guimarães de Souza
Mestra em Ciências pelo Insitituto de Matemática e Estatística da Universidade de São Paulo.

Mateus Coqueiro Daniel de Souza
Mestre em Ciências pelo Instituto de Matemática e Estatística da Universidade de São Paulo.

Romenig da Silva Ribeiro
Mestre em Ciências pelo Instituto de Matemática e Estatística da Universidade de São Paulo.

Cintia Alessandra Valle Burkert Machado
Mestre em Educação, na área de Didática, pela Universidade de São Paulo.

Dario Martins de Oliveira
Licenciado em Matemática pela Universidade de São Paulo.

Juliane Matsubara Barroso
Bacharel e licenciada em Matemática pela Pontifícia Universidade Católica de São Paulo.

Luciana de Oliveira Gerzoschkowitz Moura
Mestre em Educação pela Universidade de São Paulo.

Maria Cecília da Silva Veridiano
Licenciada em Matemática pela Universidade de São Paulo. Editora.

Maria Solange da Silva
Doutoranda em Didática da Matemática pelo Instituto de Educação da Universidade de Lisboa. Mestra em Educação Matemática pela Universidade Santa Úrsula.

Rosangela de Souza Jorge Ando
Mestra em Educação Matemática pela Universidade Bandeirante de São Paulo.

Selene Coletti
Licenciada em Pedagogia pela Faculdade de Filosofia, Ciências e Letras "Prof. José Augusto Vieira" da Fundação Educacional de Machado.

Imagem de capa
Dispositivo móvel usando a tecnologia de realidade aumentada para obter informações sobre um produto em supermercado.

Coordenação editorial: Mara Regina Garcia Gay
Edição de texto: Everton José Luciano, Juliana Ikeda, Mateus Coqueiro Daniel de Souza
Assistência editorial: Marcos Gasparetto de Oliveira, Paulo Cesar Rodrigues, Jéssica Rocha Batista
Gerência de *design* e produção gráfica: Sandra Botelho de Carvalho Homma
Coordenação de produção: Everson de Paula, Patricia Costa
Suporte administrativo editorial: Maria de Lourdes Rodrigues
Coordenação de *design* e projetos visuais: Marta Cerqueira Leite
Projeto gráfico e capa: Daniel Messias, Otávio dos Santos
Pesquisa iconográfica para capa: Daniel Messias, Otávio dos Santos, Bruno Tonel
Fotos: Zapp2Photo/Shutterstock, Pammy Studio/Shutterstock, MillerStock/Shutterstock
Coordenação de arte: Carolina de Oliveira
Edição de arte: Adriana Santana, Daiane Alves Ramos
Editoração eletrônica: Grapho Editoração
Edição de infografia: Luiz Iria, Priscilla Boffo, Giselle Hirata
Coordenação de revisão: Maristela S. Carrasco
Revisão: Beatriz Rocha, Cárita Negromonte, Renato da Rocha, Rita de Cássia Sam, Simone Garcia, Vânia Bruno, Viviane Oshima
Coordenação de pesquisa iconográfica: Luciano Baneza Gabarron
Pesquisa iconográfica: Carol Bock
Coordenação de *bureau*: Rubens M. Rodrigues
Tratamento de imagens: Fernando Bertolo, Joel Aparecido, Luiz Carlos Costa, Marina M. Buzzinaro
Pré-impressão: Alexandre Petreca, Everton L. de Oliveira, Marcio H. Kamoto, Vitória Sousa
Coordenação de produção industrial: Wendell Monteiro
Impressão e acabamento: Gráfica Star7
Lote: 797658
Código: 12112653

Dados Internacionais de Catalogação na Publicação (CIP)
(Câmara Brasileira do Livro, SP, Brasil)

Araribá Plus : matemática / organizadora Editora Moderna ; obra coletiva concebida, desenvolvida e produzida pela Editora Moderna ; editores responsáveis Mara Regina Garcia Gay, Willian Raphael Silva. – 5. ed. – São Paulo : Moderna, 2018.

Obra em 4 v. para alunos do 6º ao 9º ano.
Bibliografia

1. Matemática (Ensino fundamental) I. Gay, Mara Regina Garcia. II. Silva, Willian Raphael.

18-16900   CDD-372.7

Índices para catálogo sistemático:

1. Matemática : Ensino fundamental   372.7

Maria Alice Ferreira – Bibliotecária – CRB – 8 / 7964

ISBN 978-85-16-11265-3 (LA)
ISBN 978-85-16-11266-0 (LP)

Reprodução proibida. Art. 184 do Código Penal e Lei 9.610 de 19 de fevereiro de 1998.
Todos os direitos reservados
EDITORA MODERNA LTDA.
Rua Padre Adelino, 758 – Belenzinho
São Paulo – SP – Brasil – CEP 03303-904
Vendas e Atendimento: Tel. (0_ _11) 2602-5510
Fax (0_ _11) 2790-1501
www.moderna.com.br
2024
Impresso no Brasil

1 3 5 7 9 10 8 6 4 2

APRESENTAÇÃO

A Matemática está presente em tudo o que nos rodeia: na regularidade das folhas de uma planta, nas asas de uma borboleta, nas pinturas de grandes mestres, no céu repleto de estrelas, no piscar de luzes de um semáforo, nas mensagens recebidas de um amigo por *e-mail* ou pelo celular, nos *tablets* e computadores, nos jogos e aplicativos, e em tudo o mais que se possa imaginar. Ela é fundamental na compreensão das coisas, desde as mais simples até as mais complexas, como a infinidade de tecnologias da atualidade.

Aprender com o **Araribá Plus Matemática** é estudar de forma agradável e dinâmica os conteúdos dessa disciplina e adquirir habilidades para aplicá-los em seu dia a dia. Você vai descobrir que estudar números, ângulos, figuras, medidas, equações e outros assuntos abordados pela Matemática amplia seu universo de conhecimento e sua visão de mundo.

Para ajudar nesse aprendizado, nesta nova edição do **Araribá Plus Matemática** incluímos várias novidades, como as seções: *Informática e Matemática*, *Compare estratégias*, *Organizar o conhecimento*, *Testes* e *Atitudes para a vida*. Esperamos que ao buscar o conhecimento você se torne um agente transformador da sociedade em que vive.

Um ótimo estudo!

ATITUDES PARA A VIDA

11 ATITUDES MUITO ÚTEIS PARA O SEU DIA A DIA!

As Atitudes para a vida *trabalham competências socioemocionais e nos ajudam a resolver situações e desafios em todas as áreas, inclusive no estudo de Matemática.*

1. Persistir

Se a primeira tentativa para encontrar a resposta não der certo, **não desista**, busque outra estratégia para resolver a questão.

2. Controlar a impulsividade

Pense antes de agir. Reflita sobre os caminhos que pode escolher para resolver uma situação.

3. Escutar os outros com atenção e empatia

Dar atenção e escutar os outros são ações importantes para se relacionar bem com as pessoas.

4. Pensar com flexibilidade

Considere diferentes possibilidades para chegar à solução. Use os recursos disponíveis e dê asas à imaginação!

5. Esforçar-se por exatidão e precisão

Confira os dados do seu trabalho. Informação incorreta ou apresentação desleixada podem prejudicar a sua credibilidade e comprometer todo o seu esforço.

6. Questionar e levantar problemas

Fazer as perguntas certas pode ser determinante para esclarecer suas dúvidas. Esteja alerta: indague, questione e levante problemas que possam ajudá-lo a compreender melhor o que está ao seu redor.

7. Aplicar conhecimentos prévios a novas situações

Use o que você já sabe!
O que você já aprendeu pode ajudá-lo a entender o novo e a resolver até os maiores desafios.

8. Pensar e comunicar-se com clareza

Organize suas ideias e comunique-se com clareza.
Quanto mais claro você for, mais fácil será estruturar um plano de ação para realizar seus trabalhos.

9. Imaginar, criar e inovar

Desenvolva a criatividade conhecendo outros pontos de vista, imaginando-se em outros papéis, melhorando continuamente suas criações.

10. Assumir riscos com responsabilidade

Explore suas capacidades!
Estudar é uma aventura, não tenha medo de ousar. Busque informação sobre os resultados possíveis, e você se sentirá mais seguro para arriscar um palpite.

11. Pensar de maneira interdependente

Trabalhe em grupo, colabore. Juntando ideias e força com seus colegas, vocês podem criar e executar projetos que ninguém poderia fazer sozinho.

No Portal *Araribá Plus* e ao final do seu livro, você poderá saber mais sobre as *Atitudes para a vida*. Veja <www.moderna.com.br/araribaplus> em **Competências socioemocionais**.

CONHEÇA O SEU LIVRO

A ORGANIZAÇÃO DO LIVRO

Os conteúdos deste livro estão distribuídos em **12 unidades** organizadas em **4 partes**.

ABERTURA DE PARTE
Cada **abertura** de parte apresenta um elemento motivador, que pode ser a tela de um jogo, de um vídeo ou de outro recurso que há no **livro digital**.

Questões sobre o tema da abertura são propostas com a finalidade de identificar e mobilizar o que você já conhece sobre o que será estudado nas unidades dessa Parte.

APRESENTAÇÃO DOS CONTEÚDOS
O **conteúdo** é apresentado de forma clara e organizada.

ATIVIDADES
Após a apresentação dos conteúdos, vêm as **Atividades** agrupadas em dois blocos: **Vamos praticar** e **Vamos aplicar**.

ATIVIDADES COMPLEMENTARES
São atividades apresentadas no final de cada unidade com o propósito de ajudá-lo a fixar os conteúdos estudados.

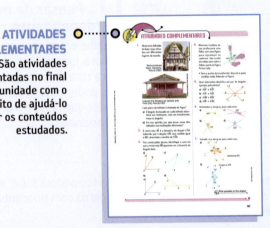

ATIVIDADES RESOLVIDAS
Nas seções **Atividades**, podem aparecer destacadas algumas **atividades resolvidas**, que mostram o passo a passo da resolução, além de comentários que enriquecem seu aprendizado.

COMPREENDER UM TEXTO
Esta seção tem o objetivo de desenvolver a competência leitora por meio da análise de diversos tipos de texto.

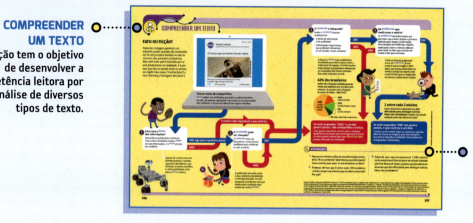

Questões especialmente desenvolvidas orientam a interpretação e a análise do texto e exploram o conteúdo matemático apresentado.

ESTATÍSTICA E PROBABILIDADE
Esta seção tem o objetivo de desenvolver a interpretação, a comparação e a análise de diversas formas de apresentação de dados. Aborda também temas relacionados ao cálculo de probabilidade.

INFORMÁTICA E MATEMÁTICA
Esta seção trabalha conteúdos de matemática por meio de tecnologias digitais, como *softwares* de Geometria Dinâmica, planilhas eletrônicas etc.

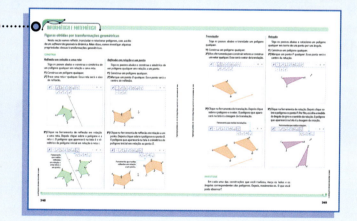

COMPARE ESTRATÉGIAS
Esta seção visa auxiliar a superar eventuais concepções equivocadas no que diz respeito a alguns conceitos ou procedimentos da Matemática.

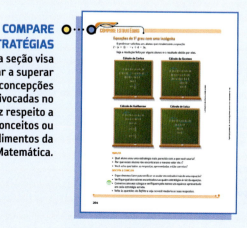

EDUCAÇÃO FINANCEIRA
Esta seção apresenta atividades que o farão refletir sobre atitudes responsáveis e conscientes no planejamento e no uso de recursos financeiros em seu dia a dia.

TESTES
Esta seção contém diversas questões do Enem, Saresp e de diversos vestibulares.

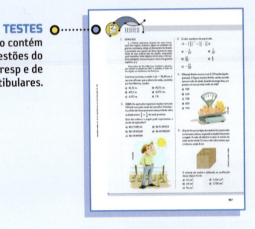

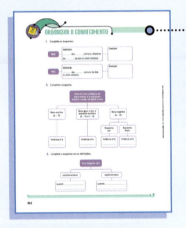

ORGANIZAR O CONHECIMENTO
Esta seção contém organizadores gráficos que ajudam a fixar alguns conteúdos estudados na Parte.

ATITUDES PARA A VIDA
Esta seção retoma as atitudes para a vida trabalhadas em cada Parte e promove uma reflexão sobre elas e como estão presentes no dia a dia.

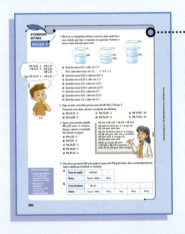

ATIVIDADES EXTRAS
Esta seção traz uma série de atividades com o objetivo principal de desenvolver as habilidades de cálculo mental.

ÍCONES DA COLEÇÃO

 Educação financeira
 Cultura indígena e africana
 Formação cidadã
 Meio ambiente
 Saúde
 Atitudes para a vida

 Elaboração de problemas
 Desafio
Pensamento computacional
 Cálculo Mental
Calculadora
 Atividade em dupla ou em grupo

 Glossário
 Indica que existem jogos, vídeos, atividades ou outros recursos no **livro digital** ou no **portal** da coleção.

8

CONTEÚDO DOS MATERIAIS DIGITAIS

O *Projeto Araribá Plus* apresenta um Portal exclusivo, com ferramentas diferenciadas e motivadoras para o seu estudo. Tudo integrado com o livro para tornar a experiência de aprendizagem mais intensa e significativa.

Portal Araribá Plus – Matemática
- Conteúdos
  - OEDs
- Competências socioemocionais – **11 Atitudes para a vida**
  - Atividades
  - Caderno **11 Atitudes para a vida**
- Guia virtual de estudos
- Livro digital
- Obras complementares
- Programas de leitura

Livro digital com tecnologia *HTML5* para garantir melhor usabilidade e ferramentas que possibilitam buscar termos, destacar trechos e fazer anotações para posterior consulta. O livro digital é enriquecido com objetos educacionais digitais (OEDs) integrados aos conteúdos. Você pode acessá-lo de diversas maneiras: no *smartphone*, no *tablet* (Android e iOS), no *desktop* e *on-line* no *site*:

http://mod.lk/livdig

CONTEÚDO DOS MATERIAIS DIGITAIS

ARARIBÁ PLUS APP

Aplicativo exclusivo para você com recursos educacionais na palma da mão!

Objetos educacionais digitais diretamente no seu *smartphone* para uso *on-line* e *off-line*.

Acesso rápido por meio do leitor de código *QR*.
http://mod.lk/app

Stryx, um guia virtual criado especialmente para você! Ele ajudará a entender temas importantes e achar videoaulas e outros conteúdos confiáveis, alinhados com o seu livro.

Eu sou o **Stryx** e serei seu guia virtual por trilhas de conhecimentos de um jeito muito legal de estudar!

LISTA DOS OEDS DO 7º ANO

PARTE	UNIDADE	TÍTULO DO OBJETO DIGITAL
1	1	Qual é a chance?
1	1	Equipamentos de mergulho
1	1	Betamemória
1	2	Climas do mundo
1	2	Calculadora quebrada
1	2	*Calculus*
1	3	Postura para sentar-se em frente ao computador
1	3	Ângulos
2	4	Uma conversa sobre números racionais
2	4	Deltamemória
2	6	Linha do tempo da álgebra
3	7	Balança com sólidos 1
3	7	Balança com sólidos 2
4	10	Polígonos equidecomponíveis
4	11	Razão

http://mod.lk/app

SUMÁRIO

PARTE 1 18

UNIDADE 1   MÚLTIPLOS E DIVISORES 20

1. Divisibilidade 20
   Múltiplos e divisores de um número natural, 21; Critérios de divisibilidade, 21
2. Decomposição em fatores primos 25
3. Máximo divisor comum (mdc) 26
4. Mínimo múltiplo comum (mmc) 27
- Compare estratégias – mmc e mdc 28
- Estatística e Probabilidade – Estimativa da probabilidade 31
- Atividades complementares 34

UNIDADE 2   NÚMEROS INTEIROS 35

1. Números positivos e números negativos 35
   Um pouco de história, 37
2. Números inteiros 38
3. Módulo, ou valor absoluto, de um número inteiro 42
   Números opostos ou simétricos, 42
4. Adição com números inteiros 45
   Propriedades da adição, 48
5. Subtração com números inteiros 50
6. Adição algébrica 52
7. Multiplicação com números inteiros 54
   Propriedades da multiplicação, 57
8. Divisão exata com números inteiros 60
   Expressões numéricas, 61
- Compare estratégias – Módulo de uma adição algébrica 63
9. Potenciação em que a base é um número inteiro 64
   Algumas propriedades da potenciação, 65; Expressões numéricas, 66
10. Raiz quadrada exata de um número inteiro 68
- Estatística e Probabilidade – Construção de gráficos de barras com números inteiros 71
- Atividades complementares 74

UNIDADE 3   ÂNGULOS 77

1. Ângulos e suas medidas 77
   Conceito de ângulo, 78; Medida de um ângulo, 78
2. Ângulos consecutivos e ângulos adjacentes 81
3. Ângulos complementares e ângulos suplementares 82
4. Bissetriz de um ângulo 85
5. Ângulos opostos pelo vértice 87

SUMÁRIO

- Informática e Matemática 88
- 6. Ângulos formados por duas retas paralelas cortadas por uma transversal 92
- Informática e Matemática 93
- Estatística e Probabilidade – Leitura e interpretação de gráficos de barras 95
- Atividades complementares 97
- Compreender um texto – Os fusos horários 98
- Educação financeira – Mas dá pra pagar no cartão... 100
- Organizar o conhecimento 102
- Testes 103
- Atitudes para a vida 105

PARTE 2 106

UNIDADE 4 NÚMEROS RACIONAIS 108

1. Números racionais 108
   Conjunto dos números racionais, 109; Representação dos números racionais na reta numérica, 110; Módulo ou valor absoluto de um número racional, 112; Comparação de números racionais, 112

- Compare estratégias – Números racionais 113

2. Adição e subtração com números racionais 115
3. Adição algébrica 118
4. Multiplicação com números racionais 119
5. Divisão com números racionais 123
6. Potenciação de números racionais 126
   Potenciação com número racional na base e número inteiro não negativo no expoente, 126; Potenciação com número racional na base e número inteiro negativo no expoente, 127; Propriedades, 128

7. Raiz quadrada 131
8. Expressões numéricas 132

- Estatística e Probabilidade – Construção de pictogramas 134
- Atividades complementares 136

UNIDADE 5 GRANDEZAS E MEDIDAS 139

1. Unidades de medida 139
2. Unidades de medida de comprimento 140
   Múltiplos e submúltiplos do metro, 141; Transformações das unidades de medida de comprimentos, 142

3. Unidades de medida de tempo 144
4. Unidades de medida de massa 146
   Transformações das unidades de medida de massa, 147

5. Unidades de medida de volume 149
   Transformações das unidades de volume, 150

6. Unidades de medida de capacidade 152
   Transformações das unidades de medida de capacidade, 153

7. Investigando medidas 155

- Estatística e Probabilidade – Leitura e interpretação de pictogramas 157
- Atividades complementares 160

UNIDADE 6 CÁLCULO ALGÉBRICO — 161

1. **Expressões algébricas** 161
   Situação que envolve uma expressão algébrica, 161; Uso de expressões algébricas, 162

2. **Valor numérico de expressões algébricas** 164

3. **Calculando com letras** 166
   Resolvendo problemas com o uso de letras, 167

4. **Sequências numéricas** 168
   Representando os termos de sequências numéricas por meio de expressões algébricas, 169; Sequências numéricas recursivas, 171

- **Informática e Matemática** 173
- **Estatística e Probabilidade** – Cálculo da média aritmética e da média aritmética ponderada 176
- **Atividades complementares** 180
- **Compreender um texto** – A "matemágica" da caixa de fósforos 182
- **Educação financeira** – Para onde foi meu dinheiro? 184
- **Organizar o conhecimento** 186
- **Testes** 187
- **Atitudes para a vida** 189

PARTE 3 — 190

UNIDADE 7 EQUAÇÕES E INEQUAÇÕES DO 1º GRAU — 192

1. **Igualdade** 192

2. **Equação** 193
   Raiz de uma equação, 194; Conjunto universo e conjunto solução de uma equação, 195

3. **Equações equivalentes** 199

4. **Equação do 1º grau com uma incógnita** 202

- **Compare estratégias** – Equações do 1º grau com uma incógnita 204

5. **Equações e resolução de problemas** 205

6. **Desigualdade** 211
   Princípios de equivalência das desigualdades, 211

7. **Inequação do 1º grau com uma incógnita** 215

- **Compare estratégias** – Inequações do 1º grau com uma incógnita 217
- **Estatística e Probabilidade** – Média aritmética e amplitude 220
- **Atividades complementares** 222

UNIDADE 8 POLÍGONOS, CIRCUNFERÊNCIA E CÍRCULO — 225

1. **Polígonos e seus elementos** 225
   Polígono convexo e polígono não convexo, 226; Elementos de um polígono, 226; Nome dos polígonos, 227; Polígonos regulares, 228

- **Informática e Matemática** 228

2. **Circunferência e círculo** 231
   Raio e diâmetro de uma circunferência, 232; Comprimento de uma circunferência, 232; Círculo, 233

- **Estatística e Probabilidade** – Construção de gráficos de setores 235
- **Atividades complementares** 238

SUMÁRIO

UNIDADE 9 — TRIÂNGULOS E QUADRILÁTEROS — 240

1. Triângulos — 240
   Elementos de um triângulo, 241
2. Construção de triângulos com régua e compasso — 241
3. Condição de existência de um triângulo — 242
4. Soma das medidas dos ângulos internos de um triângulo — 243
5. Classificação dos triângulos — 245
   Classificação dos triângulos quanto às medidas dos lados, 245; Classificação dos triângulos quanto às medidas dos ângulos, 245
6. Relação de desigualdade entre lados e ângulos de um triângulo — 246
   - Informática e Matemática – Lados e ângulos internos de um triângulo — 248
7. Quadriláteros — 249
   Trapézios, 249; Paralelogramos, 249; Outros quadriláteros, 249
8. Soma das medidas dos ângulos internos de um quadrilátero — 250
   - Informática e Matemática – Ângulos internos de um quadrilátero — 251
9. Trapézios — 253
10. Paralelogramos — 254
    Retângulo, 255; Losango, 255; Quadrado, 255
    - Informática e Matemática — 256
    - Compare estratégias – Classificação dos quadriláteros — 260
11. Construção de quadriláteros com régua e compasso — 262
    Quadrado, 262; Losango, 263;
    - Estatística e Probabilidade – Leitura e interpretação de gráficos de setores — 266
    - Atividades complementares — 269
    - Compreender um texto – Por que o parafuso é sextavado? — 272
    - Educação financeira – Diferentes formas de pagamento — 274
    - Organizar o conhecimento — 276
    - Testes — 277
    - Atitudes para a vida — 279

PARTE 4 — 280

UNIDADE 10 — ÁREA DE QUADRILÁTEROS E TRIÂNGULOS — 282

1. Área — 282
   Unidade de medida de superfície ou unidade de área, 283; Medidas agrárias, 284;
2. Área do retângulo — 287
   Área do quadrado, 287
3. Figuras equidecomponíveis — 289
4. Área do paralelogramo — 290
5. Área do triângulo — 292
6. Área do trapézio — 294
7. Área do losango — 295
   - Estatística e Probabilidade – Comparação de dados representados em gráficos de barras e de setores — 297
   - Atividades complementares — 299

UNIDADE 11 PROPORÇÃO E APLICAÇÕES 300

1. Razão 300
Comparando por meio de uma razão, 300

2. Proporção 303
Propriedade fundamental das proporções, 304; Outras propriedades das proporções, 307; Sequências diretamente proporcionais, 309; Sequências inversamente proporcionais, 309

3. Grandezas e medidas 311

4. Grandezas diretamente proporcionais 312

5. Grandezas inversamente proporcionais 315

6. Regra de três simples 317
Regra de três simples envolvendo grandezas diretamente proporcionais, 317; Regra de três simples envolvendo grandezas inversamente proporcionais, 318

7. Regra de três composta 320
Regra de três composta envolvendo grandezas diretamente proporcionais, 320; Regra de três composta envolvendo grandezas inversamente proporcionais, 320

8. Porcentagem 322

9. Juro simples 325
Pagamento à vista e pagamento a prazo, 325; Aplicação financeira e empréstimo, 326

- **Estatística e Probabilidade** – Construção de tabelas e gráficos usando planilhas eletrônicas 329

- **Atividades complementares** 332

UNIDADE 12 TRANSFORMAÇÕES GEOMÉTRICAS 334

1. Localização de pontos no plano 334
Par ordenado, 336

2. Transformações geométricas no plano 338

3. Reflexão 338
Reflexão em relação a uma reta, 338; Reflexão em relação a um ponto, 341

4. Translação 344

5. Rotação 346
Construção da figura obtida por uma rotação, 346

- **Informática e Matemática** – Figuras obtidas por transformações geométricas 348

6. As transformações nas artes 350

- **Estatística e Probabilidade** – Pesquisa amostral e pesquisa censitária 353

- **Atividades complementares** 355

- **Compreender um texto** – Fato ou ficção? 356

- **Educação financeira** – Comprar mais ou comprar menos? 358

- **Organizar o conhecimento** 360

- **Testes** 361

- **Atitudes para a vida** 363

Respostas 364

Lista de siglas 378

Bibliografia 379

Atividades extras 380

Atitudes para a vida 393

ATITUDES PARA A VIDA

- Pensar com flexibilidade.
- Aplicar conhecimentos prévios a novas situações.
- Controlar a impulsividade.

Você sabia que, desde a Antiguidade, o ser humano criava equipamentos para explorar a fascinante vida submarina? Ao longo do tempo, com o aperfeiçoamento das roupas de mergulho, o homem conseguiu alcançar lugares mais profundos nos mares e oceanos. Hoje, as roupas de mergulho são isolantes e servem principalmente para evitar a perda de calor do corpo.

PARA RESPONDER

1. Qual é o mais antigo equipamento de mergulho de que se tem notícia? Qual era a profundidade possível de se alcançar com ele?
2. Com as roupas de mergulho atuais, qual profundidade é possível atingir?
3. Os números usados na reta para mostrar as profundidades alcançadas com os equipamentos de mergulho são números naturais? Esses números são positivos ou negativos?

UNIDADE 1

MÚLTIPLOS E DIVISORES

1 DIVISIBILIDADE

No volume anterior desta coleção, você estudou alguns conceitos de divisibilidade. Vamos recordar alguns deles.

Observe a situação a seguir.

Karina é voluntária em uma associação e está montando *kits* de livros infantis para distribuir a crianças carentes. Ela arrecadou 624 livros e quer montar *kits* com 4, 5 ou 6 livros, de modo que todos os *kits* tenham a mesma quantidade de livros e não sobre nenhum. Como Karina pode montar os *kits*?

Para responder a essa questão, vamos analisar três divisões.

$$
\begin{array}{r|l}
624 & 4 \\
22 & 156 \\
24 & \\
0 &
\end{array}
\qquad
\begin{array}{r|l}
624 & 5 \\
12 & 124 \\
24 & \\
4 &
\end{array}
\qquad
\begin{array}{r|l}
624 & 6 \\
02 & 104 \\
24 & \\
0 &
\end{array}
$$

Assim, se Karina fizer *kits* com 4 livros, será possível montar 156 *kits* e não sobrarão livros; se fizer *kits* com 5 livros, será possível montar 124 *kits*, mas sobrarão 4 livros; e se fizer *kits* com 6 livros, será possível fazer 104 *kits* e não sobrarão livros. Portanto, ela deve montar *kits* com 4 ou 6 livros, pois as divisões de 624 por 4 e por 6 têm resto zero.

Quando o resto de uma divisão é zero, a divisão é **exata**.

Um número natural a é **divisível** por um número natural b, diferente de zero, quando a divisão de a por b é exata. Nesse caso, também dizemos que a é **múltiplo** de b ou, ainda, que b é **divisor** de a.

Assim:

- 624 é múltiplo de 4, pois $4 \cdot 156 = 624$;
- 624 é múltiplo de 6, pois $6 \cdot 104 = 624$;
- 4 e 6 são divisores de 624;
- 624 não é múltiplo de 5, pois a divisão de 624 por 5 não é exata.

MÚLTIPLOS E DIVISORES DE UM NÚMERO NATURAL

Conhecendo o conceito de múltiplo e divisor, podemos obter o conjunto dos múltiplos de um número natural ou obter seus divisores.

Como exemplo, vamos considerar o número 12.

Ao multiplicar esse número por qualquer número natural, obteremos um múltiplo de 12, pois a divisão do produto por 12 será exata.

Assim, a sequência desses produtos forma o conjunto dos múltiplos naturais de 12:

$$M(12) = \{0, 12, 24, 36, 48, 60, 72, ...\}$$

$12 \cdot 0 = 0$
$12 \cdot 1 = 12$
$12 \cdot 2 = 24$ — São múltiplos de 12.
$12 \cdot 3 = 36$
$12 \cdot 4 = 48$

Note que a sequência (0, 12, 24, 36, 48, 60, 72, ...) é infinita, começa pelo zero, e o padrão é sempre somar 12 ao termo anterior. Da mesma forma, podemos obter o conjunto dos múltiplos de qualquer número natural.

Para encontrar o conjunto dos divisores de 12, é necessário verificar os números naturais, diferentes de zero, pelos quais 12 é divisível.

- 12 é divisível por 1 e por 12, pois $1 \cdot 12 = 12$;
- 12 é divisível por 2 e por 6, pois $2 \cdot 6 = 12$;
- 12 é divisível por 3 e por 4, pois $3 \cdot 4 = 12$.

Como 12 não é divisível por nenhum outro número natural, o conjunto dos divisores de 12 é:

$$D(12) = \{1, 2, 3, 4, 6, 12\}$$

CRITÉRIOS DE DIVISIBILIDADE

Em alguns casos, podemos descobrir se um número é divisível por outro sem efetuar a divisão, apenas aplicando algumas regras chamadas de **critérios de divisibilidade**. Vamos observar algumas regularidades e recordar alguns desses critérios.

CRITÉRIO DE DIVISIBILIDADE POR 2

Observe alguns números divisíveis por 2.

0	2	4	6	8
10	12	14	16	18
20	22	24	26	28
30	32	34	36	38

Note que esses números terminam em 0, 2, 4, 6 ou 8. Esse padrão se repete para todos os números divisíveis por 2.

> Um número natural é divisível por 2 quando ele é par, ou seja, quando termina em 0, 2, 4, 6 ou 8.

21

CRITÉRIO DE DIVISIBILIDADE POR 3

Observe alguns números divisíveis por 3 a partir do 132 e do 660.

132   135   138   141   144   147
660   663   666   669   672   675

Note que, ao somar os algarismos de cada um desses números, obtemos um número divisível por 3.

$1 + 3 + 2 = 6$	$1 + 4 + 1 = 6$	$6 + 6 + 0 = 12$	$6 + 6 + 9 = 21$
$1 + 3 + 5 = 9$	$1 + 4 + 4 = 9$	$6 + 6 + 3 = 15$	$6 + 7 + 2 = 15$
$1 + 3 + 8 = 12$	$1 + 4 + 7 = 12$	$6 + 6 + 6 = 18$	$6 + 7 + 5 = 18$

Números divisíveis por 3. Números divisíveis por 3.

Esse fato acontece não apenas com esses números, mas com qualquer número que seja divisível por 3.

> Um número natural é divisível por 3 quando a soma de seus algarismos é divisível por 3.

CRITÉRIO DE DIVISIBILIDADE POR 6

Observe alguns números divisíveis por 6 a partir do 60.

60   66   72   78   84   90   96   102   108   114

Note que todos esses números são divisíveis por 2, pois são pares, e são divisíveis por 3, pois a soma dos algarismos de cada um deles é divisível por 3. Quando isso acontece (o número é divisível por 2 e por 3), o número é divisível por 6.

> Um número natural é divisível por 6 quando é divisível por 2 e por 3.

CRITÉRIO DE DIVISIBILIDADE POR 9

Um número que é divisível por 9 também é divisível por 3?

Vimos que, ao multiplicar 9 por um número natural, obtemos um múltiplo de 9. Assim, 567, 2.259, 4.104 e 6.399 são múltiplos de 9 (ou são divisíveis por 9).

$9 \cdot 63 = 567$ $9 \cdot 251 = 2.259$ $9 \cdot 456 = 4.104$ $9 \cdot 711 = 6.399$

Observe que a soma dos algarismos de cada um desses números é um número divisível por 9.

567 ▶ $5 + 6 + 7 = 18$ 4.104 ▶ $4 + 1 + 0 + 4 = 9$
2.259 ▶ $2 + 2 + 5 + 9 = 18$ 6.399 ▶ $6 + 3 + 9 + 9 = 27$

Números divisíveis por 9.

Esse fato acontece não apenas com esses números, mas com qualquer número que seja divisível por 9.

> Um número natural é divisível por 9 quando a soma de seus algarismos é divisível por 9.

CRITÉRIO DE DIVISIBILIDADE POR 4

O número 3.548 é divisível por 4, assim como o número 48. Veja:

```
3548 | 4         48 | 4
  34   887       08   12
  28              0
   0
```

Observe o que acontece quando decompomos um número divisível por 4.

3.548 = 3.000 + 500 + 48

- 48 é divisível por 4
- 500 é divisível por 4
- 3.000 é divisível por 4

Todas as centenas inteiras, os milhares inteiros, as dezenas de milhar inteiras etc. são divisíveis por 4. Então, se os dois últimos algarismos do número formarem um múltiplo de 4, o número será divisível por 4.

Então, temos o seguinte critério de divisibilidade:

> Um número natural é divisível por 4 quando seus dois últimos algarismos são 00 ou formam um número divisível por 4.

CRITÉRIO DE DIVISIBILIDADE POR 5

Observe alguns números divisíveis por 5.

```
 0   5  10  15  20  25
30  35  40  45  50  55
60  65  70  75  80  85
```

Observe que todos esses números terminam em zero ou em 5. Esse fato acontece com todos os números divisíveis por 5.

> Um número natural é divisível por 5 quando termina em zero ou em 5.

CRITÉRIOS DE DIVISIBILIDADE POR 10, POR 100 E POR 1.000

Veja alguns números divisíveis por 10, por 100 e por 1.000.

- Divisíveis por 10:
  10 20 30 40 50 60 70 80 90 100 110
- Divisíveis por 100:
  100 200 300 400 500 600 700 800 900 1.000 1.100
- Divisíveis por 1.000:
  1.000 2.000 3.000 4.000 5.000 6.000 7.000 8.000 9.000 10.000 11.000

Observe o padrão na quantidade de zeros desses múltiplos. Esse padrão se repete para todos os números divisíveis por 10, por 100 e por 1.000.

> Um número natural é divisível por:
> - 10 quando termina em zero;
> - 100 quando termina em 00;
> - 1.000 quando termina em 000.

PARA PENSAR

Pode-se dizer que qualquer número divisível por 1.000 também é divisível por 100? E por 10? Justifique suas respostas.

ATIVIDADES

VAMOS PRATICAR

1. Classifique as afirmações em V (verdadeira) ou F (falsa).
   a) 5 é divisor de 5.
   b) 5 é múltiplo de 5.
   c) 1 é divisor de 5.
   d) 0 é divisor de 5.
   e) 0 é múltiplo de 5.

2. Encontre os números naturais divisíveis por 2 e os números naturais divisíveis por 3 que estão entre 220 e 230.
   • Entre os números encontrados há números que são divisíveis por 2 e por 3? Esses números são divisíveis por 6?

3. Responda.
   a) Qual é o único número natural que é divisor de qualquer outro número natural?
   b) Qual é o número natural que nunca é divisor de outro?
   c) Que número natural, diferente de zero, é divisor de si mesmo?

4. Resolva.
   a) Existe algum algarismo que podemos colocar no lugar de *n* em 5.47*n*, de forma que ele seja divisível por 9 e por 10? Justifique sua resposta.
   b) Que algarismo podemos colocar no lugar de *m* em 65.3*m*8, de forma que ele seja divisível por 4 e por 3? Justifique.

VAMOS APLICAR

5. Jéssica faz bombons para vender. Em uma caixa cabem 6 bombons, como mostra a ilustração ao lado. Em um dia, ela fez 726 bombons. Quantas caixas de bombons ela poderá completar? Faltarão bombons para completar as caixas? Se faltarem, quantos?

6. Paulo tem 234 placas de vidro para colocar em janelas como a da figura abaixo. Quantas janelas Paulo conseguirá envidraçar? Sobrarão placas de vidro? Se sobrarem, quantas?

7. Neste ano, uma faculdade abriu 150 vagas para o curso de enfermagem, mas somente 138 pessoas se matricularam. Esses alunos serão distribuídos em 4 ou 6 classes, de forma que cada classe seja composta da mesma quantidade de alunos. É possível que isso aconteça? Por quê?

8. (Obmep) O professor Samuel preencheu uma tabela com 507 linhas e 1.007 colunas de acordo com o padrão indicado a seguir.

	1	2	3	4	5	6	7	8	9	10	...	...	1.007
1	O	B	M	E	P	O	B	M	E	P	...	...	
2	2	0	0	7	⚡	2	0	0	7	⚡	...	...	
3	O	B	M	E	P	O	B	M	E	P	...	...	
4	2	0	0	7	⚡	2	0	0	7	⚡	...	...	
...	...	...	...	...	...	...	...	...	...	...			
507													X

Como ele preencheu a casa marcada com o X?
a) Com o número 2.
b) Com a letra *B*.
c) Com a letra *M*.
d) Com o número 7.
e) Com o símbolo ⚡.

9. Mara recebeu a tarefa de organizar os arquivos de sua empresa em prateleiras.

No total, são 1.567 arquivos, e ela tem a opção de organizá-los em 3 ou 4 prateleiras de forma que cada uma fique com a mesma quantidade de arquivos. Mara conseguirá realizar sua tarefa? Por quê?

10. A professora de Matemática disse a seus alunos:

    "A minha idade é um número múltiplo de 4 e ainda é divisor de 104".

    Qual é a idade da professora, sabendo que ela tem menos de 60 anos?

2 DECOMPOSIÇÃO EM FATORES PRIMOS

Alguns números naturais têm apenas dois divisores: o número 1 e o próprio número. Esses números são chamados de **números primos**.

Os números primos menores que 50 são:

2, 3, 5, 7, 11, 13, 17, 19, 23, 29, 31, 37, 41, 43 e 47

Note que todos esses números têm como divisores apenas o 1 e o próprio número.

Os números naturais maiores que 1 que não são primos são chamados de **números compostos**. Eles podem ser decompostos de várias formas, como uma multiplicação de dois ou mais fatores. Por exemplo, o número 140, que é um número composto, pode ser escrito como:

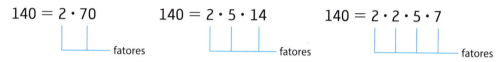

$140 = 2 \cdot 70 \qquad 140 = 2 \cdot 5 \cdot 14 \qquad 140 = 2 \cdot 2 \cdot 5 \cdot 7$

fatores

Quando fazemos a decomposição de modo que todos os fatores sejam números primos, realizamos a **fatoração completa** do número ou sua **decomposição em fatores primos**, como é o caso de $140 = 2 \cdot 2 \cdot 5 \cdot 7 = 2^2 \cdot 5 \cdot 7$.

Há várias formas de decompor um número em fatores primos.

Veja, por exemplo, como Magali e Murilo fizeram a decomposição do número 630 em fatores primos.

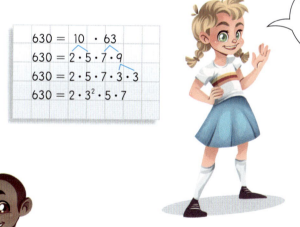

Escrevi 630 como uma multiplicação de dois fatores; depois, fiz o mesmo com os fatores até obter somente números primos.

$630 = 10 \cdot 63$
$630 = 2 \cdot 5 \cdot 7 \cdot 9$
$630 = 2 \cdot 5 \cdot 7 \cdot 3 \cdot 3$
$630 = 2 \cdot 3^2 \cdot 5 \cdot 7$

Dividi 630 por seu menor divisor primo. Em seguida, dividi o quociente obtido por seu menor divisor primo e repeti esse procedimento até obter o quociente 1.

630	2	← Dividindo 630 pelo menor divisor primo (2), obtive 315.
315	3	← Dividindo, agora, 315 pelo menor divisor primo (3), obtive 105.
105	3	
35	5	← Repeti o mesmo procedimento até obter quociente 1.
7	7	
1		

Assim: $630 = 2 \cdot 3 \cdot 3 \cdot 5 \cdot 7 = 2 \cdot 3^2 \cdot 5 \cdot 7$

OBSERVAÇÃO

Note que, além do número 1, qualquer dos fatores primos ou o produto de quaisquer dois ou mais fatores primos de um número é sempre divisor desse número.

Por exemplo, alguns dos divisores de 630 são:

1 2 3 5 7
$2 \cdot 3 = 6$
$2 \cdot 5 = 10$
$3 \cdot 7 = 21$
$2 \cdot 3 \cdot 3 = 18$
$3 \cdot 5 \cdot 7 = 105$
$2 \cdot 3 \cdot 3 \cdot 5 \cdot 7 = 630$
...

3 MÁXIMO DIVISOR COMUM (MDC)

Em algumas situações, precisamos encontrar o maior dos divisores naturais comuns de dois ou mais números. Considere, por exemplo, a situação a seguir.

Haverá uma gincana da qual participarão 18 meninos e 30 meninas. A ideia é formar equipes somente de meninos ou somente de meninas. Além disso, as equipes devem ter a mesma quantidade e o maior número possível de pessoas. Qual será o número de pessoas em cada equipe?

Para resolver essa situação, precisamos encontrar um modo de distribuir os meninos e as meninas em equipes que tenham o mesmo número de pessoas.

Primeiro, vamos organizar as equipes separadamente. Observe:

- Os 18 meninos podem ser divididos em equipes de:

  1, 2, 3, 6, 9 ou 18 pessoas

- As 30 meninas podem ser divididas em equipes de:

  1, 2, 3, 5, 6, 10, 15 ou 30 pessoas

Comparando as divisões acima, percebemos que as equipes com o mesmo número de pessoas são as que têm 1, 2, 3 e 6 pessoas.

Como queremos que as equipes tenham o maior número possível de pessoas, concluímos que cada equipe deverá ter 6 pessoas.

Esse número é o **máximo divisor comum** (**mdc**) de 18 e 30. Escrevemos assim: mdc (18, 30) = 6

Na resolução da situação apresentada, observe que:

- primeiro, obtivemos os divisores de 18;
- depois, os divisores de 30;
- em seguida, observamos quais divisores os números 18 e 30 têm em comum;
- por último, escolhemos o maior divisor comum de 18 e 30.

Esse é um dos modos de obter o mdc de dois ou mais números. Também podemos calcular o mdc por meio da decomposição em fatores primos.

Agora, vamos, por exemplo, calcular o mdc de 420 e 1.300.

Veja, ao lado, a decomposição de 420 e de 1.300 em fatores primos por um dos métodos vistos.

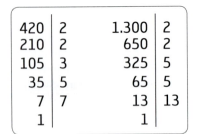

Então: 420 = 2 · 2 · 3 · 5 · 7   e   1.300 = 2 · 2 · 5 · 5 · 13

fatores comuns

O produto dos fatores comuns dos dois números é divisor de cada um deles e é o maior divisor comum entre eles.

Assim: mdc (420, 1.300) = 2 · 2 · 5 = 20

OBSERVAÇÃO

Quando, entre dois ou mais números, não há fatores comuns, dizemos que esses números são **primos entre si** e o mdc é igual a 1.

4 MÍNIMO MÚLTIPLO COMUM (MMC)

Em outras situações, precisamos encontrar o menor dos múltiplos naturais comuns, diferente de zero, a dois ou mais números. Acompanhe a situação a seguir.

No restaurante da família Silva, há mesas quadradas cujos lados medem 50 centímetros cada um e mesas quadradas cujos lados medem 60 centímetros cada um. Para comemorar as bodas de ouro dos avós, os Silva terão de arrumar as mesas em duas fileiras com o mesmo comprimento. Qual é o menor comprimento que as fileiras de mesas deverão ter?

Não posso misturar mesas diferentes em uma mesma fileira porque ficará difícil para as pessoas se sentarem. E agora.

Para resolver esse problema, vamos observar quais comprimentos poderemos obter com cada tipo de mesa.

- Enfileirando as mesas de 50 centímetros, obtemos, em centímetro: 50, 100, 150, 200, 250, 300, 350, 400, 450, 500, 550, 600, ...
- Enfileirando as mesas de 60 centímetros, temos: 60, 120, 180, 240, 300, 360, 420, 480, 540, 600, ...

Os comprimentos comuns são: 300, 600, ...

Assim, o menor comprimento comum que as fileiras deverão ter é 300 cm.

Esse é o **mínimo múltiplo comum (mmc)** de 50 e 60. Escrevemos assim: mmc (50, 60) = 300

Observe que, na resolução acima, para encontrar o mmc de 50 e 60, escrevemos os múltiplos de cada um dos números e, depois, analisamos qual é o menor múltiplo comum (diferente de zero) entre eles. Esse é um modo de calcular o mmc de dois ou mais números. Podemos também usar a decomposição dos números em fatores primos. Veja um exemplo.

Vamos calcular o mmc de 30 e 84.

Decompondo os dois números em fatores primos por um dos métodos vistos, temos:

$$30 = 10 \cdot 3 \qquad 84 = 4 \cdot 21$$

$$30 = 2 \cdot 5 \cdot 3 \qquad 84 = 2 \cdot 2 \cdot 3 \cdot 7$$

fatores comuns

Observe o que acontece quando multiplicamos todos os fatores primos diferentes dos dois números e os fatores comuns uma única vez:

$$2 \cdot 5 \cdot 3 \cdot 2 \cdot 7 = 420$$

Podemos, ainda, escrever:

$$2 \cdot 5 \cdot 3 \cdot 2 \cdot 7 = 30 \cdot 14 = 420 \text{ ou}$$

$$2 \cdot 5 \cdot 3 \cdot 2 \cdot 7 = 5 \cdot 84 = 420$$

Ou seja, 420 é múltiplo de 84 e de 30, e, como 5 e 14 (2 · 7) não têm fatores primos comuns, 420 será o menor múltiplo comum de 84 e de 30.

Assim, para encontrar o mmc de dois ou mais números, basta multiplicar todos os fatores primos diferentes dos números e os fatores comuns uma única vez:

$$\text{mmc}(30, 84) = 2 \cdot 5 \cdot 3 \cdot 2 \cdot 7 = 420$$

Betamemória

Teste sua memória e encontre as cartas equivalentes.
Disponível em <http://mod.lk/9yswa>.

Organize o que você aprendeu fazendo a atividade 1 da página 102.

Trilha de estudo

Vai estudar? Nosso assistente virtual no *app* pode ajudar!
<http://mod.lk/trilhas>

COMPARE ESTRATÉGIAS

mmc e mdc

A professora solicitou a seus alunos que resolvessem o seguinte problema:

> Marcela e seu irmão Marcos programaram seus despertadores para tocar às 6 horas. Caso não sejam desligados, o despertador de Marcela volta a tocar a cada 12 minutos e o de Marcos, a cada 8 minutos. Se os irmãos não desligarem os despertadores, a que horas será a próxima vez que eles voltarão a tocar juntos?

Observe como Luiz, Gabriel, Ana e Camila resolveram esse problema.

Resolução de Luiz

M(12) = {0, 12, 24, 36, 48, ...}
M(8) = {0, 8, 16, 24, 32, ...}
mmc (12, 8) = 24
Logo, os despertadores voltarão a tocar juntos após 24 minutos, ou seja, às 6 h 24 min.

Resolução de Gabriel

$12 = 2 \cdot 2 \cdot 3$
$8 = 2 \cdot 2 \cdot 2$
mmc (12, 8) = $2 \cdot 2$ = 4
Então, os despertadores voltarão a tocar juntos após 4 minutos, ou seja, às 6 h 04 min.

Resolução de Ana

D(12) = {1, 2, 3, 4, 6, 12}
D(8) = {1, 2, 4, 8}
mdc (12, 8) = 4
Logo, os despertadores voltarão a tocar juntos após 4 minutos, ou seja, às 6 h 04 min.

Resolução de Camila

$12 = 2 \cdot 2 \cdot 3$
$8 = 2 \cdot 2 \cdot 2$
mmc (12, 8) = $2 \cdot 2 \cdot 3 \cdot 2 \cdot 2 \cdot 2 = 96$
Logo, os despertadores voltarão a tocar juntos após 96 minutos, ou 1 hora e 36 minutos, ou seja, às 7 h 36 min.

REFLITA

a) O que há de diferente na estratégia da Ana em relação às estratégias dos colegas?

b) Nas condições do problema, é possível que os despertadores toquem juntos às 6 h 04 min? Por quê?

DISCUTA E CONCLUA

a) O problema apresentado deve ser resolvido usando a ideia de mmc ou de mdc? Discuta com os colegas.

b) Qual dos alunos errou no cálculo do mmc ou do mdc?

c) Com um colega, listem todos os horários (das 6 horas até as 8 horas) em que os despertadores de Marcela e de Marcos tocarão caso não sejam desligados.

d) Que horas será a próxima vez em que os despertadores voltarão a tocar juntos após as 6 horas?

e) Qual dos alunos, Luiz, Gabriel, Ana ou Camila, resolveu o problema corretamente?

f) Camila calculou corretamente o valor do mmc (12, 8)? O número encontrado por ela é um múltiplo de 12 e de 8? No horário apontado por ela, os despertadores tocarão juntos? Por que a resposta dela não está correta?

ATIVIDADES

VAMOS PRATICAR

1. Determine:
   a) os divisores de 25 e de 30;
   b) os divisores comuns de 25 e 30;
   c) o maior dos divisores comuns de 25 e 30.

2. Calcule em seu caderno.
   a) mdc (180, 150)
   b) mdc (231, 825)
   c) mdc (340, 728)
   d) mdc (39, 117, 130)

3. Responda.
   a) Quais são os dez menores múltiplos de 12?
   b) Quais são os dez menores múltiplos de 24?
   c) Quais são os cinco menores múltiplos comuns de 12 e 24?
   d) Qual é o mmc de 12 e 24?

4. Calcule em seu caderno.
   a) mmc (12, 18)
   b) mmc (90, 180)
   c) mmc (55, 121)
   d) mmc (420, 700)

5. Classifique em V (verdadeira) ou F (falsa).
   a) Os números 16 e 840 são primos entre si.
   b) O mdc (20, 63) é menor que o mdc (18, 38).
   c) O mmc (5, 12) é menor que o mmc (9, 36).
   d) Os números 18 e 20 são primos entre si.

6. Responda e justifique.
   a) O maior divisor comum de 25 e um número natural a pode ser 30?
   b) O menor múltiplo comum de 8 e um número natural a pode ser 6?
   c) O maior divisor comum de 12 e um número natural a pode ser 4?

7. Considere os números 30 e 50 e determine:
   a) o produto desses dois números;
   b) o máximo divisor comum desses dois números;
   c) o mínimo múltiplo comum desses dois números;
   d) o produto entre o máximo divisor comum e o mínimo múltiplo comum desses dois números.

   - Compare os resultados encontrados. Então, escolha dois números naturais, diferentes de zero, e repita o processo anterior.

   Agora, responda.
   - Quais itens têm resultados iguais?
   - Você percebeu alguma relação entre os números encontrados?

VAMOS APLICAR

R1. Paulo tem vários DVDs, sendo 15 de filmes de suspense e 20 de comédias.
   Ele quer organizá-los nas gavetas de um móvel sem misturar os gêneros e ocupando o mínimo de gavetas. Cada gaveta deverá ter a mesma quantidade de DVDs. Quantos DVDs Paulo deverá colocar em cada uma?

Resolução

Para que os DVDs ocupem o mínimo de gavetas, precisamos encontrar a quantidade máxima de DVDs para cada gaveta, ou seja, o maior divisor comum (mdc) de 15 e 20.

D (15) = {1, 3, 5, 15}
D (20) = {1, 2, 4, 5, 10, 20}
mdc (15, 20) = 5

Outra maneira de calcular esse número é pela decomposição em fatores primos.

```
15 | 3        20 | 2
 5 | 5        10 | 2
 1             5 | 5
               1
        fator comum
```

Então: mdc (15, 20) = 5

Paulo poderá colocar 5 DVDs em cada gaveta.

8. Um relógio eletrônico dispara o alarme a cada 40 minutos. Outro relógio soa o alarme a cada 30 minutos. Se os dois soaram juntos às 7 horas, a que horas isso voltará a ocorrer?

9. Júlia está fazendo um tratamento médico. Ela precisa tomar o remédio A de 4 em 4 horas e o remédio B de 6 em 6 horas. Se ela tomou os dois remédios às 8 horas, a que horas ela tomará os dois remédios juntos novamente?

10. Augusto organizará apresentações artísticas com crianças de uma escola. Ao todo, serão 7 apresentações musicais e 11 apresentações teatrais. Cada criança participará somente de uma apresentação musical e de uma teatral, e ambas as apresentações deverão ter a mesma quantidade de crianças. Qual é a quantidade mínima de crianças que Augusto terá de recrutar para as apresentações?

11. Uma loja de tecidos vai promover uma semana de venda de retalhos. José ficou encarregado de montar uma banca com dois tecidos de estampas diferentes. O tecido com estampa de bolinhas tem 300 centímetros de comprimento e o tecido com estampa de listras tem 240 centímetros de comprimento. José precisa cortar os tecidos em pedaços de mesmo comprimento e todos os retalhos devem ter a maior metragem possível. Quantos centímetros de comprimento cada retalho terá?

12. Um marceneiro precisa cortar três tábuas em pedaços de mesmo comprimento. Para melhor aproveitamento das tábuas, o comprimento dos pedaços deve ser o maior possível. Uma das tábuas mede 250 centímetros de comprimento e as outras duas, 350 e 550 centímetros.

Qual será o comprimento de cada pedaço de tábua?

13. Três corredores largaram juntos em uma prova cujo percurso é circular. Eles correm com velocidade constante. Bruno leva 3 minutos para completar cada volta, Henrique leva 4 minutos e Davi, 6 minutos.

Dada a largada, depois de quanto tempo os três passarão juntos pela primeira vez por esse local?

14. Em uma loja, há 150 DVDs de filmes de suspense, 120 de comédias, 50 de shows musicais e 250 de outros gêneros. Para que os clientes encontrem os DVDs com mais facilidade, o proprietário da loja vai separá-los em quantidades iguais nas prateleiras. Em cada uma, ele colocará a maior quantidade possível de DVDs, mas sem misturar os gêneros.

a) Quantos DVDs o proprietário deverá colocar em cada prateleira?

b) Quantas prateleiras serão necessárias?

15. Dois livros, um com 176 páginas e outro com 240 páginas, serão divididos em fascículos para venda semanal em bancas de jornais. Os fascículos serão montados com o maior número de páginas possível e terão o mesmo número de páginas.

a) Quantas páginas terá cada fascículo?

b) Em quantas semanas uma pessoa terá os dois livros completos, considerando que ela compre todos os fascículos e que um livro seja vendido após o outro?

16. Resolva o problema. Se necessário, faça um esquema para ilustrar a situação.

Em uma estrada de 200 quilômetros de comprimento, há um posto de combustível a cada 30 quilômetros, um telefone público a cada 8 quilômetros e um radar eletrônico para controle de velocidade a cada 20 quilômetros. No início dessa estrada, os três estão no mesmo lugar.

a) A cada quantos quilômetros há um posto de combustível, um telefone público e um radar eletrônico no mesmo local da estrada?

b) Quantas vezes ao longo de toda a estrada eles aparecerão juntos novamente?

17. Elabore dois problemas: um que possa ser resolvido usando a ideia de mmc e outro usando a ideia de mdc.

Passe seus problemas para um colega resolver e resolva os problemas criados por ele.

ESTATÍSTICA E PROBABILIDADE
ESTIMATIVA DA PROBABILIDADE

Em algumas situações, para estimar a probabilidade de ocorrer determinado resultado, considera-se a ocorrência desse resultado anteriormente. Esse tipo de estudo é importante, por exemplo, para realizar previsões e planejamentos, calcular o valor de seguros, testar a eficácia de medicamentos etc.

Observe algumas situações a seguir.

Situação 1

No início de 2019, a Companhia de Engenharia de Tráfego da cidade Ecológica fez um levantamento do número de pessoas que utilizaram a bicicleta como meio de transporte e do número de acidentes com ciclistas nos três anos anteriores.

Todo ciclista deve usar os equipamentos de proteção e respeitar a sinalização de trânsito.

Número de acidentes envolvendo ciclistas		
Ano	Número de ciclistas	Número de acidentes
2016	1.502	17
2017	1.713	19
2018	1.988	20

Dados obtidos pela Companhia de Engenharia de Tráfego da cidade Ecológica em 2019.

Com base nos dados da tabela, podemos calcular o percentual de ciclistas que se envolveram em acidente em 2016, 2017 e 2018. Para isso, basta dividir o número de acidentes envolvendo ciclistas pelo número total de ciclistas de cada ano.

- Em 2016: $\frac{17}{1.502} \simeq 0{,}011 = 1{,}1\%$
- Em 2017: $\frac{19}{1.713} \simeq 0{,}011 = 1{,}1\%$
- Em 2018: $\frac{20}{1.988} \simeq 0{,}010 = 1{,}0\%$

Observe que nesses três anos aproximadamente 1% dos ciclistas se envolveu em acidente. Assim, podemos estimar que a probabilidade de um ciclista se envolver em acidente em 2019 será de aproximadamente 1%.

Repare que, nessa situação, baseamo-nos em informações estatísticas para estimar a probabilidade de um evento ocorrer; ou seja, com base na ocorrência anterior, estimamos a probabilidade de o evento ocorrer posteriormente.

Situação 2

Uma indústria farmacêutica está verificando os efeitos colaterais causados pelo uso de determinado medicamento. Para isso, realizou um experimento com 1.000 pessoas. Dessas, 31 pessoas tiveram dores de cabeça após consumir o medicamento.

Assim: $\frac{31}{1.000} = \frac{3{,}1}{100}$ ou 3,1% das pessoas tiveram dores de cabeça.

Para ter uma estimativa melhor, a indústria realizou o experimento com mais 4.000 pessoas, totalizando 5.000 pessoas, sendo que no total 142 pessoas apresentaram dores de cabeça.

Considerando o experimento todo, $\frac{142}{5.000} = 0{,}0284$ ou 2,84% das pessoas tiveram dores de cabeça.

Para melhorar ainda mais a estimativa, a indústria realizou o experimento com mais 5.000 pessoas, totalizando 10.000 pessoas, sendo que no total 293 pessoas apresentaram dores de cabeça.

Assim, considerando as 10.000 pessoas, $\frac{293}{10.000} = 0{,}0293$ ou 2,93% das pessoas tiveram dores de cabeça.

Usando esse número, a indústria pode estimar a probabilidade de uma pessoa ter esse efeito colateral após consumir o medicamento. Para melhorar ainda mais a estimativa, ela pode realizar o experimento com mais pessoas. Quanto maior o número de repetições do experimento, melhor é a estimativa. Se o número de repetições é pequeno, a probabilidade estimada pode não condizer com a realidade.

ESTATÍSTICA E PROBABILIDADE

ATIVIDADES

1. A tabela a seguir mostra o número de furtos de motocicletas nos últimos quatro anos na cidade Urbana.

Furtos de motocicletas		
Ano	Número de motocicletas em circulação	Número de furtos
2015	22.005	1.400
2016	35.158	2.080
2017	47.977	2.901
2018	62.562	3.510

Dados obtidos pela prefeitura da cidade Urbana em 2019.

a) Estime a probabilidade em 2019 de uma motocicleta ser furtada nessa cidade.

b) Em sua opinião, qual é a importância prática desse levantamento feito pela cidade Urbana? Converse com os colegas sobre isso.

2. Observe o gráfico com o tipo sanguíneo dos doadores de um hemocentro nos anos de 2017 e 2018.

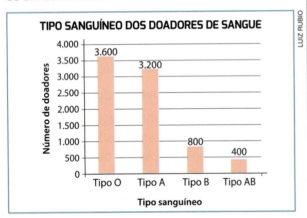

Dados obtidos pelo hemocentro em 2019.

a) Estime a probabilidade de comparecer a esse hemocentro um doador com sangue tipo O. E depois um doador com sangue tipo B.

b) A probabilidade estimada de aparecer um doador com sangue tipo A corresponde a quantas vezes a probabilidade estimada de aparecer um doador com sangue tipo AB?

 c) Qual é a importância de fazer doação de sangue? Alguém da sua família já doou sangue? Converse com os colegas e o professor.

3. Um jornal publicou a seguinte manchete:

- Mantendo as mesmas condições do semestre anterior, estime a probabilidade de no 2º semestre um paciente dar entrada nesse hospital com febre, mas não estar com gripe.

4. Carlos e Marcelo colecionam bolinhas de gude. Eles resolveram fazer o seguinte experimento:

- colocaram uma bolinha de cada cor dentro de uma caixa;
- sem olhar dentro da caixa, retiravam uma bolinha, anotavam a cor da bolinha retirada e colocavam-na de volta na caixa.

Ao final de 1.000 retiradas, a frequência de ocorrência de cada uma das cores foi apresentada a seguir.

Cor da bolinha	Quantidade de retiradas
Azul	105
Preta	97
Verde	95
Roxa	99
Laranja	103
Amarela	98
Branca	108
Vermelha	96
Cinza	98
Marrom	101

32

a) Calcule a porcentagem de retirada de cada cor nesse experimento.

b) Estime a probabilidade de se sortear uma bolinha de cada uma dessas cores nessa urna.

5. Em trios, realizem o experimento a seguir.

Parte 1: providenciem uma moeda, lápis e papel. Cada um dos integrantes do trio deverá lançar a moeda 10 vezes. Enquanto isso, um dos colegas ajudará a checar a face da moeda voltada para cima a cada lançamento e o outro anotará os resultados obtidos.

a) Calcule a porcentagem de resultado cara e de resultado coroa nos 30 lançamentos.

b) Com base nos resultados obtidos, usem uma calculadora para estimar a probabilidade de sair cara e a de sair coroa ao lançar essa moeda.

Qual é a chance?
A animação mostra a chance de bolinhas caírem em um determinado recipiente.

Parte 2: cada um dos integrantes do trio deverá lançar a moeda mais 30 vezes e os resultados obtidos devem ser anotados com os resultados da parte 1, totalizando 120 lançamentos.

c) Repitam os itens **a** e **b** considerando os 120 lançamentos.

Parte 3: cada um dos integrantes do trio deverá lançar a moeda mais 40 vezes e os resultados obtidos devem ser anotados com os resultados das partes 1 e 2, totalizando 240 lançamentos.

d) Repitam os itens **a** e **b** considerando os 240 lançamentos.

e) Comparem os resultados que seu trio obteve com os resultados obtidos por outros trios. Esses resultados são iguais?

f) O que aconteceu com a probabilidade estimada de sair cada face quando aumentamos a quantidade de lançamentos? Essa probabilidade se aproximou de algum número? De qual número?

g) Se aumentarmos ainda mais a quantidade de lançamentos, o que você acha que vai acontecer com a probabilidade de sair cada face?

h) Você já estudou no 6º ano que ao lançar uma moeda "honesta", a probabilidade de sair cada face é de 1 em 2, que indicamos $\frac{1}{2}$ ou 0,5, ou 50%. Os resultados que você obteve nesse experimento são próximos desse número? Caso não sejam, por que você acha que isso ocorreu?

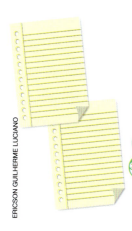

6. Em pequenos grupos, realizem um experimento para determinar a probabilidade de ocorrer um número múltiplo de 3 no lançamento de um dado. Registrem o planejamento (quais materiais serão necessários, quantos lançamentos serão realizados, como os resultados serão computados, o que cada integrante do grupo fará etc.) e os resultados do experimento.

ATIVIDADES COMPLEMENTARES

1. (OBM) O número 10 pode ser escrito de duas formas como soma de dois números primos: $10 = 5 + 5$ e $10 = 7 + 3$. De quantas maneiras podemos expressar o número 25 como uma soma de dois números primos?

   a) 4   b) 1   c) 2   d) 3   e) nenhuma

2. Corrija as afirmações falsas.

   a) Os números 35 e 55 são primos entre si, pois mdc (35, 55) = 1.

   b) O mdc (23, 47) é igual ao mdc (2, 7).

   c) O mdc (5, 15) é menor que o mdc (3, 7).

   d) Os números 42 e 147 não são primos entre si, pois mdc (42, 147) = 21.

   e) O maior dos divisores comuns de 7 e 20 é menor que o maior dos divisores comuns de 2 e 4.

3. A seguir, está representada parte de um número natural e sua decomposição em fatores primos. Sabendo que símbolos iguais representam algarismos iguais, determine o valor de ❖ e ■.

   $1. ❖\,5\,❖ = ■ \cdot 7 \cdot 5^■ \cdot 3$

4. Dois ônibus de turismo partem de uma estação com destinos diferentes. Um dos ônibus parte a cada 5 dias. O outro ônibus sai a cada 8 dias. Sabendo que, no dia 31 de março, esses dois ônibus saíram juntos, em que dia eles vão sair novamente juntos da estação?

   a) 30 de abril   c) 10 de maio
   b) 24 de março   d) 20 de abril

5. Renato cuida de sua orquídea a cada 3 dias e de seu bonsai a cada 14 dias. Se hoje ele cuidou dos dois, em quantos dias ele voltará a cuidar deles juntos?

Orquídea (à esquerda) e bonsai (à direita).

6. Jane, Carla e Flávia participaram de uma competição de ciclismo. Jane completava cada volta em 45 segundos, enquanto Carla levava 50 segundos e Flávia, 30 segundos. As três mantiveram suas velocidades do início ao fim da competição.

   a) Considerando que as três chegaram nas primeiras colocações, qual foi a classificação final?

   b) Quando Jane completou a volta de número 60, que voltas completaram respectivamente Carla e Flávia?

7. A quantidade de biscoitos que Rita comprou na padaria é menor que 200 e pode ser dividida igualmente, e sem sobras, em 8, 10 ou 15 caixas. Quantos biscoitos Rita comprou?

8. Para a gincana de uma escola serão formadas equipes de alunos de cada curso, com a mesma quantidade e o maior número possível de alunos. Para facilitar a montagem das equipes, os professores fizeram um quadro com a quantidade de alunos matriculados em cada curso.

Curso	Quantidade de alunos
A	148
B	160
C	184
D	196

   a) Quantos alunos terá cada equipe?
   b) Quantas equipes serão formadas?
   c) Se cada equipe tiver 8 alunos, em quais cursos não será possível formar equipes?

9. Em um congresso, compareceram 28 funcionários de uma empresa: 16 foram em carros particulares e 12 em carros da empresa. Cada carro transportou o maior número possível de pessoas, e todos transportaram a mesma quantidade de funcionários.

   a) Quantos funcionários cada carro transportou?
   b) Quantos carros foram utilizados?

Mais questões no livro digital

UNIDADE 2
NÚMEROS INTEIROS

Forte de Santo Antônio da Barra em Salvador, Bahia. Foto de 2017.

Praça Lenin em Yakutsk, Rússia. Foto de 2018.

1 NÚMEROS POSITIVOS E NÚMEROS NEGATIVOS

Vivemos em uma sociedade repleta de números. Podemos até mesmo afirmar que não vivemos sem eles.

Em nosso dia a dia, muitas medidas ou contagens são representadas por **números negativos**. Medidas de temperaturas, dados de extratos bancários e saldos de gols são apenas alguns exemplos de situações em que os números negativos costumam aparecer. Veja algumas a seguir.

Situação 1

Em um mesmo dia, é possível encontrar dois locais no mundo com temperaturas muito diferentes. No dia 18 de janeiro de 2018, por exemplo, a temperatura mínima em Salvador foi de 25 °C; já em Yakutsk, Rússia, a mínima foi de −44 °C.

Você percebeu que, para indicar a temperatura em Yakutsk, usamos o **sinal negativo** (−), mas para a temperatura em Salvador, que foi positiva (acima de zero), não escrevemos o sinal positivo (+)? Isso ocorre porque, na representação de valores positivos, o uso do sinal + junto do número é optativo, enquanto na representação dos valores negativos o uso do sinal − deve, necessariamente, acompanhar o número a que se refere.

Já para a representação do **número zero** (0), não usamos nenhum dos sinais, pois o zero não é positivo nem negativo.

Situação 2

O extrato bancário abaixo apresenta alguns créditos (valores positivos) e débitos (valores negativos) em uma conta-corrente e mostra como o saldo da conta ficou negativo.

BANCO COFRE		Extrato	
		Emissão 6/9/2018	Folha 7
Nome ANA MARIA ALBUQUERQUE		Agência 0209-5	Conta 85.069-5

Data	Histórico	Documento	Débito/Crédito/Saldo
	Saldo em 30/7/2018		22,45
6/8	Gastos cartão de crédito	4220724	180,00−
6/8	Autodepósito	0078304	150,00
20/8	Conta de água	4705052	28,55
	Saldo em 3/9/2018		36,10−

Foram debitados 180 reais. Para representar o débito, usou-se o sinal (−) depois do número.

Foram creditados 150 reais. Esse é um número positivo. Para representá-lo, não se usou sinal.

O saldo final ficou negativo em R$ 36,10.

35

Situação 3

No Campeonato Brasileiro de Futebol, os números negativos podem aparecer no saldo de gols, ou seja, na diferença entre o número de gols marcados e o número de gols sofridos. Abaixo, apresentamos a classificação final de alguns times da série A no Campeonato Brasileiro de Futebol de 2017.

CAMPEONATO BRASILEIRO DE FUTEBOL 2017 – SÉRIE A				
Posição	Clube	Gols marcados	Gols sofridos	Saldo de gols
1º	Corinthians (SP)	50	30	20
6º	Flamengo (RJ)	49	38	11
15º	Sport (PE)	46	58	−12
18º	Avaí (SC)	29	48	−19

Dados obtidos em: <https://www.cbf.com.br/competicoes/brasileiro-serie-a/classificacao/2017>. Acesso em: 27 maio 2018.

O Sport e o Avaí sofreram mais gols do que marcaram.

Situação 4

Os números negativos também são usados para indicar altitudes. Nesse caso, o nível do mar é o ponto de referência, que indica zero metro; as altitudes acima do nível do mar são indicadas por números positivos, e as altitudes abaixo do nível do mar são indicadas por números negativos.

O ponto mais alto do mundo é o Monte Everest, que fica na fronteira entre o Nepal e o Tibete, com +8.848 m de altitude.

O ponto mais profundo é o das Fossas das Marianas, no Oceano Pacífico, a −11.022 m.

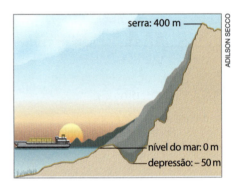

serra: 400 m
nível do mar: 0 m
depressão: −50 m

MONTE EVEREST E FOSSAS DAS MARIANAS

Elaborado a partir de: Graça Maria Lemos Ferreira. *Moderno atlas geográfico*. 6. ed. São Paulo: Moderna, 2016. p. 20, 48 e 52.

Climas do mundo

Veja diferentes lugares e seus respectivos climas neste mapa interativo.

Monte Everest, Nepal. Foto de 2017.

UM POUCO DE HISTÓRIA

Leia o texto, a seguir, que conta um pouquinho da trajetória dos números negativos.

O número negativo

Na passagem da Idade Média para a Idade Moderna (séculos XIV a XVI), os países da Europa Ocidental sofreram profundas transformações. Era grande o desenvolvimento do comércio e as cidades cresciam muito. [...]

Paralelamente a essas mudanças econômicas, políticas e sociais, houve o florescimento da arte, da cultura e das ciências. Essa revolução cultural ficou conhecida como *Renascimento*.

[...] cada vez mais era sentida a necessidade de um novo número para enfrentar os problemas colocados pelo desenvolvimento científico do Renascimento. Discutia-se muito sobre esse novo número. Mas ele era tão difícil de se enquadrar nos números já conhecidos que os matemáticos o chamavam de *número absurdo*.

Que número era esse?

Vamos voltar novamente à Antiguidade. [...]

Segundo os matemáticos chineses da Antiguidade, os números podiam ser entendidos como *excessos* ou *faltas*.

Na resolução de problemas, os chineses realizavam todos os cálculos em *tabuleiros de cálculos*. Para representar os *excessos*, utilizavam palitos *vermelhos*; para as *faltas*, palitos *pretos*.

Os matemáticos da Índia também trabalharam com esses "números estranhos".

O grande matemático Brahmagupta, nascido em 598, dizia que os números podem ser tratados como *pertences* ou *dívidas*. [...]

Mas este tipo de número não conseguia ir além da ideia mais concreta e primitiva: ou era um *palito preto* ou uma *dívida*.

Sem símbolos próprios para tornar compreensíveis as operações, os "números absurdos" dos chineses e dos hindus em nenhum momento conseguiram atingir a condição de verdadeiros números.

O número negativo dos comerciantes

O desenvolvimento dos conceitos matemáticos sempre esteve estreitamente ligado ao desenvolvimento dos símbolos matemáticos. [...]

Voltamos com isso ao Renascimento.

Nessa época, os matemáticos cada vez mais sentiam a necessidade de um novo tipo de número [...]

Mas para representar o novo tipo de número a ser criado, era preciso antes encontrar um símbolo que permitisse operar com esse novo número de modo prático e eficiente.

Veja como faziam os espertos comerciantes do Renascimento.

Suponha que um deles tivesse em seu armazém duas sacas de feijão de 10 kg cada.

Se esse comerciante vendesse num dia 8 kg de feijão, ele escrevia o número 8 com um tracinho na frente para não esquecer de que no saco faltavam 8 kg de feijão.

Mas se ele resolvesse despejar no outro saco os 2 kg que restaram, escrevia o número 2 com dois tracinhos cruzados na frente, para se lembrar de que no saco havia 2 kg de feijão a mais que a quantidade inicial.

Baseando-se na solução prática adotada pelos comerciantes, os matemáticos encontraram a melhor notação para expressar um novo tipo de número que não indicasse apenas as quantidades, mas também representasse o ganho ou a perda dessas quantidades: o *número com sinal*, *positivo* ou *negativo*.

Demorou muito tempo para que os números negativos fossem aceitos. A representação desses números na reta numérica tornou mais clara a sua compreensão, e isso permitiu que fossem aceitos com mais facilidade pelos matemáticos.

Oscar Guelli. *A invenção dos números.* São Paulo: Ática, 1992. p. 55-58.

ATIVIDADES

VAMOS PRATICAR

1. Represente o trecho destacado em cada frase por um número positivo ou um número negativo.

   a) A temperatura em Moscou está **12 °C abaixo de zero**.

   b) No Campeonato Brasileiro de Futebol de 2017, o Chapecoense (SC) marcou 47 gols e sofreu 49. Assim, seu saldo de gols foi de **2 pontos negativos**.

   c) Maria levou um susto ao consultar seu extrato bancário e verificar o **saldo devedor de R$ 420,00**.

   d) O avião está **800 m acima do nível do mar**.

   e) O submarino atingiu **150 m abaixo do nível do mar**.

2. Leia o texto e represente as temperaturas nele mencionadas com números positivos ou negativos.

   A recomendação da Agência Nacional de Vigilância Sanitária (Anvisa) aos estabelecimentos que comercializam alimentos perecíveis é que itens resfriados sejam mantidos refrigerados preferencialmente até 5 °C acima de zero, e os produtos congelados, até 15 °C abaixo de zero.

VAMOS APLICAR

3. Em um edifício, o andar térreo é representado pelo zero, os andares abaixo do térreo com números negativos, e os andares acima do térreo com números positivos. Registre a marcação para o 2º subsolo e para o 4º andar.

4. Faça o que se pede.

Navio de pesca na Antártida. Foto de 2018.

Era verão na Antártida. "A temperatura média estava agradável, entre zero e 5 °C negativos", conta Amyr Klink.

Flavia Pegorin e Pedro Kutney. Caçando *icebergs*. *Náutica*, São Paulo, n. 105, p. 24, maio 1997.

   a) Transcreva a frase dita por Amyr Klink, usando a notação de número negativo.

   b) Na sua cidade, que temperatura média é considerada agradável? Que sensação você tem quando a temperatura está muito acima dessa média?

   c) Se, em sua cidade, a temperatura chegasse a −44 °C, que sensação isso provocaria?

2 NÚMEROS INTEIROS

Você já conhece a sequência dos números naturais.

$$(0, 1, 2, 3, 4, 5, 6, 7, 8, 9, ...)$$

Dizemos que os números naturais correspondem aos números inteiros positivos com o zero.

Veja, também, a representação da sequência dos números inteiros negativos.

$$(..., -6, -5, -4, -3, -2, -1)$$

Reunindo os números naturais (números inteiros positivos e o zero) e os números inteiros negativos, obtemos a sequência dos **números inteiros**. Observe.

$$(..., -5, -4, -3, -2, -1, 0, 1, 2, 3, 4, 5, ...)$$

A sequência dos números inteiros é infinita nos dois sentidos. Nessa sequência, não há um número inteiro que seja o maior de todos nem um que seja o menor de todos.

Para determinar um termo seguinte qualquer, basta adicionar 1 ao termo imediatamente anterior; para determinar um termo anterior a outro, basta subtrair 1 desse outro termo.

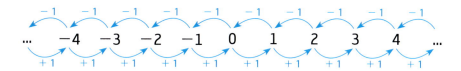

Para representar o **conjunto dos números naturais**, usamos o símbolo $\mathbb{N}$:

$$\mathbb{N} = \{0, 1, 2, 3, 4, ...\}$$

Para representar o **conjunto dos números inteiros**, usamos o símbolo $\mathbb{Z}$:

$$\mathbb{Z} = \{..., -4, -3, -2, -1, 0, 1, 2, 3, 4, ...\}$$

Podemos também representar os números inteiros em uma reta numérica. Veja:

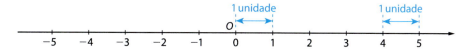

Nessa reta, o zero é associado à origem (ponto O), e a distância entre os pontos que representam dois números inteiros consecutivos é sempre a mesma. À direita de O, com um tracinho ou com uma bolinha, marcamos pontos correspondentes aos **números inteiros positivos** e, à esquerda, pontos correspondentes aos **números inteiros negativos**.

Na reta numérica, os números inteiros estão organizados de forma crescente, da esquerda para a direita.

Assim, observando a sequência dos números inteiros ou sua representação na reta numérica, podemos determinar o **antecessor** e o **sucessor** de um número inteiro. Quando você estudou a sequência dos números naturais, viu que o antecessor de um número em uma sequência é o número que vem imediatamente antes dele, e o sucessor é o número que vem imediatamente depois.

Veja a reta numérica.

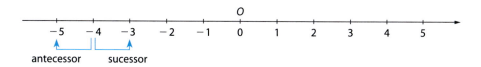

Com o auxílio da reta, identificamos que o sucessor de -4 é -3, e o antecessor de -4 é -5.

Observando a sequência dos números inteiros ou a representação desses números na reta numérica, também podemos comparar números inteiros. Quanto mais à direita um número estiver, na sequência ou na reta, maior ele será.

$..., -9, -8, -7, -6, -5, -4, -3, -2, -1, 0, +1, +2, +3, +4, +5, +6, +7, +8, +9, +10, +11, +12, ...$

> **OBSERVAÇÕES**
>
> - O conjunto dos números inteiros sem o zero é representado por:
> $\mathbb{Z}^* = \{..., -3, -2, -1, 1, 2, 3, ...\}$
> - Todos os elementos do conjunto $\mathbb{N}$ são também elementos do conjunto $\mathbb{Z}$.

EXEMPLO

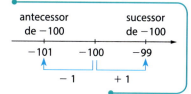

PARA PENSAR

Analise o que Paula está dizendo.

> Todo número inteiro positivo é maior que qualquer número inteiro negativo.

Explique por que Paula está certa.

39

Por exemplo:

- o número +7 é maior que 0 e representamos assim: +7 > 0 (lemos: "mais sete é maior que zero");
- o número −5 é menor que −1 e representamos assim: −5 < −1 (lemos: "menos cinco é menor que menos um");
- o número −9 é menor que +3 e representamos assim: −9 < +3 (lemos: "menos nove é menor que mais três");
- o número 0 é maior que −4 e representamos assim: 0 > −4 (lemos: "zero é maior que menos quatro").

ATIVIDADES

VAMOS PRATICAR

1. Dê exemplos de três números:
   a) naturais;
   b) inteiros que não são naturais.

2. Associe de forma adequada os números com os conjuntos numéricos.

   −35   −48   12   51   0

   $\mathbb{N}$ $\mathbb{Z}^*$ $\mathbb{Z}$

3. Considerando os pontos A, B, C, D e O sobre a reta numérica, na qual O é a origem, responda às questões e justifique.

   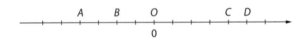

   a) D está associado a um número negativo?
   b) B está relacionado com um número negativo?
   c) O está relacionado com um número positivo?

4. Copie no caderno a reta numérica abaixo, complete-a e responda às questões.

   a) Qual é o antecessor de −1?
   b) E o sucessor de −1?

   • Elabore uma pergunta semelhante a essas duas e troque sua pergunta com um colega. Depois de resolvidas, destroquem-nas para a correção.

5. Determine o sucessor e o antecessor de cada número.
   a) 99
   b) +999
   c) −1.000
   d) 1.000
   e) −9.009
   f) −10.000

6. Responda às questões.
   a) Quais são os números do conjunto $\mathbb{Z}$ que também são do conjunto $\mathbb{N}$?
   b) Qual é o menor número do conjunto $\mathbb{N}$? E o maior?
   c) Qual é o menor número do conjunto $\mathbb{Z}$? E o maior?

7. Compare os números usando < (menor que) ou > (maior que).
   a) −6 e +2
   b) −4 e −6
   c) +3 e −1
   d) +2 e +5
   e) 0 e −3
   f) −8 e −10

8. Determine:
   a) os três menores números inteiros positivos;
   b) os três maiores números inteiros negativos;
   c) o menor número inteiro entre −10 e 0, diferente de −10 e diferente de 0;
   d) o maior número inteiro entre −5 e 5, diferente de −5 e diferente de 5;
   e) os três maiores números inteiros não positivos.

VAMOS APLICAR

9. Observe os termômetros abaixo e escreva os números, positivos ou negativos, que representam as temperaturas registradas por eles. Em seguida, determine o antecessor e o sucessor de cada número na sequência dos números inteiros.

a)

Inverno em Vancouver, Canadá. Foto de 2018.

c)

Inverno em Santiago, Chile. Foto de 2017.

b)

Outono em Vitória, Espírito Santo. Foto de 2017.

d)

Inverno em Porto Alegre no Rio Grande do Sul. Foto de 2016.

10. Uma universidade comprou dois *freezers* para o laboratório de pesquisas ambientais. Um pode armazenar materiais à temperatura de até −86 °C, e o outro, de até −196 °C.

a) Um funcionário desse laboratório precisa armazenar dois materiais em temperaturas diferentes. Um deles precisa ser armazenado a −100 °C, e o outro, a −80 °C. Como o funcionário poderá armazenar esses materiais?

b) Escreva cinco temperaturas maiores e cinco menores que −86 °C.

c) Escreva cinco temperaturas que estejam entre −196 °C e −86 °C.

11. Em uma empresa de sorvetes, o armazenamento é feito em *freezers* com temperatura de −18 °C. Qualquer temperatura acima dessa medida é inadequada e pode alterar o produto.

a) Quais temperaturas a seguir são adequadas e quais são inadequadas para o armazenamento de sorvetes nessa empresa?

| −15 °C | −16 °C | −17 °C |
| −18 °C | −19 °C | −20 °C |

b) Por que os sorvetes precisam ser mantidos a essa temperatura? Faça uma pesquisa e registre a resposta.

12. Leia o texto e observe os saldos de gols dos times no campeonato de futebol de salão de uma escola.

> O 6º ano tem uma defesa excelente; foi o time que sofreu menos gols e obteve um saldo positivo de 13 gols. Já o 7º ano teve o melhor ataque, mas sofreu 10 gols a mais do que marcou. O 8º e o 9º ano tiveram, respectivamente, −4 e +1 de saldo de gols.

• Agora, organize os dados em um quadro por ordem decrescente de saldo de gols.

3 MÓDULO, OU VALOR ABSOLUTO, DE UM NÚMERO INTEIRO

Podemos determinar, na reta numérica, a distância de qualquer ponto em relação à origem O. Veja:

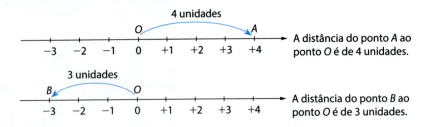

A distância do ponto A ao ponto O é de 4 unidades.

A distância do ponto B ao ponto O é de 3 unidades.

> A distância de um ponto da reta numérica à origem é chamada **valor absoluto**, ou **módulo**, do número associado a esse ponto.

Assim, o valor absoluto, ou módulo, do número +4 é 4 (distância do ponto A à origem). Da mesma maneira, o módulo de −3 é 3 (distância do ponto B à origem).

Indicamos o módulo de um número colocando esse número entre duas barras verticais paralelas. Por exemplo: o módulo de −3 é representado por $|-3|$.

EXEMPLOS

a) $|+5| = 5$
b) $|7| = 7$
c) $|-18| = 18$
d) $|0| = 0$

NÚMEROS OPOSTOS OU SIMÉTRICOS

Observe a reta numérica:

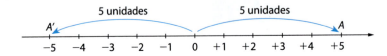

Os pontos A′ e A estão associados, respectivamente, aos números inteiros −5 e +5. A distância do ponto A′ à origem é de 5 unidades, assim como a distância de A até a origem é de 5 unidades. Os pontos A′ e A estão à **mesma distância** da origem, porém situados em **lados opostos** da reta numérica (em relação ao zero). Por isso, −5 e +5 são chamados **números simétricos** ou **números opostos**.

EXEMPLOS

a) +7 e −7 são números opostos ou simétricos.
b) −4 é o oposto de 4, e 4 é o oposto de −4.
c) $+\dfrac{1}{2}$ e $-\dfrac{1}{2}$ são números opostos ou simétricos.
d) −0,85 é o oposto de 0,85 e 0,85 é o oposto de −0,85.

ATIVIDADES

VAMOS PRATICAR

1. Observe a reta numérica e responda às questões.

```
  M      N  S      O   P     Q  R
──┼──────┼──┼──────┼───┼─────┼──┼──→
 -7     -4 -3     -1   0     2  4  5
```

a) Qual é o módulo dos números inteiros representados na reta numérica pelas letras M, N, S, O, P, Q e R?

b) Quais desses números têm mesmo módulo?

2. Determine:
a) o simétrico de −23;
b) o oposto de 16;
c) o simétrico de 0;
d) o módulo do simétrico de −4;
e) o oposto do oposto de −3.

3. Complete o quadro e, depois, responda à questão.

Número	Oposto	Valor absoluto
7		
	23	
		50

• Existe uma única maneira de preencher o quadro? Justifique sua resposta.

4. Usando os símbolos > (maior que), < (menor que) ou = (igual), compare.
a) |−7| e |5|
b) |+1| e |−4|
c) |−100| e |100|
d) 0 e |−30|

R1. Determine, considerando o conjunto dos números inteiros não nulos, que números têm módulo menor que 2.

Resolução

Os números que têm módulo menor que 2 são aqueles que estão associados a pontos cujas distâncias até a origem são menores que 2. Uma forma prática de determinar esses números é traçar uma reta e depois uma circunferência, com o auxílio de um compasso.

Para isso, devemos centrar a ponta-seca do compasso em 0 e abrir a outra ponta até o ponto correspondente ao número 2. Os pontos da reta, relacionados a números inteiros não nulos, que estão na região interna da circunferência correspondem aos números inteiros que têm módulo menor que 2.

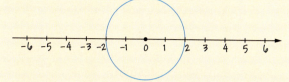

Portanto, os números inteiros não nulos procurados são 1 e −1.

---

5. Quais números inteiros têm módulo menor que 5?

6. Faça o que se pede.
a) Construa uma reta numérica e localize os seguintes números: +10, −4, −5, 8, −2 e 3.
b) Indique o simétrico de cada um dos números do item **a**.
c) Considerando apenas os números do item **a**, indique aqueles que têm módulo menor que 4.

7. Ordene os números a seguir do menor para o maior.

$$-5, +3, -8, +4, -2, +7, -1, -10, +11$$

• Agora, escreva o oposto de cada número e agrupe-os em ordem decrescente.

VAMOS APLICAR

8. Observe os extratos das contas-correntes de Paulo, Joana e Larissa.

Nome: Paulo da Silva

Data	Histórico	Valor
2/11	Saldo	250,00−
5/11	Saldo	356,00−
12/11	Saldo	525,00−
15/11	Saldo	98,00−

Nome: Joana Nunes

Data	Histórico	Valor
2/11	Saldo	535,00
5/11	Saldo	134,00
12/11	Saldo	56,00
15/11	Saldo	725,00

Nome: Larissa Rosa Lima

Data	Histórico	Valor
2/11	Saldo	723,00
5/11	Saldo	134,00
12/11	Saldo	56,00—
15/11	Saldo	127,00—

Agora, responda às questões.

a) Segundo os extratos anteriores, os saldos das contas de Paulo, Joana e Larissa estavam positivos ou negativos nas datas indicadas?

b) Em qual dia o saldo de cada conta estava menor? E em qual dia estava maior?

c) Como você fez para comparar os saldos de cada conta?

9. Em nosso planeta, há muita diversidade de vegetação, de clima e de altitude.

Observe a seguir a descrição de três ambientes terrestres diferentes e responda às questões.

a) O deserto de Atacama, no norte do Chile, é o mais seco do planeta. Nele, ocorrem grandes variações de temperatura. Em um período de 24 horas, a temperatura pode cair de 40 °C, durante o dia, para −2 °C, à noite! Qual dessas temperaturas é a mais alta?

Vale da Lua no deserto de Atacama, Chile. Foto de 2017.

b) Na Antártida, no inverno, a temperatura pode variar de −20 °C a −55 °C. Qual dessas temperaturas é a menor?

Geleiras na Antártida. Foto de 2018.

c) A maior parte da floresta amazônica está localizada em território brasileiro. Seu clima é úmido e, durante o ano, não há muita variação de temperatura. As temperaturas médias anuais oscilam entre 24 °C e 26 °C. Qual dessas temperaturas é a mais baixa?

Floresta amazônica, Codajás (AM). Foto de 2017.

10. Observe o termômetro abaixo.

A temperatura aumenta. →
−4 −3 −2 −1 0 +1 +2 +3 +4 +5 +6
← A temperatura diminui.

• O termômetro indicou −2 °C, depois +6 °C e, por último, −4 °C. Escreva essas temperaturas em ordem crescente.

11. Ricardo comprou um pacote de pães de queijo congelados. Na embalagem, havia as instruções a seguir.

> **CONSERVAÇÃO**
> Conservar entre −10 °C e −18 °C.
>
> **PREPARO**
> 1. Preaqueça o forno à temperatura de 180 °C, por 10 minutos.
> 2. Retire os pães de queijo da embalagem ainda congelados. Coloque-os em uma assadeira, deixando um espaço de, no mínimo, 2 cm entre eles.
> 3. Asse por cerca de 30 minutos ou até que fiquem dourados.

a) Qual é a menor temperatura a que os pães de queijo devem ser conservados?

b) E a maior temperatura?

c) Qual será, aproximadamente, o tempo total de preparo?

4 ADIÇÃO COM NÚMEROS INTEIROS

A adição com números inteiros pode ser observada em diversas situações. Acompanhe alguns exemplos.

Situação 1

Em um edifício, o $1^\underline{o}$ e o $2^\underline{o}$ subsolos são indicados por números negativos, o térreo é indicado pelo zero e os andares acima do térreo, por números positivos. Um elevador estava parado no $2^\underline{o}$ subsolo e, em seguida, subiu 3 andares. Em que andar o elevador parou?

Se analisarmos o andar onde o elevador estava e pelos quais passou antes de parar, constataremos que ele partiu do -2, subiu 1 andar e chegou ao -1. Subindo mais 1 andar, chegou ao térreo e, subindo mais 1 (3 andares no total), chegou ao $1^\underline{o}$ andar.

Logo, o elevador parou no $1^\underline{o}$ andar.

Podemos representar essa situação por meio da adição:

$$(-2) + (+3) = +1 \text{ ou, de maneira simplificada: } -2 + 3 = 1$$

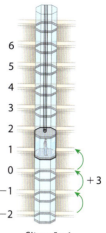
Situação 1

Situação 2

Um mergulhador estava 6 m abaixo do nível do mar. Sabendo que poderia observar animais muito interessantes se descesse mais 7 m, resolveu ir até lá. A quantos metros do nível do mar o mergulhador se encontrava após a descida?

Vamos representar a situação na reta numérica.

Partindo de -6, "andamos" 7 unidades para a esquerda na reta numérica e chegamos ao ponto correspondente ao número -13.

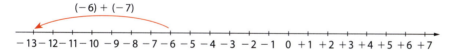

Representando essa situação por meio da adição, temos:

$$(-6) + (-7) = -13 \text{ ou } -6 - 7 = -13$$

Portanto, após a descida, o mergulhador ficou 13 m abaixo do nível do mar.

Situação 2

Situação 3

A temperatura em certa cidade estava $+3\ °C$ e sofreu uma queda de $4\ °C$ na madrugada. Qual temperatura foi registrada nessa madrugada?

Partindo de $+3$, "andamos" 4 unidades para a esquerda e paramos no ponto correspondente ao número -1.

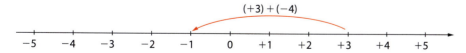

Representando a situação por meio de uma adição:

$$(+3) + (-4) = -1 \text{ ou } 3 - 4 = -1$$

Então, a temperatura estava 1 °C abaixo de zero ($-1\ °C$) nessa madrugada.

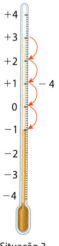
Situação 3

Quadro-resumo da adição		
Parcelas	**Operações (exemplos)**	**Sinal do resultado**
Positiva (+) e positiva (+)	3 + 5 (+3) + (+5) = +8 O sinal se mantém. 10 + 4 +10 + 4 = +14 O sinal se mantém.	Positivo (+)
Negativa (−) e negativa (−)	3 + 4 (−3) + (−4) = −7 O sinal se mantém. 5 + 11 (−5) + (−11) = −16 O sinal se mantém.	Negativo (−)
Positiva (+) e negativa (−) ou Negativa (−) e positiva (+)	7 − 5 (+7) + (−5) = +2 sinal da parcela que tem maior módulo 4 − 3 (−4) + (+3) = −1 sinal da parcela que tem maior módulo 20 − 10 −10 + 20 = +10 sinal da parcela que tem maior módulo	• Positivo (+) se o maior módulo corresponder ao da parcela positiva. • Negativo (−) se o maior módulo corresponder ao da parcela negativa.
	7 − 7 +7 − 7 = 0 O zero não é representado com sinal. 8 − 8 −8 + 8 = 0 O zero não é representado com sinal.	• Não terá sinal, ou seja, o resultado será zero se as parcelas forem números opostos.
Positiva (+) e zero ou Negativa (−) e zero	0 + 9 0 + (+9) = +9 sinal da parcela diferente de zero 12 − 0 0 + (−12) = −12 sinal da parcela diferente de zero 5 + 0 +5 + 0 = +5 sinal da parcela diferente de zero 15 − 0 −15 + 0 = −15 sinal da parcela diferente de zero	• Positivo (+) se a parcela for positiva. • Negativo (−) se a parcela for negativa. **Observação:** o resultado é igual à parcela diferente de zero.

ATIVIDADES

VAMOS PRATICAR

1. Calcule.
   a) $(+15) + (+9)$
   b) $(-22) + (+31)$
   c) $(-13) + (-15)$
   d) $(+29) + (-41)$
   e) $(-36) + (+17)$
   f) $(+31) + (-19)$
   g) $+5 + 7$
   h) $+2 - 16$
   i) $-12 - 29$
   j) $-57 + 17$
   k) $+89 - 21$
   l) $-100 - 10$

2. Descubra o número que cada ■ representa.

   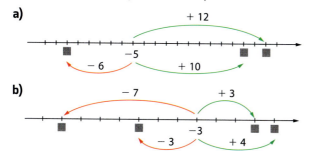

3. Responda às questões.
   a) A soma de dois números inteiros de mesmo sinal é 21. Qual é o sinal desses números?
   b) A soma de dois números inteiros de mesmo sinal é -10. Qual é o sinal desses números?
   c) A soma de dois números inteiros de sinais diferentes é -5. Qual é o sinal do número de maior módulo?

R1. Substitua o ■ por um número inteiro.
$$(-14) + ■ = -2$$

Resolução

Localizamos os pontos correspondentes aos números da sentença e encontramos o valor da parcela que temos de adicionar a -14 para obter -2.

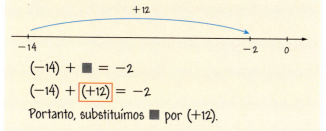

$(-14) + ■ = -2$
$(-14) + \boxed{(+12)} = -2$

Portanto, substituímos ■ por $(+12)$.

4. Descubra o valor de ■ em cada item.
   a) $(-12) + ■ = -12$
   b) $(+19) + ■ = +12$
   c) $■ + (-10) = 0$
   d) $■ + (-6) = -4$

VAMOS APLICAR

5. Represente os valores com números inteiros e calcule.
   a) Havia R$ 120,00 em minha conta-corrente e depositei R$ 85,00 nessa conta. Quanto tenho agora?
   b) Eva estava com o saldo negativo de R$ 95,00 em sua conta-corrente. Depois disso, ela depositou R$ 175,00 em sua conta. Qual é o saldo atual da conta-corrente de Eva?

6. Observe a movimentação da conta-corrente de Ana, de acordo com as anotações, e responda à questão.

   10/3: Saldo de $-$R$ 790,00
   11/3: Depositei R$ 970,00
   12/3: Paguei conta com cheque de R$ 200,00
   13/3: Depositei R$ 260,00

   • Qual era o saldo da conta-corrente de Ana ao final de cada dia?

7. O termômetro eletrônico desta câmara fria estava com defeito: mostrava 4 graus acima da temperatura real.

   a) Qual era a temperatura real nessa câmara?
   b) Qual era a temperatura real quando o termômetro mostrava $-2\ °C$?

8. Nas operações abaixo, a e b representam números inteiros. Encontre um possível valor para a e b em cada caso.
   a) $a + b = 21$
   b) $a + b = -4$
   c) $a + b = -1$
   d) $a + b = 0$

PROPRIEDADES DA ADIÇÃO

Acompanhe a situação a seguir.

Mauro é dono de uma papelaria. Ao final de cada período de quatro meses, ele faz um pequeno balanço para saber se está obtendo lucro ou prejuízo. Em janeiro, a papelaria atingiu um lucro de R$ 12.500,00, decorrente das vendas de material escolar com a volta às aulas. Em fevereiro, teve um prejuízo de R$ 9.870,00; em março, prejuízo de R$ 435,00 e, em abril, lucro de R$ 240,00.

Mauro fez o balanço quadrimestral de duas maneiras. Observe.

$(+12.500) + (-9.870) + (-435) + (+240) =$
$= (+2.630) + (-435) + (+240) =$
$= (+2.195) + (+240) =$
$= +2.435$

$(+12.500) + (+240) + (-9.870) + (-435) =$
$= (+12.740) + (-9.870) + (-435) =$
$= (+12.740) + (-10.305) =$
$= +2.435$

Portanto, no primeiro quadrimestre do ano a papelaria teve um saldo positivo de R$ 2.435,00.

Para realizar os cálculos da segunda maneira, Mauro usou propriedades da adição de números inteiros.

Quando você estudou os números naturais, viu que na adição são válidas a propriedade comutativa, a propriedade associativa e a existência do elemento neutro. Essas propriedades, além da existência do elemento oposto, são válidas também para a adição de números inteiros.

PROPRIEDADE COMUTATIVA

A ordem das parcelas não altera a soma. Assim, se a e b são números inteiros:
$a + b = b + a$

Por exemplo:

$(+4) + (-5) = -1$ e $(-5) + (+4) = -1$
$(+4) + (-5) = (-5) + (+4)$

PROPRIEDADE ASSOCIATIVA

Na adição, podemos associar as parcelas de diferentes maneiras e obter o mesmo resultado. Assim, se a, b e c são números inteiros: $(a + b) + c = a + (b + c)$

Por exemplo:

$[(+3) + (-5)] + (-7) =$ ou $(+3) + [(-5) + (-7)] =$

$= (-2) + (-7) =$ $= (+3) + (-12) =$

$= -9$ $= -9$

$[(+3) + (-5)] + (-7) = (+3) + [(-5) + (-7)]$

EXISTÊNCIA DO ELEMENTO NEUTRO

O elemento neutro da adição é o **zero**, que, adicionado a qualquer número inteiro, resulta no próprio número. Assim, se a é um número inteiro:

$a + 0 = 0 + a = 0$

Por exemplo:

$(-8) + 0 = -8$ ou $0 + (-8) = -8$

EXISTÊNCIA DO ELEMENTO OPOSTO

Qualquer número inteiro tem um oposto que, adicionado a ele, resulta no elemento neutro. Assim, se a é um número inteiro, existe $-a$, que é o oposto de a, tal que: $a + (-a) = 0$

Por exemplo:

$(-8) + (+8) = 0$

PARA CALCULAR

Calcule o valor de:
$(-500) + 2.547 + 294 + (-2.547) + (-394)$

a) Você usou alguma das propriedades da adição de números inteiros? Qual(ais)?

b) Compare o modo com que você realizou os cálculos com o de um colega e responda: Vocês efetuaram as adições da mesma forma? O resultado obtido foi o mesmo? Em qual dos modos as contas efetuadas ficaram mais simples?

 Pensar com flexibilidade

ATIVIDADES

VAMOS PRATICAR

1. Efetue as adições.
   a) $(+4 - 7) + (-8)$
   b) $(-12) + (-5 - 1 + 6)$
   c) $(-21 + 0) + (+12 + 7) + (-4 + 2)$
   d) $(-1.004 + 258) + (-789)$

2. Calcule o resultado dos itens abaixo e identifique a propriedade aplicada em cada caso.
   a) $(+3) + (-1) = (-1) + (+3)$
   b) $(+100) + 0$
   c) $[(+5) + (-7)] + (-3) = (+5) + [(-7) + (-3)]$

3. Classifique cada sentença em V (verdadeira) ou F (falsa).
   a) $-5 + 0 > 0 + (-6)$
   b) $4 + (-10) < -11 + 5$
   c) $-13 + (-13) = 18 + (-18)$

VAMOS APLICAR

4. Calcule mentalmente e preencha a última coluna do extrato bancário de Mário. Depois, responda às questões.

Data	Histórico	Valor
12/5	Saldo	800,00
13/5	Cheque	−200,00
	Cheque	−100,00
17/5	Saldo	
	Depósito	450,00
22/5	Saldo	
1/6	Cheque	−1.000,00
2/6	Saldo	
5/6	Depósito	900,00
6/6	Saldo	

a) Em que data a conta-corrente de Mário teve o maior saldo?

b) Em que dia ele ficou com o saldo negativo?

49

5. Andressa tem uma sorveteria. No início do mês, ela gastou R$ 1.100,00 em ingredientes para a produção de sorvete; recebeu R$ 5.500,00 com as vendas dos sorvetes que produziu e, no final do mês, gastou R$ 750,00 com a manutenção de equipamentos.

a) Qual foi o saldo de Andressa no final do mês?
b) Ela obteve lucro ou prejuízo?

6. Rafael pediu emprestados 30 reais de sua irmã para comprar uma camiseta. Depois, pediu mais 40 reais para comprar uma calça.

a) Quanto Rafael está devendo à irmã?
b) Utilizando a ideia de número negativo, represente a situação por uma expressão numérica.

7. Kelly e Alice fizeram uma brincadeira. Cada uma escreveu uma expressão em um pedaço de papel. Em seguida, dobraram os papéis e cada uma escolheu um. Venceria quem tirasse a expressão com o maior resultado. Se Kelly tirou a expressão $[(-4.547) + (4.547) - 1]$ e Alice $(1 + 0)$, quem venceu?

5 SUBTRAÇÃO COM NÚMEROS INTEIROS

No Campeonato Brasileiro de Futebol de 2017, o Corinthians (SP) obteve saldo de gols igual a 20, enquanto o Avaí (SC) obteve saldo de -19. Qual foi a diferença entre os saldos de gols do Corinthians e do Avaí?

Localizando os números $(+20)$ e (-19) em uma reta numérica, temos:

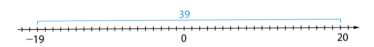

Observando a localização dos pontos correspondentes a esses números na reta, podemos ver que a diferença entre $(+20)$ e (-19), nessa ordem, é de 39 unidades.

Também podemos encontrar a diferença entre os saldos de gols calculando o valor da expressão:

$$(+20) - (-19)$$

Veja: $-(-19)$ é o oposto do número -19, ou seja, é igual a $+19$.

Então, calculamos: $(+20) - (-19) = +20 + 19 = +39$

Assim, verificamos que a diferença entre os saldos de gols do Corinthians e do Avaí, no final do campeonato, foi de 39.

Observe outras subtrações entre números inteiros.

- $(-23) - (+15) = -23 - 15 = -38$
  O oposto de $+15$ é -15.

- $(+14) - (+20) = +14 - 20 = -6$
  O oposto de $+20$ é -20.

ATIVIDADES

VAMOS PRATICAR

1. Efetue as subtrações.
   a) $(+17) - (+9)$
   b) $(-15) - (-7)$
   c) $(-23) - (-4)$
   d) $(-42) - (-7) - (-8)$
   e) $(+5) - (-21) - (+9)$
   f) $(-71) - 0$

2. Encontre o valor do ■ em cada expressão.
   a) $(-14) - (-12) = $ ■
   b) $(+9) - ($■$) = -7$
   c) $(-19) - ($■$) = -17$
   d) ■ $- (-21) = +12$

VAMOS APLICAR

3. Fabrício trabalha em um frigorífico. Uma das câmaras frigoríficas desse local mantém peças de carne bovina congeladas a $-35\ °C$. Fabrício tirou uma das peças para descongelar, deixando-a em temperatura ambiente, igual a $25\ °C$. Que variação de temperatura essa peça de carne sofreu?

4. Calcule o que se pede.
   a) Arquimedes foi um dos maiores matemáticos da Antiguidade. Ele nasceu no ano de 287 a.C. e viveu 75 anos. Em que ano Arquimedes morreu?

   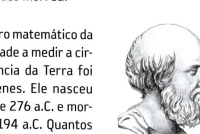

   b) O primeiro matemático da Antiguidade a medir a circunferência da Terra foi Eratóstenes. Ele nasceu no ano de 276 a.C. e morreu em 194 a.C. Quantos anos Eratóstenes viveu?

   c) Pitágoras viveu 74 anos. Se morreu em 497 a.C., em que ano Pitágoras nasceu?

5. Observe o quadro que Lucas fez e responda às questões.

Dívida de Lucas			
	Janeiro	Fevereiro	Março
Aumentou	30 reais		23 reais
Diminuiu		55 reais	

   a) O que significa diminuir uma dívida? E aumentá-la?
   b) A dívida no início de janeiro era de 100 reais. Qual era seu valor no final de março?

6. Em Ijuí (RS), num dia de inverno, às 6 horas da manhã, o termômetro marcava $1\ °C$. Às 10 horas, a temperatura havia subido $4\ °C$, e às 13 horas mais $3\ °C$. Ao anoitecer, a temperatura baixou $5\ °C$, e às 22 horas baixou mais $4\ °C$, não se alterando mais até a meia-noite.
   a) Que temperatura marcava o termômetro à meia-noite?
   b) Qual foi a diferença entre a temperatura máxima e a temperatura mínima registradas nesse dia?

7. Descubra os números que faltam neste quadrado mágico.

   Atenção: a soma dos números de cada linha, coluna ou diagonal é sempre a mesma.

8. Encontre o número que está associado a cada uma das letras da pilha de tijolos. Siga o padrão abaixo.

   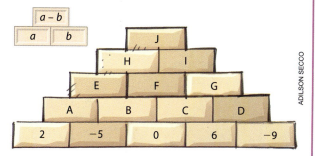

OBSERVAÇÃO

Já vimos que, por exemplo:
$-(-14) = +14$
Em palavras, equivale a dizer:
O oposto do oposto de um número é igual ao próprio número.

PARA CALCULAR

Calcule o valor da expressão ao lado de modo diferente dos apresentados.

6 ADIÇÃO ALGÉBRICA

Vimos que a subtração com dois números inteiros equivale a uma adição do primeiro número com o oposto do segundo. Por isso, a adição e a subtração com números inteiros são consideradas uma única operação: a **adição algébrica**.

A ideia de adição algébrica ajuda a simplificar uma expressão numérica que apresenta parênteses e os sinais + e − das operações. Veja:

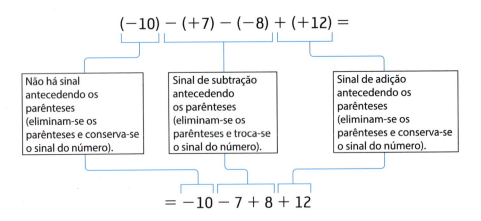

$(-10) - (+7) - (-8) + (+12) =$

- Não há sinal antecedendo os parênteses (eliminam-se os parênteses e conserva-se o sinal do número).
- Sinal de subtração antecedendo os parênteses (eliminam-se os parênteses e troca-se o sinal do número).
- Sinal de adição antecedendo os parênteses (eliminam-se os parênteses e conserva-se o sinal do número).

$= -10 - 7 + 8 + 12$

Agora, basta resolver a expressão do modo que preferir. Veja algumas maneiras:

1ª) Efetuando as operações na ordem em que aparecem:

$-10 - 7 + 8 + 12 =$
$= -17 + 8 + 12 =$
$= -9 + 12 = +3$

2ª) Agrupando os valores de modo conveniente:

$-10 - 7 + 8 + 12 =$
$= +12 - 10 + 8 - 7 =$
$= +2 + 1 =$
$= +3$

Nas expressões que apresentam adições algébricas agrupadas pelos sinais ( ), [ ] e { }, devem-se resolver as adições algébricas que estão no interior dos parênteses, depois as dos colchetes e por último as das chaves.

Veja um exemplo:

$10 - (-3) - \{[(+5) + (-7)] - (+4 - 12)\} =$ ← Efetuamos a adição algébrica: $(+4 - 12)$.

$= 10 - (-3) - \{[(+5) + (-7)] - (-8)\} =$ ← Eliminamos todos os parênteses.

$= 10 + 3 - \{[+5 - 7] + 8\} =$ ← Efetuamos a adição algébrica: $[+5 - 7]$.

$= 10 + 3 - \{[-2] + 8\} =$ ← Eliminamos os colchetes.

$= 10 + 3 - \{-2 + 8\} =$ ← Efetuamos a adição algébrica: $\{-2 + 8\}$.

$= 10 + 3 - \{+6\} =$ ← Eliminamos as chaves.

$= 10 + 3 - 6 = +7$

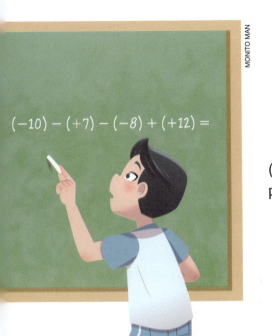

ATIVIDADES

VAMOS PRATICAR

1. Efetue as adições algébricas.
   a) −(−10) + (−11) + (+5) − (−8)
   b) −(−3) + (−8) − (−4) + (−7) + (+2)
   c) (+7) − (−9) + (−11) + (+23)

2. Copie as sentenças e substitua os ■ pelos sinais + ou −.
   a) 6 − (5 + 3) = 6 ■ 5 ■ 3
   b) 7 + (−9 − 11) = 7 ■ 9 ■ 11
   c) 44 − (4 + 40) = 44 ■ 4 ■ 40

3. Calcule o valor das expressões numéricas.
   a) 5 + (7 − 2) − (4 + 3)
   b) −15 + [(−12) − (+4)] − (−7 − 4)
   c) 45 − {51 + [(−3) − (+8)]}
   d) (4 − 8) − {[7 + (+2 − 4) − (−5 − 13)] − 1}

4. Elabore as expressões numéricas pedidas.
   a) Uma expressão numérica com cinco números inteiros cujo resultado seja zero.
   b) Uma expressão numérica com cinco números inteiros e com dois pares de colchetes.

VAMOS APLICAR

5. O Instituto Nacional de Metrologia, Qualidade e Tecnologia (Inmetro) é uma instituição governamental responsável, entre outras funções, pela fiscalização das informações divulgadas nas embalagens dos alimentos, como a quantidade de produto nos pacotes. Veja as anotações de falta ou sobra de produto, em grama, que um funcionário do Inmetro fez ao verificar um lote de salgadinhos.

   a) No lote (total de pacotes), há falta ou sobra de salgadinho? De quanto?
   b) Sabendo que, segundo as especificações descritas na embalagem, cada pacote deveria ter 200 gramas, quantos gramas tem esse lote?

6. Encontre o erro no cálculo da expressão numérica.
   (+12) + (+5) + (−17) − (−4) =
   = (+12) + (−12) − 4 =
   = 0 − 4 =
   = −4

7. Construa em seu caderno um quadrado mágico composto de três linhas e três colunas, como este.

   • Depois, com os números inteiros de −4 a +4, preencha-o de forma que a soma dos números de cada linha, coluna ou diagonal seja zero.

8. Leia a explicação e faça o que se pede.

   A calculadora pode ser usada para realizar operações com números inteiros.

   Observe como representar e realizar operações com números inteiros usando a tecla +/− da calculadora.

   Para representar −7, por exemplo, fazemos: 7 +/−

   Alguns modelos apresentam: 7-

   Outros mostram na tela: MINUS 7 ou -7

   Usando a calculadora, também podemos calcular o valor de expressões numéricas com números inteiros.

   Para calcular −8 + (−3) − (−6), por exemplo, digitamos:

   8 +/− + 3 +/− − 6 +/− =

   E obtemos: MINUS 5

   Use uma calculadora para determinar:
   a) 2 − (+9) + (−7)
   b) −46 + (−53) − (+76)
   c) 129 + (−134) − (−289)

   • Agora, responda: como você faria para calcular −{16 + [−27 − (4 − 9)]} usando uma calculadora?

9. Elabore um problema que possa ser resolvido com adições algébricas.

53

7 MULTIPLICAÇÃO COM NÚMEROS INTEIROS

Para uma vida saudável, nada como ouvir uma boa música em uma caminhada matinal.

Para isso, Clara comprou um aparelho de MP3, que pagará em 4 prestações de 65 reais. Qual é o valor da dívida de Clara?

Para calcular o valor da dívida, podemos escrever:

$$\underbrace{(-65) + (-65) + (-65) + (-65)}_{\text{4 parcelas}} = -260$$

Podemos também fazer uma multiplicação:

$$4 \cdot (-65) = -260$$

Portanto, o valor da dívida de Clara é 260 reais.

Esse problema foi resolvido por meio de uma multiplicação de dois números inteiros (4 e -65).

Agora, vamos analisar a multiplicação de dois números inteiros com os exemplos a seguir.

- Qual é o valor de $(+2) \cdot (+7)$?

    Uma das ideias da multiplicação é a adição de parcelas iguais. Então:
    $(+2) \cdot (+7) = 2 \cdot (+7) = (+7) + (+7) = +14$ ou apenas 14.

    Quando multiplicamos dois números inteiros **positivos**, o resultado é **positivo**.

- Qual é o valor de $(+2) \cdot (-7)$?

    Vamos aplicar novamente a ideia da adição de parcelas iguais:
    $(+2) \cdot (-7) = 2 \cdot (-7) = (-7) + (-7) = -14$

    Quando multiplicamos dois números inteiros, um **positivo** e outro **negativo**, o resultado é **negativo**.

- Qual é o valor de $(-2) \cdot (+7)$?

    Quando estudamos a multiplicação de números naturais, vimos que $2 \cdot 7 = 7 \cdot 2$, ou seja, que a ordem dos fatores não altera o produto (propriedade comutativa da multiplicação). Essa propriedade é válida também quando multiplicamos números inteiros. Assim:

    $(-2) \cdot (+7) = (+7) \cdot (-2) = 7 \cdot (-2) =$
    $= (-2) + (-2) + (-2) + (-2) + (-2) + (-2) + (-2) = -14$

    Quando multiplicamos dois números inteiros, um **negativo** e outro **positivo**, o resultado é **negativo**.

- Qual é o valor de $0 \cdot (-7)$?

    Assim como na multiplicação de números naturais, quando um dos fatores da multiplicação de números inteiros é **zero** o produto será **zero**.

    Então: $0 \cdot (-7) = (-7) \cdot 0 = 0$

- Qual é o valor de $(-2) \cdot (-7)$?

    Para obter o resultado nesse caso, vamos nos basear em multiplicações já conhecidas. Observe a sequência de multiplicações a seguir e seus resultados.

    $$4 \cdot (-7) = -28$$
    $$3 \cdot (-7) = -21$$
    $$2 \cdot (-7) = -14$$
    $$1 \cdot (-7) = -7$$
    $$0 \cdot (-7) = 0$$

    (+7, +7, +7, +7)

    Essa sequência de multiplicações segue um padrão: o primeiro fator vem decrescendo em 1 unidade (4, 3, 2, 1, 0) e o produto vem crescendo em 7 unidades ($-28, -21, -14, -7, 0$). Seguindo esse padrão, podemos escrever:

    $$(-1) \cdot (-7) = 0 + 7 = 7$$
    $$(-2) \cdot (-7) = 7 + 7 = 14$$
    $$(-3) \cdot (-7) = 14 + 7 = 21$$

    Quando multiplicamos dois números inteiros **negativos** o resultado é **positivo**.

PARA CALCULAR

Observe o padrão nesta sequência de multiplicações:

$3 \cdot (-9) = -27$ $\quad$ $1 \cdot (-9) = -9$
$2 \cdot (-9) = -18$ $\quad$ $0 \cdot (-9) = 0$

Seguindo o padrão, continue a sequência e encontre o resultado de:

a) $(-1) \cdot (-9)$ b) $(-2) \cdot (-9)$ c) $(-6) \cdot (-9)$

Resumindo: na multiplicação de dois números inteiros, se os fatores têm mesmo sinal, o produto é positivo; se os fatores têm sinais diferentes, o produto é negativo; se um dos fatores é zero, o produto é zero.

ATIVIDADES

VAMOS PRATICAR

1. Identifique as sentenças verdadeiras.

    a) O produto de dois números inteiros positivos é sempre positivo.

    b) O produto de um número inteiro positivo por um número inteiro negativo é positivo se o sinal do número de maior valor absoluto é positivo.

    c) O produto de dois números inteiros negativos é sempre positivo.

2. Calcule cada produto.

    a) $(+2) \cdot (-10)$ e) $0 \cdot (-3)$
    b) $(+3) \cdot (-5)$ f) $(+12) \cdot (-5)$
    c) $(-5) \cdot (+1)$ g) $3 \cdot (-15)$
    d) $(-1) \cdot (-19)$ h) $(+100) \cdot (-1)$

3. Em quais das alternativas o resultado da operação é um número inteiro positivo?

    a) $(-10) \cdot (-4)$ c) $(+6) \cdot (+1)$
    b) $(-8) \cdot (+2)$ d) $(+7) \cdot (-3)$

R1. Descubra os fatores de cada caso.

a) O produto de dois números inteiros distintos e de mesmo sinal é +9.

b) O produto dos módulos de dois números inteiros é +9.

Resolução

a) Podemos determinar os divisores naturais de 9, incluir os divisores inteiros e escolher números distintos, para que o resultado seja positivo.
Os divisores naturais de 9 são 1, 3 e 9. Então, temos de analisar os fatores −9, −3, −1, +1, +3 e +9 e escolher dois que sejam distintos, tenham mesmo sinal e que, multiplicados, resultem em +9. Os pares que atendem a essas condições são: −9 e −1, +1 e +9.

b) Procedemos como no item **a**, mas agora devemos perceber que os fatores não precisam ser distintos e que os sinais dos fatores podem ser diferentes, pois o módulo garante o resultado positivo.

Dos fatores do item **a**, escolhemos dois cujos módulos, multiplicados, resultem em +9. Os pares que atendem a essas condições são: −9 e −1, +1 e +9, −3 e −3, +3 e +3, −9 e +1, −1 e +9, +3 e −3.

4. Substitua as letras pelos valores dados, faça os cálculos indicados e complete o quadro.

a	b	Sinal de (a · b)	(a · b)
3	−7		
−8		−	−32
−9	−5		
	4	−	−20
−2		+	+16
	−3	+	+21

5. Copie no caderno apenas as sentenças falsas, corrigindo-as.

a) O produto de um número inteiro por zero resulta em −1.

b) Se um número não nulo for multiplicado por −1, obteremos o oposto desse número.

c) O produto de um número inteiro por zero resulta em zero.

d) O produto de um número inteiro não nulo por seu oposto é um número positivo.

e) Se o oposto de um número inteiro negativo for multiplicado por −1, obteremos um número positivo.

6. Dê exemplos de números inteiros que não satisfazem as sentenças abaixo.

a) $a \cdot |b| = a \cdot b$

b) $a \cdot |b| = |a \cdot b|$

c) $a \cdot b = (-a) \cdot (-b)$

VAMOS APLICAR

7. Analise a situação da ilustração e, depois, responda à questão.

- Qual é o valor total que a consumidora vai pagar com os três cheques?

8. Represente cada uma das situações por meio de uma operação com números inteiros e, depois, responda às questões.

a) Um submarino estava na superfície do mar quando começou a descer 100 m a cada meia hora. Após 2 horas, a quantos metros abaixo do nível do mar o submarino se encontrava?

b) Um avião estava à altitude de 500 m. Para escapar de uma tempestade, o piloto subia 25 m a cada minuto. Qual foi a altitude atingida pelo avião após 8 minutos?

c) Cássio pratica salto ornamental. De um trampolim que está a 1 m do nível da água, ele salta e consegue descer, abaixo do nível da água, até 3 vezes essa distância. A que profundidade Cássio consegue descer?

d) Hugo é mergulhador. Ele estava na superfície do mar e desceu 4 m. Depois de 25 minutos, desceu 3 vezes essa profundidade. A que profundidade Hugo chegou?

Mergulhador observando um peixe-escorpião em um recife de coral no Mar Vermelho.

PROPRIEDADES DA MULTIPLICAÇÃO

Já vimos como multiplicar dois números inteiros. E no caso de três ou mais fatores?

Por exemplo, qual é o valor de $(+2) \cdot (-3) \cdot (-5)$?

Podemos multiplicar os fatores dois a dois. Veja duas maneiras de fazer isso:

$(+2) \cdot (-3) \cdot (-5) =$
$= (-6) \cdot (-5) = 30$

ou

$(+2) \cdot (-3) \cdot (-5) =$
$= (+2) \cdot (+15) = 30$

O que acabamos de fazer foi associar os fatores de diferentes maneiras e verificar que os resultados são iguais.

Na multiplicação há propriedades que valem para todos os números inteiros. Elas podem ser usadas para facilitar os cálculos.

PROPRIEDADE ASSOCIATIVA

Na multiplicação com três ou mais fatores, podemos associá-los de maneiras diferentes e obter o mesmo produto; ou seja, se a, b e c são números inteiros: $(a \cdot b) \cdot c = a \cdot (b \cdot c)$

Por exemplo:

$$(-5) \cdot (-11) \cdot (-2) = (+55) \cdot (-2) = -110$$

ou

$$(-5) \cdot (-11) \cdot (-2) = (-5) \cdot (+22) = -110$$

PROPRIEDADE COMUTATIVA

Como já vimos, em uma multiplicação com números inteiros, a ordem dos fatores não altera o produto. Assim, se a e b são números inteiros: $a \cdot b = b \cdot a$

Por exemplo:

$$(-7) \cdot (-6) = (-6) \cdot (-7) = 42$$

PROPRIEDADE DISTRIBUTIVA

Em uma multiplicação de um número inteiro por outro, dado por uma adição ou por uma subtração, podemos multiplicar o primeiro número pelas parcelas e adicionar ou subtrair os resultados obtidos (propriedade distributiva da multiplicação em relação à adição ou à subtração). Assim, se a, b e c são números inteiros:

$$a \cdot (b + c) = a \cdot b + a \cdot c \quad \text{e} \quad a \cdot (b - c) = a \cdot b - a \cdot c$$

Por exemplo:

$$(-2) \cdot [(-3) + (+4)] =$$
$$= (-2) \cdot (-3) + (-2) \cdot (+4) =$$
$$= (+6) + (-8) = 6 - 8 = -2$$

EXISTÊNCIA DO ELEMENTO NEUTRO

O número **+1** é o elemento neutro da multiplicação, ou seja, se a é um número inteiro: $a \cdot (+1) = (+1) \cdot a = a$

Por exemplo:

$$(+1) \cdot (-8) = (-8) \cdot (+1) = -8$$

ATIVIDADES

VAMOS PRATICAR

1. Veja como Naia calculou mentalmente o valor da expressão:

$$(-25) \cdot (-29) \cdot (+4)$$

Multipliquei 4 por 25, que é 100.

Para multiplicar 100 por 29, é só copiar o número e acrescentar dois zeros no final: dá 2.900.

Por fim, observei os sinais: número negativo multiplicado por número negativo dá um número positivo; número positivo multiplicado por número positivo dá um número positivo.

Então: $(-25) \cdot (-29) \cdot (+4) = +2.900$

• Agora, associe os fatores como quiser e calcule mentalmente os produtos a seguir.

a) $(-114) \cdot (+2) \cdot (-5)$
b) $(+4) \cdot (-25) \cdot (-351)$
c) $(-99) \cdot (-125) \cdot (-4) \cdot (+2)$
d) $(+9) \cdot (+1) \cdot (+2) \cdot (+5)$
e) $(-100) \cdot (-50) \cdot (+40) \cdot (-10)$
f) $(-12) \cdot (-100) \cdot (+30) \cdot (-1)$

2. Identifique a propriedade aplicada.

a) $(+5) \cdot (-3) = (-3) \cdot (+5)$
b) $(-1) \cdot [(+4) \cdot (+7)] = [(-1) \cdot (+4)] \cdot (+7)$
c) $(-6) \cdot (5 - 1) = (-6) \cdot 5 + (-6) \cdot (-1)$
d) $(-7) \cdot (+1) = (+1) \cdot (-7) = -7$

3. Descubra os números inteiros que estão escondidos.

a) $(-3) \cdot (2 - 4) = (-3) \cdot \blacksquare + \blacksquare \cdot (-4) =$
   $= \blacksquare + 12 = +6$
b) $(+4) \cdot (-1 + 7) = \blacksquare \cdot (-1) + (+4) \cdot \blacksquare =$
   $= \blacksquare + \blacksquare = 24$
c) $(+6) \cdot (\blacksquare + \blacksquare) = 6 \cdot \blacksquare + \blacksquare \cdot \blacksquare =$
   $= 12 + \blacksquare = 72$

4. (Unicamp-SP) Na expressão $m = a + 3b - 2c$, as letras a, b e c só podem assumir os valores 0, 1 e 2.

  a) Qual é o valor de m para $a = 1$, $b = 1$ e $c = 2$?
  b) Qual é o maior valor possível para m?
  c) Determine a, b e c de modo que $m = -4$.

5. Analise a expressão que a professora Ivone escreveu no quadro de giz e responda às questões.

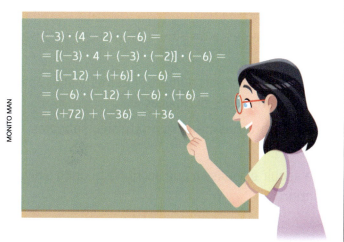

  a) Qual propriedade foi aplicada nesse cálculo?
  b) Podemos obter o valor dessa expressão sem aplicar essa propriedade? Como seria?
  c) Qual dessas formas você achou mais fácil?

6. Calcule mentalmente e registre, no caderno, como você resolveu.

  a) $(-7) \cdot (+10) \cdot (-3)$
  b) $(-2) \cdot (-14) \cdot (-5)$
  c) $(-5) \cdot (-4) \cdot (+3) \cdot (+2)$
  d) $(+8) \cdot (-1) \cdot (-125) \cdot (+6)$
  e) $(+8) \cdot (-9) \cdot 0 \cdot (-16) \cdot (+18)$

VAMOS APLICAR

7. Analise a afirmação.

O elemento neutro da multiplicação de números naturais é 1. Então, o elemento neutro da multiplicação dos números inteiros é −1.

• O menino está correto? Por quê?

8. Atribua diferentes números inteiros a x na expressão $(-3) \cdot x \cdot (+4)$. Analise os resultados e responda às questões.

  a) À medida que os valores de x crescem, o que ocorre com o valor da expressão?
  b) Para qual valor de x a expressão se anula?
  c) Para quais valores de x o valor da expressão é positivo? Para quais é negativo?

9. Guilherme e alguns amigos estão brincando com um jogo que tem as seguintes regras:

• Cada jogador inicia a partida com um saldo positivo de 10 fichas e deverá responder a um total de 20 questões durante o jogo.
• A cada resposta correta, o jogador recebe 3 fichas, e a cada resposta incorreta, perde 1 ficha.
• Será vencedor aquele que tiver o maior saldo positivo de fichas.

  a) Se Guilherme acertar 10 questões, qual será seu saldo ao final do jogo?
  b) Rafael acertou 15 questões. Qual foi seu saldo ao final do jogo?
  c) Quantas questões um jogador deve acertar para ficar com 10 fichas ao final do jogo?
  d) Qual é o maior número de fichas que um jogador pode acumular?
  e) Nesse jogo, é possível que um jogador fique com um saldo devedor de fichas. Qual é o número mínimo de questões que um jogador deve acertar para que isso não aconteça?

8 DIVISÃO EXATA COM NÚMEROS INTEIROS

Observe a situação a seguir.

Um submarino desceu 20 metros abaixo do nível do mar. Essa posição, que pode ser representada por −20 m, foi atingida em 4 etapas. Se em cada etapa o submarino submergiu a mesma quantidade de metros, quantos metros ele submergiu em cada etapa?

Essa situação pode ser associada à divisão:

$$(-20) : (4)$$

Você saberia dizer se o quociente dessa divisão é um número positivo ou negativo?

Para estudar o sinal do quociente entre dois números inteiros, vamos aplicar a ideia da divisão como operação inversa da multiplicação.

Quando consideramos o conjunto dos números naturais, sabemos que $15 : 3 = 5$ porque $5 \cdot 3 = 15$.

Agora, faça as atividades a seguir e analise o que acontece quando o divisor e o dividendo são números inteiros.

Submarino brasileiro ancorado durante uma apresentação à imprensa no Rio de Janeiro. Foto de 2017.

PARA CONCLUIR

Aplicar conhecimentos prévios a novas situações

1. Qual é o resultado de $(-15) : (+3)$?
   Use o raciocínio da operação inversa, ou seja, comece respondendo à seguinte pergunta:
   Por qual número devemos multiplicar $(+3)$ para obter (-15)?
   ■ $\cdot (+3) = -15$
   Escreva o valor de ■.

2. Qual é o resultado de $(-18) : (-3)$?
   Ou seja, por qual número devemos multiplicar (-3) para obter (-18)?
   ■ $\cdot (-3) = -18$
   Registre o valor de ■.

3. Qual é o resultado de $(+14) : (-2)$?
   Ou seja, por qual número devemos multiplicar (-2) para obter $(+14)$?
   ■ $\cdot (-2) = +14$
   Escreva o valor de ■.

4. Qual é o resultado de $0 : (-9)$? E de $0 : (+11)$?
   Pense na operação inversa e escreva os resultados.

5. Reúna-se com um colega e façam um quadro-resumo sobre os sinais dos quocientes de divisões de números inteiros. Comparem o quadro que fizeram com o de outras duplas. Depois, voltem à situação inicial desta página para calcular o resultado da divisão $(-20) : (4)$.

Calculadora quebrada

Resolva os desafios do jogo com o auxílio de uma calculadora. Algumas teclas não estão funcionando. Disponível em <http://mod.lk/memh1>.

OBSERVAÇÃO

Há divisões entre números inteiros que não são exatas, ou seja, têm resto diferente de zero. Por exemplo:

$$(-21) : 2;\ (-100) : (-3)$$

Essas operações serão estudadas na próxima Etapa.

ATIVIDADES

VAMOS PRATICAR

1. Assinale as divisões que têm quociente negativo.
   a) $(-10) : (-2)$
   b) $(36) : (-6)$
   c) $(-56) : (2)$
   d) $(-110) : (50)$

2. Identifique as divisões que não têm quociente inteiro.
   a) $(-27) : (+3)$
   b) $(+5) : (-3)$
   c) $(+7) : (-49)$
   d) $0 : (-9)$
   e) $(-3) : (+12)$
   f) $(-16) : (-4)$

3. Calcule no caderno o resultado das operações.
   a) $(-25) : (+5)$
   b) $(+49) : (-7)$
   c) $(-81) : (-1)$
   d) $0 : (-16)$
   e) $(-2.000) : (+200)$
   f) $(-620) : (-20)$

4. Usando a regra de sinais da divisão de números inteiros, o que ocorre com o quociente quando:
   a) o dividendo e o divisor são negativos?
   b) o dividendo ou o divisor é negativo?

5. Classifique as afirmações abaixo em verdadeiras ou falsas. Caso a afirmação seja falsa, explique, se possível, com um exemplo numérico.
   a) O quociente da divisão de um número inteiro por outro é sempre um número inteiro.
   b) Se o quociente de uma divisão exata entre inteiros é positivo, o dividendo e o divisor são positivos.
   c) O quociente da divisão de um número inteiro por outro é sempre menor que esses dois números.
   d) O quociente da divisão de um número inteiro por zero é sempre zero.

6. Calcule $|a \cdot b : c|$ e $|a| \cdot |b| : |c|$ em cada item.
   a) $a = +2, b = +6, c = +4$
   b) $a = +2, b = -6, c = -4$
   c) $a = +2, b = +6, c = -4$
   d) $a = -2, b = +6, c = +4$
   - O que ocorre com os resultados em cada item?
   - Essa conclusão vale para as expressões $|a - b|$ e $|a| - |b|$? Dê um exemplo.

VAMOS APLICAR

7. Agrupe as fichas numeradas em duplas de modo que cada dupla resulte em uma divisão exata com quociente negativo.

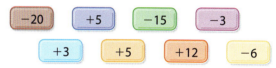

8. Calcule e responda às questões.
   a) Um número inteiro multiplicado por -8 resulta em 4.800. Que número é esse?
   b) Qual é o número inteiro que multiplicado por 5 resulta em -1.550?

9. Nas operações de adição e de multiplicação com números inteiros, são válidas as propriedades associativa e comutativa.

   Verifique se essas propriedades são válidas para a operação de divisão. Caso alguma não seja válida, dê um exemplo.

EXPRESSÕES NUMÉRICAS

Em algumas expressões numéricas há adições, subtrações, multiplicações e divisões. Para calculá-las, é necessário seguir esta ordem:

1º) multiplicações e divisões, conforme aparecem na expressão;
2º) adições algébricas, na ordem em que aparecem na expressão.

Quando as operações estão agrupadas pelos sinais ( ), [ ] e { }, devemos efetuar primeiro as que estão entre parênteses: ( ); em seguida, as que estão entre colchetes: [ ]; e, por último, as que estão dentro das chaves: { }.

EXEMPLO

$9 : \{[-3 \cdot (11 - 8) + 6] - 6\} =$
$= 9 : \{[-3 \cdot 3 + 6] - 6\} =$
$= 9 : \{[-9 + 6] - 6\} =$
$= 9 : \{-3 - 6\} =$
$= 9 : \{-9\} = -1$

OBSERVAÇÃO

Quando uma ou mais operações aparecem dentro de um módulo, efetuamos essas operações, obtendo um número, e em seguida calculamos o módulo desse número. Veja:

$-15 - (-8) \cdot (+4) + |(+20) : (-5)| =$
$= -15 - (-32) + |(-4)| =$
$= -15 + 32 + 4 =$
$= +17 + 4 = +21$

Calculus

Resolva operações com números inteiros para explorar este jogo por meio do mapa de fases. Disponível em <http://mod.lk/tg4t1>.

ATIVIDADES

VAMOS PRATICAR

1. Calcule o valor de cada expressão.
   a) $21 : 3 - 4 \cdot (-3)$
   b) $36 : (-4 + 5) \cdot (-2)$
   c) $(-29 + 5) : (-6) \cdot 2$
   d) $|-10| \cdot 3 + 5 \cdot (-3 + 4)$
   e) $|(-4) \cdot 3| + |25 : (-5)|$
   f) $(-5) + (-3) \cdot (-4) - (-10) \cdot (-2)$
   g) $20 + 3 \cdot (-2) - 5 \cdot (-8) - 10$
   h) $(-3) \cdot (-4) - (-24) : (+6)$
   i) $2 - (-7 + 2 \cdot 5) : (-1)$
   j) $16 - 30 \cdot [6 - 2 \cdot (3 - 1) + 3]$
   k) $[(+23) + (-5)] : [12 - (+3) \cdot (-2)]$

2. Identifique o erro de cálculo na expressão:
   $-25 - (+3) \cdot (-7) - 21 : (+3) =$
   $= -25 - (-21) - (+7) =$
   $= -25 + 21 + 7 =$
   $= -4 + 7 =$
   $= +3 = 3$
   - Agora, calcule-a corretamente.

VAMOS APLICAR

3. Diogo precisa pagar três prestações atrasadas de 153 reais cada, mas não sabe seu saldo bancário. Consultando o banco, ele descobriu que:
   - anteontem, seu saldo era 543 reais;
   - ontem, ele depositou 273 reais e emitiu um cheque de 85 reais e outro de 128 reais.
   a) O saldo bancário de Diogo é suficiente para efetuar o pagamento?
   b) Vai sobrar ou vai faltar dinheiro? Quanto?

4. Joaquim pescou uma grande quantidade de peixes, que foram guardados em uma câmara frigorífica na qual a temperatura caía 3 °C a cada 20 minutos até atingir −32 °C.
   a) Se a temperatura inicial da câmara frigorífica era 9 °C, quanto tempo levou para atingir a temperatura de −27 °C?
   b) Após 9 horas, quando Joaquim tirou os peixes para o transporte, qual era a temperatura da câmara frigorífica?

5. Invente uma situação que possa ser representada pela expressão:
   $[2.000 + (-200) + 3 \cdot (-350)] : 5$

COMPARE ESTRATÉGIAS

Módulo de uma adição algébrica

A professora solicitou a seus alunos que calculassem o valor de $|(-28) + (-6)|$.

Veja como Pedro e Alice fizeram.

Cálculo de Pedro

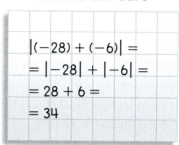

$|(-28) + (-6)| =$
$= |-28| + |-6| =$
$= 28 + 6 =$
$= 34$

Cálculo de Alice

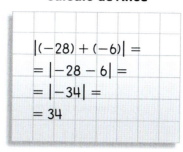

$|(-28) + (-6)| =$
$= |-28 - 6| =$
$= |-34| =$
$= 34$

REFLITA

a) Pedro e Alice chegaram aos mesmos resultados? Eles realizaram os cálculos da mesma forma? Explique como cada um deles fez.

b) Calcule, do mesmo modo que Pedro fez, o valor de $|28 + 6|$.

Agora, calcule esse módulo do modo como Alice fez.

Os resultados encontrados foram iguais com as duas estratégias?

c) Você acha que, quando a e b são números inteiros **quaisquer**, sempre vale que $|a + b| = |a| + |b|$?

DISCUTA E CONCLUA

Observe, agora, como Pedro e Alice calcularam o valor de de $|(-28) + 6|$.

Cálculo de Pedro

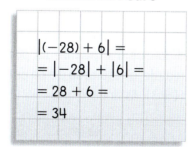

$|(-28) + 6| =$
$= |-28| + |6| =$
$= 28 + 6 =$
$= 34$

Cálculo de Alice

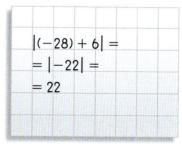

$|(-28) + 6| =$
$= |-22| =$
$= 22$

a) Qual é o valor correto de $|(-28) + 6|$? Discuta com os colegas.

b) Converse com seus colegas e descubra o que fez com que Pedro e Alice, utilizando estratégias diferentes, chegassem ao mesmo resultado no primeiro caso e no segundo não.

c) Volte ao item **c** do *Reflita* e veja se você mudaria a resposta dada.

9 POTENCIAÇÃO EM QUE A BASE É UM NÚMERO INTEIRO

Você se lembra de como é o cálculo da potenciação com números naturais?

Observe a construção deste triângulo especial, criado pelo matemático polonês Waclaw Sierpinski (1882-1969).

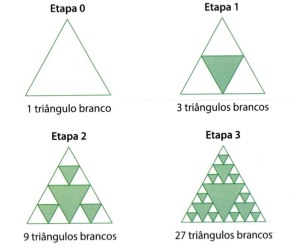

Etapa 0 — 1 triângulo branco
Etapa 1 — 3 triângulos brancos
Etapa 2 — 9 triângulos brancos
Etapa 3 — 27 triângulos brancos

Como calcular a quantidade de triângulos brancos que haverá nas etapas 4 e 5?

Observe que a sequência formada pela quantidade de triângulos brancos (1, 3, 9, 27, ...) apresenta um padrão: a partir do segundo, cada número é o triplo do anterior. Assim, para as próximas etapas, temos:

etapa 4 → $3 \cdot 27 = 81$ ou $3 \cdot 3 \cdot 3 \cdot 3 = 3^4 = 81$
etapa 5 → $3 \cdot 81 = 243$ ou
$3 \cdot 3 \cdot 3 \cdot 3 \cdot 3 = 3^5 = 243$

Você já viu, com os números naturais, que quando o expoente é maior que 1 a potenciação indica uma multiplicação de fatores iguais:

expoente: quantidade de fatores iguais
base: fator que se repete

$3^5 = \underbrace{3 \cdot 3 \cdot 3 \cdot 3 \cdot 3}_{5 \text{ fatores iguais a } 3} = 243$

Isso também acontece quando a base da potência é um número inteiro a e o expoente é um número inteiro n maior que 1:

$$a^n = \underbrace{a \cdot a \cdot a \cdot ... \cdot a}_{n \text{ fatores}}$$

E quando o expoente é zero ou 1?

Observe o quadro abaixo, que relaciona potências de base 3.

Expoente	5	4	3	2	1	0
Potência	3^5	3^4	3^3	3^2	3^1	3^0
Resultado	243	81	27	9	?	?

(−1 entre expoentes; :3 entre resultados)

Note que, à medida que o expoente da potência 3^n decresce 1 unidade, o resultado é o da potência anterior dividido por 3. Assim:

$$3^1 = 9 : 3 = 3$$
$$3^0 = 3 : 3 = 1$$

Agora, observe o quadro a seguir, que relaciona potências de base (−3).

Expoente	5	4	3	2	1	0
Potência	$(-3)^5$	$(-3)^4$	$(-3)^3$	$(-3)^2$	$(-3)^1$	$(-3)^0$
Resultado	−243	81	−27	9	?	?

(−1 entre expoentes; :(−3) entre resultados)

Da mesma forma, observando a sequência de potências e seus expoentes, podemos perceber que, à medida que o expoente da potência $(-3)^n$ decresce 1 unidade, o resultado é o da potência anterior dividido por (−3). Assim:

$$(-3)^1 = 9 : (-3) = -3$$
$$(-3)^0 = (-3) : (-3) = 1$$

De modo geral, define-se:

- Toda potência de expoente 1 que tem como base um número inteiro é igual à própria base.
- Toda potência de expoente zero que tem como base um número inteiro não nulo é igual a 1.

Veja alguns exemplos:

a) $2^6 = 2 \cdot 2 \cdot 2 \cdot 2 \cdot 2 \cdot 2 = 64$

b) $(+7)^3 = (+7) \cdot (+7) \cdot (+7) = +343$

c) $0^4 = 0 \cdot 0 \cdot 0 \cdot 0 = 0$

d) $(-2)^6 = (-2) \cdot (-2) \cdot (-2) \cdot (-2) \cdot (-2) \cdot (-2) = 64$

e) $(-7)^3 = (-7) \cdot (-7) \cdot (-7) = -343$

f) $(-5)^1 = -5$

g) $(-5)^0 = 1$

> **PARA RESPONDER**
>
> Podemos representar a quantidade de triângulos brancos de Sierpinski das etapas 0 e 1 por meio de potências de base 3? Como?
>
>
> Etapa 0
> 1 triângulo branco
>
>
> Etapa 1
> 3 triângulos brancos

> **PARA PENSAR**
>
> Calcule as potências de base negativa.
>
> a) $(-5)^2$ b) $(-2)^5$ c) $(-1)^4$ d) $(-3)^3$
>
> Os resultados foram positivos ou negativos?
>
> Reúna-se com um colega e pensem em outras potências de base inteira negativa e expoente inteiro maior que 1, e escrevam uma explicação para o sinal do resultado da potência.
>
> 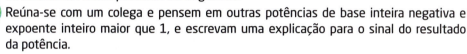 Aplicar conhecimentos prévios a novas situações

> *Organize o que você aprendeu fazendo a atividade 2 da página 102.*

ALGUMAS PROPRIEDADES DA POTENCIAÇÃO

As propriedades apresentadas a seguir são válidas para toda potência cuja base é um número inteiro e o expoente é um número inteiro maior ou igual a zero. Elas podem ser usadas para facilitar os cálculos.

PRODUTO DE POTÊNCIAS DE MESMA BASE

Para multiplicar potências de mesma base, conservamos a base e adicionamos os expoentes.

Como podemos escrever $(-3)^2 \cdot (-3)^3$ na forma de uma só potência? Veja:

$(-3)^2 \cdot (-3)^3 = \underbrace{[(-3) \cdot (-3)]}_{2 \text{ fatores}} \cdot \underbrace{[(-3) \cdot (-3) \cdot (-3)]}_{3 \text{ fatores}} = (-3)^5$

De forma direta, temos: $(-3)^2 \cdot (-3)^3 = (-3)^{2+3} = (-3)^5$

QUOCIENTE DE POTÊNCIAS DE MESMA BASE

Para dividir qualquer potência por outra de mesma base, não nula, conservamos a base e subtraímos os expoentes.

Vamos escrever o quociente $(+5)^6 : (+5)^3$ com uma só potência.

$(+5)^6 : (+5)^3 = \dfrac{(+5)^6}{(+5)^3} = \dfrac{\cancel{(+5)} \cdot \cancel{(+5)} \cdot \cancel{(+5)} \cdot (+5) \cdot (+5) \cdot (+5)}{\cancel{(+5)} \cdot \cancel{(+5)} \cdot \cancel{(+5)}} = (+5)^3$

De forma direta, temos: $(+5)^6 : (+5)^3 = (+5)^{6-3} = (+5)^3$

POTÊNCIA DE UMA POTÊNCIA

Para elevar uma potência a um expoente, conservamos a base e multiplicamos os expoentes.

Como podemos elevar $(-2)^3$ à quarta potência? Veja:

$[(-2)^3]^4 = (-2)^3 \cdot (-2)^3 \cdot (-2)^3 \cdot (-2)^3 = (-2)^{3+3+3+3} = (-2)^{12}$

De forma direta, temos: $[(-2)^3]^4 = (-2)^{3 \cdot 4} = (-2)^{12}$

POTÊNCIA DE UM PRODUTO OU DE UM QUOCIENTE

Para elevar um produto ou um quociente a um expoente, elevamos cada fator (ou o dividendo e o divisor) a esse expoente.

Vamos elevar $(-4) \cdot (-5)$ ao quadrado e $(+6) : (-2)$ ao quadrado:

- $[(-4) \cdot (-5)]^2 = [(-4) \cdot (-5)] \cdot [(-4) \cdot (-5)] =$
  $= (-4) \cdot (-4) \cdot (-5) \cdot (-5) = (-4)^2 \cdot (-5)^2$

  De forma direta, temos: $[(-4) \cdot (-5)]^2 = (-4)^2 \cdot (-5)^2$

- $[(+6) : (-2)]^2 = \left(\dfrac{+6}{-2}\right)^2 = \left(\dfrac{+6}{-2}\right) \cdot \left(\dfrac{+6}{-2}\right) = \dfrac{(+6)^2}{(-2)^2} =$
  $= (+6)^2 : (-2)^2$

  De forma direta, temos: $[(+6) : (-2)]^2 = (+6)^2 : (-2)^2$

EXPRESSÕES NUMÉRICAS

Vamos acrescentar uma operação às expressões numéricas: a potenciação.

Acrescentando essa operação, temos agora as seguintes ordens a considerar:

1º) potenciações, conforme aparecem na expressão;

2º) multiplicações e divisões, na ordem em que aparecem;

3º) adições algébricas, na ordem em que aparecem.

Quando as operações estão agrupadas pelos sinais ( ), [ ] e { }, devemos efetuar primeiro as que estão no interior dos parênteses, depois as dos colchetes e depois as das chaves.

Veja alguns exemplos:

a) $6^2 : (-9) \cdot 5 - [(-1)^3]^2 \cdot 7^0 =$
$= 36 : (-9) \cdot 5 - [-1]^6 \cdot 1 =$
$= -4 \cdot 5 - 1 \cdot 1 =$
$= -20 - 1 = -21$

b) $(9 - 7) \cdot (-8)^0 - \{7^1 + [(-3)^2 - 0^4]\} : 2^3 =$
$= 2 \cdot 1 - \{7 + [9 - 0]\} : 8 =$
$= 2 - \{7 + 9\} : 8 =$
$= 2 - 16 : 8 =$
$= 2 - 2 = 0$

Lendo um livro, Luís encontrou estas duas afirmações:

$(-2)^2$ é o mesmo que o quadrado do oposto de 2.

-2^2 é o mesmo que o oposto do quadrado de 2.

As potências $(-2)^2$ e -2^2 são iguais? Por quê?

ATIVIDADES

VAMOS PRATICAR

1. Calcule as potências.
   a) $(-4)^2$
   b) $(-2)^3$
   c) $(7)^2$
   d) $(-3)^4$
   e) $(4)^3$
   f) $(5)^4$
   g) $(-6)^3$
   h) $(-100)^0$
   i) $(-1.000)^1$
   j) $(-10)^3$
   k) $(-1)^{10}$
   l) $(-1)^{11}$

2. Responda às dúvidas de Jaqueline.

   Pensei em um número negativo e o elevei a 1 milhão. Obtive um número negativo? E se eu tivesse elevado esse número a 1 milhão e 1?

3. Responda às questões.
   a) Qual é o sinal da potência $(-3)^{27}$?
   b) Na igualdade $(-1)^b = -1$, o expoente pode ser 20? Por quê?
   c) Podemos afirmar que $(-3)^2$ é o mesmo que -3^2? Justifique.

4. Escreva na forma de potência e calcule.
   a) $(-15) \cdot (-15)$
   b) O quadrado de -5.
   c) 5
   d) O oposto do quadrado de 5.
   e) O cubo de -5.
   f) -6 elevado ao expoente zero.

5. Corrija no caderno as sentenças falsas.
   a) $(-3)^2 > (-2)^2$
   b) $8^0 > (-4)^0$
   c) $(-3)^3 > (-2)^3$
   d) $6^2 > (-6)^2$

6. Calcule.
   a) $(-3)^3 \cdot (+9)^2$
   b) $(-5)^6 : (+625)$
   c) $(-8)^2 \cdot (+4)^2$
   d) $(-32)^2 : (+4)^3$

7. Escreva o número escondido, em cada item, de modo que a igualdade seja verdadeira.
   a) $2^{\blacksquare} \cdot 2^5 = 2^9$
   b) $(-12)^{\blacksquare} = 1$
   c) $6^7 : 6^{\blacksquare} = 6^2$
   d) $[(+5)^3]^{\blacksquare} = 125$
   e) $(-5)^{\blacksquare} = 25$
   f) $7^8 : 7^{\blacksquare} = 7^3$

8. Aplique as propriedades da potenciação e reduza cada caso a uma só potência.
   a) $(-8)^3 \cdot (-8)^7$
   b) $6^2 \cdot 6^4$
   c) $7^5 : 7^4$
   d) $(-3)^{10} : (-3)^6$
   e) $[(+4)^5]^2$
   f) $[(+10)^{10}]^0$
   g) $2^4 \cdot 2^5$
   h) $12^9 : 12^5$
   i) $[(-15)^1]^8$
   j) $(-5)^2 \cdot (-5)^8$

9. Qual é a expressão correspondente a cada situação? Calcule-a no caderno.
   a) O dobro do quadrado de -2, adicionado ao quociente de 81 por $(-3)^2$.
   b) O triplo do cubo de -3, adicionado à quarta potência de -2.
   c) O quadrado de (-5), adicionado ao triplo do quociente de $(3)^7$ por $(3)^4$.

10. Calcule o resultado das operações.
    a) $(-2)^2 \cdot (4)^3$
    b) $(-5)^3 + 125$
    c) $(2)^5 : 4$
    d) $(-12)^2 \cdot (-21)^1$

11. Calcule o valor das expressões numéricas.
    a) $[(-3)^4 : (-3)^2] + 4 \cdot (-5)^2$
    b) $[(+5)^3 \cdot (+5)^4 : (+5)^5] - (-4 + 2)$
    c) $20 - 15 : [5 - 2 \cdot (7 - 6)]$
    d) $25 + 30 \cdot \{42 : [(+7) \cdot (-5) + 29]\}$

VAMOS APLICAR

12. Observe a potência e resolva as questões.
    $$(-4)^x$$
    Substituindo x pelos números naturais 0, 1, 2, 3, 4, 5, ..., obtemos uma sequência.
    a) Para qual valor de x a potência é igual a -64?
    b) Para qual valor de x a potência é igual a $+256$?
    c) Determine para quais valores de x os termos da sequência são positivos.
    d) Determine para quais valores de x os termos são negativos.

13. Observe as figuras e escreva na forma de potência a quantidade de quadradinhos de cada uma.

a)

b)

c)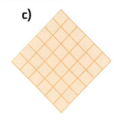

Cláudio pretende trocar o piso da garagem de sua casa. Para comprar a quantidade certa de lajotas, ele verificou que há 16 lajotas na largura da garagem e 16 lajotas no comprimento.

a) Considerando que a nova lajota tem o mesmo tamanho da anterior, quantas lajotas seriam necessárias para que Cláudio trocasse todo o piso? Escreva o resultado em forma de potência.

b) E se a largura e o comprimento das lajotas novas fossem o dobro das anteriores, quantas lajotas seriam necessárias? Escreva o resultado em forma de potência.

14. Ajude Cláudio a calcular.

15. Cinco fichas estão dispostas no quadro. Considerando que os produtos dos números que estão nas diagonais são iguais, determine o número escondido.

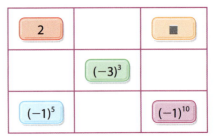

10 RAIZ QUADRADA EXATA DE UM NÚMERO INTEIRO

Observe a situação.

Neusa vai aproveitar dois muros perpendiculares de sua chácara para construir um galinheiro retangular, usando uma tela de 6 metros de comprimento.

Veja alguns projetos para o galinheiro esquematizados por Neusa.

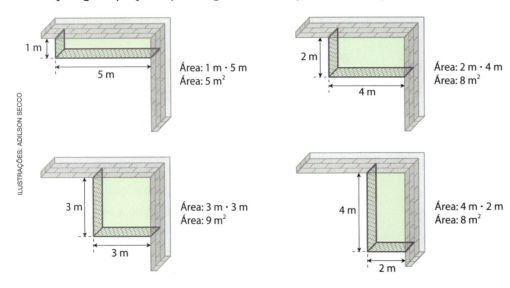

68

Qual desses projetos prevê o galinheiro com maior área?

Neusa percebeu que o projeto de galinheiro com maior área é o que tem formato quadrado, com área de 9 m² e lado de medida 3 m.

$$9 = 3 \cdot 3 = 3^2$$

Ao descobrir que o número 3 ao quadrado é igual a 9, encontramos a **raiz quadrada** de 9. A operação realizada foi a radiciação. Dizemos que **extraímos a raiz quadrada** de 9.

O símbolo da raiz quadrada é $\sqrt[2]{}$ ou $\sqrt{}$

índice —— $\sqrt[2]{9} = 3$ —— raiz

radical —————— radicando

Lemos: "a raiz quadrada de nove é igual a três".

Embora $(+3)^2 = 9$ e $(-3)^2 = 9$, consideramos a raiz quadrada de 9 única e não negativa, ou seja, apenas o número $+3$. Assim: $\sqrt[2]{9} = +3$

> A raiz quadrada de um número inteiro a é um número não negativo b que elevado ao quadrado resulta em a.
> Assim: $\sqrt{a} = b$ se $b^2 = a$, com $b \geq 0$.

EXEMPLOS

a) $\sqrt{+1} = \sqrt{1} = 1$, porque $1^2 = 1$ e $1 > 0$

b) $\sqrt{+36} = \sqrt{36} = 6$, porque $6^2 = 36$ e $6 > 0$

c) $\sqrt{0} = 0$, pois $0^2 = 0$

Os números inteiros que podem ser escritos como potência de base inteira e expoente 2 são chamados de **quadrados perfeitos**. Somente esses números têm como raiz quadrada um número inteiro não negativo.

OBSERVAÇÃO

$\sqrt{8}$ não resulta em um número inteiro, pois 8 não é um número quadrado perfeito.

E a raiz quadrada de um número negativo?

Vamos analisar, por exemplo, $\sqrt{-25}$.

Sabemos que $(+5)^2 = +25$ e $(-5)^2 = +25$ e que o quadrado de qualquer número positivo, negativo ou nulo é maior ou igual a zero. Logo, não existe número inteiro cujo quadrado seja -25. Isso também ocorre com qualquer raiz quadrada de número negativo.

> **Trilha de estudo**
> Vai estudar? Nosso assistente virtual no *app* pode ajudar!
> <http://mod.lk/trilhas>

OBSERVAÇÃO

$\sqrt{-100}$ não é um número inteiro, mas $-\sqrt{100}$ é um número inteiro.

$$-\sqrt{100} = -10$$

ATIVIDADES

VAMOS PRATICAR

1. Indique os itens que representam números inteiros.
   a) $\sqrt{+16}$
   b) $\sqrt{+36}$
   c) $\sqrt{-81}$
   d) $\sqrt{|-81|}$
   e) $-\sqrt{-25}$
   f) $\sqrt{250}$

2. Que número(s) inteiro(s) existe(m) entre:
   a) $\sqrt{+64}$ e $\sqrt{+100}$?
   b) $-\sqrt{25}$ e $-\sqrt{9}$?
   c) $-\sqrt{+16}$ e $\sqrt{0}$?

3. Desenhe uma reta numérica e localize nela os seguintes números inteiros: $\sqrt{64}$, $-\sqrt{+1}$, $\sqrt{+49}$, $\sqrt{121}$, $-\sqrt{+49}$, $-\sqrt{+144}$ e $\sqrt{100}$.

4. Responda às questões.
   a) A raiz quadrada de um número inteiro é 16. Que número é esse?
   b) Qual é a raiz quadrada de um número inteiro cujo quadrado é 256?
   c) Qual é o quadrado de um número inteiro cuja raiz quadrada é 4?

5. Depois de calcular as raízes quadradas presentes em cada expressão, calcule o valor das expressões resultantes.
   a) $10 - 5 \cdot \sqrt{49} + \sqrt{81} \cdot 3^2$
   b) $\sqrt{49} - \sqrt{81} + \sqrt{64} - 4 \cdot \sqrt{16} - 9$
   c) $3 \cdot \sqrt{100} - \sqrt{64} - 2 \cdot \sqrt{16} - (4 - \sqrt{9})$
   d) $[(-2)^5 : (-2)^2] \cdot (\sqrt{25} - \sqrt{16})$
   e) $[(-4)^2 + 2^3 \cdot 5] : (3 \cdot \sqrt{64} - \sqrt{100})$

6. Observe a representação abaixo e responda às questões.
   $$\sqrt{n}$$
   a) Para qual valor de n a raiz é igual a 8?
   b) Para qual valor de n a raiz é igual a 20?
   c) Existe algum valor de n para o qual a raiz seja negativa?
   d) Com base no estudo do sinal da expressão $\sqrt{n}$, como será o sinal da expressão $-\sqrt{n}$?

7. Encontre o número x em cada caso.
   a) $x = \sqrt{441} - \sqrt{144}$
   b) $x = \sqrt{961} - \sqrt{169}$

VAMOS APLICAR

8. Leia e responda às questões.

   Marta construiu três quadrados de papelão. O primeiro quadrado tinha 16 como medida de lado, o segundo tinha, como medida de lado, a raiz quadrada da medida do lado do primeiro, e o terceiro, a raiz quadrada da medida do lado do segundo.

   a) Qual era a medida do lado de cada quadrado construído?
   b) Quantas vezes o terceiro quadrado cabe no segundo? E no primeiro?

9. Compare, em cada triângulo, a soma dos quadrados das medidas dos dois lados menores e o quadrado da medida do lado maior.

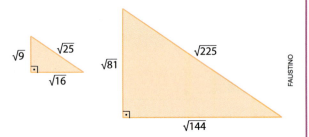

10. O alfaiate Lúcio tinha um retalho retangular de tecido quadriculado, como o da figura, e queria fazer uma toalha quadrada com esse tecido.

Para não ter nenhuma perda, ele cortou o tecido em três partes, utilizando para os cortes as linhas quadriculadas, sem desfazer nenhum quadriculado.

Cada parte cortada pôde ser justaposta à outra sem que sobrassem ou faltassem pedaços da outra peça. Como Lúcio fez?

70

ESTATÍSTICA E PROBABILIDADE
CONSTRUÇÃO DE GRÁFICOS DE BARRAS COM NÚMEROS INTEIROS

Rui e Lorena fizeram uma pesquisa sobre a temperatura ideal para o armazenamento de alguns alimentos. Após coletar os dados, eles os organizaram em uma tabela. Veja como ela ficou.

Temperatura de armazenamento de alguns alimentos	
Alimento	Temperatura (em grau Celsius)
Frutas	7
Pescados	−5
Leite	4
Frutos do mar	−5

Dados obtidos em: Eneo Alves da Silva Jr. *Manual de controle higiênico-sanitário em alimentos*. São Paulo: Varela, 2002. p. 42.

Rui e Lorena deverão apresentar essas informações para seus colegas de classe. Rui resolveu apresentá-las em um gráfico de barras horizontais, e Lorena, em um gráfico de barras verticais.

▶ Como eles podem construir esses gráficos?

Construção do gráfico de barras horizontais

Nesse gráfico, cada barra representará um tipo de alimento.

Como as temperaturas de armazenamento dos alimentos são representadas por números inteiros, Rui deve traçar uma linha vertical para apoiar as barras e representar, à esquerda da linha, as barras correspondentes aos números negativos e, à direita da linha, as barras correspondentes aos números positivos.

Para determinar o comprimento de cada barra, ele deve adotar uma escala. Como os números que representam as temperaturas são próximos de zero, ele pode usar a escala com variação de 1 em 1.

Assim como na tabela, o gráfico deve ter título e indicação da fonte dos dados. Dessa forma, Rui obtém o gráfico a seguir.

Lembre-se de que as barras devem ter sempre a mesma largura.

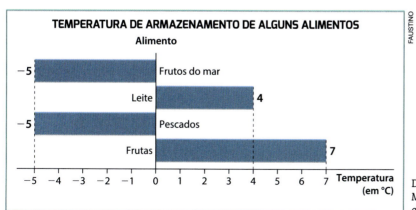

Dados obtidos em: Eneo Alves da Silva Jr. *Manual de controle higiênico-sanitário em alimentos*. São Paulo: Varela, 2002. p. 42.

71

ESTATÍSTICA E PROBABILIDADE

Construção do gráfico de barras verticais

Como Lorena optou por construir um gráfico de barras verticais, ela deve traçar uma linha horizontal para apoiar as barras e representar, abaixo da linha, as barras correspondentes aos números negativos e, acima da linha, as barras correspondentes aos números positivos.

Para determinar o comprimento de cada barra, Lorena deve adotar uma escala e também indicar o título e a fonte dos dados. Desse modo, Lorena obteve o gráfico abaixo.

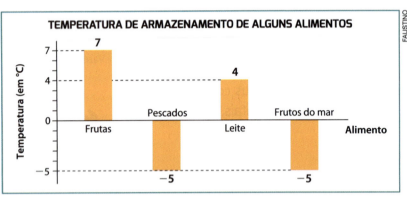

Dados obtidos em: Eneo Alves da Silva Jr. *Manual de controle higiênico-sanitário em alimentos*. São Paulo: Varela, 2002. p. 42.

Lembre-se de que as barras verticais também devem ter sempre a mesma largura.

ATIVIDADES

1. Caio pesquisou na internet a previsão do tempo para diferentes cidades do mundo e as registrou na tabela abaixo.

Previsão para 26 de fevereiro de 2018		
Cidade	Temperatura máxima	Temperatura mínima
Florianópolis (Brasil)	26 °C	22 °C
Berlim (Alemanha)	−3 °C	−6 °C
Ottawa (Canadá)	6 °C	−3 °C
Sapporo (Japão)	−1 °C	−8 °C
Albuquerque (Estados Unidos)	13 °C	−7 °C

Dados obtidos em: <https://www.ipma.pt/pt/otempo/prev.mundo/>. Acesso em: 25 fev. 2018.

a) Construa um gráfico de barras horizontais para representar a temperatura mínima prevista para essas cidades.

b) Construa um gráfico de barras verticais para representar a temperatura máxima prevista para essas cidades.

c) Em qual dessas cidades a temperatura mínima prevista foi a menor? E em qual cidade a temperatura mínima prevista foi a maior?

2. Miguel vai inaugurar sua lanchonete daqui a três meses.

Para que os alimentos abertos e não totalmente consumidos não estraguem, ele pesquisou a temperatura em que deverá conservá-los. Veja na tabela abaixo as informações que Miguel conseguiu.

Temperaturas para a conservação de alguns produtos após a abertura da embalagem		
Produto	Temperatura mínima	Temperatura máxima
Margarina	+4 °C	+8 °C
Pão de queijo	−30 °C	−12 °C
Linguiça calabresa	+4 °C	+8 °C
Sorvete	−30 °C	−18 °C
Massa para *pizza*	−30 °C	−18 °C

Dados obtidos por Miguel em janeiro de 2019.

Com base nessas informações, responda às questões e faça o que se pede.

a) Calcule a diferença entre as temperaturas máxima e mínima, nessa ordem, de cada produto da tabela. Qual é a diferença menor? Qual é a maior?

b) Construa um gráfico de barras horizontais para representar a temperatura mínima de conservação desses alimentos.

c) Construa um gráfico de barras verticais para representar a temperatura máxima de conservação desses alimentos.

d) Miguel comprou um *freezer* cuja temperatura mínima é −20 °C. Que produtos ele poderá conservar se regular o *freezer* na temperatura mínima?

e) Se Miguel tiver somente pão de queijo e sorvete no *freezer*, qual deverá ser a temperatura máxima do equipamento?

3. Andrea é torcedora do Internacional, time de futebol de Porto Alegre (RS), e sempre acompanha os jogos de seu time.

Em 2017, o time de Andrea não foi campeão e ficou em segundo lugar na classificação final. Veja na tabela abaixo a classificação final de alguns times do Campeonato Brasileiro de Futebol da Série B.

Classificação de alguns times do Campeonato Brasileiro de Futebol da Série B de 2017			
Classificação	Time	Pontos ganhos	Saldo de gols
1º	América (MG)	73	21
2º	Internacional (RS)	71	28
3º	Ceará (CE)	67	14
14º	Goiás (GO)	45	−11
15º	CRB (AL)	45	−15
20º	Náutico (PE)	32	−22

Dados obtidos em: <https://www.cbf.com.br/competicoes/brasileiro-serie-b/classificacao/2017>. Acesso em: 25 fev. 2018.

Com base nessas informações, faça o que se pede e responda às questões.

a) Construa um gráfico de barras horizontais para representar os pontos que cada time ganhou.

b) Construa um gráfico de barras verticais para representar os saldos de gols dos times dessa tabela.

c) Qual foi a diferença de pontos ganhos entre o Náutico e o time campeão?

d) A cada gol marcado, o time deve somar 1 a seu saldo de gols e a cada gol sofrido, subtrair 1. Quais times apresentados na tabela marcaram mais gol do que sofreram?

ATIVIDADES COMPLEMENTARES

1. Construa uma reta numérica e localize nela os números −7, +5, −3, −2, 0, +1, +2. Em seguida, responda:
   a) Qual é o maior número que você representou na reta? E o menor?
   b) Qual é o sucessor de 0?
   c) E o antecessor de −2?

2. Classifique cada afirmação em V (verdadeira) ou F (falsa).
   a) O sucessor de −21 é o oposto do antecessor de 21.
   b) Dois números opostos têm o mesmo módulo.
   c) O módulo de um número negativo é sempre menor que o módulo de um número positivo.

3. Frederico e Gisele estavam brincando de adivinhação de cartas. Ele colocava seis cartas numeradas sobre a mesa escondendo a numeração de uma.

   Para que Gisele adivinhasse o número da carta virada para baixo, ele deu as seguintes dicas:
   - É o oposto de um dos números visíveis.
   - É um número cujo módulo é maior que 3.
   - É um número negativo.

   Qual era o número da carta virada para baixo?

4. Gislaine e Marcos estão brincando de adivinhar o número pensado. Nessa brincadeira, cada participante pensa em um número, anota-o em um papel, esconde-o e dá dicas para que o colega adivinhe o número pensado. Gislaine deu as seguintes pistas para Marcos adivinhar o número que ela escolheu:
   - É um número inteiro.
   - O módulo do seu antecessor é igual ao módulo do seu sucessor.

   Em que número Gislaine pensou?

5. Agora, pense você em um número e anote-o em um papel. Escreva três dicas sobre esse número. Essas dicas devem ser suficientes para que seja possível adivinhar o número. Depois, passe as dicas a um colega, para que ele tente adivinhar o número em que você pensou.

6. Joseane, dona de um mercado, conserva determinados alimentos de acordo com as seguintes temperaturas:

Alimento	Temperatura
Carnes e aves	0 °C
Frutas, verduras e legumes	7 °C
Leite e derivados	4 °C
Pescados e frutos do mar	−5 °C
Alimentos congelados	−20 °C

   a) Escreva as temperaturas do quadro em ordem crescente.
   b) Que alimento apresentado é armazenado em menor temperatura? E em maior temperatura?

7. Determine o valor desconhecido em cada caso.
   a) $(-8) - \blacksquare = +4$
   b) $(-16) - \blacksquare = -7$
   c) $\blacksquare - (-8) = +4$
   d) $\blacksquare - (+9) = -12$
   e) $\blacksquare + \blacksquare = 0$

8. Durante uma aula de Matemática, a professora pediu aos alunos que adicionassem os números (-5), $(+6)$ e $(+4)$. Flávia achou mais fácil calcular da seguinte maneira:

   $$(-5) + [(+6) + (+4)] =$$
   $$= (-5) + (+10) = +5$$

   a) Que propriedade da adição Flávia aplicou na sua resolução?
   b) Calcule o valor da mesma expressão numérica de outra forma.

74

9. Amplitude térmica é a diferença entre as temperaturas máxima e mínima, nessa ordem, registradas em um lugar.

Observe o quadro abaixo, com exemplos de temperaturas máximas e mínimas registradas em diferentes localidades.

Cidade	Temperatura máxima	Temperatura mínima
A	−1 °C	−18 °C
B	2 °C	−20 °C
C	12 °C	−6 °C

a) Que cidade apresentou a maior amplitude térmica? E qual apresentou a menor?

b) Em que cidade foi registrada a menor temperatura?

c) Que temperatura registrada ficou mais próxima de 0 °C?

10. Escreva todas as multiplicações de dois números inteiros de modo que:

a) o produto seja +7;

b) o produto seja −12;

c) o sucessor do produto seja −18.

11. Camila desafiou Valter a completar o quadrado abaixo.

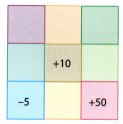

Para isso, ela deu a seguinte dica:

O produto dos números de cada linha vertical, de cada linha horizontal e de cada diagonal é igual a 1.000.

- Ajude Valter a resolver o desafio sabendo que nenhum número se repete.

12. Podemos usar a calculadora para realizar operações de multiplicação e de divisão de números inteiros utilizando a tecla +/−.

Veja alguns exemplos.

- Representamos −8 fazendo: 8 +/−
- Para calcular o produto de −8 por 4, digitamos:

  8 +/− × 4 =

  Obtemos:
- Para a divisão (−6) : (−3), digitamos:

  6 +/− ÷ 3 +/− =

  Obtemos:

Usando a calculadora, calcule:

a) 152 · (−12)   c) 4.725 : (−45)

b) (−23) · (−96)   d) (−1.870) : (−110)

13. No esquema abaixo, escolha um caminho que comece com o número (−480) e após três divisões sucessivas termine com o maior número possível.

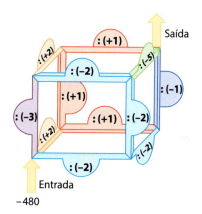

14. O cubo abaixo teve duas faces opostas pintadas de amarelo e as outras quatro faces pintadas de verde.

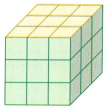

a) Represente na forma de potência o número de cubinhos desse cubo.

b) Quantos cubinhos têm faces com as duas cores?

ATIVIDADES COMPLEMENTARES

15. João trabalha dirigindo uma empilhadeira em uma fábrica de bolachas. Ele organiza o estoque guardando as caixas de bolacha em lotes que, depois, são distribuídos para os supermercados da região. Cada lote empilhado contém 5 caixas no comprimento, 5 caixas na largura e 5 caixas na altura.

   a) Com uma potência de base 5, represente a quantidade de caixas de bolacha de que João precisa para montar um lote.

   b) Para carregar um caminhão, são necessários 4 lotes. Quantas caixas de bolacha cabem em um caminhão?

   c) Uma rede de supermercados comprou 750 caixas de bolacha. De quantos lotes João precisará para montar o pedido do supermercado?

16. Observe a sequência de cubos e resolva.

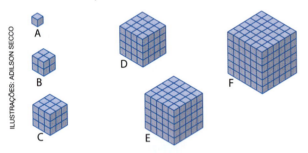

   a) Por quantos ◆ é formado cada cubo?
   b) Escreva em forma de potência cada número obtido no item **a**.
   c) Determine a quantidade de cubinhos que há em: A; A + B; A + B + C; A + B + C + D; A + B + C + D + E; A + B + C + D + E + F.
   d) Escreva cada número obtido no item **c** em forma de potência.
   e) Calcule a soma das bases das seis potências obtidas em **b** e compare essa soma com a base da sexta potência obtida em **d**.
   f) Repita o procedimento do item **e** para as cinco primeiras potências, para as quatro primeiras potências, para as três primeiras potências e para as duas primeiras potências. Em seguida, identifique o segredo dessa sequência de cubos.

17. Um cientista preparou um tubo de ensaio às 11 horas. Às 14 horas desse mesmo dia, colocou no tubo uma bactéria que se multiplicou, dobrando de quantidade a cada minuto. Às 14 horas e 20 minutos dessa mesma tarde, o tubo de ensaio estava cheio até a boca. Em que horário o tubo de ensaio estava com a metade da quantidade de bactérias que havia às 14 horas e 20 minutos.

18. Sabendo que o produto dos números da linha é igual ao produto dos números da coluna, encontre o valor escondido.

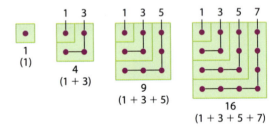

19. Leia o texto e responda às questões.

Os números quadrados perfeitos possivelmente receberam esse nome dos pitagóricos, membros de uma comunidade grega do século VI a.C. que estudavam, entre outras coisas, relações matemáticas.

O termo "quadrado perfeito" deve-se às quantidades de objetos que podem ser organizados formando um quadrado. Observe como os pontos foram organizados.

1 (1)
4 (1 + 3)
9 (1 + 3 + 5)
16 (1 + 3 + 5 + 7)

   a) Qual é o próximo número da sequência?
   b) 121 é um quadrado perfeito? Caso seja, escreva-o como adição de números ímpares.

20. Descubra o erro e faça os cálculos corretos no caderno.

$12 - 5 \cdot \sqrt{81} + \sqrt{25} : (-5) + 2 \cdot (-3)^3 =$
$= 12 - 5 \cdot 9 + 5 : (-5) + (-6)^3 =$
$= 12 - 45 + (-1) + (-216) =$
$= 12 - 45 - 1 - 216 =$
$= 12 - 262 = -250$

Mais questões no livro digital

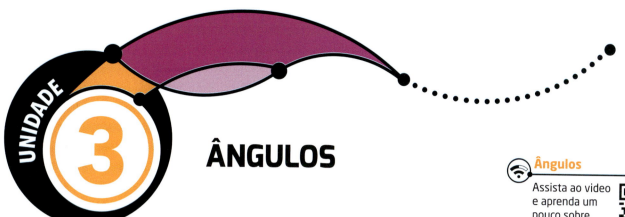

UNIDADE 3
ÂNGULOS

Ângulos

Assista ao vídeo e aprenda um pouco sobre ângulos e suas medidas.
Disponível em <http://mod.lk/ejmkq>.

1 ÂNGULOS E SUAS MEDIDAS

Você já estudou que podemos identificar a ideia de ângulo em diferentes situações do cotidiano. Observe estas imagens.

A abertura da escada dá a ideia de ângulo.

A região de escanteio dá a ideia de ângulo.

A esteira tem um ângulo de inclinação.

Os giros ao redor de um ponto fixo também dão a ideia de ângulo. Veja a seguir as diferentes posições da cadeira destacada, que estava próxima ao solo e passou a girar com o movimento da roda-gigante. Note que cada giro está associado a um ângulo.

1. Giro de $\frac{1}{8}$ de volta ou ângulo de $\frac{1}{8}$ de volta.

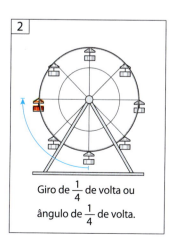

2. Giro de $\frac{1}{4}$ de volta ou ângulo de $\frac{1}{4}$ de volta.

3. Giro de $\frac{1}{2}$ de volta ou ângulo de $\frac{1}{2}$ de volta.

4. Giro de 1 volta ou ângulo de 1 volta.

CONCEITO DE ÂNGULO

Além de conhecer a ideia de ângulo, você também já viu como representá-lo. Vamos relembrar.

> O **ângulo** é a união, em um plano, de duas semirretas de mesma origem com uma das regiões determinadas por elas. As semirretas são os **lados** do ângulo, e a origem delas é o **vértice** do ângulo.

EXEMPLOS

a) Ângulo $A\hat{O}B$

Lados: $\vec{OA}$ e $\vec{OB}$
Vértice: O

b) Ângulo $C\hat{V}D$

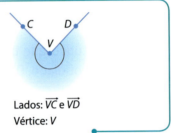

Lados: $\vec{VC}$ e $\vec{VD}$
Vértice: V

OBSERVAÇÕES

- O **ângulo raso** é formado por duas semirretas de mesma origem contidas na mesma reta e que têm sentidos opostos.

- O **ângulo nulo** é formado por duas semirretas coincidentes.

- O **ângulo de volta inteira** também é formado por duas semirretas coincidentes.

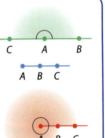

MEDIDA DE UM ÂNGULO

Para medir ângulos, podemos usar, como unidade de medida, o **grau** (°). Um instrumento utilizado para medi-los é o transferidor.

Veja como Marina mediu o ângulo ao lado.

- Coloquei o centro do transferidor sobre o vértice V do ângulo, para coincidirem.
- Depois, posicionei o transferidor de modo que a semirreta $\vec{VB}$ passasse pela marca de 0°, sem tirar o vértice do centro.
- Observei sobre qual marca o outro lado passou. Nesse caso, a semirreta $\vec{VA}$ passou pela marca de 60° do transferidor.
- Portanto, a medida do ângulo $B\hat{V}A$ é 60°. Para indicar essa medida, escrevemos: med($B\hat{V}A$) = 60°.

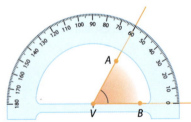

Quando medimos um ângulo, consideramos a abertura entre as semirretas.

Este é um transferidor de 180°. Existem, também, transferidores de 360°. Você sabe que tipo de giro está relacionado ao ângulo de 180°? E ao ângulo de 360°?

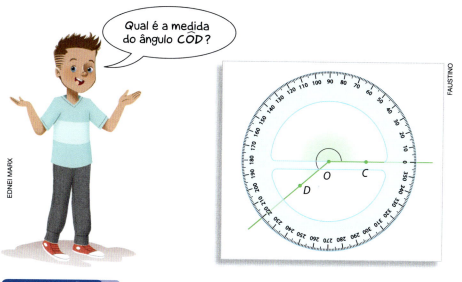

Entre os instrumentos de medida de ângulo, há o clinômetro, usado para medir a inclinação de uma superfície plana em relação ao horizonte.

OBSERVAÇÃO

A unidade de medida grau tem submúltiplos: o **minuto** e o **segundo**. Indicamos 1 minuto por 1' e 1 segundo por 1".

- 1 minuto é $\frac{1}{60}$ do grau, ou seja, 1 grau é igual a 60 minutos: $1° = 60'$
- 1 segundo é $\frac{1}{60}$ do minuto, ou seja, 1 minuto é igual a 60 segundos: $1' = 60''$

ÂNGULO RETO, ÂNGULO AGUDO E ÂNGULO OBTUSO

Observe a classificação de alguns ângulos de acordo com a medida de cada um.

Ângulo reto	Ângulo agudo	Ângulo obtuso
Tem medida igual a 90°.	Tem medida maior que 0° e menor que 90°.	Tem medida maior que 90° e menor que 180°.

ÂNGULOS CONGRUENTES

Dois ângulos que têm a mesma medida são chamados de **congruentes**.

Observe os ângulos $A\hat{O}B$ e $C\hat{O}D$.

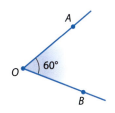
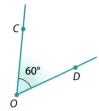

$$\text{med}(A\hat{O}B) = \text{med}(C\hat{O}D) = 60°$$

Como eles têm a mesma medida, são congruentes.

Indicamos: $A\hat{O}B \cong C\hat{O}D$

Lemos: "O ângulo $A\hat{O}B$ é congruente ao ângulo $C\hat{O}D$".

Postura para sentar-se em frente ao computador

Assista à animação e aprenda como a medida dos ângulos pode ajudar a melhorar a sua postura ao sentar-se em frente ao computador.

ATIVIDADES

VAMOS PRATICAR

1. Observe a figura e responda às questões.

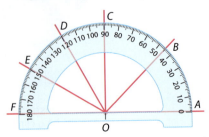

   a) Quais são as medidas dos ângulos $A\hat{O}B$, $A\hat{O}C$, $A\hat{O}D$, $A\hat{O}E$ e $A\hat{O}F$?

   b) Qual desses ângulos é um ângulo raso?

   c) Qual deles é um ângulo reto?

2. Observe os ângulos abaixo. Estime a medida de cada um e classifique-os em reto, agudo ou obtuso. Depois, confirme as medidas com um transferidor.

   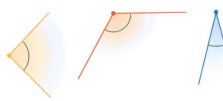

   • Quais medidas você acertou? Compare suas respostas com as de um colega.

3. Meça os ângulos com um transferidor e identifique os ângulos congruentes.

   a)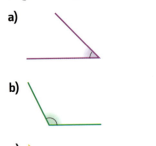

   d)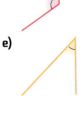

   b)

   e)

   c)

4. Observe os ângulos e identifique quais deles são retos.

   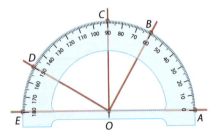

5. Observe como João está desenhando um ângulo de 25° com a ajuda de um transferidor.

   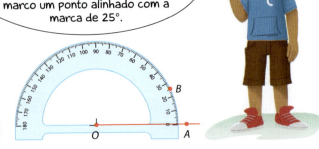

   Primeiro, eu traço uma semirreta $\overrightarrow{OA}$. Em seguida, alinho o transferidor de modo que seu centro coincida com o ponto O e a marca de 0° esteja sobre a semirreta. Depois, marco um ponto alinhado com a marca de 25°.

   • Descreva como João deve proceder para terminar o traçado desse ângulo.

6. Observe o ângulo $M\hat{O}N$.

   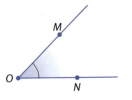

   a) Sem usar o transferidor, como você classificaria esse ângulo: agudo ou obtuso?

   b) Agora, meça-o com a ajuda de um transferidor e registre a medida obtida.

   c) Desenhe um ângulo $P\hat{Q}R$ que seja congruente ao ângulo $M\hat{O}N$.

VAMOS APLICAR

7. Determine a medida do menor ângulo formado pelos ponteiros dos relógios representados abaixo.

   a)

   b)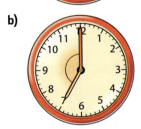

8. (Saresp) Imagine que você tem um robô tartaruga e quer fazê-lo andar num corredor sem que ele bata nas paredes. Para fazer isso, você pode acionar três comandos: **avançar** (indicando o número de casas), **virar à direita** e **virar à esquerda**. Para que você acione de forma correta o comando, imagine-se dentro do robô.

Seus comandos, para que o robô vá até o final, deverão ser:

a) Avançar 4, virar 90° à direita, avançar 3, virar 90° à direita, avançar 2.
b) Avançar 4, virar 90° à esquerda, avançar 3, virar 90° à esquerda, avançar 2.
c) Avançar 4, virar 90° à direita, avançar 3, virar 90° à esquerda, avançar 2.
d) Avançar 4, virar 90° à esquerda, avançar 3, virar 90° à direita, avançar 2.

9. Observe os ângulos destacados nas fotos. Estime suas medidas.

Placa de trânsito na forma triangular.

Caixa de bombons na forma octagonal.

Toalha quadriculada.

- Como você chegou a essas estimativas?
- Agora, com a ajuda de um transferidor, meça os ângulos destacados e verifique se suas estimativas se aproximaram dos valores medidos.

2 ÂNGULOS CONSECUTIVOS E ÂNGULOS ADJACENTES

Observe na figura abaixo os ângulos $A\widehat{V}B$ e $B\widehat{V}C$.

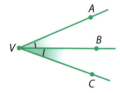

Eles têm em comum o vértice V e o lado $\vec{VB}$. Por isso, os ângulos $A\widehat{V}B$ e $B\widehat{V}C$ são denominados ângulos consecutivos.

> Todos os ângulos que têm em comum o vértice e um dos lados são denominados **ângulos consecutivos**.

Note que, na figura analisada acima, existem outros pares de ângulos consecutivos.

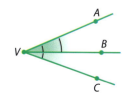
Os ângulos $A\widehat{V}B$ e $A\widehat{V}C$ têm em comum o vértice V e o lado $\vec{VA}$.

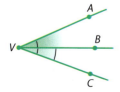
Os ângulos $B\widehat{V}C$ e $A\widehat{V}C$ têm em comum o vértice V e o lado $\vec{VC}$.

> **OBSERVAÇÃO**
>
> Os ângulos $J\hat{O}L$ e $M\hat{O}N$ **não** são consecutivos. Apesar de terem em comum o vértice O, não têm um dos lados em comum.
>
>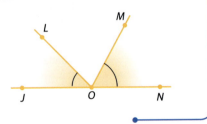

> **OBSERVAÇÃO**
>
> Os ângulos $G\hat{O}H$ e $G\hat{O}I$ **não** são adjacentes. Esses ângulos possuem pontos internos comuns.
>
>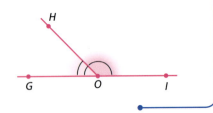

Observe alguns exemplos.

- Os ângulos $D\hat{O}E$ e $E\hat{O}F$ são consecutivos.

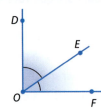

- Os ângulos $G\hat{O}H$ e $H\hat{O}I$ são consecutivos.

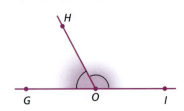

Dos pares de ângulos consecutivos, apenas alguns são adjacentes.

> Dois ângulos consecutivos que não possuem pontos internos comuns são chamados **ângulos adjacentes**.

Veja alguns exemplos.

- Os ângulos $A\hat{O}B$ e $B\hat{O}C$ são adjacentes.

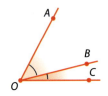

- Os ângulos $D\hat{O}E$ e $E\hat{O}F$ são adjacentes.

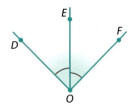

3 ÂNGULOS COMPLEMENTARES E ÂNGULOS SUPLEMENTARES

Observe os ângulos a seguir.

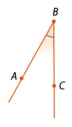   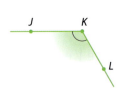   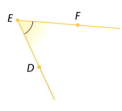

É possível medi-los com um transferidor. Veja.

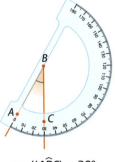   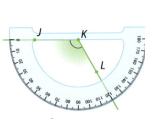   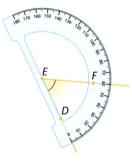

med($A\hat{B}C$) = 30°   med($J\hat{K}L$) = 120°   med($D\hat{E}F$) = 60°

82

Que par de ângulos tem a soma de suas medidas igual a 90°? E que par de ângulos tem a soma de suas medidas igual a 180°?

> Quando a soma das medidas de dois ângulos é igual a 90°, os ângulos são denominados **complementares**.

Como a soma de suas medidas é 90°, os ângulos $A\hat{B}C$ e $D\hat{E}F$ são complementares. Também podemos dizer que $A\hat{B}C$ é o complemento de $D\hat{E}F$ e $D\hat{E}F$ é o complemento de $A\hat{B}C$.

> Quando a soma das medidas de dois ângulos é igual a 180°, os ângulos são denominados **suplementares**.

Como a soma de suas medidas é 180°, os ângulos $D\hat{E}F$ e $J\hat{K}L$ são suplementares. Também podemos dizer que $D\hat{E}F$ é o suplemento de $J\hat{K}L$ e $J\hat{K}L$ é o suplemento de $D\hat{E}F$.

OBSERVAÇÃO

Observe os ângulos a seguir.

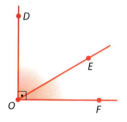
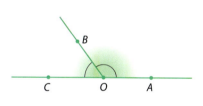

- Os ângulos $D\hat{O}E$ e $E\hat{O}F$ são adjacentes. Além disso, a soma de suas medidas é 90°. Então, esses ângulos são **adjacentes complementares**.
- Os ângulos $A\hat{O}B$ e $B\hat{O}C$ são adjacentes. Além disso, a soma de suas medidas é 180°. Então, esses ângulos são **adjacentes suplementares**.

Organize o que você aprendeu fazendo a atividade 3 da página 102.

ATIVIDADES

VAMOS PRATICAR

1. Observe a figura e verifique se os pares de ângulos indicados nos itens são complementares ou suplementares.

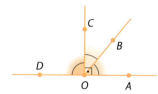

a) $A\hat{O}B$ e $B\hat{O}C$
b) $B\hat{O}C$ e $C\hat{O}D$
c) $A\hat{O}B$ e $B\hat{O}D$
d) $A\hat{O}B$ e $C\hat{O}D$

2. Calcule a medida do complemento de cada ângulo.
a) $\text{med}(C\hat{O}D) = 25°$
b) $\text{med}(A\hat{O}B) = 6°$
c) $\text{med}(G\hat{O}H) = 37°$
d) $\text{med}(P\hat{O}Q) = 13°$
e) $\text{med}(E\hat{O}F) = 88°$
f) $\text{med}(I\hat{O}J) = 44°$
g) $\text{med}(M\hat{O}N) = 56°$
h) $\text{med}(S\hat{O}T) = 69°$

3. Calcule a medida do suplemento de cada ângulo.

a) med($C\hat{O}D$) = 125°
b) med($A\hat{O}B$) = 167°
c) med($G\hat{O}H$) = 74°
d) med($S\hat{O}T$) = 98°
e) med($E\hat{O}F$) = 128°
f) med($I\hat{O}J$) = 32°
g) med($M\hat{O}N$) = 5°
h) med($V\hat{O}X$) = 117°

4. Determine a medida do complemento e do suplemento de cada ângulo abaixo.

a)
b)

5. Observe as figuras a seguir. Em quais itens os ângulos $A\hat{O}B$ e $B\hat{O}C$ são adjacentes complementares? Em quais são adjacentes suplementares?

a)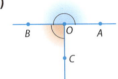
c)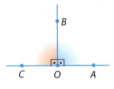
b)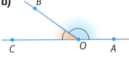
d)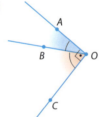

6. Classifique cada afirmação em **V** (verdadeira) ou **F** (falsa).

a) Dois ângulos complementares sempre são, ambos, agudos.
b) Dois ângulos suplementares podem ser ambos agudos.
c) Dois ângulos suplementares podem ser ambos obtusos.
d) Dois ângulos suplementares podem ser ambos retos.

7. Responda às questões.

a) Qual é a metade da medida do suplemento do ângulo de medida igual a 34°?
b) Quanto vale o triplo da medida do complemento do ângulo de medida igual a 72°?

8. Desenhe três pares de ângulos que sejam complementares e três pares de ângulos que sejam suplementares.

VAMOS APLICAR

9. Luciana quer escolher duas mesas triangulares para compor uma mesa retangular. Observe os tampos das mesas abaixo e escreva no caderno os pares de tampos com que é possível formar uma mesa retangular.

Ⓐ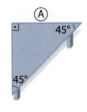
Ⓑ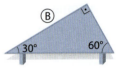
Ⓒ
Ⓓ
Ⓔ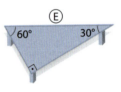
Ⓕ

10. Bruna dobrou uma folha retangular, formando um ângulo de 65°, conforme a figura ao lado. Ao desdobrá-la, viu que a dobra determinava outro ângulo além do ângulo de 65°.

Dê a medida do outro ângulo sem medir com o transferidor.

11. Descubra as medidas dos ângulos descritos a seguir.

São dois ângulos suplementares. Um tem o dobro da medida do outro.

4 BISSETRIZ DE UM ÂNGULO

Veja esta situação.

Um avião monomotor foi levado a um hangar para uma revisão geral. Um dos mecânicos verificou que parte da carenagem (chapa para proteção) da cauda precisava ser substituída.

Avião monomotor, muito usado nos cursos de formação de pilotos.

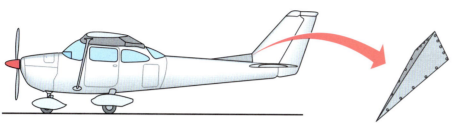

Entretanto, surgiu um imprevisto: não havia peça sobressalente em estoque. Então, o mecânico fabricou uma nova parte da carenagem. Para isso, utilizou uma chapa de alumínio, cortou a peça e dobrou-a bem na linha central.

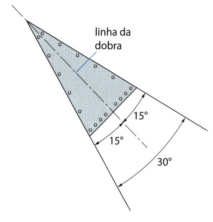

Os lados dessa peça dão a ideia de um ângulo. Observe que a linha da dobra divide o ângulo em dois ângulos de mesma medida.

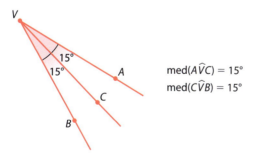

med($A\widehat{V}C$) = 15°
med($C\widehat{V}B$) = 15°

A semirreta $\vec{VC}$ divide o ângulo $A\widehat{V}B$ em dois ângulos de mesma medida, ou seja, em dois ângulos congruentes: $A\widehat{V}C$ e $C\widehat{V}B$.

Dizemos, então, que a semirreta $\vec{VC}$ é a **bissetriz** do ângulo $A\widehat{V}B$.

> A **bissetriz** de um ângulo é a semirreta interna ao ângulo que tem origem em seu vértice e o divide em dois ângulos congruentes.

Observe como Francisco e Carla fizeram para determinar a bissetriz de um ângulo de 70°.

Primeiro, com a ajuda de um transferidor, Francisco desenhou o ângulo de 70° em uma folha de papel sulfite. Em seguida, recortou o ângulo pelos lados.

Depois, dobrou a folha de papel fazendo coincidir os dois lados que formam o ângulo.

Por último, Francisco desdobrou a folha e identificou que a marca da dobra no papel indica a bissetriz do ângulo de 70°.

Em uma folha de papel sulfite, Carla desenhou o ângulo de 70° com a ajuda de um transferidor.

Depois, pensou:

Se a bissetriz determina dois ângulos de mesma medida, eu posso dividir a medida do ângulo por 2.

70° : 2 = 35°

Carla marcou o ângulo de 35°, com a ajuda do transferidor, e, com uma régua, traçou a semirreta de origem no vértice, dividindo o ângulo de 70° em duas partes iguais.

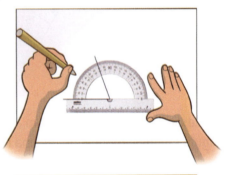

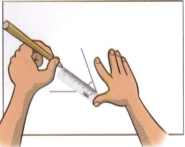

PARA FAZER

- O que você achou do procedimento de Francisco? E do procedimento de Carla? Em sua opinião, qual deles é o mais prático?
- Construa um ângulo em uma folha de papel e trace a bissetriz desse ângulo da maneira que preferir.

ATIVIDADES

VAMOS PRATICAR

1. Observe a medida de cada ângulo abaixo e responda à questão.

   a)

   b) 50°

   c) 130°

   d) 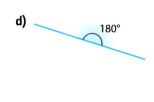 180°

   • Traçando a bissetriz desses ângulos, obtemos dois ângulos congruentes em cada caso. Qual é a medida dos ângulos obtidos?

2. Na figura ao lado, determine a medida dos ângulos $A\hat{O}C$ e $A\hat{O}B$ sabendo que $\overrightarrow{OD}$ e $\overrightarrow{OE}$ são bissetrizes de $A\hat{O}B$ e $B\hat{O}C$, respectivamente.

   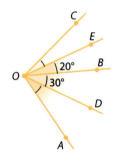

3. Para calcular a medida dos ângulos obtidos após traçarmos a bissetriz de um ângulo de 45°, fazemos:

   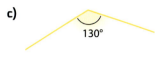

   Ou seja, a medida dos ângulos obtidos é 22,5°.

   Observe que:

   $$22{,}5° = 22° + 0{,}5°$$

   Para expressar essa medida em grau e minuto, devemos transformar a parte decimal (0,5°) em minuto.

   Então, fazemos:

   metade $1° = 60'$ metade
   $0{,}5° = 30'$

   Logo, a medida desses ângulos é 22° 30'.

   Agora, com o auxílio da calculadora, determine a medida dos ângulos formados pela bissetriz de cada ângulo abaixo. Expresse a medida em grau e minuto.

   a) 57°
   b) 79°
   c) 105°
   d) 15°

4. Construa, da maneira que preferir, um ângulo de 90° e depois trace sua bissetriz. Qual é a medida de cada ângulo obtido?

5 ÂNGULOS OPOSTOS PELO VÉRTICE

Observe as retas concorrentes $\overleftrightarrow{CD}$ e $\overleftrightarrow{EF}$, que se interceptam no ponto O.

Essas retas definem quatro semirretas com origem no ponto O: $\overrightarrow{OC}$, $\overrightarrow{OD}$, $\overrightarrow{OE}$ e $\overrightarrow{OF}$. As semirretas $\overrightarrow{OC}$ e $\overrightarrow{OD}$ são denominadas **semirretas opostas**, assim como as semirretas $\overrightarrow{OE}$ e $\overrightarrow{OF}$.

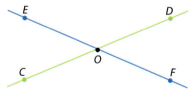 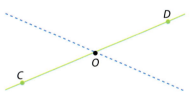 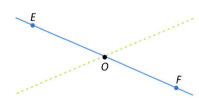

As retas $\overleftrightarrow{CD}$ e $\overleftrightarrow{EF}$ também definem os ângulos: $C\hat{O}E$, $C\hat{O}F$, $D\hat{O}F$ e $D\hat{O}E$.

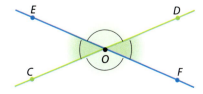

87

Note que os ângulos $D\hat{O}E$ e $C\hat{O}F$ têm o vértice O em comum e que as semirretas $\overrightarrow{OD}$ e $\overrightarrow{OE}$ (que formam o ângulo $D\hat{O}E$) são opostas, respectivamente, às semirretas $\overrightarrow{OC}$ e $\overrightarrow{OF}$ (que formam o ângulo $C\hat{O}F$). Então, dizemos que os ângulos $D\hat{O}E$ e $C\hat{O}F$ são **ângulos opostos pelo vértice** (indicamos: **o.p.v.**).

> Dois ângulos com vértice comum são **opostos pelo vértice** quando os lados de um deles são semirretas opostas aos lados do outro.

Da mesma forma, os ângulos $C\hat{O}E$ e $D\hat{O}F$ têm o vértice O em comum e as semirretas $\overrightarrow{OC}$ e $\overrightarrow{OE}$ (que formam o ângulo $C\hat{O}E$) são opostas, respectivamente, às semirretas $\overrightarrow{OD}$ e $\overrightarrow{OF}$ (que formam o ângulo $D\hat{O}F$). Então, os ângulos $C\hat{O}E$ e $D\hat{O}F$ também são opostos pelo vértice.

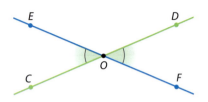

INFORMÁTICA E MATEMÁTICA

Nesta seção, você vai utilizar um *software* de Geometria dinâmica, que seu professor indicará, para construir duas retas concorrentes, identificar os pares de ângulos opostos pelo vértice determinados por essas retas e verificar uma regularidade em relação a esses ângulos.

CONSTRUA

Siga os passos a seguir para construir e determinar dois pares de ângulos opostos pelo vértice.

1º) Trace uma reta $\overleftrightarrow{AB}$.

2º) Trace uma reta $\overleftrightarrow{CD}$ cruzando a reta $\overleftrightarrow{AB}$.

3º) Marque o ponto O, intersecção das retas $\overleftrightarrow{AB}$ e $\overleftrightarrow{CD}$.

Normalmente, nos *softwares* de Geometria dinâmica, há uma barra superior com diversos botões. Ao clicar em cada um deles é possível ver diversas opções de ferramentas com as quais podemos marcar pontos, traçar retas, construir polígonos, medir ângulos etc.

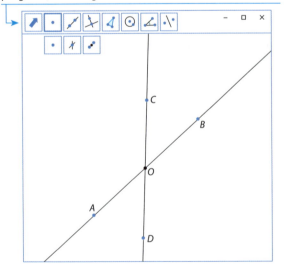

INVESTIGUE

a) Usando a ferramenta de medir ângulos do *software*, meça os quatro ângulos determinados pelas retas $\overleftrightarrow{AB}$ e $\overleftrightarrow{CD}$.

b) Quais pares de ângulos são opostos pelo vértice?

c) O que podemos observar em relação às medidas dos ângulos opostos pelo vértice? Movimente os pontos móveis na construção e verifique o que acontece com as medidas dos ângulos.

Em alguns *softwares* de Geometria dinâmica, ao clicar com o botão direito do *mouse* sobre uma medida, é possível escolher o número de casas decimais para o qual ela será arredondada.

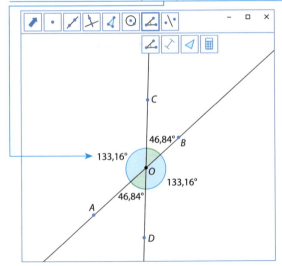

PROPRIEDADE

Na figura abaixo, os ângulos $A\hat{O}B$ e $C\hat{O}D$ são opostos pelo vértice.

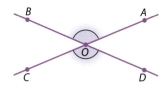

Observe agora os ângulos $A\hat{O}B$ e $B\hat{O}C$:

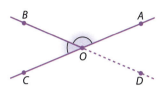

Os ângulos $A\hat{O}B$ e $B\hat{O}C$ são adjacentes suplementares. Então, a soma de suas medidas é igual a 180°.

$$\text{med}(A\hat{O}B) + \text{med}(B\hat{O}C) = 180° \qquad \text{(I)}$$

Agora, considere os ângulos $C\hat{O}D$ e $B\hat{O}C$:

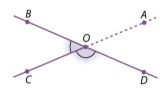

Os ângulos $C\hat{O}D$ e $B\hat{O}C$ também são adjacentes suplementares. Então, a soma de suas medidas é igual a 180°.

$$\text{med}(C\hat{O}D) + \text{med}(B\hat{O}C) = 180° \qquad \text{(II)}$$

Comparando I e II, temos:

$$\text{med}(A\hat{O}B) + \boxed{\text{med}(B\hat{O}C)} = \boxed{180°}$$
$$\text{med}(C\hat{O}D) + \boxed{\text{med}(B\hat{O}C)} = \boxed{180°}$$

medidas iguais
medidas iguais

Pelo esquema acima podemos concluir que os ângulos $A\hat{O}B$ e $C\hat{O}D$ têm medidas iguais, ou seja, são congruentes. Assim, temos a seguinte propriedade:

> Dois **ângulos opostos pelo vértice** têm a mesma medida, isto é, são **congruentes**.

Considerando os ângulos formados pelos rastros de fumaça dos aviões, quantos pares de ângulos o.p.v. podem ser identificados?

EXEMPLO

Os ângulos $C\hat{O}E$ e $F\hat{O}D$ são congruentes, assim como os ângulos $E\hat{O}F$ e $D\hat{O}C$.

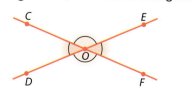

ATIVIDADES

VAMOS PRATICAR

1. Nas figuras abaixo, x e y indicam medidas de ângulos (em grau). Encontre os valores de x e y em cada caso.

a)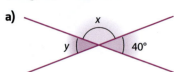

b)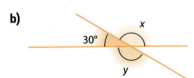

c)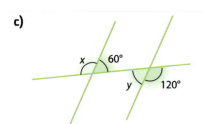

d)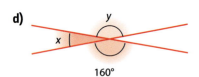

e)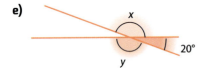

f)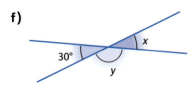

R1. Calcule a medida do ângulo $A\hat{O}B$ sabendo que $\overrightarrow{OE}$ é bissetriz do ângulo $C\hat{O}D$.

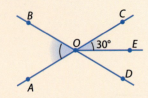

Resolução

Observando a figura, vemos que os ângulos $A\hat{O}B$ e $C\hat{O}D$ são ângulos o.p.v. Pela propriedade desses ângulos, eles têm a mesma medida. Então, se encontrarmos a medida do ângulo $C\hat{O}D$, obteremos a medida do ângulo $A\hat{O}B$.

Segundo o enunciado, a semirreta $\overrightarrow{OE}$ é a bissetriz do ângulo $C\hat{O}D$; então, os ângulos $C\hat{O}E$ e $E\hat{O}D$ são congruentes.

med($C\hat{O}E$) = med($E\hat{O}D$)

Então: med($E\hat{O}D$) = 30°.

Como med($C\hat{O}D$) = med($C\hat{O}E$) + med($E\hat{O}D$), temos:

med($C\hat{O}D$) = 30° + 30° = 60°

Como med($C\hat{O}D$) = 60°, temos: med($A\hat{O}B$) = 60°.

2. Calcule a medida x, em grau, nas figuras a seguir.

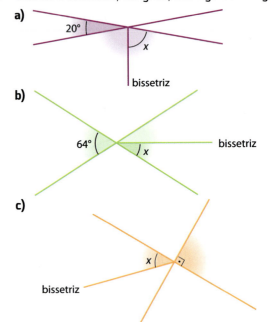

R2. Determine a medida do ângulo $A\hat{O}B$.

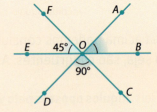

Resolução

Considerando as retas $\overleftrightarrow{EB}$ e $\overrightarrow{FC}$, observamos que os ângulos $E\hat{O}F$ e $B\hat{O}C$ são opostos pelo vértice.

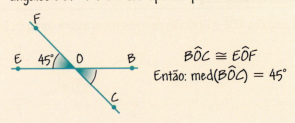

$B\hat{O}C \cong E\hat{O}F$
Então: med($B\hat{O}C$) = 45°

Observe na figura a seguir que as medidas dos ângulos $A\hat{O}B$, $B\hat{O}C$ e $C\hat{O}D$ somam 180°.

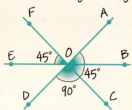

med($A\hat{O}B$) + med($B\hat{O}C$) + med($C\hat{O}D$) = 180°

med($A\hat{O}B$) + 45° + 90° = 180°

med($A\hat{O}B$) = 45°

Portanto, med($A\hat{O}B$) = 45°.

3. Descubra a medida do ângulo $A\hat{O}B$ em cada figura.

a)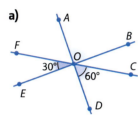

b)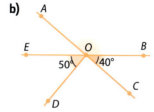

VAMOS APLICAR

4. Uma equipe de pilotos de avião fez uma manobra em que os ângulos formados pelos rastros de fumaça deveriam ser congruentes. Houve um erro de cálculo e os ângulos formados não ficaram todos congruentes, conforme mostra a ilustração ao lado.

Descubra quais ângulos são congruentes.

5. Analise a figura e calcule, em grau, a medida dos ângulos $\hat{x}$, $\hat{y}$ e $\hat{z}$.

6. O esquema ao lado representa um condomínio residencial. As ruas são representadas por segmentos de reta que se cruzam.

a) Meça os ângulos formados pelos cruzamentos das ruas A e B e das ruas A e C.

b) Quais são os pares de ângulos opostos pelo vértice?

c) Analisando o esquema, o que se pode dizer a respeito dos ângulos adjacentes?

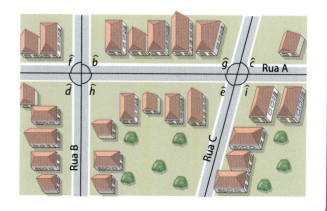

6 ÂNGULOS FORMADOS POR DUAS RETAS PARALELAS CORTADAS POR UMA TRANSVERSAL

RECORDE

Duas retas em um mesmo plano podem ser **paralelas**. Nesse caso não se interceptam em nenhum ponto. Assim, não determinam nenhum ângulo entre elas.

Indicamos: r // s.

Duas retas em um mesmo plano podem ser **concorrentes**. Nesse caso, elas se interceptam em um ponto, determinando quatro ângulos menores que 180°.

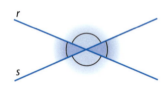

Quando as retas são concorrentes e não são perpendiculares, podemos chamá-las de **retas oblíquas**.

Trilha de estudo

Vai estudar? Nosso assistente virtual no *app* pode ajudar! <http://mod.lk/trilhas>

No ano anterior, estudamos a posição de duas retas em um mesmo plano. Você se lembra delas?

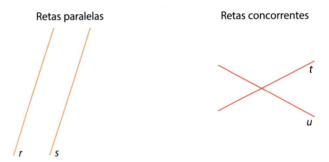

Como vimos nesta unidade, as retas concorrentes se cruzam determinando quatro ângulos (sendo dois pares de ângulos o.p.v.).

As retas perpendiculares são um caso particular de retas concorrentes, pois também se cruzam determinando quatro ângulos. A particularidade é que os quatro ângulos têm a mesma medida: 90°.

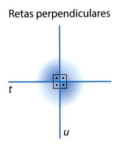

Ao traçar uma reta que corta duas retas paralelas, determinamos oito ângulos. Veja:

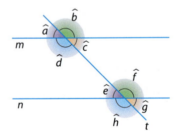

Temos que:

$\hat{a}$ e $\hat{e}$ são correspondentes;
$\hat{b}$ e $\hat{f}$ são correspondentes;
$\hat{c}$ e $\hat{g}$ são correspondentes;
$\hat{d}$ e $\hat{h}$ são correspondentes.

Vamos fazer algumas atividades, no papel e usando um *software* de geometria dinâmica, para verificar a relação entre as medidas dos ângulos formados por duas retas paralelas cortadas por uma transversal.

PARA FAZER

1. Observe os ângulos formados quando uma reta (*t*) intercepta duas retas paralelas (*r* e *s*).

   Com o auxílio de um transferidor, meça os ângulos formados. Quais deles têm a mesma medida?

   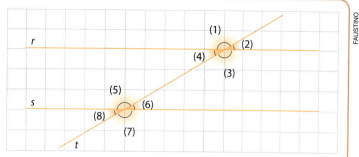

2. Trace, da maneira que preferir, duas retas paralelas e uma reta que cruze essas paralelas. Essas retas determinarão oito ângulos.

   a) Usando um transferidor, meça cada um desses ângulos, anote a medida junto ao ângulo e pinte os ângulos que têm mesma medida com a mesma cor.
   b) Quantas cores diferentes você usou para pintar os ângulos?
   c) Que relação você percebeu entre as medidas dos ângulos determinados?
   d) Compare sua figura com a de alguns colegas. Os ângulos determinados por vocês têm as mesmas medidas? A relação que você percebeu no item **c** também vale na figura de cada colega?

INFORMÁTICA E MATEMÁTICA

Vamos agora utilizar um *software* de Geometria dinâmica para investigar se a relação entre as medidas dos ângulos vale para quaisquer paralelas cortadas por uma transversal.

CONSTRUA

Siga os passos a seguir para construir duas retas paralelas cortadas por uma transversal.

1º) Trace uma reta $\overleftrightarrow{AB}$.
2º) Usando a ferramenta de traçar retas paralelas, trace uma reta $\overleftrightarrow{CD}$ paralela a $\overleftrightarrow{AB}$.
3º) Trace uma reta $\overleftrightarrow{EF}$ que cruze as retas paralelas $\overleftrightarrow{CD}$ e $\overleftrightarrow{AB}$.
4º) Marque o ponto G, intersecção das retas $\overleftrightarrow{AB}$ e $\overleftrightarrow{EF}$.
5º) Marque o ponto H, intersecção das retas $\overleftrightarrow{CD}$ e $\overleftrightarrow{EF}$.

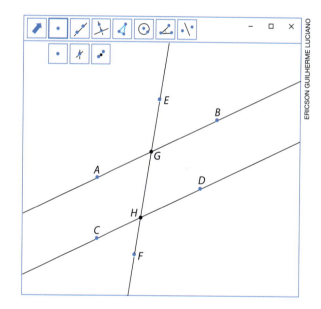

INVESTIGUE

a) Usando a ferramenta de medir ângulos do *software*, meça os oito ângulos obtidos na construção anterior.
b) Identifique os pares de ângulos correspondentes e de ângulos opostos pelo vértice.
c) Qual relação é possível perceber entre os pares de ângulos correspondentes? E entre os pares de ângulos opostos pelo vértice?
d) Movimente os pontos móveis da construção alterando a posição das retas e observe o que acontece com as medidas dos ângulos. As relações percebidas no item **c** continuam válidas quando mudamos a posição das retas e, consequentemente, as medidas dos ângulos?

PROPRIEDADE

Verificamos experimentalmente, porém não demonstraremos neste momento, a seguinte propriedade:

> Os ângulos correspondentes, determinados por duas retas paralelas interceptadas por uma transversal, são congruentes.

Além disso, já vimos que ângulos opostos pelo vértice são congruentes.

Então, como consequência, considerando duas retas paralelas cortadas por uma transversal, temos:

med($\hat{a}$) = med($\hat{e}$) → ângulos correspondentes
med($\hat{c}$) = med($\hat{g}$) → ângulos correspondentes
med($\hat{a}$) = med($\hat{c}$) → ângulos opostos pelo vértice
med($\hat{e}$) = med($\hat{g}$) → ângulos opostos pelo vértice

Logo: med($\hat{a}$) = med($\hat{e}$) = med($\hat{g}$) = med($\hat{c}$)
Ou seja, $\hat{a}$, $\hat{e}$, $\hat{c}$ e $\hat{g}$ são congruentes.

med($\hat{b}$) = med($\hat{f}$) → ângulos correspondentes
med($\hat{d}$) = med($\hat{h}$) → ângulos correspondentes
med($\hat{b}$) = med($\hat{d}$) → ângulos opostos pelo vértice
med($\hat{f}$) = med($\hat{h}$) → ângulos opostos pelo vértice

Logo: med($\hat{b}$) = med($\hat{f}$) = med($\hat{h}$) = med($\hat{d}$)
Ou seja, $\hat{b}$, $\hat{f}$, $\hat{d}$ e $\hat{h}$ são congruentes.

ATIVIDADES

VAMOS PRATICAR

1. (Saresp) Na figura abaixo, as retas *r* e *s* são paralelas cortadas pela transversal *t*.

A relação entre os ângulos α e β marcados na figura é:

a) α + β = 90°   c) α = β
b) α + β = 180°   d) α = 270° − β

2. Observe as retas *r* e *s*, sendo *r* // *s*. Determine as medidas dos ângulos em cada figura.

a)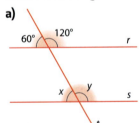

b)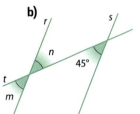

3. Nas figuras abaixo, as retas *r* e *s* são paralelas. Calcule os valores de *a* e de *b* em cada caso.

a)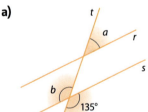

b)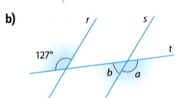

c)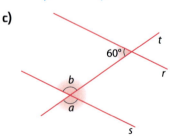

ESTATÍSTICA E PROBABILIDADE
LEITURA E INTERPRETAÇÃO DE GRÁFICOS DE BARRAS

Geraldo administra uma pequena empresa de confecções. Com as informações sobre o saldo do movimento financeiro da empresa (lucro ou prejuízo) e as vendas no segundo semestre do ano passado, ele construiu dois gráficos.

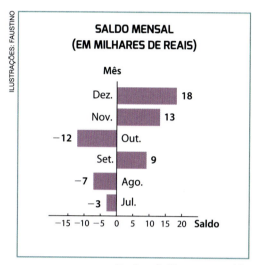

Dados obtidos por Geraldo em janeiro deste ano.

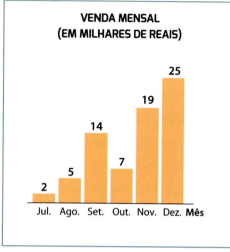

Dados obtidos por Geraldo em janeiro deste ano.

Em um gráfico de barras, podemos optar por não representar a linha que indica os valores das barras, como feito no gráfico ao lado, referente às vendas. Caso a linha não seja representada, o valor correspondente a cada barra deve ser sempre indicado junto a ela.

▶ Em que meses a empresa teve lucro? Em que mês ela vendeu mais?

As informações sobre a empresa de confecções foram representadas em um gráfico de barras horizontais, que mostra os dados sobre o saldo da empresa no período de julho a dezembro; e em um gráfico de barras verticais, que se refere às vendas realizadas no mesmo período.

Os gráficos apresentam a expressão "em milhares de reais", o que significa que o valor referente a cada barra deve ser multiplicado por 1.000.

Para determinar quais os meses em que a empresa teve lucro, devemos observar o gráfico de barras horizontais. Perceba que ele mostra valores negativos (à esquerda da linha vertical) e positivos (à direita da linha), ou seja, apresenta os saldos negativos e os saldos positivos da empresa. Se o valor do saldo for negativo, a empresa teve prejuízo. Se for positivo, ela teve lucro. Portanto, a empresa teve lucro nos meses de setembro (R$ 9.000,00), novembro (R$ 13.000,00) e dezembro (R$ 18.000,00), pois as barras correspondentes a esses meses mostram valores positivos.

Para responder em que mês a empresa vendeu mais, é preciso observar e comparar apenas as informações do gráfico de barras verticais. Como esse gráfico apresenta apenas barras correspondentes a números positivos, a barra mais alta representará o mês em que o valor das vendas foi maior. A barra mais alta corresponde ao mês de dezembro, portanto, nesse mês a empresa vendeu mais (R$ 25.000,00).

ESTATÍSTICA E PROBABILIDADE

ATIVIDADES

1. As temperaturas mínimas previstas em algumas cidades para o dia 9 de março de 2018 foram apresentadas em um gráfico.

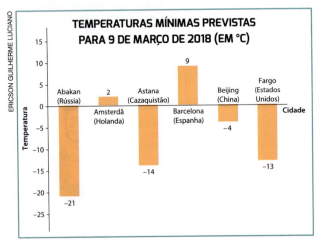

Dados obtidos em: <https://www.ipma.pt/pt/otempo/prev.mundo/html-prevmundo.jsp>. Acesso em: 8 mar. 2018.

a) Qual foi a temperatura mínima prevista para Beijing? E para Astana?

b) Para qual dessas cidades foi prevista a temperatura mínima mais alta? De quantos graus? E a temperatura mais baixa? De quantos graus?

2. O gerente da Empresa de Alimentos S/A construiu um gráfico que mostra o saldo da empresa de 2014 a 2018.

Dados obtidos pelo gerente da Empresa de Alimentos S/A em 2019.

a) Em que ano o lucro foi maior?

b) Em que ano o prejuízo foi maior?

c) Explique os valores representados nas colunas dos anos 2015 e 2016.

3. Carlos é responsável pelo controle da temperatura de armazenamento das mercadorias do supermercado em que trabalha. Todos os dias, ele toma como base os dados da tabela abaixo para verificar a temperatura dessas mercadorias.

Temperaturas indicadas	
Seção	Temperatura
Bebidas	15 °C
Frutas	10 °C
Congelados	−15 °C
Sorvetes	−18 °C

Dados obtidos por Carlos em abril de 2018.

Carlos vai construir um gráfico de barras horizontais com base nessa tabela.

a) Para quais itens a barra vai ficar à esquerda da reta vertical, que corresponde a 0 °C?

b) Para quais itens ela vai ficar à direita?

4. Léo tem uma sorveteria que, em quatro ocasiões, sofreu prejuízos com a queda de energia. No gráfico abaixo estão os dados desses dias.

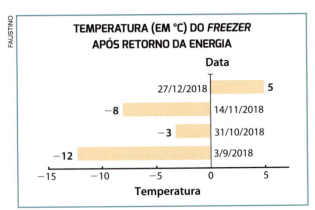

Dados obtidos por Léo ao longo de 2018.

• Em que dia, após o retorno da energia, a temperatura do *freezer* estava mais alta? E em que dia estava mais baixa?

ATIVIDADES COMPLEMENTARES

1. Observe os telhados de duas casas situadas em diferentes lugares do mundo.

Restaurante em Soest, Alemanha. Foto de 2017.

Casa em Vila Ressaca, em Senador José Pinto (PA). Foto de 2017.

Cada plano do telhado é chamado de "água".

a) O ângulo destacado em cada telhado determina sua inclinação. Com um transferidor, meça os ângulos.

b) Em sua opinião, por que essas casas têm telhados com inclinações diferentes?

2. A semirreta $\vec{VA}$ é a bissetriz do ângulo $C\hat{V}D$. Sabendo que o ângulo $A\hat{V}C$ tem medida igual a 80°, determine a medida de $C\hat{V}D$.

3. Nas construções abaixo, identifique o caso em que a semirreta $\vec{OB}$ aparenta ser a bissetriz do ângulo dado.

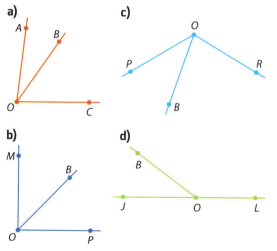

4. Mariana recebeu de sua professora uma folha com uma figura para reproduzir no caderno. Seu irmão derrubou suco sobre a folha e parte da figura foi borrada.

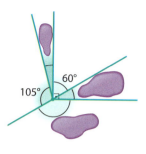

- Sem o auxílio do transferidor, descubra quais medidas estão faltando na figura.

5. Qual alternativa identifica um par de ângulos opostos pelo vértice?

a) $A\hat{O}F$ e $D\hat{O}C$
b) $A\hat{O}F$ e $A\hat{O}C$
c) $A\hat{O}B$ e $B\hat{O}C$
d) $E\hat{O}F$ e $A\hat{O}D$

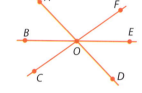

6. Determine x, em grau, para cada caso.

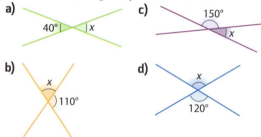

7. Calcule x e y, em grau, para cada caso.

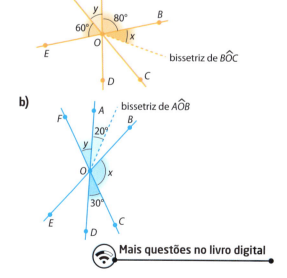

Mais questões no livro digital

COMPREENDER UM TEXTO
OS FUSOS HORÁRIOS

Você sabia que enquanto está lendo este texto, em outros lugares do mundo, e até mesmo do Brasil, o horário é outro?

E como saber os horários em todos os lugares do planeta?

Para acertar os horários da Terra, sua superfície foi imaginariamente dividida em 24 "gomos", já que o dia tem 24 horas. Cada "gomo" é chamado de **fuso horário** e, dentro de cada fuso, prevalece um **horário local legal**.

Como você pode ver no planisfério, essas divisões são bem irregulares, por causa das fronteiras nacionais entre os países, por questões políticas ou mesmo para facilitar negociações.

O **meridiano de Greenwich** (associado a 0° no planisfério) é o marco inicial para a contagem das horas, estabelecendo que, nos fusos à esquerda do meridiano, as horas diminuem e, nos fusos à direita, aumentam.

Observe o planisfério abaixo, no qual podemos verificar e calcular os horários de diferentes lugares.

PLANISFÉRIO COM AS DIVISÕES DOS FUSOS HORÁRIOS E COM O MERIDIANO DE GREENWICH

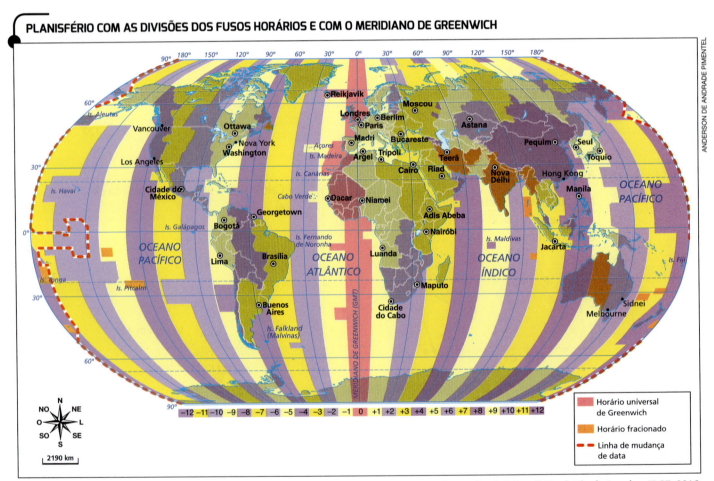

Elaborado com base em: IBGE. *Atlas nacional do Brasil*. 7. ed. Rio de Janeiro: IBGE, 2016.

Tóquio está localizada no fuso $+9$, e o Rio de Janeiro, no fuso -3. Então, a diferença de horário é de $+9 - (-3) = +12$. Como Tóquio está localizada à nossa direita, o horário nessa cidade está adiantado em 12 horas em relação ao nosso.

Rio de Janeiro (RJ). Foto de 2016.

Tóquio, Japão. Foto de 2017.

ATIVIDADES

1. Qual recurso foi utilizado para apresentar os fusos horários?
   a) Um texto.
   b) Um esquema.
   c) Um planisfério.
   d) Um gráfico.

2. Anote o horário em que você está fazendo esta atividade. Depois, consulte o planisfério e localize a região onde você mora. Em seguida, calcule no caderno o horário nas seguintes cidades:
   a) Brasília;
   b) Buenos Aires;
   c) Toronto;
   d) Sidney;
   e) Moscou;
   f) Pequim.

3. Um avião sai de Brasília às 5 horas. Dez horas depois, chega a Nairóbi, no Quênia, no continente africano. Qual será o horário em Nairóbi quando o avião pousar?

4. Consulte um planisfério que tenha as divisões por continentes e compare com o planisfério da página 94. Depois, responda à questão no caderno.

- Qual continente tem o maior número de fusos horários?

5. Veja um trecho de um quadro que apresenta os fusos horários com base no horário de Brasília.

Cidade	Fuso
Buenos Aires (Argentina)	0
Jacarta (Indonésia)	+10
Moscou (Rússia)	+6
Pequim (China)	+11
Cidade do México (México)	−3
Sidney (Austrália)	+13
Nova York (Estados Unidos)	−2

- Entre o planisfério e o quadro, quais são as vantagens e as desvantagens das duas apresentações?

EDUCAÇÃO FINANCEIRA
MAS DÁ PRA PAGAR NO CARTÃO...

Controlar a impulsividade

O QUE VOCÊ FARIA?

Imagine que você já é adulto, tem seu emprego e recebe um salário fixo por mês. E, claro, tem despesas mensais fixas e outras variáveis. Você não tem dinheiro no momento, mas tem um cartão de crédito.

O que você faria: compraria outra mochila para sua filha no cartão de crédito?

Formem dois grupos na sala: um que compraria e outro que não compraria a mochila.

Façam uma lista dos argumentos para realizar ou não a compra.

CALCULE

Observe a fatura do cartão de crédito de Isabela e responda às questões.

a) Na fatura, aparece uma opção de parcelamento em 12 vezes. Qual será o valor total pago se Isabela optar por parcelar essa fatura? Esse valor corresponde a mais ou a menos que o dobro do valor total da fatura?

b) Qual será o custo adicional que Isabela terá ao não pagar a fatura total, parcelando-a em 12 vezes?

REFLITA

Converse com alguns familiares, e depois discuta com os colegas, sobre as questões a seguir.

a) O cartão de crédito é uma boa alternativa para comprar algo que você não tem dinheiro para comprar no momento?

b) Que cuidados devemos ter ao usar um cartão de crédito?

c) Por que algumas pessoas falam que pagar no cartão pode ter um efeito "bola de neve"?

d) No pagamento com cheque isso também acontece?

e) Você acha que, quando compram no cartão, as pessoas tendem a gastar mais do que se estivessem comprando com dinheiro?

ORGANIZAR O CONHECIMENTO

1. Complete os esquemas.

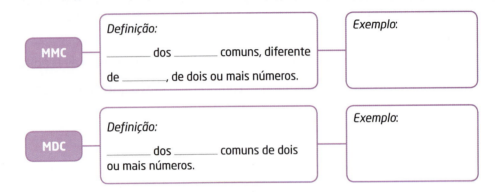

2. Complete o esquema.

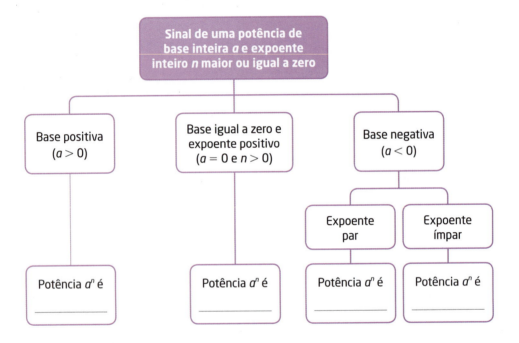

3. Complete o esquema com as definições.

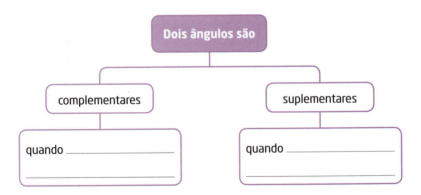

TESTES

1. (FGV) Um grupo com mais de 25 e menos de 35 alunos deve ser acomodado nas mesas de um refeitório. Em cada mesa cabem, no máximo, 6 alunos. Para que todas as mesas sejam ocupadas com a capacidade máxima, o grupo deve ter o seguinte número de alunos:

   a) 28.   c) 30.   e) 32.
   b) 29.   d) 31.

2. (Pasusp) Segundo norma do Instituto Nacional de Metrologia, Normalização e Qualidade Industrial (INMETRO), os ônibus urbanos devem ter os encostos dos bancos fazendo um ângulo α com o assento horizontal compreendido entre 105° e 115°. Indique, entre os bancos abaixo, aquele que esteja em conformidade com essa norma.

   a)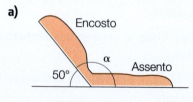

   b)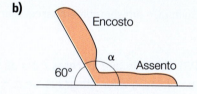

   c)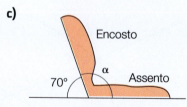

   d)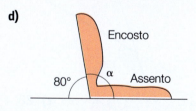

   e)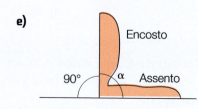

3. (FGV) O número de três algarismos: $n = 68D$ é primo. O algarismo D, das unidades, é:

   a) 1.   c) 5.   e) 9.
   b) 3.   d) 7.

4. O próximo termo da sequência 1, −2, 4, −8, 16, −32, ... é o número:

   a) −2.   c) −64.   e) 128.
   b) −16.   d) 64.

5. A cidade de Cusco, no Peru, está a uma altitude de 3.399 m. Já a cidade de Amsterdã, na Holanda, está a uma altitude de −2 m. Uma pessoa que viaja de Amsterdã para Cusco sofre uma variação de altitude equivalente a:

   a) +3.401 m.   c) −3.401 m.   e) +3.399 m.
   b) +3.397 m.   d) −3.397 m.

6. (Vunesp) Um município contratou agentes sanitários para atuar na prevenção e no combate ao mosquito da dengue. O número de contratados, que não chega a 200, deverá ser dividido em equipes com o mesmo número de agentes em cada uma. No entanto, se forem constituídas equipes de 6, ou de 12, ou de 18, ou de 20 agentes, sobrarão sempre 3 deles. O número de agentes sanitários contratados foi igual a:

   a) 175.   c) 180.   e) 186.
   b) 178.   d) 183.

7. (Enem) Um arquiteto está reformando uma casa. De modo a contribuir com o meio ambiente, decide reaproveitar tábuas de madeira retiradas da casa. Ele dispõe de 40 tábuas de 540 cm, 30 de 810 cm e 10 de 1.080 cm, todas de mesma largura e espessura. Ele pediu a um carpinteiro que cortasse as tábuas em pedaços de mesmo comprimento, sem deixar sobras, e de modo que as novas peças ficassem com o maior tamanho possível, mas de comprimento menor que 2 m.

   Atendendo o pedido do arquiteto, o carpinteiro deverá produzir:

   a) 105 peças.   d) 243 peças.
   b) 120 peças.   e) 420 peças.
   c) 210 peças.

TESTES

8. O produto de dois números inteiros é positivo. Sobre esses números:

  I. Se um é positivo, o outro é negativo.
  II. Ambos são negativos ou ambos são positivos.
  III. Um deles é zero.
  IV. Certamente os dois são positivos.

São verdadeiras as afirmações

a) I, II, III e IV.
b) II e III.
c) II e IV.
d) Apenas a II.
e) Apenas a IV.

9. (Enem) Rotas aéreas são como pontes que ligam cidades, estados ou países. O mapa a seguir mostra os estados brasileiros e a localização de algumas capitais identificadas pelos números. Considere que a direção seguida por um avião AI que partiu de Brasília-DF, sem escalas, para Belém, no Pará, seja um segmento de reta com extremidades em DF e em 4.

MAPA DO BRASIL E ALGUMAS CAPITAIS

1 – Manaus	7 – Fortaleza	13 – Belo Horizonte
2 – Boa Vista	8 – Natal	14 – Goiânia
3 – Macapá	9 – Salvador	15 – Cuiabá
4 – Belém	10 – Rio de Janeiro	16 – Campo Grande
5 – São Luís	11 – São Paulo	17 – Porto Velho
6 – Teresina	12 – Curitiba	18 – Rio Branco

Siqueira, S. Brasil Regiões.
Disponível em: www.santossiqueira.pro.br.
Acesso em: 28. jul. 2009 (adaptado)

Suponha que um passageiro de nome Carlos pegou um avião AII, que seguiu a direção que forma um ângulo de 135° graus no sentido horário com a rota Brasília-Belém e pousou em alguma das capitais brasileiras. Ao desembarcar, Carlos fez uma conexão e embarcou em um avião AIII, que seguiu a direção que forma um ângulo reto, no sentido anti-horário, com a direção seguida pelo avião AII ao partir de Brasília-DF. Considerando que a direção seguida por um avião é sempre dada pela semirreta com origem na cidade de partida e que passa pela cidade destino do avião, pela descrição dada, o passageiro Carlos fez uma conexão em:

a) Belo Horizonte, e em seguida embarcou para Curitiba.
b) Belo Horizonte, e em seguida embarcou para Salvador.
c) Boa Vista, e em seguida embarcou para Porto Velho.
d) Goiânia, e em seguida embarcou para o Rio de Janeiro.
e) Goiânia, e em seguida embarcou para Manaus.

10. (UFPR) Sabendo que as retas r e s da figura abaixo são paralelas, o valor, em graus, de $a - b$ é:

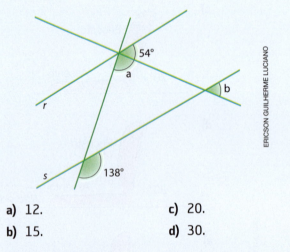

a) 12.
b) 15.
c) 20.
d) 30.

11. Uma semirreta $\overrightarrow{BE}$ é a bissetriz de um ângulo $A\hat{B}C$. Se o ângulo $A\hat{B}C$ tem medida igual a $\alpha°$, determine a medida de $C\hat{B}E$.

ATITUDES PARA A VIDA

1. Associe cada cena a uma atitude.

Aplicar conhecimentos prévios a novas situações

Controlar a impulsividade

Pensar com flexibilidade

2. Observe as situações.

- Em qual das situações as meninas pensaram com flexibilidade?

3. O que você faria no lugar do menino da situação a seguir?

PARA RESPONDER

1. Em que outras situações do dia a dia você já precisou usar unidades de medida?
2. O que é o Sistema Internacional de Unidades e por que ele foi criado?
3. Imagine que as unidades de medida não existem e que você precisa marcar um encontro com seu colega num lugar específico, na manhã seguinte. Como você daria essa informação ao seu colega?

ATITUDES PARA A VIDA

- Pensar e comunicar-se com clareza.
- Esforçar-se por exatidão e precisão.
- Imaginar, criar e inovar.

UNIDADE 4

NÚMEROS RACIONAIS

1 NÚMEROS RACIONAIS

Você conhece o pinguim-imperador?

Essa espécie de ave habita o continente mais frio do planeta, a Antártida, e, diferentemente de outras aves, se reproduz no inverno, não na primavera.

Conheça, a seguir, outras características dessa ave de grande porte.

Para caracterizar o pinguim-imperador, utilizamos informações baseadas em números, como 40, 440.000, −65, 500 e 9, que pertencem ao conjunto dos números inteiros, estudado na Parte 1.

1 Nome científico e medidas
Nome científico: *Aptenodytes forsteri*
Altura: 1,20 m
Massa: 40 kg

No inverno, as temperaturas podem atingir −65 °C.

3 De que se alimentam
Podem mergulhar a incríveis **500** metros de profundidade para se alimentar de pequenos peixes, lulas e *krill* (tipo de crustáceo). Permanecem até **9** minutos submersos.

2 Onde vivem
Na Antártida, continente gelado que representa quase $\frac{1}{10}$ da área continental do planeta. Sua população é estimada em **440.000** animais.

E os números $\frac{1}{10}$ e 1,20, a que conjunto numérico pertencem?

Você já sabe que $\frac{1}{10}$ é uma **fração**. O número 1,20 também pode ser escrito como uma fração. Veja.

$$1,20 = \frac{120}{100}$$

Números que podem ser escritos na forma fracionária, ou seja, na forma $\frac{a}{b}$, sendo a e b números inteiros e $b \neq 0$, são chamados **números racionais**.

Logo, dizemos que $\frac{1}{10}$ e 1,20 são números racionais.

Os números 40, 440.000, -65, 500 e 9 também podem ser escritos na forma fracionária. Observe.

- $40 = \frac{40}{1}$
- $-65 = -\frac{65}{1}$
- $9 = \frac{9}{1}$
- $440.000 = \frac{440.000}{1}$
- $500 = \frac{500}{1}$

Assim, 40, 440.000, -65, 500 e 9 também são números racionais.

CONJUNTO DOS NÚMEROS RACIONAIS

Todo número que pode ser escrito na forma fracionária, com denominador e numerador inteiros e denominador diferente de zero, pertence ao **conjunto dos números racionais**, que indicamos por $\mathbb{Q}$.

$$\mathbb{Q} = \left\{\frac{a}{b}, \text{ sendo } a \text{ e } b \text{ números inteiros e } b \neq 0\right\}$$

Os números racionais são usados em muitas situações do nosso dia a dia. Observe algumas.

> **PARA PENSAR**
> - Podemos dizer que todo número inteiro é também um número racional?
> - Podemos dizer que os números naturais também são números racionais?

> **OBSERVAÇÕES**
> - A palavra "racional" vem de "razão" que, com esse uso, quer dizer "comparar por meio da divisão"; e o símbolo $\mathbb{Q}$ vem da palavra "quociente".
> - Existem números que não são racionais, ou seja, não podem ser escritos na forma $\frac{a}{b}$, com a e b inteiros e $b \neq 0$. Veja alguns exemplos.
> $\sqrt{2} = 1,41421356237...$
> $-4,121221222...$
> $\sqrt{35} = 5,916079783...$
>   Esses números serão estudados futuramente.

109

REPRESENTAÇÃO DOS NÚMEROS RACIONAIS NA RETA NUMÉRICA

Assim como os números inteiros, os números racionais também podem ser representados na reta numérica.

Observe esta reta numérica com a representação de alguns pontos correspondentes a números inteiros.

Cada número corresponde a um ponto, e a distância entre dois pontos consecutivos é sempre a mesma.

Marcados os números inteiros, podemos localizar os pontos dos demais números racionais. Veja, por exemplo, como Rubens e Roberta fizeram para representar os números $\frac{11}{4}$ e $-2,3$ na reta numérica.

PARA PENSAR

Como você faria para representar o número $-0,333...$ na reta numérica?

ATIVIDADES

VAMOS PRATICAR

R1. Escreva a forma fracionária dos números a seguir.

a) $-4,07$ b) $0,0059$ c) $2\frac{3}{8}$

Resolução

a) Em uma fração, o numerador e o denominador são números inteiros. Como $-4,07$ tem dois algarismos depois da vírgula, o algarismo 7 ocupa a ordem dos centésimos. Por isso, basta escrever o número dado sem vírgula no numerador da fração e, no denominador, escrever 100.

2 algarismos depois da vírgula $-4,07 = -\dfrac{407}{100}$ dois zeros

b) $0,0059$ tem quatro algarismos depois da vírgula. Assim:

4 algarismos depois da vírgula $0,0059 = \dfrac{59}{10.000}$ quatro zeros

c) Já vimos que o número $2\frac{3}{8}$, escrito na forma mista, equivale à soma da parte inteira com a parte fracionária. Assim:

$$2\frac{3}{8} = 2 + \frac{3}{8} = \frac{2}{1} + \frac{3}{8} =$$
$$= \frac{2 \cdot 8}{1 \cdot 8} + \frac{3}{8} = \frac{16}{8} + \frac{3}{8} = \frac{19}{8}$$

1. Escreva os números abaixo na forma fracionária.

a) $-2,1$ c) $32,54$ e) $5\frac{2}{3}$ g) $7,895$

b) 8 d) $-5,56$ f) $-10,77$ h) $0,52$

2. Quais dos números a seguir são racionais? Por quê?

$-2,3$ -9 $-3\frac{1}{2}$ $\sqrt{6}$ $\dfrac{7}{2}$

$2,82$ 0 $-\dfrac{9}{10}$ $\sqrt{9}$

3. Descubra entre quais números inteiros consecutivos estão os números racionais abaixo.

a) $-\dfrac{5}{7}$ c) $-\dfrac{8}{3}$ e) $\dfrac{9}{7}$

b) $\dfrac{15}{6}$ d) $-3\dfrac{1}{4}$ f) $4\dfrac{5}{7}$

4. Responda às questões no caderno.

a) O número $\dfrac{17}{5}$ é racional? Justifique sua resposta.

b) Na reta numérica, $\dfrac{17}{5}$ está entre quais números naturais?

5. Observe o segmento $\overline{AB}$ e os pontos C, D, E e F que dividem $\overline{AB}$ em 5 partes iguais.

Se A representa o número 5 e B, o número 6, descubra os números racionais que representam os pontos C, D, E e F.

6. Sabendo que A e B dividem a parte da reta numérica entre -1 e 0 em 3 partes iguais e que C, D e E dividem a parte da reta entre 0 e 1 em 4 partes iguais, quais são os números racionais correspondentes a esses pontos?

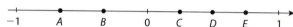

VAMOS APLICAR

7. Descreva como podemos localizar na reta numérica os pontos correspondentes aos números racionais abaixo.

$\dfrac{7}{5}$ $-\dfrac{16}{4}$ $-\dfrac{1}{2}$ $\dfrac{1}{3}$

• Construa uma reta numérica no caderno e localize esses números.

8. Classifique cada uma das afirmações em **V** (verdadeira) ou **F** (falsa).

a) Todo número natural é um número inteiro, mas nem todo número natural é um número racional.

b) Todo número inteiro é racional, mas nem todo número inteiro é natural.

c) A raiz quadrada de 144 é um número natural, mas não é um número racional.

9. Que fração do quadrado azul está coberta pelo quadrado amarelo em cada caso?

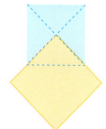 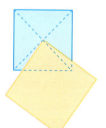

MÓDULO OU VALOR ABSOLUTO DE UM NÚMERO RACIONAL

Observe a representação de $-\frac{1}{3}$ e $+\frac{1}{3}$ na reta numérica.

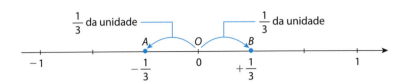

Os pontos A e B estão situados à mesma distância da origem O.

Essa distância é representada pelo número positivo $\frac{1}{3}$, que se chama **módulo** ou **valor absoluto** dos números $-\frac{1}{3}$ e $+\frac{1}{3}$.

Indicamos: $\left|-\frac{1}{3}\right| = \frac{1}{3}$ e $\left|+\frac{1}{3}\right| = \frac{1}{3}$

Como $-\frac{1}{3}$ e $+\frac{1}{3}$ são números de sinais contrários e têm o mesmo módulo, dizemos que eles são **opostos** ou **simétricos**.

COMPARAÇÃO DE NÚMEROS RACIONAIS

Que número é maior: $\frac{10}{4}$ ou $\frac{12}{8}$?

Veja dois modos de comparar esses números.

1º) Escrevendo-os na forma decimal:

$\frac{10}{4} = 10 : 4 = 2,5$ $\quad\quad$ $\frac{12}{8} = 12 : 8 = 1,5$

Como $2,5 > 1,5$, temos $\frac{10}{4} > \frac{12}{8}$.

2º) Escrevendo-os na forma fracionária com o mesmo denominador:

$\frac{10}{4} = \frac{20}{8}$ (frações equivalentes)

Como $\frac{20}{8} > \frac{12}{8}$, pois $20 > 12$, temos $\frac{10}{4} > \frac{12}{8}$.

Também podemos comparar dois números racionais com o auxílio da reta numérica. O maior número está sempre à direita do menor. Por exemplo:

Que número é maior: $-\frac{3}{5}$ ou $-\frac{11}{15}$?

```
 30 | 5         110 | 15
  0  0,6         50  0,733...
                 50
                  5
```

$-\frac{3}{5} = -0,6$ e $-\frac{11}{15} = -0,733...$

OBSERVAÇÃO

Também podemos concluir que $\frac{10}{4}$ é maior que $\frac{12}{8}$ analisando as figuras acima.

Uma conversa sobre números racionais

Escute o áudio e aprenda com a Kátia como localizar na reta numérica os números racionais na forma de fração.

112

Para a representação na reta numérica, vamos aproximar −0,733... para −0,7.

Então, $-0,6 > -0,7$, ou seja, $-\dfrac{3}{5} > -\dfrac{11}{15}$.

COMPARE ESTRATÉGIAS

Números racionais

Quantos números racionais existem entre 4,35 e 4,36? Veja o que responderam Rafael, Júlia e Luana.

REFLITA

- Qual deles está certo? Por quê?
- Quantos números racionais existem entre 4,35 e 4,36?

DISCUTA E CONCLUA

Reúna-se com alguns colegas e respondam às questões a seguir.

- Quantos números racionais, com duas casas decimais, existem entre 4,35 e 4,36?
- Quantos números racionais, com três casas decimais, existem entre 4,35 e 4,36? Quais são eles?
- Quantos números racionais, com quatro casas decimais, existem entre 4,35 e 4,36? Escreva dois deles. Desconsidere os números que terminam com um zero e os que terminam com dois zeros.
- Se continuarmos a procurar, quantos números racionais encontraremos entre 4,35 e 4,36?
- Volte às questões do *Reflita* e veja se você mudaria sua resposta.

ATIVIDADES

VAMOS PRATICAR

1. Calcule o módulo ou valor absoluto dos números a seguir.

   a) $-\dfrac{1}{2}$
   b) $1{,}54$
   c) $-\dfrac{7}{9}$
   d) $-0{,}612$
   e) $1\dfrac{7}{9}$
   f) $-0{,}25$
   g) $10{,}32$
   h) $-\dfrac{983}{100}$
   i) $-0{,}004$
   j) $\dfrac{23}{4}$

2. Qual é o menor número racional em cada caso?

   a) $-0{,}5$ e $-\dfrac{2}{3}$
   b) $\dfrac{1}{3}$ e $\dfrac{5}{4}$
   c) $\dfrac{1}{6}$ e $0{,}25$
   d) $-\dfrac{1}{5}$ e $-0{,}3$
   e) $0{,}43$ e $0{,}4195$
   f) $\dfrac{7}{6}$ e $1{,}2$
   g) $0{,}74$ e $0{,}7$
   h) $-\dfrac{3}{5}$ e $-0{,}63$

3. Usando os símbolos $<$, $>$ ou $=$, compare os números.

   a) $7{,}3$ e $\dfrac{15}{4}$
   b) $\dfrac{101}{5}$ e $20{,}25$
   c) $-3{,}2$ e $-\dfrac{16}{5}$
   d) $0{,}79$ e $\dfrac{790}{100}$
   e) $-2{,}1$ e $-\dfrac{7}{3}$
   f) $0{,}02$ e $\dfrac{1}{50}$

4. Ordene os números racionais abaixo do menor para o maior.

   $5{,}68$; $\dfrac{30}{25}$; $-3{,}5$; $\dfrac{1}{2}$; 5 ; $-\dfrac{564}{200}$; $1{,}3$; $-\dfrac{3}{5}$

5. Identifique o menor racional em cada caso com o auxílio da reta numérica.

   a) 23 e $23{,}5$
   b) $\dfrac{11}{5}$ e $2{,}25$
   c) 54 e $-\dfrac{524}{10}$
   d) 2 e $-5{,}2$

6. Encontre três números racionais compreendidos entre:

   a) 0 e $0{,}001$
   b) $-\dfrac{45}{16}$ e $-\dfrac{25.313}{9.000}$
   c) $\dfrac{5}{8}$ e $\dfrac{7}{10}$
   d) $0{,}4$ e $\dfrac{3}{7}$
   e) $\dfrac{9}{7}$ e $1{,}34$
   f) $-0{,}1256$ e $-0{,}1427$

VAMOS APLICAR

7. Dalva queria comprar um vaso de flores para enfeitar sua casa. Chegando à floricultura, gostou de dois vasos de orquídeas. Observe.

R$ 39,62   R$ 39,85

- Quando foi pagar, ela contou o dinheiro e viu que tinha R$ 39,72. Qual dos vasos Dalva pôde levar para casa?

8. Observe o extrato bancário e responda à questão.

   BANCO S/A - EXTRATO BANCÁRIO
   AGÊNCIA 007 - C/C 012345-6
   DATA 5/11/2019   HORA 13:20:01

Data	Histórico	Valor R$
23/9	Supermercado	350,35
27/9	Sapataria	75,27
01/10	Frutas SA	75,36
15/10	Conta de energia	151,27
30/10	Aluguel	958,36

- Em qual dia houve o maior gasto? E o menor?

9. Observe as menores temperaturas registradas em alguns municípios brasileiros em 19/07/2017.

Município	Temperatura
São Mateus do Sul – PR	$-5{,}2\,°C$
Barra do Turvo – SP	$-1{,}4\,°C$
Rancharia – SP	$0{,}7\,°C$
Bela Vista – MS	$-2{,}2\,°C$
Rio Brilhante – MS	$-1{,}7\,°C$
Epitaciolândia – AC	$7{,}6\,°C$

   Dados obtidos em: <http://www.inmet.gov.br/portal/index.php?r=noticia/visualizarNoticia&id=107>. Acesso em: 3 jul. 2018.

- Escreva as temperaturas em ordem crescente.

2 ADIÇÃO E SUBTRAÇÃO COM NÚMEROS RACIONAIS

Em nosso cotidiano, observamos várias situações envolvendo adição e subtração com números racionais. Veja algumas a seguir.

Situação 1

Nas férias de julho, Bruno viajou para uma cidade muito fria. Na noite em que ele chegou à cidade, os termômetros marcavam $-2{,}7\ °C$. Na noite seguinte, a temperatura caiu $1{,}6\ °C$. Qual foi a temperatura na segunda noite?

Para responder à questão, podemos calcular:

$$(-2{,}7) + (-1{,}6)$$

Se a situação envolvesse apenas números inteiros, por exemplo, -2 e -1, resolveríamos como foi explicado na Parte 1 deste livro:

$$(-2) + (-1) = -3$$

Com os números racionais não inteiros adotamos o mesmo procedimento:

$$(-2{,}7) + (-1{,}6) = -4{,}3$$

Assim, a temperatura na segunda noite foi de $-4{,}3\ °C$.

OBSERVAÇÃO

As propriedades da adição com números inteiros também são válidas para a adição com números racionais.

Situação 2

Gilberto estuda o ecossistema marinho. Em uma de suas pesquisas, ele mergulhou a uma altitude de $-16{,}5$ m. Após vinte minutos, ele subiu $7{,}4$ m para tirar fotos. A que profundidade Gilberto fotografou os peixes?

Para responder à questão, devemos calcular:

$$(-16{,}5) + (+7{,}4)$$

Se Gilberto estivesse à profundidade de -16 m e, depois, subisse 7 m, para descobrir a que profundidade ele ficou, faríamos:

$$(-16) + (+7) = -9$$

sinal do número com maior valor absoluto — diferença entre os valores absolutos

Com os números racionais não inteiros adotamos o mesmo procedimento usado para os números inteiros; assim:

$$(-16{,}5) + (+7{,}4) = -9{,}1$$

Gilberto fotografou alguns peixes à profundidade de $-9{,}1$ m.

Situação 3

No mês passado, a conta bancária de Mariana estava com saldo negativo no valor de R$ 358,27. Neste mês, com os juros cobrados pelo banco, a dívida passou a ser de R$ 583,54. Quantos reais a mais Mariana está devendo para o banco em relação ao mês anterior?

Para responder a essa questão, devemos calcular:

$$(-583{,}54) - (-358{,}27)$$

Se estivéssemos trabalhando apenas com valores inteiros, por exemplo, 583 e 358, resolveríamos como foi explicado na Parte 1:

$$(-583) - (-358) = (-583) + (+358) = -225$$

oposto de (-358)

Com os números racionais não inteiros adotamos o mesmo procedimento. Veja:

$$(-583{,}54) - (-358{,}27) =$$
$$= (-583{,}54) + (+358{,}27) = -225{,}27$$

Portanto, em relação ao mês anterior, Mariana está devendo R$ 225,27 a mais para o banco.

PENSAMENTO COMPUTACIONAL

Paulo estava com dificuldades para adicionar números racionais na forma de fração. Para ajudá-lo, Leila vai fazer um esquema usando frases e símbolos. Ajude-a a completar o esquema abaixo com os números correspondentes a cada uma das frases.

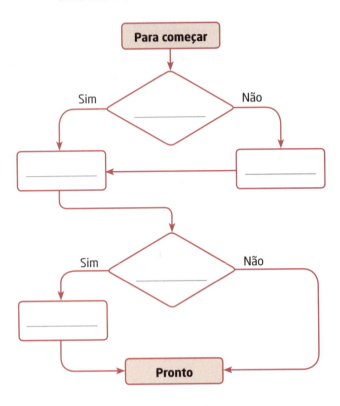

1. Para simplificar a fração, divida o numerador e o denominador por um mesmo número, diferente de 0 e 1. Se necessário, repita o procedimento até obter uma fração irredutível.
2. Encontre frações equivalente às iniciais, com um mesmo denominador.
3. Os denominadores são iguais?
4. A fração que representa a soma pode ou deve ser simplificada?
5. Adicione os numeradores e conserve os denominadores.

Paulo gostou tanto da ideia que resolveu criar um esquema para outra estratégia que resolve o mesmo tipo de problema, adicionar números racionais. Nessa estratégia, ele transforma todos os números racionais na forma de fração para a forma decimal antes de calcular a soma. Ajude Paulo a completar o esquema com os números correspondentes a cada uma das frases.

1. Transforme todos os números na forma de fração para a forma decimal.
2. Há números na forma de fração na adição?
3. Realize a adição dos números decimais.

ATIVIDADES

VAMOS PRATICAR

1. Encontre o resultado das operações.

a) $\left(-\dfrac{8}{7}\right) + \left(-\dfrac{1}{5}\right)$

b) $\dfrac{2}{9} + \left(-\dfrac{3}{10}\right)$

c) $5,4 - (-3,2)$

d) $23,5 - (-8,9)$

e) $(-12,5) + (-4,15)$

f) $\left(-\dfrac{3}{11}\right) - \left(-\dfrac{1}{7}\right)$

2. Calcule e dê o resultado na forma decimal.

a) $\left(-\dfrac{3}{5}\right) - \left(-\dfrac{1}{4}\right)$

b) $\left(-\dfrac{3}{4}\right) + \left(+\dfrac{9}{6}\right)$

c) $\left(-\dfrac{5}{8}\right) + \left(-\dfrac{2}{5}\right)$

d) $(-2,69) - \left(-\dfrac{7}{8}\right)$

e) $\left(\dfrac{1}{8}\right) - (-0,25)$

f) $(-0,283) + (-1,584)$

VAMOS APLICAR

3. Roberto reservou $\dfrac{1}{5}$ de seu salário para gastar com lazer e $\dfrac{1}{4}$ para compra de roupas. Que fração de seu salário Roberto reservou para essas despesas?

4. Adicione cada número a seu oposto e escreva uma conclusão.

$-\dfrac{1}{8}$ $2,5$ $\dfrac{5}{16}$ $-\dfrac{20}{17}$ $-3,4$

5. Natália foi comprar 1,5 kg de feijão para sua mãe. O atendente pegou uma quantidade e pesou. A balança registrou 1,68 kg. Ele, então, retirou o suficiente para a balança indicar 1,5 kg. Quantos quilogramas de feijão o atendente retirou?

6. Carla reformou o banheiro de sua casa. Para completar a reforma, ela precisou comprar alguns utensílios. Observe a lista com os preços que Carla encontrou.

- Porta-xampu: R$ 32,73
- Espelho: R$ 37,62
- Assento sanitário: R$ 49,66
- Ralo: R$ 8,51
- Torneira: R$ 39,90

Para descobrir um valor aproximado de quanto vai gastar, Carla fez o cálculo a seguir, arredondando os valores:

$33 + 38 + 50 + 8,50 + 40 = 33 + 90 + 46,50 = 169,50$

a) De acordo com os cálculos que Carla fez, ela arredondou o valor total da compra para mais ou para menos? Justifique sua resposta.

b) Carla arredondou os valores para que todos, com exceção de 8,50, ficassem inteiros. Se arredondarmos os valores até a casa dos décimos, o resultado ficará mais próximo do total real da compra?

c) Quanto realmente Carla vai gastar nessa compra?

7. Classifique cada uma das afirmações em **V** (verdadeira) ou **F** (falsa).

a) Subtraindo-se um número do seu oposto, obtém-se zero.

b) É possível subtrair um número racional negativo de outro racional negativo e obter um número racional positivo.

c) É possível subtrair um número racional positivo de outro número racional positivo e obter um número racional negativo.

d) Subtraindo-se um número de outro, o sinal do resultado é sempre o do número de menor módulo.

8. Observe o quadro que mostra as temperaturas máximas e mínimas em três localidades.

	Localidade A	Localidade B	Localidade C
Temperatura máxima	12,4 °C	−5,1 °C	1 °C
Temperatura mínima	−4,5 °C	−7,6 °C	−2,2 °C

Agora, responda.

a) Qual é a diferença entre as temperaturas máxima e mínima, nessa ordem, em cada localidade?

b) Em qual localidade a diferença de temperatura foi maior?

9. Invente um problema que pode ser resolvido por meio da seguinte adição: $-55,68 + (-80,00) = -135,68$.

 Pensar e comunicar-se com clareza

117

3 ADIÇÃO ALGÉBRICA

Assim como fizemos com os números inteiros, também consideramos as operações de adição e de subtração com números racionais uma única operação, que denominamos **adição algébrica**.

Aplicando o que aprendemos até aqui, veja como podemos calcular as seguintes adições algébricas.

> **DESAFIO**
>
> Determine o valor da expressão $3c + (a - b)$ sabendo que $a = -\dfrac{1}{2}$, $b = \dfrac{3}{4}$ e $c = 0{,}25$.

a) $(-0{,}25) + (+0{,}28) - (-0{,}45) - (+1{,}3) =$
$= -0{,}25 + 0{,}28 + 0{,}45 - 1{,}3 =$ ← Eliminamos os parênteses.
$= 0{,}03 + 0{,}45 - 1{,}3 =$ ← Efetuamos a adição.
$= +0{,}48 - 1{,}3 =$ ← Efetuamos a subtração.
$= -0{,}82$

b) $(-0{,}23 + 3) + \left(-\dfrac{1}{5} + 5\right) - \left(-\dfrac{5}{2} - 2{,}3\right) =$
$= (-0{,}23 + 3) + (-0{,}2 + 5) - (-2{,}5 - 2{,}3) =$ ← Escrevemos na forma decimal os números que estão na forma fracionária.
$= (+2{,}77) + (+4{,}8) - (-4{,}8) =$ ← Efetuamos as operações dentro dos parênteses.
$= +2{,}77 + 4{,}8 + 4{,}8 =$ ← Eliminamos os parênteses.
$= +12{,}37 =$ ← Efetuamos as operações.
$= 12{,}37$ ← Eliminamos o sinal de +.

ATIVIDADES

VAMOS PRATICAR

1. Encontre o resultado das adições algébricas.

   a) $(-0{,}25) + \dfrac{1}{4} - \left(0{,}32 + \dfrac{1}{5}\right)$

   b) $\dfrac{3}{10} - \left(1{,}56 + \dfrac{4}{5}\right) - (-3{,}2) + \dfrac{1}{10}$

   c) $\left(-0{,}5 + \dfrac{2}{10}\right) - \left(-2{,}36 + \dfrac{5}{4}\right) + \left(\dfrac{4}{5} + 6{,}32\right)$

   d) $-(-0{,}96 + 8{,}4) + \left(\dfrac{3}{5} - \dfrac{1}{10}\right) - \left(\dfrac{4}{8} + 6{,}1\right)$

   e) $-\left(\dfrac{12}{15} - 1{,}85\right) + \left(0{,}276 - \dfrac{18}{12}\right) + (-0{,}398)$

2. Encontre o erro, quando houver, e corrija-o no caderno.

   a) $\left(-\dfrac{2}{6}\right) - \left(-\dfrac{1}{6}\right) = -\dfrac{1}{6}$

   b) $\dfrac{2}{5} - 0{,}2 = 0{,}2$

   c) $\dfrac{2}{3} + \left[\dfrac{3}{4} + \left(-\dfrac{1}{6}\right)\right] = \dfrac{2}{3} + 2 = \dfrac{4}{3}$

   d) $-\dfrac{5}{4} + \left(-\dfrac{1}{8} + \dfrac{3}{2}\right) - \dfrac{1}{2} = -\dfrac{11}{8}$

3. As letras a, b e c representam valores diferentes. Observe.
   $$a = -\dfrac{1}{2}, \quad b = \dfrac{5}{3} \quad \text{e} \quad c = -1$$
   Substitua os valores das letras em cada caso e calcule os resultados.
   Como exemplo, observe o item **a**.

   a) $a + b + c = -\dfrac{1}{2} + \dfrac{5}{3} - 1 =$
   $= -\dfrac{3}{6} + \dfrac{10}{6} - \dfrac{6}{6} = \dfrac{1}{6}$

   b) $(b + c) - a$

   c) $a + (c - b)$

   d) $[a + (-b + c) - c]$

   e) $-a - (-b + c)$

   f) $-a - (-b + c) + a + b$

4. Calcule e responda.

   a) Qual é o número racional que adicionado a $\dfrac{3}{5}$ tem $-\dfrac{1}{5}$ como resultado?

   b) Qual é o número racional que adicionado a $-\dfrac{11}{7}$ resulta em $\dfrac{3}{14}$?

118

4 MULTIPLICAÇÃO COM NÚMEROS RACIONAIS

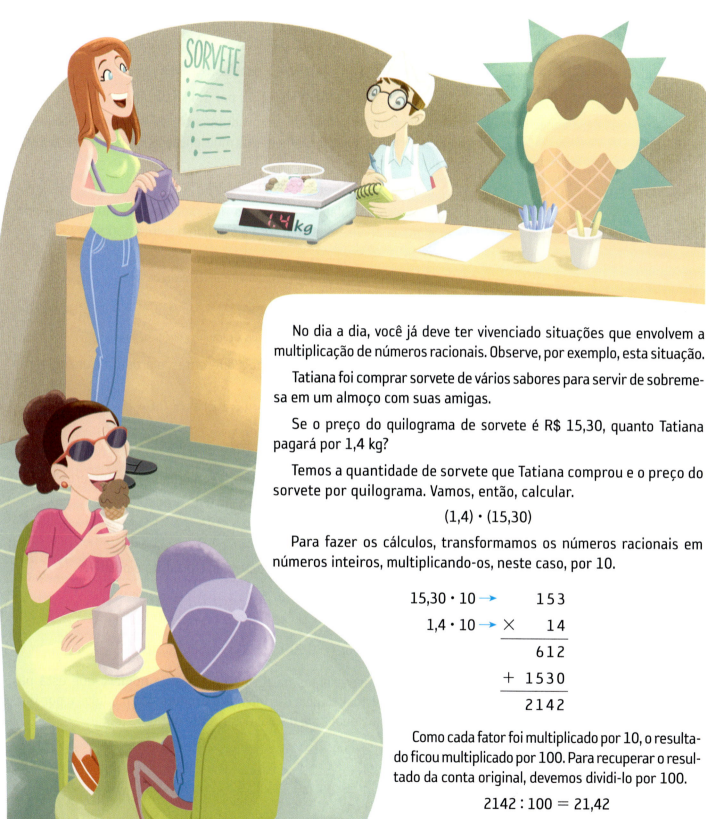

No dia a dia, você já deve ter vivenciado situações que envolvem a multiplicação de números racionais. Observe, por exemplo, esta situação.

Tatiana foi comprar sorvete de vários sabores para servir de sobremesa em um almoço com suas amigas.

Se o preço do quilograma de sorvete é R$ 15,30, quanto Tatiana pagará por 1,4 kg?

Temos a quantidade de sorvete que Tatiana comprou e o preço do sorvete por quilograma. Vamos, então, calcular.

$$(1,4) \cdot (15,30)$$

Para fazer os cálculos, transformamos os números racionais em números inteiros, multiplicando-os, neste caso, por 10.

```
15,30 · 10 →      153
 1,4 · 10 →  ×     14
               ─────
                  612
             + 1530
               ─────
                2142
```

Como cada fator foi multiplicado por 10, o resultado ficou multiplicado por 100. Para recuperar o resultado da conta original, devemos dividi-lo por 100.

$$2142 : 100 = 21,42$$

Essa multiplicação poderia ser efetuada sem transformar os números racionais em números inteiros. Para isso, basta considerar no produto o total das casas decimais dos fatores.

119

$$\begin{array}{r}15{,}3 \text{ (uma casa decimal)}\\ \times 1{,}4 \text{ (uma casa decimal)}\\ \hline 612\\ +1530\\ \hline 21{,}42 \text{ (duas casas decimais)}\end{array}$$

Portanto, Tatiana pagará R$ 21,42 por 1,4 kg de sorvete.

Para determinar o sinal de um produto entre dois números racionais, vamos usar o mesmo procedimento da multiplicação de números inteiros. Veja alguns exemplos.

a) Calcular $(+0{,}5) \cdot (-1{,}2)$.

Primeiro calculamos o produto dos módulos dos números e em seguida analisamos qual será o sinal do produto obtido.

$$\begin{array}{r}0{,}5 \leftarrow \text{um algarismo à direita da vírgula}\\ \times 1{,}2 \leftarrow \text{um algarismo à direita da vírgula}\\ \hline 10\\ +050\\ \hline 0{,}60 \leftarrow \text{dois algarismos à direita da vírgula}\end{array}$$

Como os dois fatores têm sinais diferentes, o produto é um número negativo. Então:

$$(+0{,}5) \cdot (-1{,}2) = -0{,}6$$

b) Vamos calcular $\left(-\dfrac{2}{5}\right) \cdot \left(-\dfrac{5}{2}\right)$.

Primeiro calculamos o produto dos módulos dos números e, em seguida, analisamos qual será o sinal do produto obtido.

$$\left(\dfrac{2}{5}\right) \cdot \left(\dfrac{5}{2}\right) = \left(\dfrac{\cancel{2}}{\cancel{5}}\right) \cdot \left(\dfrac{\cancel{5}}{\cancel{2}}\right) = \dfrac{1 \cdot 1}{1 \cdot 1} = 1$$

Como os fatores têm o mesmo sinal, o produto é positivo.

$$\left(-\dfrac{2}{5}\right) \cdot \left(-\dfrac{5}{2}\right) = 1$$

c) Vamos calcular $(-0{,}2) \cdot \left(+\dfrac{2}{3}\right)$.

Primeiro escrevemos na forma de fração o número que está na forma decimal, depois calculamos o produto dos módulos e por fim analisamos qual será o sinal do produto obtido.

$$0{,}2 = \dfrac{2}{10}$$

$$\left(\dfrac{2}{10}\right) \cdot \left(\dfrac{2}{3}\right) = \left(\dfrac{\cancel{2}^{1}}{\cancel{10}_{5}} \cdot \dfrac{2}{3}\right) = \dfrac{1 \cdot 2}{5 \cdot 3} = \dfrac{2}{15}$$

Observe que os dois fatores têm sinais diferentes, logo o produto é um número negativo. Então:

$$(-0{,}2) \cdot \left(+\dfrac{2}{3}\right) = -\dfrac{2}{15}$$

Se $0 \cdot 13 = 0$ e $13 = 13{,}0$, então $0 \cdot 13{,}0 = 0$. Mas quanto é $0 \cdot 13{,}4$?

Se $0 \cdot (-8) = 0$ e $-8 = -8{,}0$, então $0 \cdot (-8{,}0) = 0$. Mas quanto é $0 \cdot (-8{,}6)$?

Analise os questionamentos de Lúcia e responda: qual é o produto de um número racional por zero?

Veja o quadro de sinais da multiplicação de números racionais.

QUADRO DE SINAIS DA MULTIPLICAÇÃO COM DOIS NÚMEROS RACIONAIS			
Características	Fatores		Produto
Fatores com o mesmo sinal	positivo (+)	positivo (+)	positivo (+)
	negativo (−)	negativo (−)	
Fatores com sinais diferentes	positivo (+)	negativo (−)	negativo (−)
	negativo (−)	positivo (+)	
Um dos fatores igual a zero	positivo (+)	zero	igual a zero
	negativo (−)	zero	

OBSERVAÇÃO

Para a multiplicação com números racionais, valem as mesmas propriedades consideradas na multiplicação com números inteiros.

Organize o que você aprendeu fazendo a atividade 1 da página 186.

ATIVIDADES

VAMOS PRATICAR

1. Calcule o resultado das multiplicações.

a) $\left(-\dfrac{8}{9}\right) \cdot \left(+\dfrac{4}{3}\right)$

b) $(-2{,}25) \cdot (-1{,}4)$

c) $(-0{,}23) \cdot \left(+\dfrac{1}{5}\right)$

d) $\left(+\dfrac{12}{15}\right) \cdot \left(-\dfrac{3}{7}\right)$

e) $(+0{,}2) \cdot \left(-\dfrac{1}{4}\right)$

f) $(+10{,}5) \cdot (-8{,}4)$

g) $\left(-\dfrac{23}{4}\right) \cdot \left(-\dfrac{1}{7}\right)$

h) $(-0{,}12) \cdot \left(-\dfrac{1}{10}\right)$

2. Associe cada operação ao seu resultado.

A) $(-0{,}25) \cdot (+0{,}9) \cdot (+0{,}3)$ — I) $-0{,}0675$

B) $\left(+\dfrac{1}{10}\right) \cdot \left(+\dfrac{10}{25}\right) \cdot \left(+\dfrac{1}{2}\right)$ — II) $-5{,}865$

C) $\left(-\dfrac{3}{8}\right) \cdot (-0{,}17)$ — III) $0{,}02$

D) $(0{,}69) \cdot \left(-\dfrac{170}{20}\right)$ — IV) $0{,}06375$

VAMOS APLICAR

3. Caio comprou um par de chinelos e pagou a prazo. Em duas parcelas. Observe os extratos de sua conta bancária.

BANCO S/A - EXTRATO BANCÁRIO
AGÊNCIA 007 - C/C 123456-7
DATA 28/05/2019   HORA 13:44:01

Data	Histórico	Valor R$
15/05 -	Supermercado	36,00 −
16/05 -	Chinelo	17,50 −

BANCO S/A - EXTRATO BANCÁRIO
AGÊNCIA 007 - C/C 123456-7
DATA 29/06/2019   HORA 15:19:10

Data	Histórico	Valor R$
11/06 -	Depósito	100,00 +
16/06 -	Chinelo	17,50 −

Se Caio tivesse comprado o par de chinelos à vista, ou seja, tivesse pagado o valor total no ato da compra, qual seria o valor da compra apresentado no extrato do mês de maio? Qual operação você efetuou?

4. Veja como Adriana fez o cálculo abaixo.

$$(1,4) \cdot (9,3) = \frac{14}{10} \cdot \frac{93}{10} = \frac{1.302}{100} = 13,02$$

- Agora, faça como Adriana e resolva a multiplicação a seguir. Dê o resultado na forma decimal.

$$(1,11) \cdot (2,3)$$

5. Encontre o erro que Felipe cometeu ao fazer a multiplicação.

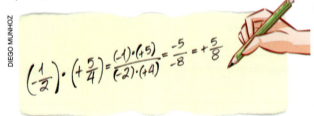

$$\left(-\frac{1}{2}\right) \cdot \left(+\frac{5}{4}\right) = \frac{(-1) \cdot (+5)}{(-2) \cdot (+4)} = \frac{-5}{-8} = +\frac{5}{8}$$

- Após detectar o erro, faça o cálculo correto no caderno.

6. Observe os resultados das multiplicações.

$$(+0,1) \cdot (-0,1) = -0,01$$

$$(+0,2) \cdot (-0,2) \cdot (+0,2) = -0,008$$

$$(-0,3) \cdot (-0,3) = +0,09$$

- Agora, calcule mentalmente o resultado das multiplicações abaixo e converse com um colega sobre como cada um pensou para resolver.

a) $(-0,3) \cdot (+0,1)$

b) $(-0,1) \cdot (+0,2)$

c) $(-0,1) \cdot (-0,4)$

7. Priscila queria comprar um aparelho de som. Durante a pesquisa de preços que realizou, ela encontrou as seguintes ofertas:

Loja A
3 × R$ 57,95

Loja B
6 × R$ 29,83

- Em qual loja Priscila pagará mais caro pelo aparelho de som?

8. Responda às questões.

a) Qual é o dobro de 0,25?

b) Qual é o triplo de $\frac{3}{4}$?

c) Qual é o quádruplo de $-1,2$?

d) Qual é o quíntuplo de $-\frac{7}{8}$?

e) Qual é o dobro do triplo de $-\frac{3}{5}$?

9. Sandra quer trocar o piso da sala de sua casa, que tem formato retangular, com medidas iguais a 5,5 m de comprimento e 4,7 m de largura. Quantos metros quadrados de piso ela precisará comprar?

- Se o metro quadrado do piso que ela quer custa R$ 19,20, quanto Sandra vai gastar com o piso?

10. Elabore um problema com base na multiplicação abaixo. Em seguida, entregue a um colega para que ele o resolva.

$$5 \cdot (-2,47) = -12,35$$

11. A tecla do sinal de divisão da calculadora de Guilherme está quebrada e ele precisa calcular a metade de 0,34. Que teclas da calculadora Guilherme poderá apertar para fazer esse cálculo?

12. Quanto representa $\frac{1}{2}$ de $\frac{1}{3}$ de $\frac{1}{4}$ de uma barra de chocolate?

5 DIVISÃO COM NÚMEROS RACIONAIS

Cíntia está trocando parte da fiação elétrica de sua casa. Para isso, ela comprou 8 metros de fio e pagou R$ 23,20. Após uma semana, ela percebeu que precisava de mais 0,5 metro desse mesmo fio. Sabendo que o preço do fio não mudou, quanto Cíntia pagará por 0,5 metro de fio?

Observe como Cíntia resolveu o problema.

Primeiro, ela calculou o preço do metro de fio:

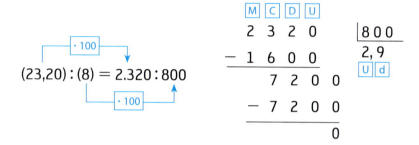

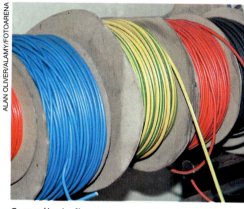

Carretéis de fios.

Como Cíntia vai comprar 0,5 metro de fio, ou seja, $\frac{1}{2}$ metro, ela dividiu o preço do metro por 2.

Se o dividendo e o divisor de uma divisão forem multiplicados por um mesmo número diferente de zero, a nova divisão terá o mesmo quociente.

Portanto, Cíntia pagará R$ 1,45 por 0,5 metro de fio.

Note que Cíntia multiplicou o dividendo e o divisor por um múltiplo de 10 para transformá-los em números inteiros. Além disso, como ambos são números positivos, o quociente também é positivo.

PARA COMPARAR

Cíntia foi comprar o pedaço de fio que estava faltando. Então, para calcular o valor que ela pagaria por 0,5 metro de fio, o vendedor pensou da seguinte maneira.

Bom, 8 dividido por 0,5 dá 16, e 23,20 dividido por 16 dá 1,45. Logo, 0,5 metro de fio custa R$ 1,45.

a) Escreva detalhadamente, no caderno, os cálculos que o vendedor fez.

b) Qual é a diferença entre o jeito de pensar de Cíntia e o do vendedor?

Quando multiplicamos um número decimal por 10, 100 ou 1.000, deslocamos a vírgula, respectivamente, uma, duas ou três casas para a direita.

RECORDE

Inverso de um número

Dois números, não nulos, são inversos quando seu produto é igual a 1. Veja os exemplos.

- O inverso de $-\dfrac{6}{10}$ é $-\dfrac{10}{6}$, pois $\left(-\dfrac{6}{10}\right) \cdot \left(-\dfrac{10}{6}\right) = 1$

  Para obter o inverso de uma fração, invertemos o numerador e o denominador.

- Como $(+0,125) \cdot (+8) = 1$, temos que $+8$ é o inverso de $+0,125$.

PARA PENSAR

- Qual é o único número racional que não possui inverso?
- Por que dois números inversos sempre têm o mesmo sinal?

Para determinar o sinal de um quociente entre dois números racionais, vamos usar o mesmo procedimento da divisão de números inteiros. Acompanhe alguns exemplos a seguir.

a) Calcular $(-1,55) : (+0,25)$.

Primeiro multiplicamos o dividendo e o divisor por 100 a fim de transformá-los em números inteiros:

$$(-1,55) : (+0,25) = (-155) : (+25)$$

Depois, calculamos o quociente dos módulos:

$$\begin{array}{r} 155 \\ -150 \\ \hline 50 \\ -50 \\ \hline 0 \end{array} \quad \begin{array}{|l} 25 \\ \hline 6,2 \end{array}$$

Como o dividendo e o divisor têm sinais diferentes, o quociente é um número negativo. Então:

$$(-1,55) : (+0,25) = -6,2$$

b) Calcular $\left(-\dfrac{1}{2}\right) : \left(-\dfrac{3}{4}\right)$.

Inicialmente, calculamos o quociente dos módulos, lembrando que na divisão de frações multiplicamos a primeira pelo inverso da segunda.

$$\dfrac{1}{2} : \dfrac{3}{4} = \dfrac{1}{\underset{1}{\cancel{2}}} \cdot \dfrac{\overset{2}{\cancel{4}}}{3} = \dfrac{1}{1} \cdot \dfrac{2}{3} = \dfrac{1 \cdot 2}{1 \cdot 3} = \dfrac{2}{3}$$

Como o dividendo e o divisor têm sinais iguais, o quociente é um número positivo.

$$\left(-\dfrac{1}{2}\right) : \left(-\dfrac{3}{4}\right) = +\dfrac{2}{3}$$

c) Calcular $\left(-\dfrac{3}{7}\right) : (+0,4)$.

Calculamos o quociente dos módulos, escrevendo na forma de fração o número que está na forma decimal.

$$\dfrac{3}{7} : (0,4) = \dfrac{3}{7} : \dfrac{4}{10} = \dfrac{3}{7} \cdot \dfrac{\overset{5}{\cancel{10}}}{\underset{2}{\cancel{4}}} = \dfrac{3}{7} \cdot \dfrac{5}{2} = \dfrac{3 \cdot 5}{7 \cdot 2} = \dfrac{15}{14}$$

Como o dividendo e o divisor têm sinais diferentes, o quociente é um número negativo.

$$\left(-\dfrac{3}{7}\right) : (+0,4) = -\dfrac{15}{14}$$

ATIVIDADES

VAMOS PRATICAR

1. Calcule o quociente das divisões.

a) $\left(-\dfrac{2}{3}\right) : \left(+\dfrac{10}{21}\right)$

b) $(-1,5) : (-0,4)$

c) $\left(+\dfrac{6}{7}\right) : \left(-\dfrac{3}{2}\right)$

d) $(+0,75) : \left(-\dfrac{5}{4}\right)$

e) $(-3) : (+1,5)$

f) $\left(-\dfrac{7}{5}\right) : (+2,1)$

g) $\left(\dfrac{8}{3}\right) : (-3,5)$

h) $(-6,3) : \left(-\dfrac{3}{5}\right)$

2. Identifique as igualdades falsas e corrija-as em seu caderno.

a) $\left(-\dfrac{5}{3}\right) : \left(-\dfrac{3}{5}\right) = 1$

b) $(+0,1) : (-0,01) = -10$

c) $(-1,3) : (+0,2) = -6,5$

d) $\left(+\dfrac{7}{4}\right) : (-0,5) = \dfrac{7}{2}$

VAMOS APLICAR

3. Fabiano foi fazer uma pesquisa para o seu trabalho da faculdade em uma loja que fornece acesso à internet. Ao sair, pagou R$ 8,75 pelas 3,5 horas em que usou a internet para pesquisar. Quanto Fabiano pagou por hora?

4. Responda às questões fazendo cálculos ou estimativas mentais. Depois, escreva as respostas em seu caderno.

a) $(+0,001) \cdot (+0,2)$ é menor que $(-5) \cdot (+0,5)$?

b) $\left(-\dfrac{1}{2}\right) : 2$ é maior que $(-0,25) \cdot (-0,5)$?

c) $3 \cdot (-1)$ é maior que $(0,3) \cdot (-5)$?

d) 10% de 2 está entre 1 e 2 ou entre 0 e 1?

e) 25% de 0,4 é maior ou menor que 10% de 1?

• Agora, converse com um colega sobre como cada um pensou para calcular ou fazer estimativas mentais.

5. Na semana passada, Gisele colocou 39,1 litros de gasolina em seu carro, pagando R$ 4,08 por litro. Nesta semana, houve um aumento, e o litro da gasolina passou a custar R$ 4,11 no mesmo posto.

a) Colocando a mesma quantidade de gasolina da semana passada, quanto Gisele gastará a mais nesta semana?

b) Se ela quiser gastar a mesma quantia que gastou na semana passada com gasolina, quantos litros poderá colocar em seu carro?

c) Se Gisele pedir ao frentista, nesta semana, que coloque gasolina em seu carro até inteirar o valor de R$ 20,00, quantos litros serão colocados?

6. Complete o problema abaixo sabendo que ele pode ser resolvido por meio da seguinte divisão:

$$(-175,92) : 3 = -58,64$$

> Pepeu vai pagar uma dívida de _____ dividindo-a em _____ parcelas iguais. Cada parcela corresponderá a uma dívida de quantos reais?

7. Veja como Talita usou o raciocínio da operação inversa para verificar se a divisão $(-3,48) : (-0,8) = +4,35$ está correta:

> Multipliquei o quociente pelo divisor: $(+4,35) \cdot (-0,8) = -3,48$. Como o resultado que encontrei é igual ao dividendo, concluí que a divisão está correta.

• Agora é a sua vez! Verifique se as divisões abaixo estão corretas. Depois, corrija as que não estiverem.

a) $4,22 : 0,5 = 8,44$

b) $(-6,825) : (+2,1) = -2,25$

c) $\left(-\dfrac{1}{5}\right) : (-0,6) = -3$

d) $(-7,95) : \left(-\dfrac{5}{6}\right) = 9,54$

6 POTENCIAÇÃO DE NÚMEROS RACIONAIS

POTENCIAÇÃO COM NÚMERO RACIONAL NA BASE E NÚMERO INTEIRO NÃO NEGATIVO NO EXPOENTE

Observe a seguinte situação.

Gabriel levava uma vida sedentária, não fazia nenhuma atividade fisíca. Para mudar isso, ele resolveu começar a caminhar no parque perto de sua casa. Com a ajuda de um profissional, montou um programa de condicionamento físico. Na primeira semana, Gabriel caminhará uma volta e meia na pista de corrida do parque e, nas semanas seguintes, caminhará 1,5 vez o número de voltas da semana anterior. Mantendo esse ritmo, quantas voltas inteiras Gabriel dará na 4ª semana?

Para resolver essa questão, podemos usar multiplicações de fatores iguais ou a operação de potenciação. Observe, no quadro a seguir, o cálculo de quanto Gabriel percorrerá em cada uma das quatro primeiras semanas:

Semana de treinamento	Número de voltas
1ª semana	uma volta e meia ou 1,5 ou $\frac{3}{2}$
2ª semana	$1,5^2 = 2,25$ ou $\left(\frac{3}{2}\right)^2 = \frac{9}{4} = 2\frac{1}{4}$
3ª semana	$1,5^3 = 3,375$ ou $\left(\frac{3}{2}\right)^3 = \frac{27}{8} = 3\frac{3}{8}$
4ª semana	$1,5^4 = 5,0625$ ou $\left(\frac{3}{2}\right)^4 = \frac{81}{16} = 5\frac{1}{16}$

Gabriel dará 2 voltas completas mais $\frac{1}{4}$ de volta.

Logo, na 4ª semana, Gabriel dará 5 voltas inteiras.

Como você observou, o cálculo das potências com números racionais, seja na forma decimal, seja na forma de fração, é realizado de modo parecido ao das potências com números inteiros.

Para todo número racional a e número inteiro n, sendo $n > 1$, definimos:

$$a^n = \underbrace{a \cdot a \cdot a \ldots a}_{n \text{ fatores}}$$

(expoente: n; base: a)

Além disso, definimos:
- Toda potência de expoente 1 que tem como base um número racional é igual à própria base, ou seja, sendo a um número racional, $a^1 = a$.
- Toda potência de expoente zero que tem como base um número racional não nulo é igual a 1, ou seja, sendo a um número racional diferente de zero, $a^0 = 1$.

EXEMPLOS

- $\left(\frac{5}{2}\right)^4 = \frac{5}{2} \cdot \frac{5}{2} \cdot \frac{5}{2} \cdot \frac{5}{2} = \frac{625}{16}$
- $\left(-\frac{2}{3}\right)^2 = \left(-\frac{2}{3}\right) \cdot \left(-\frac{2}{3}\right) = +\left(\frac{2 \cdot 2}{3 \cdot 3}\right) = +\frac{4}{9}$
- $(3,2)^2 = 3,2 \cdot 3,2 = 10,24$
- $(-1,2)^3 = (-1,2) \cdot (-1,2) \cdot (-1,2) = -1,728$

EXEMPLOS

- $\left(-\frac{15}{4}\right)^0 = 1$
- $\left(\frac{2}{3}\right)^1 = \frac{2}{3}$
- $(0,2)^0 = 1$
- $(-5,8)^1 = -5,8$

Assim como foi feito com as potências de números inteiros, o sinal das potências de base racional pode ser estabelecido de acordo com as regras a seguir.

QUADRO-RESUMO DA POTÊNCIA a^n, EM QUE a É INTEIRO E n É NATURAL	
Base e expoente	Sinal da potência
Base positiva	positivo
Base negativa e expoente par	positivo
Base negativa e expoente ímpar	negativo

POTENCIAÇÃO COM NÚMERO RACIONAL NA BASE E NÚMERO INTEIRO NEGATIVO NO EXPOENTE

Suzana estava fazendo a lição de Matemática e, quando surgia alguma dúvida, sempre perguntava a seu irmão mais velho, Mauro. Veja abaixo as dúvidas de Suzana.

Para ajudar a irmã, Mauro escreveu esta sequência:

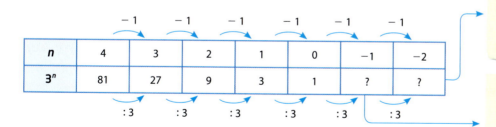

Suzana observou atentamente a sequência e chegou à seguinte conclusão:

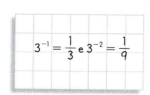

PARA PENSAR

Qual é o valor de 3^{-3}? E de 3^{-4}?

Após tirar sua dúvida, Suzana calculou o valor de $\left(\dfrac{3}{4}\right)^{-1}$ e de $\left(\dfrac{3}{4}\right)^{-2}$.

Ela primeiro observou esta sequência:

n	2	1	0	-1	-2
$\left(\dfrac{3}{4}\right)^n$	$\dfrac{3}{4} \cdot \dfrac{3}{4} = \dfrac{9}{16}$	$\dfrac{3}{4}$	1	$1 : \dfrac{3}{4} = \dfrac{4}{3} = \left(\dfrac{4}{3}\right)^1$	$\dfrac{4}{3} : \dfrac{3}{4} = \dfrac{16}{9} = \left(\dfrac{4}{3}\right)^2$

Depois, concluiu que:

$$\left(\dfrac{3}{4}\right)^{-1} = \left(\dfrac{4}{3}\right)^1 \text{ e } \left(\dfrac{3}{4}\right)^{-2} = \left(\dfrac{4}{3}\right)^2$$

PARA PENSAR

Sendo a um número não nulo, expresse de outra forma as seguintes potências: a^{-1}, a^{-5} e a^{-15}. Como poderíamos escrever a^{-n}?

Para todo número racional a, com $a \neq 0$, definimos:
$a^{-n} = \dfrac{1}{a^n} = \left(\dfrac{1}{a}\right)^n$, em que n é um número natural e $\dfrac{1}{a}$ é o inverso de a.

EXEMPLOS

- $\left(\dfrac{1}{5}\right)^{-1} = \left(\dfrac{5}{1}\right)^1 = 5^1 = 5$
- $\left(-\dfrac{2}{3}\right)^{-2} = \left(-\dfrac{3}{2}\right)^2 = \left(-\dfrac{3}{2}\right) \cdot \left(-\dfrac{3}{2}\right) = +\dfrac{9}{4}$
- $(-3{,}5)^{-3} = \left(-\dfrac{7}{2}\right)^{-3} = \left(-\dfrac{2}{7}\right)^3 = \left(-\dfrac{2}{7}\right) \cdot \left(-\dfrac{2}{7}\right) \cdot \left(-\dfrac{2}{7}\right) = -\dfrac{8}{343}$

PROPRIEDADES

As propriedades da potenciação com números inteiros também valem quando a base é um número racional diferente de zero e seus expoentes são números inteiros.

• PRODUTO DE POTÊNCIAS DE MESMA BASE

Para multiplicar potências de mesma base, conservamos a base e adicionamos os expoentes. Então, se a é um número racional diferente de zero, e m e n, números inteiros, temos: $a^m \cdot a^n = a^{m+n}$.

EXEMPLOS

- $(-1{,}9)^3 \cdot (-1{,}9)^{-1} = (-1{,}9)^{3+(-1)} = (-1{,}9)^2$
- $\left(\dfrac{1}{3}\right)^{-2} \cdot \left(\dfrac{1}{3}\right)^5 \cdot \left(\dfrac{1}{3}\right)^{-4} = \left(\dfrac{1}{3}\right)^{-2+5+(-4)} = \left(\dfrac{1}{3}\right)^{-1} = 3$

• QUOCIENTE DE POTÊNCIAS DE MESMA BASE

Para dividir qualquer potência por outra de mesma base não nula, conservamos a base e subtraímos os expoentes. Assim, se a é um número racional diferente de zero, e m e n, números inteiros, temos: $a^m : a^n = a^{m-n}$.

EXEMPLOS

- $(4,6)^{-2} : (4,6)^3 = (4,6)^{-2-(+3)} = (4,6)^{-5}$

- $\left(-\dfrac{6}{7}\right)^{-8} : \left(-\dfrac{6}{7}\right)^{-3} = \left(-\dfrac{6}{7}\right)^{-8-(-3)} = \left(-\dfrac{6}{7}\right)^{-5}$

• POTÊNCIA DE POTÊNCIA

Para elevar uma potência a um expoente, conservamos a base e multiplicamos os expoentes. Assim, se a é um número racional diferente de zero, e m e n, números inteiros, temos: $(a^m)^n = a^{m \cdot n}$.

EXEMPLOS

- $[(3,7)^{-2}]^3 = (3,7)^{(-2) \cdot 3} = 3,7^{-6}$

- $\left[\left(-\dfrac{2}{5}\right)^4\right]^{-6} = \left(-\dfrac{2}{5}\right)^{4 \cdot (-6)} = \left(-\dfrac{2}{5}\right)^{-24}$

• POTÊNCIA DE UM PRODUTO

Para elevar um produto a um expoente, elevamos cada fator a esse expoente. Portanto, se a e b são números racionais diferentes de zero e m é um número inteiro, temos: $(a \cdot b)^m = a^m \cdot b^m$.

EXEMPLOS

- $\left[0,4 \cdot \left(-\dfrac{1}{5}\right)\right]^{-1} = (0,4)^{-1} \cdot \left(-\dfrac{1}{5}\right)^{-1} =$
$= \left(\dfrac{4}{10}\right)^{-1} \cdot \left(-\dfrac{1}{5}\right)^{-1} = \left(\dfrac{10}{4}\right) \cdot (-5) = -\dfrac{50}{4} = -\dfrac{25}{2}$

- $(0,5 \cdot 2)^{-2} = (0,5)^{-2} \cdot (2)^{-2} = \left(\dfrac{1}{2}\right)^{-2} \cdot (2)^{-2} =$
$= 2^2 \cdot 2^{-2} = 2^{2+(-2)} = 2^0 = 1$

• POTÊNCIA DE UM QUOCIENTE

Para elevar um quociente a um expoente, elevamos o dividendo e o divisor a esse expoente. Portanto, se a e b são números racionais diferentes de zero e m é um número inteiro, temos: $\left(\dfrac{a}{b}\right)^m = \dfrac{a^m}{b^m}$.

EXEMPLOS

- $\left[5 : \left(\dfrac{1}{2}\right)\right]^{-3} = (5)^{-3} : \left(\dfrac{1}{2}\right)^{-3} = 0,008 : 8 = 0,001$

- $[(-2,7) : (1,8)]^2 = (-2,7)^2 : (1,8)^2 = 7,29 : 3,24 = 2,25$

ATIVIDADES

VAMOS PRATICAR

1. Calcule o valor das potências.

a) 3^1

b) $\left(\dfrac{1}{3}\right)^4$

c) $(0,2)^3$

d) $\left(-\dfrac{4}{5}\right)^0$

e) $\left(\dfrac{1}{10}\right)^3$

f) $\left(-\dfrac{9}{3}\right)^1$

g) -2^3

h) $\left(2\dfrac{1}{3}\right)^3$

i) $(-5)^2$

j) $(-0,3)^3$

2. Copie e complete as sentenças no caderno.

a) $\left(\dfrac{5}{2}\right)^2 \cdot \left(\dfrac{5}{2}\right)^3 = \left(\dfrac{5}{2}\right)^{3+2} = \left(\dfrac{5}{2}\right)^5 = \blacksquare$

b) $(0,8)^5 : (0,8)^3 = \blacksquare = \blacksquare = \blacksquare$

c) $[(3,2)^2]^2 = \blacksquare = \blacksquare = \blacksquare$

d) $\left(\dfrac{3}{7}\right)^1 \cdot \left(\dfrac{3}{7}\right)^4 = \blacksquare = \blacksquare = \blacksquare$

e) $\left(\dfrac{3}{10}\right)^7 : \left(\dfrac{3}{10}\right)^2 = \blacksquare = \blacksquare = \blacksquare$

f) $\left[(-1,4) : \left(\dfrac{7}{2}\right)\right]^{-2} = \blacksquare = \blacksquare = \blacksquare = \blacksquare$

g) $\left[\left(\dfrac{1}{3}\right)^{-2} \cdot (0,3)^{-1}\right]^{-2} = \blacksquare = \blacksquare = \blacksquare = \blacksquare = \blacksquare$

3. Classifique cada sentença em **V** (verdadeira) ou **F** (falsa).

a) $(-2)^2 \cdot (-2) = (-2)^4$

b) $\left(\dfrac{7}{2}\right)^{-2} \cdot \left(\dfrac{7}{2}\right)^{7} = \left(\dfrac{7}{2}\right)^{5}$

c) $\left(-\dfrac{2}{9}\right)^{1} = -\dfrac{2}{9}$

d) $-\dfrac{(3)^2}{5} = \dfrac{9}{5}$

e) $[(-3)^5]^4 = (-3)^{20}$

f) $\dfrac{6^3}{4^3} = \dfrac{18}{12}$

VAMOS APLICAR

4. Escreva no caderno as potências a seguir em ordem crescente.

$(0,1)^3$ $(0,1)^{-2}$ $(0,1)^{-1}$ $(0,1)^2$

$(0,1)^0$ $(0,1)^1$ $(0,1)^{-3}$ 0

5. Descubra, em cada item, que número é maior.

a) $(2,3)^2$ ou $(2,3)^4$

b) $(0,7)^2$ ou $(0,7)^4$

c) $\left(\dfrac{1}{2}\right)^2$ ou $\left(\dfrac{1}{2}\right)^5$

d) $\left(\dfrac{1}{3}\right)^{-2}$ ou $\left(\dfrac{1}{3}\right)^{-3}$

R1. Se substituirmos n por um número inteiro de -3 a 1 na expressão 3^n, geraremos uma sequência de números racionais crescente ou decrescente?

Resolução

Substituímos valores de -3 a 1 para n em 3^n, para determinar os números da sequência procurada.

Para $n = -3$, temos $3^{-3} = \dfrac{1}{3^3} = \dfrac{1}{27}$

Para $n = -2$, temos $3^{-2} = \dfrac{1}{3^2} = \dfrac{1}{9}$

Para $n = -1$, temos $3^{-1} = \dfrac{1}{3^1} = \dfrac{1}{3}$

Para $n = 0$, temos $3^0 = 1$

Para $n = 1$, temos $3^1 = 3$

Os números da sequência podem ser representados numa reta numérica:

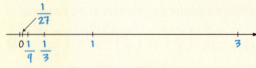

A sequência procurada é: $\dfrac{1}{27}, \dfrac{1}{9}, \dfrac{1}{3}, 1, 3$. Essa sequência é crescente.

6. Escreva as sequências geradas por:

a) 2^n, para os expoentes inteiros de -4 a 2;

b) $(-0,1)^n$, para os expoentes inteiros de -3 a 4;

c) $\left(\dfrac{1}{2}\right)^n$, para os expoentes inteiros de -4 a 4;

d) $(0,2)^n$, para os expoentes inteiros de -3 a 3.

7. Calcule as potências de base negativa.

a) $\left(-\dfrac{1}{2}\right)^2$

b) $\left(-\dfrac{1}{3}\right)^3$

c) $\left(-\dfrac{1}{2}\right)^4$

d) $\left(-\dfrac{1}{2}\right)^5$

- Reúna-se com os colegas e pensem em outras potências de base racional negativa e expoente inteiro positivo. Em seguida, respondam:

  Em relação ao sinal do resultado da potência de base negativa, o que sugerem os cálculos que vocês fizeram?

8. Carina estava estudando Biologia e descobriu que as bactérias podem se reproduzir com grande rapidez, dando origem a um número muito grande de descendentes. Em alguns casos, cada bactéria divide-se em duas outras bactérias geneticamente iguais. Supondo que uma colônia, iniciada por uma única bactéria, dobre seu número a cada 10 minutos, quantas bactérias existirão após 1 hora e 20 minutos?

Bactéria *Shigella* sp., colorizada artificialmente. Imagem ampliada cerca de 10.000 vezes.

9. Observe o diálogo.

Fábia, vamos ver se você sabe essa! Para quais valores inteiros de k a expressão $(-15)^{-2k}$ é negativa?

Apenas para números ímpares!

- Agora, responda: você concorda com a resposta de Fábia? Justifique sua resposta.

10. Qual deve ser o expoente x da potência para que a igualdade seja verdadeira?

$$\left(\dfrac{6}{5}\right)^x = \left(\dfrac{25}{36}\right)$$

130

7 RAIZ QUADRADA

Acompanhe a situação a seguir.

Sílvia comprou um terreno quadrado que tem 72,25 metros quadrados de área para construir uma casa.

Que cálculo ela pode fazer para descobrir a medida do lado desse terreno?

Considerando x a medida do lado, temos:

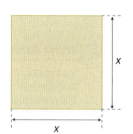

Área do quadrado $= x \cdot x$

$72,25 = x \cdot x$

$72,25 = x^2$

O número x, positivo, que elevado ao quadrado resulta em 72,25, é a **raiz quadrada** de 72,25. Sílvia sabe que esse número é maior que 8, pois $8^2 = 64$, e menor que 9, pois $9^2 = 81$. Por tentativa, é possível que Sílvia determine o produto:

$$8,5 \cdot 8,5 = 72,25$$

Então, $\sqrt{72,25} = 8,5$, ou seja, a medida do lado do terreno é 8,5 metros.

> A **raiz quadrada** de um número racional a é um número não negativo que, elevado ao quadrado, resulta em a.

Vamos examinar a raiz quadrada de 0,36.

Há dois números racionais que, elevados ao quadrado, resultam em 0,36:

$$(+0,6)^2 = 0,36 \text{ e } (-0,6)^2 = 0,36$$

Mas, pela definição, a raiz quadrada deve ser um número não negativo; portanto: $\sqrt{0,36} = +0,6$. Ou seja, a raiz quadrada é única.

Para que a raiz quadrada de um número racional a tenha como resultado um número racional, é preciso que a seja um **racional quadrado perfeito**, isto é, um racional que possa ser escrito como potência de base racional e expoente 2.

Veja os exemplos a seguir.

- $\sqrt{\dfrac{1}{4}}$ é um número racional, porque $\dfrac{1}{4}$ é um número racional quadrado perfeito, uma vez que podemos escrever: $\dfrac{1}{4} = \left(\dfrac{1}{2}\right)^2$

- $\sqrt{1,21}$ é um número racional, porque 1,21 é um número racional quadrado perfeito, uma vez que podemos escrever: $1,21 = 1,1^2$

OBSERVAÇÕES

- $\sqrt{0,3}$ não é um número racional, porque 0,3 não é um número racional quadrado perfeito.
- $\sqrt{-0,25}$ não é um número racional, porque não existe um número racional que, elevado ao expoente 2, resulte em um número negativo.

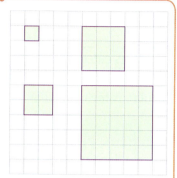

PARA PENSAR

A medida do lado de cada quadrado de contorno roxo pode ser associada a que raiz quadrada?

8 EXPRESSÕES NUMÉRICAS

Na gincana de Matemática do 7º ano, Paula e Beto resolveram a expressão $\left(-\frac{1}{5}\right)^4 : \left(-\frac{1}{5}\right)^2 - 4^{-1} \cdot \sqrt{0,25}$ de maneiras diferentes.

Deltamemória

Teste sua memória nesse jogo e encontre as cartas equivalentes. Disponível em <http://mod.lk/y4yd2>.

Veja os cálculos que cada um fez.

Paula preferiu calcular com frações.   Beto optou pela forma decimal.

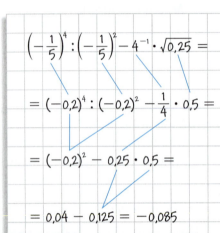

Trilha de estudo

Vai estudar? Nosso assistente virtual no *app* pode ajudar! <http://mod.lk/trilhas>

Os dois chegaram ao mesmo resultado, pois $-\frac{17}{200} = -0,085$.

Nas expressões numéricas, devemos efetuar as operações respeitando esta ordem:

1º) potenciação e radiciação (raiz quadrada);

2º) multiplicação e divisão;

3º) adição algébrica.

OBSERVAÇÃO

Em expressões numéricas com sinais de agrupamento, devemos efetuar as operações eliminando-os nesta ordem:

1º) parênteses;

2º) colchetes;

3º) chaves.

ATIVIDADES

VAMOS PRATICAR

1. Calcule as raízes quadradas no caderno.

a) $\sqrt{\frac{81}{100}}$

b) $\sqrt{\frac{1}{9}}$

c) $\sqrt{\frac{9}{16}}$

d) $\sqrt{25}$

e) $\sqrt{0,64}$

f) $\sqrt{0,04}$

g) $\sqrt{\frac{12}{3}}$

h) $\sqrt{\frac{1}{10.000}}$

i) $\sqrt{0,36}$

j) $\sqrt{0,01}$

2. Calcule o valor das expressões numéricas no caderno.

a) $\left(1,4 - \sqrt{49}\right) \cdot (0,2 + 1,5)$

b) $\left(-\sqrt{\frac{1}{9}} + \frac{2}{5}\right) \cdot \left(-\frac{6}{7}\right)$

c) $+2,4 \cdot \left(-\frac{3}{2^2} - \frac{1}{2}\right)$

d) $\frac{3}{5} + \left(-\frac{1}{6}\right) \cdot \left(+\sqrt{0,16}\right)$

e) $(-1,3 + 2) - \left(-\sqrt{\frac{1}{16}}\right) \cdot \left(+\frac{3}{5}\right)$

f) $\sqrt{0,25} \cdot \left(0,6 - \frac{1}{5}\right) + \frac{3}{4}$

3. Obtenha mentalmente o valor das raízes quadradas.
   a) $\sqrt{8^2}$
   b) $\sqrt{(7,8)^2}$
   c) $\sqrt{(1.230)^2}$
   d) $\sqrt{(1,234)^2}$

VAMOS APLICAR

4. Responda às questões.
   a) Qual é a medida do lado de um quadrado de área igual a 20,25 m²?
   b) Qual é a área de um quadrado cujo lado mede $\sqrt{64}$ m?
   c) Qual é a medida do lado de um quadrado de área igual a 38,44 cm²?

5. Márcia quer emoldurar dois de seus quadros que têm formato de quadrado, com áreas de 201,64 cm² e 412,09 cm², respectivamente. Se cada centímetro da moldura que Márcia quer comprar custa R$ 1,65, quanto ela gastará para emoldurar os dois quadros?

6. Daniela calculou $\sqrt{0,09}$ com uma calculadora.

ADILSON SECCO

Então, ela começou a apertar a tecla $\sqrt{\ }$ várias vezes e obteve outros resultados. Depois de um tempo, por mais que Daniela apertasse a tecla $\sqrt{\ }$, a calculadora sempre indicava o mesmo número.
   a) Qual foi o último número encontrado por Daniela?
   b) Se Daniela começasse a calcular a raiz quadrada de outro número, o resultado seria o mesmo?

R1. Encontre o número escondido em:

$125 - \blacksquare^2 = 100$

Resolução

Para resolver o problema, podemos usar a relação fundamental da subtração:

minuendo − resto = subtraendo
$125 - 100 = \blacksquare^2$
$25 = \blacksquare^2$

Agora precisamos encontrar um número que, elevado ao quadrado, resulte em 25.

$5^2 = 25$ e $(-5)^2 = 25$

O número escondido pode ser 5 ou −5.

7. Descubra o número racional escondido que torna as sentenças verdadeiras.
   a) $-\sqrt{\dfrac{1}{10.000}} + \blacksquare^2 = 0$
   b) $12 + \blacksquare^2 = 76$
   c) $\blacksquare^2 - \sqrt{\dfrac{25}{64}} = -\dfrac{15}{64}$

8. Escreva uma expressão numérica e calcule o que está expresso em cada item.
   a) O dobro de 0,25, que será dividido por $\dfrac{1}{4}$ e acrescido de 3.
   b) A raiz quadrada de 0,25 adicionada ao oposto da raiz quadrada de $\dfrac{16}{100}$.
   c) A adição da raiz quadrada de $\dfrac{9}{16}$ com o cubo de $\dfrac{5}{2}$.
   d) A raiz quadrada de 1,44 adicionada à raiz quadrada do inverso de $\dfrac{100}{121}$.

9. Se $x = \dfrac{2}{5}$, $y = -\dfrac{1}{6}$, $w = \dfrac{5}{2}$ e $z = -7$, o valor da expressão algébrica $\dfrac{x \cdot y \cdot w}{z}$ é:
   a) -42
   b) 42
   c) $-\dfrac{1}{42}$
   d) $\dfrac{1}{42}$

10. Calcule o valor da expressão abaixo em cada caso.

$$(a - b)^{-1} \cdot \sqrt{c}$$

   a) $a = \dfrac{1}{4}$; $b = -\dfrac{1}{4}$ e $c = \dfrac{1}{4}$
   b) $a = -\dfrac{1}{4}$; $b = \dfrac{1}{4}$ e $c = \dfrac{1}{4}$
   c) $a = 0,25$; $b = -0,25$ e $c = 0,25$
   d) $a = -0,25$; $b = 0,25$ e $c = 0,25$
   e) $a = \dfrac{4}{9}$; $b = -\dfrac{4}{9}$ e $c = \dfrac{4}{9}$
   f) $a = -\dfrac{4}{9}$; $b = \dfrac{4}{9}$ e $c = \dfrac{4}{9}$

ESTATÍSTICA E PROBABILIDADE
CONSTRUÇÃO DE PICTOGRAMAS

Larissa trabalha em uma fábrica que reutiliza latas de alumínio.

Veja abaixo uma tabela com o percentual de reutilização das latas de alumínio recebidas por essa fábrica entre 2013 e 2017.

PERCENTUAL DE LATAS DE ALUMÍNIO REUTILIZADAS PELA FÁBRICA ENTRE 2013 E 2017					
Ano	2013	2014	2015	2016	2017
Percentual	75%	90%	85%	95%	100%

Dados obtidos pela fábrica em dezembro de 2017.

Com os dados da tabela, Larissa construiu o gráfico a seguir.

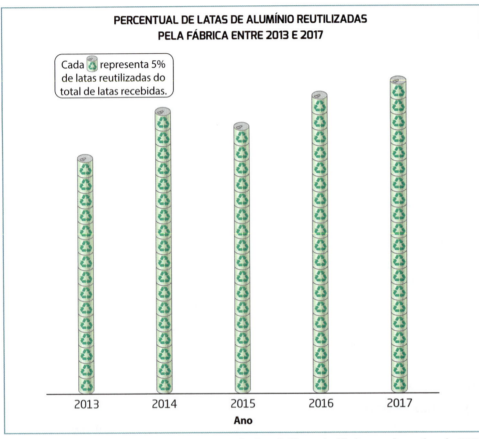

Dados obtidos pela fábrica em dezembro de 2017.

Gráficos como esse, em que utilizamos ícones para representar os dados, são chamados de **pictogramas**. Nesse pictograma, escolheu-se o ícone para representar o percentual de reutilização das latas de alumínio recebidas pela fábrica.

Note que cada representa 5% de latas reutilizadas dentre as que foram recebidas.

134

ATIVIDADES

1. Observe a tabela abaixo.

NÚMERO DE SEMENTES DE ÁRVORES PLANTADAS NO 1º SEMESTRE DE 2017 EM UM PARQUE	
Mês	Número de sementes plantadas
Janeiro	160
Fevereiro	240
Março	80
Abril	120
Maio	200
Junho	80

Dados obtidos por Lorena em julho de 2017.

Considerando que cada 🫘 corresponde a 40 sementes plantadas, Lorena começou a construir um pictograma com base na tabela acima. Copie e complete-o em seu caderno.

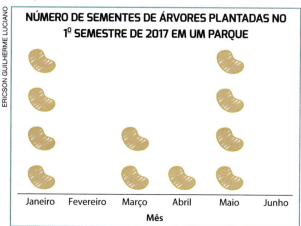

Dados obtidos por Lorena em julho de 2017.

2. Segundo a projeção da população para 2021, realizada pelo IBGE, seremos quase 213 milhões de habitantes no Brasil. Esse total divide-se em aproximadamente 108 milhões de mulheres e 105 milhões de homens.

a) De acordo com essa projeção, haverá mais homens ou mais mulheres? Quanto a mais?

b) Construa um pictograma. Para isso, você deve:
- escolher um ícone; geralmente, o ícone está ligado ao assunto tratado – neste caso, ele poderia ser, por exemplo, um bonequinho para representar os habitantes;
- definir a quantidade de habitantes que cada ícone representará.

Definidos o ícone e a quantidade por ele representada, construa o pictograma sobre a projeção do número de habitantes do Brasil, separando-os em homens e mulheres.

Não se esqueça de fazer uma legenda indicando o valor que representa cada ícone e de colocar o título do pictograma e a fonte dos dados.

Para definir a quantidade de habitantes que corresponderá a cada ícone, procure um valor que seja divisor de 108 e 105.

3. Construa um pictograma com base nos dados da tabela abaixo.

PROJEÇÃO APROXIMADA DA POPULAÇÃO DE ALGUNS ESTADOS DO BRASIL EM 2030	
Estado	População aproximada
Sergipe	2.500.000
Rondônia	2.000.000
Piauí	3.000.000
Amazonas	5.000.000
Acre	1.000.000

Disponível em: <https://ww2.ibge.gov.br/apps/populacao/projecao/>. Acesso em: 9 jun. 2018.

ATIVIDADES COMPLEMENTARES

1. Quais dos números a seguir são racionais?

   -98 ; $\dfrac{\sqrt{5}}{2}$; $5\dfrac{9}{13}$; $\sqrt{3}$; 14 ; $-\dfrac{2}{3}$

2. Escreva os números na forma fracionária.
   a) 7,25
   c) 33
   e) 6,128
   b) −15,8
   d) 75,5
   f) −94,45

3. Classifique cada uma das afirmações em **V** (verdadeira) ou **F** (falsa).
   a) Todo número inteiro é um número racional.
   b) Todo número racional é um número inteiro.
   c) Todo número natural é um número racional.
   d) Todo número racional é um número natural.
   e) Todo número natural é inteiro.
   f) Todo número inteiro é natural.

4. Represente na reta numérica os números racionais:

   $-\dfrac{7}{5}$; $\dfrac{16}{3}$; $-2\dfrac{3}{4}$; $-\dfrac{4}{6}$; $-\dfrac{21}{9}$; $\dfrac{9}{5}$

5. Escreva dois números racionais que estejam entre os números:
   a) −2 e −1
   c) 3,5 e 4
   b) 2,32 e 2,33
   d) −0,22 e −0,2

6. Calcule o módulo de cada número abaixo.
   a) 1,56
   c) −59
   b) $-\dfrac{15}{7}$
   d) $-6\dfrac{5}{9}$

7. Associe os números a seus opostos ou simétricos.

   A) $\dfrac{23}{11}$ I) $-\dfrac{100}{25}$
   B) $-\dfrac{17}{5}$ II) $\dfrac{3}{4}$
   C) 4   III) $-\dfrac{34}{9}$
   D) $3\dfrac{7}{9}$ IV) $-\dfrac{23}{11}$
   E) $-\dfrac{99}{132}$ V) $3\dfrac{2}{5}$

8. Descubra o menor número racional em cada caso.
   a) $\dfrac{1}{2}$ e -4
   c) 12 e $\dfrac{90}{7}$
   b) -24 e -25
   d) $-\dfrac{7}{5}$ e $-\dfrac{8}{6}$

9. Descubra se Júlia ou Ricardo estão corretos.

   Júlia: 5 inteiros é maior que 4 inteiros. Portanto, 5,6 é maior que 4,9.

   Ricardo: 9 décimos é maior que 6 décimos. Portanto, 4,9 é maior que 5,6.

10. No último trimestre a extensão de certa estrada foi aumentada em 1,2 km, passando a ter 10,5 km. Quantos quilômetros essa estrada tinha há três meses?

11. Paulo quer se exercitar fazendo elevações na barra fixa. Para isso, vai instalar uma barra horizontal entre duas paredes que distam entre si 1,52 m. Ele tem que fazer buracos nas duas paredes, colocar as pontas da barra nesses buracos e depois fixá-las com massa.

    Qual é o tamanho máximo que a barra deve ter se Paulo fizer:
    a) buracos de 4 cm de profundidade em cada parede?
    b) um buraco de 4 cm de profundidade em uma parede e um de 6 cm de profundidade na outra?

12. Júnior gosta de fazer economia. Para isso, costuma pesquisar preços antes de gastar sua mesada. Ele deposita em um cofrinho todo o dinheiro economizado. Durante a última semana, Júnior conseguiu guardar 9 moedas de R$ 1,00, 11 moedas de R$ 0,50, 15 moedas de R$ 0,25, 23 moedas de R$ 0,10 e 13 moedas de R$ 0,05. Quantos reais Júnior conseguiu guardar durante essa semana?

13. Em uma pesquisa de opinião, os resultados foram: $\frac{2}{5}$ das pessoas entrevistadas disseram preferir Matemática, $\frac{1}{4}$ afirmou preferir Geografia, $\frac{1}{3}$ escolheu Língua Portuguesa e as demais não indicaram preferência por nenhuma disciplina específica. Qual fração do total de pessoas não tem preferência por uma disciplina específica?

14. Reescreva as operações indicadas substituindo o ■ por um número racional.

a) $(-0,8) + ■ = 0$

b) $■ + \left(-\frac{2}{3}\right) = -1$

c) $\frac{10}{7} + \left(-\frac{1}{4}\right) = ■ + \frac{10}{7}$

d) $-\frac{1}{5} + ■ = -\frac{1}{5}$

e) $(1,5) + [(-1,7) + (5,3)] = [(1,5) + (■)] + (5,3)$

15. Relembre a representação de uma adição de números inteiros na reta numérica.

$(+2) + (-5) = ?$

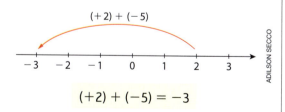

$(+2) + (-5) = -3$

Agora, represente no caderno as adições a seguir e descubra o resultado de cada uma.

a) $(+1) + \left(-\frac{1}{2}\right)$

b) $(0,5) + (-3,5)$

c) $(-2) + (-1,5)$

d) $(-3) + \left(+\frac{3}{5}\right)$

e) $\left(-\frac{3}{2}\right) + (-1)$

f) $\frac{1}{4} + \left(-\frac{7}{4}\right)$

g) $\frac{1}{5} + \left(-\frac{6}{5}\right)$

h) $(+3) + (-5,5)$

16. Elabore um problema cuja solução pode ser encontrada pelas operações abaixo.

$121,25 + 78,66 = 199,91$

$200,00 - 199,91 = 0,09$

17. A estação Rádio da Escola realizou uma pesquisa para identificar os gêneros musicais preferidos pelos alunos.

$\frac{1}{4}$ prefere rock, $\frac{1}{2}$ prefere pagode e $\frac{1}{5}$ prefere MPB.

Sabendo que alguns alunos não têm preferência, que fração representa o número de alunos que não preferem *rock* nem pagode?

18. Observe o quadro com algumas medidas de diâmetro de pratos de baterias musicais.

Modelo de prato	Diâmetro
Splash	8"
Hats	14"
Crash	16" a 18"
Ride	21"

O sinal (") é o símbolo de polegada. Considere que 1" = 2,54 cm.

Copie o quadro, transformando as medidas em centímetro.

ATIVIDADES COMPLEMENTARES

19. Observe as teclas de memória da calculadora:

- M+ memoriza os números positivos;
- M− memoriza os números negativos;
- MRC faz a adição algébrica dos números memorizados em M+ e M−.

Veja uma forma de calcular o valor da expressão abaixo.

$(-0,9) + (-0,3) + (-0,7) + (0,5)$

| 0 | . | 9 | M− | 0 | . | 3 | M− | 0 | . | 7 | M− |
| 0 | . | 5 | M+ | MRC |

Obtemos: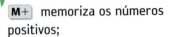

Agora, efetue as operações a seguir e confira o resultado com uma calculadora, conforme a explicação dada.

$(-0,8) + (+0,6) + (-10) + (-0,7) + (+0,5) + (-0,3)$

20. Para fazer um churrasco, Antônia comprou 4,5 kg de carne bovina e 1,5 kg de linguiça. Sabendo que o preço de 1 kg da carne bovina que Antônia comprou era R$ 20,70 e o da linguiça R$ 10,80, quanto ela gastou?

21. Para fazer coxinhas, João comprou 5,8 kg de peito de frango e pagou R$ 42,92. Qual é o preço de 1 kg de peito de frango?

22. Observe a balança em equilíbrio e responda à questão no caderno.

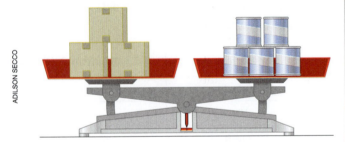

- Se cada caixa pesa 0,81 kg, quanto pesará cada lata?

23. Cada coco tem em média 0,4 L de água. Cada caixinha de água de coco produzida por uma empresa tem 0,125 L. Quantos cocos seriam necessários para produzir uma encomenda de 50 caixinhas?

24. Se Carlos gasta 0,4 L de tinta para pintar $\frac{3}{4}$ de uma parede, que fração da parede ele pintaria com uma lata de tinta de 0,5 L?

25. Elabore um problema cuja solução possa ser encontrada por meio dos cálculos abaixo:

$$-2.225,90 : 10 = -222,59$$

$$|-222,59| = 222,59$$

26. Calcule.

a) $\left(+\frac{3}{5}\right)^3$ d) $\left(-\frac{13}{7}\right)^1$ g) $(+3,145)^0$

b) $(+7)^{-3}$ e) $\left(+\frac{3}{2}\right)^{-4}$ h) $(-0,6)^2$

c) $\left(-\frac{1}{7}\right)^3$ f) $(+0,5)^{-3}$ i) $\left(-\frac{13}{7}\right)^{-1}$

27. Classifique cada sentença em **V** (verdadeira) ou **F** (falsa).

a) $2^{-3} = -2^3$ e) $(0,128)^0 = 128^0$

b) $\left(\frac{2}{3}\right)^4 = \frac{16}{81}$ f) $(0,5)^2 = 2^{-2}$

c) $\left(\frac{3}{5}\right)^3 = \left(\frac{125}{27}\right)^{-1}$ g) $(0,2)^{-3} = \left(\frac{1}{2}\right)^{-3}$

d) $\left(\frac{11}{9}\right)^{-3} = \frac{1.331}{729}$ h) $\left(-\frac{9}{7}\right)^2 = \frac{81}{49}$

28. Represente a multiplicação a seguir com uma só potência de base 3.

$$\frac{1}{3} \cdot 9 \cdot \sqrt{9} \cdot \frac{1}{27} \cdot 81 \cdot 3^{-3}$$

29. Descubra quais são os números inteiros mais próximos de:

a) $\sqrt{2}$ c) $\sqrt{5}$ e) $\frac{\sqrt{4}}{3}$

b) $-\sqrt{3}$ d) $\sqrt{\frac{1}{4}}$ f) $-\sqrt{\frac{16}{36}}$

 Mais questões no livro digital

UNIDADE 5

GRANDEZAS E MEDIDAS

1 UNIDADES DE MEDIDA

Leia a tirinha.

Meça suas palavras

— Caco, qual é a sua altura?

— Eu tenho 800 mm!

— Mudar a unidade de medida não vai te deixar mais alto.

— Cara, o que eu fiz pra você?

RECORDE

Algumas unidades de medida do SI

Grandeza	Unidade
comprimento	metro (m)
tempo	segundo (s)
massa	quilograma (kg)
superfície	metro quadrado (m^2)
espaço	metro cúbico (m^3)

PARA PENSAR

- Qual foi a intenção de Caco, ao dizer que tinha 800 mm de altura?
- De que maneira Caco poderia expressar melhor a medida de sua altura?

Vimos que para medir qualquer grandeza é necessário escolher uma unidade adequada e compará-la com o que será medido.

No Sistema Internacional de Unidades (SI), são atribuídas unidades de medida padrão para as grandezas e, com base nessas unidades, são definidas unidades maiores que elas, os múltiplos, e unidades menores, os submúltiplos. Para cada caso, deve-se analisar qual unidade de medida é mais adequada.

Note que, na tirinha acima, Caco expressou a medida de sua altura em milímetros para que o amigo entendesse que ele era mais alto do que aparentava ser. Em casos como esse, fazemos a conversão para uma unidade de medida mais adequada.

ATIVIDADES

VAMOS PRATICAR

1. Escreva a unidade de medida que, em sua opinião, é adequada para medir:
   a) o comprimento de uma mangueira de jardim;
   b) a superfície de um campo de futebol;
   c) a capacidade de um copo;
   d) a massa de um caminhão;
   e) a duração de um comercial na TV.

VAMOS APLICAR

2. Identifique as cenas em que a unidade de medida mencionada foi mal-empregada.

- Agora, reescreva as falas das cenas que você identificou usando a unidade de medida adequada.

2 UNIDADES DE MEDIDA DE COMPRIMENTO

Já vimos que o **metro** é a unidade-padrão para medir comprimentos e que essa unidade não é adequada, por exemplo, para medir a distância entre duas cidades ou o comprimento de um grão de arroz. Para casos como esses foram criados os múltiplos do metro (unidades maiores que o metro) e os submúltiplos (unidades menores que o metro).

O submúltiplo adequado para medir o *comprimento de um grão de arroz* é o **milímetro** (1 milímetro equivale a 0,001 metro) e o múltiplo adequado para medir a *distância entre duas cidades* é o **quilômetro** (1 quilômetro equivale a 1.000 metros).

Existem casos em que as distâncias são ainda maiores, e o quilômetro também não é uma unidade de medida adequada, como na medição de *distâncias entre planetas e estrelas*. Nesse caso, é usada uma unidade de medida baseada na distância média da Terra ao Sol, chamada **unidade astronômica** (1 unidade astronômica, ou 1 ua, equivale a 149.597.870.700 de metros).

Segundo o Instituto Agronômico (IAC) do estado de São Paulo, um grão de arroz polido tem, em média, 6,84 milímetros de comprimento. Dados disponíveis em: <http://www.iac.sp.gov.br/areasdepesquisa/graos/arroz.php>. Acesso em: 7 jul. 2018.

A distância do planeta Saturno ao Sol é cerca de 9,36 unidades astronômicas de comprimento. Foto de 2008.

Já no caso de *seres ou objetos microscópicos*, ou seja, elementos que podemos ver somente com o auxílio de um microscópio, cujas medidas são muito pequenas, existem outros submúltiplos do metro, como o **micrômetro** (1 micrômetro, ou 1 μm, equivale a 0,000001 metro) e o **nanômetro** (1 nanômetro, ou 1 nm, equivale a 0,000000001 metro). Para se ter uma ideia de quão pequenas são essas medidas, basta considerar que a espessura de um fio de cabelo é de aproximadamente 50 micrômetros ou 50.000 nanômetros.

Os ácaros são visíveis apenas ao microscópio, e seu tamanho varia entre 140 e 170 micrômetros.

MÚLTIPLOS E SUBMÚLTIPLOS DO METRO

Como vimos, o metro é a unidade-padrão de medida de comprimentos. Ele é adequado para medir, por exemplo, a altura de uma pessoa, a altura de um prédio ou o comprimento de uma sala.

Vimos também que há situações em que outras unidades de medida são mais adequadas. As mais usadas são o quilômetro, o centímetro e o milímetro.

• MÚLTIPLOS

Para medir grandes comprimentos, recorremos aos múltiplos do metro: o **decâmetro**, o **hectômetro** e o **quilômetro**.

Veja as relações desses múltiplos com o metro:

$$1 \text{ decâmetro} = 10 \cdot 1 \text{ metro} = 10 \text{ metros}$$
$$1 \text{ hectômetro} = 100 \cdot 1 \text{ metro} = 100 \text{ metros}$$
$$1 \text{ quilômetro} = 1.000 \cdot 1 \text{ metro} = 1.000 \text{ metros}$$

• SUBMÚLTIPLOS

Para medir pequenos comprimentos, usamos os submúltiplos do metro: o **decímetro**, o **centímetro** e o **milímetro**.

Veja as relações desses submúltiplos com o metro:

$$1 \text{ decímetro} = \frac{1}{10} \cdot 1 \text{ metro} = 0,1 \text{ metro}$$
$$1 \text{ centímetro} = \frac{1}{100} \cdot 1 \text{ metro} = 0,01 \text{ metro}$$
$$1 \text{ milímetro} = \frac{1}{1.000} \cdot 1 \text{ metro} = 0,001 \text{ metro}$$

A distância entre Maceió e Salvador é 605 quilômetros, que equivalem a 605.000 metros.

Este caderno tem 28 centímetros de comprimento. Como posso expressar essa medida em metro?

Observe o quadro com a equivalência dessas unidades em relação ao metro.

	Múltiplos			Unidade-padrão	Submúltiplos		
Unidade	quilômetro	hectômetro	decâmetro	metro	decímetro	centímetro	milímetro
Símbolo	km	hm	dam	m	dm	cm	mm
Relação com o metro	1.000 m	100 m	10 m	1 m	0,1 m	0,01 m	0,001 m

141

TRANSFORMAÇÕES DAS UNIDADES DE MEDIDA DE COMPRIMENTO

Em algumas situações do dia a dia, precisamos fazer transformações das unidades de medida de comprimento: transformar centímetros em quilômetros, milímetros em centímetros, decímetros em hectômetros, entre outras.

Observe com atenção o esquema, que apresenta a relação entre as unidades mais usuais, ordenando-as da maior para a menor.

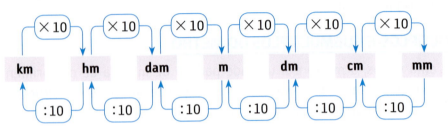

Lembre-se de que dividir por 10 é o mesmo que multiplicar por $\frac{1}{10}$.

Note que cada unidade de comprimento é igual a 10 vezes a unidade imediatamente inferior ou, em outras palavras, cada unidade de comprimento é igual a $\frac{1}{10}$ da unidade imediatamente superior. Portanto, para efetuar as transformações, basta fazer multiplicações ou divisões sucessivas por 10.

Veja alguns exemplos.

a) Expressar 3 hectômetros em decímetro.

Montamos um esquema para ver como essas duas unidades se relacionam. Veja:

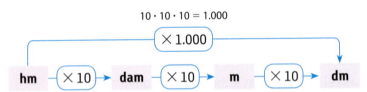

De acordo com o esquema, devemos fazer uma multiplicação por 1.000:

$$3 \text{ hm} = (3 \cdot 1.000) \text{ dm} = 3.000 \text{ dm}$$

b) Expressar 100 milímetros em decâmetro.

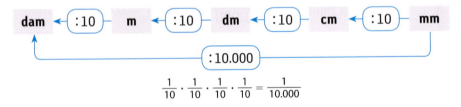

De acordo com o esquema, devemos fazer uma divisão por 10.000 ou uma multiplicação por $\frac{1}{10.000}$:

$$100 \text{ mm} = (100 : 10.000) \text{ dam} = \left(100 \cdot \frac{1}{10.000}\right) \text{ dam} =$$

$$= \frac{100}{10.000} \text{ dam} = \frac{1}{100} = 0{,}01 \text{ dam}$$

ATIVIDADES

VAMOS PRATICAR

1. Expresse as medidas nas unidades indicadas.
   a) 15 cm em m
   b) 5 m em cm
   c) 3 km em m
   d) 3 hm em dm
   e) 70 mm em dam
   f) 0,1 km em cm

2. Expresse em metro a distância indicada em cada item.
   a) 9 km e 8 dam
   b) 18 km e 8 dam
   c) 2 km, 5 hm e 7 dam
   d) 49 dm e 12 cm
   e) 235 cm e 125 mm
   f) 36 dm, 7 cm e 1 mm

3. Reescreva as frases substituindo o ■ pela unidade de medida adequada.
   a) João tem 1,76 ■ ou 17,6 ■ de altura.
   b) Uma régua de 30 ■ tem 300 ■.
   c) A distância entre Belo Horizonte e Goiânia é 884 ■ ou 88.400 ■.
   d) Carlos tem 0,18 ■ ou 18 ■ de altura.

4. Corrija as afirmações abaixo em seu caderno.
   a) 2 dam equivalem a 0,2 m.
   b) 1 micrômetro equivale a 0,000001 mm.
   c) Quilômetro, hectômetro e decâmetro são os submúltiplos do metro.

VAMOS APLICAR

5. Toda manhã, Pedro pratica corrida. Ele costuma percorrer 130 hm, mas hoje só conseguiu correr $\frac{3}{4}$ dessa distância. Quantos metros Pedro percorreu hoje?

6. O trajeto da casa de Maria até a escola tem aproximadamente 720 metros. Ela costuma ir a pé. Se cada passo de Maria mede 45 cm, quantos passos ela dá para ir de sua casa à escola?

R1. Adriano tirou a foto de uma bactéria no seu microscópio de modo que o comprimento dela ficou multiplicado por 5.000. Se, na foto, a bactéria ficou com 15 cm de comprimento, qual é seu comprimento real em micrômetro?

Resolução

Para resolver o problema, devemos descobrir inicialmente qual é o comprimento real da bactéria em centímetro. Como o comprimento da bactéria foi multiplicado por 5.000, basta fazer a divisão de 15 por 5.000.

$$15 : 5.000 = 0,003$$

Então, o comprimento da bactéria é de 0,003 cm.

Para expressar 0,003 cm em micrômetro, vamos completar o quadro com os submúltiplos do metro.

Para isso, dividimos, algumas vezes, 1 m por 10, até chegar a 0,000001 m, que equivale a 1 µm (lê-se um micrômetro).

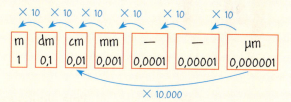

De acordo com o quadro, basta multiplicar 0,003 por 10.000 para resolver o problema.

$$0,003 \text{ cm} = (0,003 \cdot 10.000) \text{ µm} = 30 \text{ µm}$$

Portanto, o comprimento da bactéria é de 30 micrômetros.

7. Observe a foto de uma alga, obtida por meio de um microscópio eletrônico, e faça o que se pede.

Na foto, a alga foi aumentada em 100 vezes. Com a ajuda de uma régua, meça o diâmetro da alga (indicado pelo traço branco) e determine sua medida real em micrômetro.

8. Responda às questões.

a) A distância média de Marte ao Sol é 1,53 unidade astronômica. A quantos metros aproximadamente equivale essa distância?

b) De Saturno ao Sol há aproximadamente 9,36 unidades astronômicas. A quantos quilômetros equivale essa distância?

Marte   Saturno

3 UNIDADES DE MEDIDA DE TEMPO

Vimos que o **segundo** (s), o **minuto** (min) e a **hora** (h) são unidades de medida de tempo, sendo o **segundo** a unidade-padrão, e que:

$$1 \text{ hora} = 60 \text{ minutos}$$
$$1 \text{ minuto} = 60 \text{ segundos}$$

Veja o esquema com as relações entre essas unidades de medida de tempo:

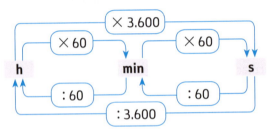

Veja alguns exemplos.

a) Expressar 5 horas em minuto.

De acordo com o esquema, devemos fazer uma multiplicação por 60:
$$5 \text{ h} = (5 \cdot 60) \text{ min} = 300 \text{ min}$$

b) Expressar 5.400 segundos em hora.

De acordo com o esquema, devemos fazer uma divisão por 3.600:
$$5.400 \text{ s} = (5.400 : 3.600) \text{ h} = 1,5 \text{ h}$$

Então, veja como podemos aplicar essas relações para resolver a seguinte situação-problema.

Antônia está treinando para participar de um campeonato estadual de triatlo. No último treino, ela conseguiu o tempo de 18 minutos e 37 segundos na natação, 34 minutos e 59 segundos no ciclismo e 1 hora e 59 segundos na corrida. Qual foi o tempo total de Antônia no treino?

Inicialmente, adicionamos os tempos obtidos por Antônia em cada modalidade.

Natação:	0 hora	+	18 minutos	+	37 segundos
Ciclismo:	0 hora	+	34 minutos	+	59 segundos
Corrida:	1 hora	+	0 minuto	+	59 segundos
Tempo total:	1 hora	+	52 minutos	+	155 segundos

Como 60 segundos correspondem a 1 minuto, podemos transformar 155 segundos em minuto, fazendo o seguinte cálculo:

$$\begin{array}{r|l} 155 & 60 \\ 35 & 2 \end{array}$$

segundos — minutos

Portanto, 155 segundos correspondem a 2 minutos e 35 segundos.

Agora, adicionamos os tempos em minuto:

52 minutos + 2 minutos = 54 minutos

Então, o tempo total de Antônia no treino foi 1 hora, 54 minutos e 35 segundos ou 1 h 54 min 35 s.

ATIVIDADES

VAMOS PRATICAR

1. Responda às questões.
a) Quantos segundos tem 1 dia?
b) Quantas horas tem 1 semana?
c) Quantos dias aproximadamente correspondem a mil horas? E a 1 milhão de segundos?
d) O coração de um adulto bate, em média, 70 vezes por minuto. Quantas vezes bate em 1 dia?

VAMOS APLICAR

2. Pedro, Nélson, Oswaldo e José participaram de uma corrida.

O quadro abaixo indica o tempo que cada um levou na prova.

Tempo de prova	
Pedro	355 segundos
Nélson	5 minutos e 40 segundos
Oswaldo	5 minutos e 35 segundos
José	400 segundos

• Associe o tempo de cada um ao respectivo lugar no pódio, sabendo que eles foram os quatro primeiros colocados.

3. No vácuo, a luz percorre cerca de 300.000 quilômetros em 1 segundo. A distância da Terra ao Sol está em torno de 150.000.000 de quilômetros. Quantos minutos, aproximadamente, a luz do Sol demora para chegar à Terra?

4. Acionando a válvula de descarga por 6 segundos, gastam-se 10 litros de água. No banheiro de Rafael, a válvula de descarga quebrou e ficou acionada por 3 minutos, até que ele fechasse o registro de água. Quantos litros de água foram desperdiçados nesse período?

5. Na prática da natação, o gasto energético é de cerca de 6 quilocalorias (unidade de medida de energia) por minuto. Quantas quilocalorias são gastas por alguém que nada 1 hora por dia durante 1 semana?

CACÁ FRANÇA

6. Nas olimpíadas, uma das provas de ciclismo é chamada "estrada contra o relógio". Nela, os ciclistas largam um de cada vez, em intervalos de 90 segundos, para percorrer uma distância de 45.800 metros. Quem faz o menor tempo ganha a corrida.
a) Se o primeiro ciclista sair às 9 h 45 min 24 s, a que horas sairão o segundo e o terceiro ciclistas?
b) Associe o tempo dos três primeiros colocados ao respectivo lugar no pódio:
• Fábio demorou 1 hora, 1 minuto e 57 segundos para completar a prova.
• César demorou 3.719 segundos.
• João demorou 61 minutos e 58 segundos.

7. Na emissora TV Piada, uma propaganda vai ao ar a cada 35 minutos. Na emissora TV Choradeira, a mesma propaganda vai ao ar a cada 40 minutos.

Às 12 horas, a propaganda foi ao ar, ao mesmo tempo, nas duas emissoras. Descubra qual será o próximo horário em que isso ocorrerá.

4 UNIDADES DE MEDIDA DE MASSA

Já vimos que **quilograma** (kg), **grama** (g) e **miligrama** (mg) são unidades de medida de massa, sendo o quilograma a unidade-padrão segundo o Sistema Internacional de Unidades.

No entanto, há outras unidades de massa que, no nosso dia a dia, são menos utilizadas. Essas unidades correspondem a múltiplos e submúltiplos do grama.

OBSERVAÇÃO

Também são usadas outras unidades de medida de massa, como:
- a **tonelada (t)**, que equivale a 1.000 kg;
- a **arroba (@)**, que equivale a aproximadamente 15 kg.

• MÚLTIPLOS

Para medir massas maiores do que 1 grama, convém usarmos os múltiplos do grama: o **decagrama**, o **hectograma** e o **quilograma**.

As relações desses múltiplos com o grama são:

$$1 \text{ decagrama} = 10 \cdot 1 \text{ grama} = 10 \text{ gramas}$$
$$1 \text{ hectograma} = 100 \cdot 1 \text{ grama} = 100 \text{ gramas}$$
$$1 \text{ quilograma} = 1.000 \cdot 1 \text{ grama} = 1.000 \text{ gramas}$$

• SUBMÚLTIPLOS

Para medir massas menores do que 1 grama, convém usarmos os submúltiplos do grama: o **decigrama**, o **centigrama** e o **miligrama**.

As relações desses submúltiplos com o grama são:

$$1 \text{ decigrama} = \frac{1}{10} \cdot 1 \text{ grama} = 0,1 \text{ grama}$$
$$1 \text{ centigrama} = \frac{1}{100} \cdot 1 \text{ grama} = 0,01 \text{ grama}$$
$$1 \text{ miligrama} = \frac{1}{1.000} \cdot 1 \text{ grama} = 0,001 \text{ grama}$$

No quadro abaixo, estão indicadas as unidades com os símbolos e a relação de cada múltiplo e submúltiplo com o grama.

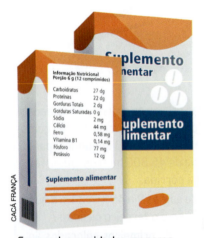

Em geral, as unidades menores do que 1 grama aparecem nas tabelas de informações nutricionais das embalagens de alguns comprimidos.

Organize o que você aprendeu fazendo a atividade 2 da página 186.

	Múltiplos			Unidade de referência	Submúltiplos		
Unidade	quilograma	hectograma	decagrama	grama	decigrama	centigrama	miligrama
Símbolo	kg	hg	dag	g	dg	cg	mg
Relação com o grama	1.000 g	100 g	10 g	1 g	0,1 g	0,01 g	0,001 g

TRANSFORMAÇÕES DAS UNIDADES DE MEDIDA DE MASSA

Assim como acontece com as unidades de medida de comprimento, há situações em que precisamos fazer transformações das unidades de medida de massa; por exemplo, transformar grama em quilograma ou miligrama em grama.

Observe, no esquema, que essas unidades se relacionam da mesma forma que as unidades de medida de comprimento.

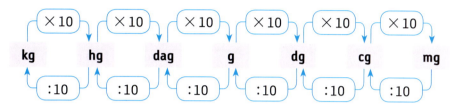

Note que cada unidade de massa é igual a 10 vezes a unidade imediatamente inferior ou, em outras palavras, cada unidade de massa é igual a $\frac{1}{10}$ da unidade imediatamente superior. Portanto, para fazer as transformações, basta efetuar multiplicações ou divisões sucessivas por 10.

Veja alguns exemplos.

a) Expressar 3 quilogramas em grama.

Observe como o quilograma e o grama se relacionam:

$$kg \xrightarrow{\times 10} hg \xrightarrow{\times 10} dag \xrightarrow{\times 10} g \qquad (\times 1.000)$$

Então, devemos fazer uma multiplicação por 1.000.

$$3 \text{ kg} = (3 \cdot 1.000) \text{ g} = 3.000 \text{ g}$$

b) Expressar 150.000 miligramas em hectograma.

$$hg \xleftarrow{:10} dag \xleftarrow{:10} g \xleftarrow{:10} dg \xleftarrow{:10} cg \xleftarrow{:10} mg \qquad (:100.000)$$

De acordo com o esquema, devemos fazer uma divisão por 100.000 ou uma multiplicação por $\frac{1}{100.000}$.

$$150.000 \text{ mg} = (150.000 : 100.000) \text{ hg} = \frac{150.000}{100.000} \text{ hg} = 1,5 \text{ hg}$$

c) Expressar 120.000 quilogramas em tonelada e 9,5 toneladas em quilograma.

Como 1 tonelada (1 t) equivale a 1.000 quilogramas, para expressar 120.000 quilogramas em tonelada fazemos uma divisão por 1.000.

$$120.000 \text{ kg} = (120.000 : 1.000) \text{ t} = 120 \text{ t}$$

Já para expressar 9,5 toneladas em quilograma, fazemos uma multiplicação por 1.000.

$$9,5 \text{ t} = (9,5 \cdot 1.000) \text{ kg} = 9.500 \text{ kg}$$

ATIVIDADES

VAMOS PRATICAR

1. Responda às questões.
   a) Quantos gramas há em 425 hg?
   b) Quantos quilogramas há em 235,6 t?
   c) Quantos quilogramas há em 124 arrobas?
   d) Quantas toneladas há em 20.000 g?

R1. Descubra quanto falta na balança para que ela fique equilibrada.

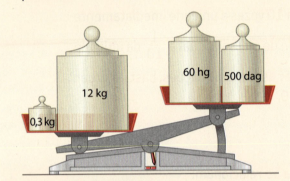

Resolução

Uma balança está equilibrada quando as massas dos dois pratos são iguais.

Como as massas estão em unidades diferentes, vamos representá-las em uma mesma unidade, no caso em quilograma, para fazer a comparação.

60 hg = (60 : 10) kg = 6 kg

500 dag = (500 : 100) kg = 5 kg

Em seguida, adicionamos as massas para descobrir quanto há em cada prato.

1º prato = 0,3 kg + 12 kg = 12,3 kg

2º prato = 6 kg + 5 kg = 11 kg

Como no primeiro prato há mais massa que no segundo, devemos colocar mais massa no segundo, de modo que a balança fique equilibrada. Para descobrir quanto colocar, basta subtrair o total de massa do segundo prato do total de massa do primeiro prato.

12,3 kg − 11 kg = 1,3 kg

Portanto, para equilibrar a balança, basta colocar 1,3 kg no segundo prato.

2. Uma distribuidora de materiais de construção ensaca cimento em embalagens de dois tamanhos. Um tipo comporta 500 g de cimento e custa R$ 1,00; o outro comporta 1,5 kg e custa R$ 2,00.
   a) Se preciso comprar 12 kg de cimento, quantos sacos de 500 g eu teria de comprar? E de 1,5 kg?
   b) Observe o preço de cada saco de cimento e verifique que tipo de embalagem é mais vantajoso para comprar exatamente 10 kg.

3. Observe o problema abaixo.

   Vitor comprou _____ de grão de feijão para seu armazém e pagou _____ a arroba. Depois, vendeu todo o feijão por _____ o quilograma. Qual foi o lucro de Vitor nessa venda?

   Complete o enunciado do problema com os valores em reais e a unidade de massa abaixo. Depois resolva-o.

4. Observe a embalagem de uma barra de cereal.

Informação Nutricional Porção de 20 g (1 barra)	
Quantidade por embalagem	
Carboidratos	12 g
Proteínas	140 cg
Gorduras Totais	15 dg
Gorduras Saturadas	0,5 g
Gorduras Trans	não contém
Fibra alimentar	29 dg
Sódio	33 mg

Agora, identifique as afirmações verdadeiras.
   a) 1 barra de cereal contém 290 centigramas de fibra alimentar.
   b) Nessa barra de cereal há mais proteínas do que carboidratos.
   c) Essa barra de cereal tem mais sódio do que gorduras saturadas.
   d) A quantidade de fibra alimentar é maior do que o dobro da quantidade de proteínas.

5. Com 8 toneladas de papel, foram feitos 10.000 livros de 200 páginas cada um. Quantos gramas tem cada página do livro?

5 UNIDADES DE MEDIDA DE VOLUME

Você já deve ter ouvido no rádio, visto na televisão ou na internet, ou mesmo lido no jornal, que em determinado dia choveu a quantidade de milímetros de chuva esperada para o mês inteiro. Mas você já tentou descobrir como é feito o cálculo da quantidade de chuva em um período? Veja:

RECORDE

Volume
É a medida do espaço ocupado por um corpo.

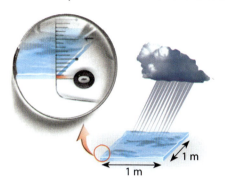
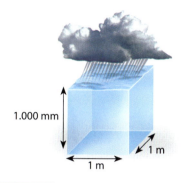
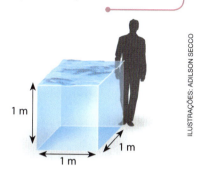

ILUSTRAÇÕES: ADILSON SECCO

Cada milímetro de chuva significa que, em uma superfície de um metro quadrado, a água acumulada, se não escoasse, formaria um paralelepípedo de 1 milímetro de altura.

Então, uma chuva de 1.000 milímetros significa que, em uma superfície de um metro quadrado, a água acumulada, se não escoasse, formaria um paralelepípedo de 1.000 milímetros de altura.

Como 1.000 mm é o mesmo que 1 m, a água acumulada, se não escoasse, formaria um paralelepípedo de 1 metro de altura.

Toda essa água que ficaria acumulada ocuparia, então, o espaço equivalente ao de um recipiente que lembra um cubo cujas arestas medem 1 m, como o da figura ao lado. Vimos que a unidade de medida que corresponde ao espaço ocupado por esse cubo é 1 **metro cúbico** e que, segundo o SI, o **metro cúbico** (m^3) é a unidade-padrão de volume.

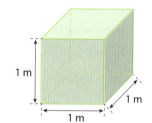

Estudamos, também, outras unidades de volume, como o **centímetro cúbico** (cm^3) e o **decímetro cúbico** (dm^3), mas além delas existem outras que fazem parte do SI. Veja o quadro com a equivalência em relação ao metro cúbico.

RECORDE

Centímetro cúbico e decímetro cúbico
- O **centímetro cúbico** é uma unidade de medida que corresponde ao espaço ocupado por um cubo com arestas de 1 centímetro de comprimento.
- O **decímetro cúbico** é uma unidade de medida que corresponde ao espaço ocupado por um cubo com arestas de 1 decímetro de comprimento.

Organize o que você aprendeu fazendo a atividade 3 da página 186.

	Múltiplos			Unidade-padrão	Submúltiplos		
Unidade	quilômetro cúbico	hectômetro cúbico	decâmetro cúbico	metro cúbico	decímetro cúbico	centímetro cúbico	milímetro cúbico
Símbolo	km^3	hm^3	dam^3	m^3	dm^3	cm^3	mm^3
Relação com o metro cúbico	$1.000.000.000\ m^3$	$1.000.000\ m^3$	$1.000\ m^3$	$1\ m^3$	$0{,}001\ m^3$	$0{,}000001\ m^3$	$0{,}000000001\ m^3$

TRANSFORMAÇÕES DAS UNIDADES DE VOLUME

Para entender como as unidades de volume se relacionam, vamos recordar a relação entre 1 metro cúbico e 1 decímetro cúbico. Observe as figuras.

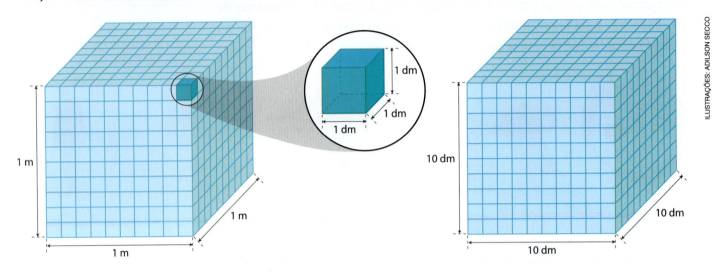

Você percebe que o cubo maior, que representa 1 metro cúbico, é formado por 1.000 cubinhos de lados medindo 1 dm, ou seja, cada cubinho tem 1 dm³ de volume.

Portanto:

$$1\ m^3 = 1.000 \cdot 1\ dm^3 = 1.000\ dm^3$$

A mesma relação ocorre com as outras unidades, ou seja, cada unidade de volume é igual a 1.000 vezes a unidade imediatamente inferior, ou cada unidade de volume é igual a $\frac{1}{1.000}$ da unidade imediatamente superior.

Então, para fazer as transformações, basta fazer multiplicações ou divisões sucessivas por 1.000.

Veja o esquema com essas relações:

```
  ×1.000  ×1.000  ×1.000  ×1.000  ×1.000  ×1.000
 km³  →  hm³  →  dam³  →  m³  →  dm³  →  cm³  →  mm³
  ←      ←       ←       ←      ←       ←
  :1.000  :1.000  :1.000  :1.000  :1.000  :1.000
```

Veja alguns exemplos.

a) Expressar 2 metros cúbicos em centímetro cúbico.

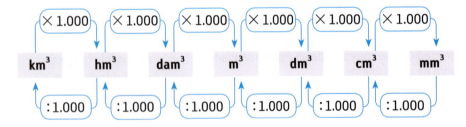

$2\ m^3 = (2 \cdot 1.000.000)\ cm^3 = 2.000.000\ cm^3$

b) Expressar 3.000 milímetros cúbicos em metro cúbico.

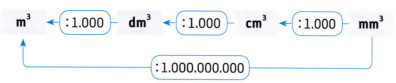

$3.000 \text{ mm}^3 = (3.000 : 1.000.000.000) \text{ m}^3 = \dfrac{3.000}{1.000.000.000} \text{ m}^3 =$
$= 0,000003 \text{ m}^3$

ATIVIDADES

VAMOS PRATICAR

1. Faça as transformações.
   a) 0,000005 hm³ em m³
   b) 5.800 mm³ em cm³
   c) 320.000 cm³ em m³
   d) 1,0258 hm³ em dm³

R1. Calcule o volume do paralelepípedo em decâmetros cúbicos.

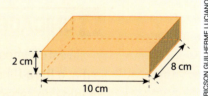

Resolução

1º modo

O volume de um paralelepípedo é dado por V = a · b · c, em que a representa a medida do comprimento do paralelepípedo, b, a da largura, e c, a da altura. Assim:

V = a · b · c

V = (10 · 8 · 2) cm³ = 160 cm³

Agora, basta expressar 160 cm³ em decâmetros cúbicos:

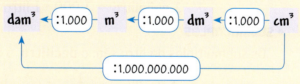

160 cm³ = (160 : 1.000.000.000) dam³ = 0,00000016 dam³

Portanto, o volume desse paralelepípedo é de 0,00000016 dam³.

2º modo

Primeiro expressamos as medidas das arestas do paralelepípedo em decâmetros:

10 cm = (10 : 1.000) dam = 0,01 dam

8 cm = (8 : 1.000) dam = 0,008 dam

2 cm = (2 : 1.000) dam = 0,002 dam

Então:

$V = (0,01 \cdot 0,008 \cdot 0,002) \text{ dam}^3 = \left(\dfrac{1}{100} \cdot \dfrac{8}{1.000} \cdot \dfrac{2}{1.000}\right) \text{ dam}^3 =$

$= \left(\dfrac{16}{100.000.000}\right) \text{ dam}^3 = 0,00000016 \text{ dam}^3$

Portanto, o volume desse paralelepípedo é de 0,00000016 dam³.

2. Calcule o volume dos paralelepípedos abaixo em decímetros cúbicos.

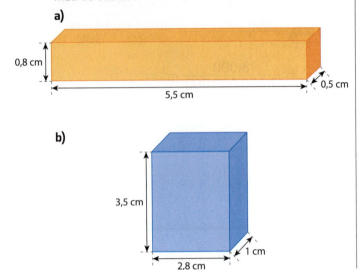

VAMOS APLICAR

3. Responda às questões.
   a) Quantas vezes o volume de um cubo de arestas com 0,2 dm equivale ao volume de um cubo de arestas com 4 cm?
   b) Quantas vezes o volume de um paralelepípedo de arestas de 2 cm, 4 cm e 1 cm equivale ao volume de um cubo cujas arestas medem 20 mm?

4. Uma empresa siderúrgica produz barras maciças de ferro que lembram paralelepípedos. Veja uma dessas peças.

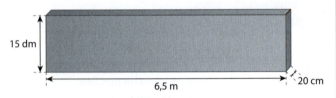

- Qual é o volume dessa peça em decâmetros cúbicos?

6 UNIDADES DE MEDIDA DE CAPACIDADE

Já estudamos as duas unidades de medida de capacidade mais usadas no dia a dia: o **litro** (L) e o **mililitro** (mL). Segundo o SI, o **litro** é a unidade-padrão de medida de capacidade; dele se formam os múltiplos e os submúltiplos.

RECORDE

Capacidade
É o volume interno de um recipiente.

- **MÚLTIPLOS**

Os múltiplos do litro são: o **decalitro**, o **hectolitro** e o **quilolitro**.

$$1 \text{ decalitro} = 10 \cdot 1 \text{ litro} = 10 \text{ litros}$$
$$1 \text{ hectolitro} = 100 \cdot 1 \text{ litro} = 100 \text{ litros}$$
$$1 \text{ quilolitro} = 1.000 \cdot 1 \text{ litro} = 1.000 \text{ litros}$$

- **SUBMÚLTIPLOS**

Os submúltiplos do litro são: o **decilitro**, o **centilitro** e o **mililitro**.

$$1 \text{ decilitro} = \frac{1}{10} \cdot 1 \text{ litro} = 0,1 \text{ litro}$$
$$1 \text{ centilitro} = \frac{1}{100} \cdot 1 \text{ litro} = 0,01 \text{ litro}$$
$$1 \text{ mililitro} = \frac{1}{1.000} \cdot 1 \text{ litro} = 0,001 \text{ litro}$$

O quadro a seguir apresenta as unidades, os símbolos e a relação de cada múltiplo e submúltiplo com o litro.

Garrafa de suco com capacidade para 380 mL.

	Múltiplos			Unidade-padrão	Submúltiplos		
Unidade	quilolitro	hectolitro	decalitro	litro	decilitro	centilitro	mililitro
Símbolo	kL	hL	daL	L	dL	cL	mL
Relação com o litro	1.000 L	100 L	10 L	1 L	0,1 L	0,01 L	0,001 L

TRANSFORMAÇÕES DAS UNIDADES DE MEDIDA DE CAPACIDADE

Em algumas situações, precisamos fazer transformações entre as unidades de medida de capacidade. Observe, no esquema abaixo, que essas unidades se relacionam da mesma forma que as unidades de medida de comprimento e de massa.

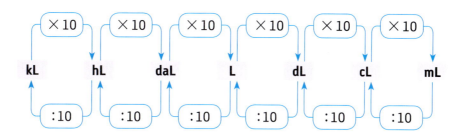

Veja alguns exemplos.

a) Expressar 2,5 litros em mililitro.

$$2,5 \text{ L} = (2,5 \cdot 1.000) \text{ mL} = 2.500 \text{ mL}$$

b) Expressar 300 mililitros em litro.

$$300 \text{ mL} = (300 : 1.000) \text{ L} = 0,3 \text{ L}$$

c) Expressar 75 decilitros em decalitro.

$$75 \text{ dL} = (75 : 100) \text{ daL} = 0,75 \text{ daL}$$

ATIVIDADES

VAMOS PRATICAR

1. Responda às questões em seu caderno.

    a) Quantos litros são necessários para obtermos 3 hectolitros?

    b) Quantos centilitros são necessários para obtermos 2,5 decalitros?

    c) A quantos litros equivalem 6,3 decâmetros cúbicos?

2. Associe o recipiente à capacidade correspondente.

I	0,5 kL	IV	2 hL
II	425 cL	V	3.000 dL
III	225 L	VI	125 dL

VAMOS APLICAR

3. Um chuveiro gotejando causa o desperdício de 46 litros de água por dia.

   a) Quantos decalitros são desperdiçados em uma semana?

   b) Quantos quilolitros são desperdiçados em um mês?

4. Um instituto de proteção ao consumidor recolheu quatro embalagens de suco (com forma de bloco retangular) para analisar. Duas delas foram reprovadas por não terem capacidade para armazenar 1 litro de suco conforme indicava a embalagem.

Embalagem A	Embalagem C
Altura: 12,5 cm Largura: 10 cm Comprimento: 7,5 cm	Altura: 13 cm Largura: 9 cm Comprimento: 8 cm

Embalagem B	Embalagem D
Altura: 13,5 cm Largura: 11,5 cm Comprimento: 6,5 cm	Altura: 18 cm Largura: 12 cm Comprimento: 5 cm

• Quais foram as embalagens reprovadas?

5. Observe a ilustração e responda à questão.

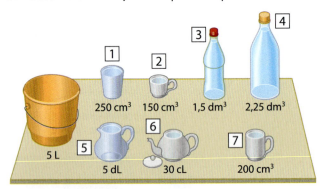

• Marcela pretende encher um balde de 5 L. Ao lado do balde, há recipientes cheios de água. O volume de quais recipientes ela deve despejar no balde?

6. Augusto está em dúvida sobre qual dos produtos ilustrados abaixo é mais vantajoso comprar.

• Se Augusto precisa levar 7 litros desse produto, qual é a opção mais econômica?

7. João utilizou um copo com capacidade para 200 mL para encher de água um recipiente com capacidade para 1 L. Veja.

Já Pedro encheu o mesmo recipiente usando um copo diferente do usado por João. Veja.

Agora, responda.

a) Quantas vezes cada um precisou encher o copo de 200 mL com água para encher o recipiente?

b) Qual a capacidade do copo utilizado por Pedro? Justifique.

8. Diante de uma fonte, há dois baldes: um de 7 L e outro de 5 L.

- Como você faria para medir 4 L?

9. A capacidade de um copo descartável usado em festas é de 250 mL. Quantos copos cada pessoa deverá tomar para que 35 pessoas, juntas, consumam no mínimo 20 litros de refrigerante?

7 INVESTIGANDO MEDIDAS

Acompanhe a situação.

Oto e Maria mediram o comprimento de uma mesma borracha com o auxílio de uma régua. Veja.

Medição feita por Oto

Medição feita por Maria

Note que o resultado das medições que eles fizeram foram diferentes: Oto obteve que a medida do comprimento da borracha é 5,1 cm, enquanto Maria obteve que a medida desse mesmo comprimento é 5,2 cm. Nesse caso, a diferença ocorreu porque as réguas utilizadas por Oto e Maria não são iguais.

PARA COMPARAR

Meça o comprimento do segmento abaixo com o auxílio de uma régua. Depois, compare o resultado da sua medição com o dos colegas. O que você pode perceber?

 Esforçar-se por exatidão e precisão

O resultado de toda medição é **aproximado**. Isso acontece porque os resultados são influenciados tanto pelos instrumentos de medida utilizados (apresentam diferenças de fabricação) quanto pelo próprio processo de medição (manuseio do instrumento, leitura do mesmo etc.) ou até mesmo pela temperatura ambiente.

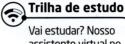

Trilha de estudo
Vai estudar? Nosso assistente virtual no *app* pode ajudar!
<http://mod.lk/trilhas>

ATIVIDADES

VAMOS PRATICAR

1. Identifique a(s) afirmação(ões) verdadeira(s).

   a) O resultado de toda medição é aproximado.

   b) A temperatura ambiente nunca influencia o resultado de uma medição.

   c) Instrumentos de medida convencionais com unidades padronizadas nunca geram diferentes resultados de medição.

VAMOS APLICAR

2. Acompanhe a situação.

- Em sua opinião, por que os cronômetros registraram tempos diferentes?

3. Diego mediu sua massa 4 vezes consecutivas em uma mesma balança digital. Veja as medidas que apareceram no visor.

- Agora, responda: O que você acha que pode estar ocorrendo para provocar essas diferenças?

ESTATÍSTICA E PROBABILIDADE
LEITURA E INTERPRETAÇÃO DE PICTOGRAMAS

A cantina da Escola Conhecimento realizou uma pesquisa sobre as sobremesas preferidas dos alunos. Cada entrevistado pôde votar em apenas uma sobremesa. Para apresentar os resultados da pesquisa, o dono da cantina fez o pictograma a seguir.

SOBREMESAS PREFERIDAS DOS ALUNOS DA ESCOLA CONHECIMENTO

(Equivale a 20 votos.)

Sobremesas: Bolo, Sorvete, Frutas, Brigadeiro, Pudim

Dados obtidos pelo dono da cantina da Escola Conhecimento no 1º bimestre de 2018.

> Ao ler um pictograma é importante prestar atenção na legenda, no título e na fonte de onde os dados foram retirados.

PARA PENSAR

- Em quais sobremesas os alunos votaram?
- Quantos votos recebeu cada sobremesa? Qual foi a mais votada?
- Quantos alunos responderam a essa pesquisa?

Nesse pictograma, escolheu-se o ícone para representar os votos que as sobremesas receberam. Observe que cada equivale a 20 votos. E a coluna vertical do pictograma foi utilizada para apresentar as sobremesas nas quais os alunos votaram: bolo, sorvete, frutas, brigadeiro e pudim.

Acompanhe, a seguir, a distribuição dos votos.

- Na linha que representa os votos do pudim, há 5 , ou seja, 5 · 20. Logo, o pudim recebeu 100 votos.
- Na linha que representa os votos do brigadeiro, há 7 , ou seja, 7 · 20. Logo, o brigadeiro recebeu 140 votos.
- Na linha que representa os votos das frutas, há 8 , ou seja, 8 · 20. Logo, as frutas receberam 160 votos.

ESTATÍSTICA E PROBABILIDADE

- Na linha que representa os votos do sorvete, há 5 , ou seja, 5 · 20.

  Logo, o sorvete recebeu 100 votos.

- Na linha que representa os votos do bolo, há 3 🥣, ou seja, 3 · 20.

  Logo, o bolo recebeu 60 votos.

Comparando o número de votos das sobremesas, concluímos que as frutas foram a sobremesa mais votada, com 160 votos.

Como cada aluno só pôde votar em apenas uma sobremesa, para determinar o total de alunos entrevistados nessa pesquisa basta adicionar os votos que todas as sobremesas receberam. Assim, temos:

$$100 + 140 + 160 + 100 + 60 = 560$$

Portanto, foram entrevistados 560 alunos.

ATIVIDADES

1. Observe o pictograma que representa a quantidade de medalhas de ouro conquistadas por alguns países participantes dos Jogos Paralímpicos Rio 2016 com a classificação final. Depois, responda às questões.

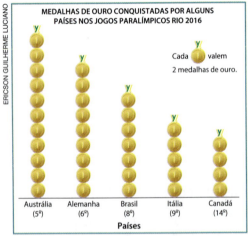

Dados obtidos em: <http://www.brasil2016.gov.br/pt-br/megaeventos/paraolimpiadas>. Acesso em: 7 jul. 2018.

a) Quantas medalhas de ouro cada país representado recebeu nos Jogos Paralímpicos Rio 2016?

b) Qual é a diferença do número de medalhas de ouro entre Alemanha e Canadá?

c) Qual foi a classificação final da Holanda, sabendo que esse país conquistou 17 medalhas de ouro? Explique como você descobriu.

2. Os moradores do Condomínio São Lucas organizaram um projeto para plantar 75 árvores nos jardins do condomínio. As árvores deverão ser plantadas no decorrer de seis meses, como mostra o pictograma.

Dados obtidos pelos moradores do Condomínio São Lucas em dezembro de 2018.

a) Em qual mês serão plantadas mais árvores? Quantas árvores serão plantadas nesse mês?

b) Quantas árvores serão plantadas nos três primeiros meses?

c) Em quais meses serão plantadas 12 árvores?

3. A revendedora de automóveis Auto BC fez um levantamento dos automóveis que vendeu de 2013 a 2017. Para apresentar os dados aos funcionários, a empresa fez o pictograma a seguir.

Dados obtidos pela revendedora Auto BC em 2018.

- Responda às questões de acordo com as informações apresentadas no pictograma.
   a) Quantos automóveis foram vendidos em 2015?
   b) Em que ano foram vendidos mais automóveis? Quantos?
   c) Qual foi o total de automóveis vendidos nesses cinco anos?

4. Para montar o estoque de 2018, a loja de CDs Som Total fez o levantamento de vendas em 2017. Esse levantamento foi feito de acordo com o gênero de música, e está representado no pictograma abaixo.

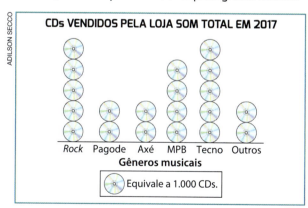

Dados obtidos pela loja Som Total em 2017.

- Com base nas informações do pictograma, responda às questões.
   a) Quantos CDs foram vendidos em 2017?
   b) Os CDs de quais gêneros musicais foram mais vendidos em 2017?

5. A Secretaria de Turismo da cidade de Laranjinhas pesquisou os pontos turísticos mais visitados em 2017.

Para apresentar os dados, foi publicado o pictograma abaixo em um jornal local.

Dados obtidos pela Secretaria de Turismo da cidade de Laranjinhas em 2017.

a) Quais foram os pontos turísticos mais visitados na cidade de Laranjinhas em 2017? Por quantos turistas?

b) Qual foi o ponto turístico menos visitado? Por quantos turistas?

c) A prefeitura informou que vai investir no ponto turístico menos visitado a fim de dobrar a visitação ao local. Se o investimento por turista que visitou esse local for de 100 reais, qual será o novo investimento da prefeitura?

ATIVIDADES COMPLEMENTARES

1. Dois garotos disputam uma corrida ao redor de um terreno. João parte em direção ao ponto A, passando pelo ponto B até a chegada. Pedro parte em direção ao ponto D, passando por C até a chegada.

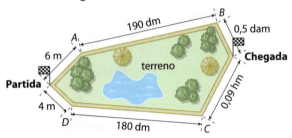

   a) Qual caminho é mais curto?
   b) Qual é a diferença entre os comprimentos desses caminhos, em centímetro?

2. Observe a imagem e responda.

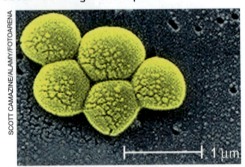

Bactérias vistas ao microscópio eletrônico.

O tamanho de algumas bactérias varia de 0,3 μm a 10 μm. Como podemos representar essas medidas em milímetro?

3. Determine o perímetro dos polígonos em centímetros.

   a)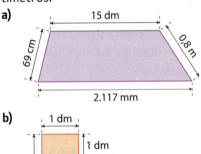

   b)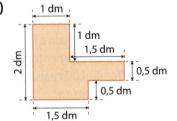

4. Gilberto vai cercar todo o seu terreno com 2 voltas de arame farpado. O terreno, retangular, tem 2 dam de comprimento e 5 dam de largura. Quantos metros de arame farpado ele precisará comprar?

5. Leia a explicação e interprete os dados da tabela para responder às questões.

   O cubo de Rubik, também conhecido como cubo mágico, é um quebra-cabeça cujo objetivo é movimentar as peças até que cada face do cubo fique com uma única cor.

   Seis alunos da sala B participaram de uma competição de montagem do cubo de Rubik, e o resultado foi o seguinte:

TEMPO DOS PARTICIPANTES NA COMPETIÇÃO DE MONTAGEM DO CUBO	
Nome	Tempo em segundo
Alice	1.380
Carlos	1.440
Daniela	1.020
Mariana	1.980
Pedro	1.260
Ricardo	1.680

   a) Quem levou menos tempo para finalizar a prova?
   b) Quem demorou mais tempo para finalizar a prova?
   c) Qual é a diferença, em minuto, entre o tempo do primeiro e o tempo do último colocado?

6. Rubens dividiu igualmente 10.000 hg de soja em 200 pacotes. Quantos quilogramas de soja cada pacote terá?

7. Qual é o volume, em decímetro cúbico, de 100 caixas que lembram cubos de arestas medindo 20 cm?

8. Um caminhão-pipa está com 6,73 kL de água. Quantos litros faltam para completar sua capacidade total, que é de 10.000 L?

Mais questões no livro digital

UNIDADE 6
CÁLCULO ALGÉBRICO

1 EXPRESSÕES ALGÉBRICAS

SITUAÇÃO QUE ENVOLVE UMA EXPRESSÃO ALGÉBRICA

O Índice de Massa Corporal, conhecido pela sigla IMC, foi idealizado para ajudar a identificar a faixa de massa corporal mais saudável para cada adulto. Para obter o IMC de um indivíduo adulto, podemos calcular o valor numérico da expressão algébrica: $\frac{m}{a^2}$, em que m é a medida da massa do adulto, em quilograma, e a é a medida de sua altura, em metro.

Segundo o Ministério da Saúde, a massa do adulto está adequada quando o IMC se encontra entre 18,5 e 24,99. Fora dessa faixa, pode haver algum risco para a saúde: subnutrição, sobrepeso ou obesidade. É preciso entender, porém, que o IMC calculado apenas sugere uma faixa de valores indicativa de boa saúde, devendo ser considerados o sexo, o grau de atividade física do indivíduo, seu tipo físico (biótipo) e suas características hereditárias, entre outros aspectos.

Para obter o melhor rendimento possível em uma competição, muitos atletas, durante os treinamentos, são submetidos a testes físicos e ergométricos, passando por avaliações de médicos e nutricionistas, que controlam sua alimentação e analisam as condições físicas, como massa e IMC.

Pergunte a um adulto que mora com você qual é a massa dele, em quilograma, e a altura, em metro. Então, use a expressão algébrica para calcular o IMC dele.

PARA PENSAR

- Você já ouviu falar no Índice de Massa Corporal? Em que situações?
- Que razões você imagina que justificam o IMC ser calculado apenas para indivíduos adultos e não para crianças ou adolescentes?
- Observe a foto e as informações do atleta Isaquias Queiroz. Qual é o IMC dele? Está na faixa adequada?
- Qual deve ser a massa mínima de um adulto de 1,65 m de altura para que seu IMC não seja inferior a 18,5?
- Qual deve ser o valor máximo da massa desse adulto para que o valor de seu IMC não ultrapasse 24,99?
- Como você fez para responder às duas perguntas anteriores?

Em 2016, o canoísta Isaquias Queiroz (1,75 m de altura e 85 kg de massa) foi o primeiro brasileiro a conquistar três medalhas em uma mesma Olimpíada. Nos jogos olímpicos do Rio de Janeiro, ele conquistou medalha de prata na Canoa Individual (C1) 1.000 m, bronze na Canoa Individual (C1) 200 m e prata na Canoa de Dupla (C2) 1.000 m com Erlon de Sousa.

USO DE EXPRESSÕES ALGÉBRICAS

Como você já viu, na Matemática muitas vezes recorremos às letras para representar números e escrever simbolicamente algumas sentenças. Esse procedimento pode ser utilizado em generalizações (fórmulas e propriedades) nas quais o valor de cada letra varia; nesse caso, as letras são chamadas de **variáveis**.

Acompanhe o exemplo.

Júlio, pense em dois números quaisquer e calcule:
- a diferença entre os quadrados desses números;
- o produto da soma desses números pela diferença entre eles.

Os resultados foram os mesmos?

Vou fazer as contas com os números 4 e 6.
$6^2 - 4^2 = 36 - 16 = 20$
A diferença entre os quadrados deu 20. Agora, vou calcular o produto da soma pela diferença:
$(6 + 4) \cdot (6 - 4) = 10 \cdot 2 = 20$
Também deu 20.

Lígia, escolha outros dois números e faça como Júlio.

Vou testar os números 8 e −3.
$8^2 - (-3)^2 = 64 - 9 = 55$
A diferença entre os quadrados deu 55. Agora, a outra conta:
$[8 + (-3)] \cdot [8 - (-3)] = 5 \cdot 11 = 55$
Os dois resultados foram 55.

Sempre que vocês calcularem a diferença entre os quadrados de dois números, obterão o mesmo resultado que o produto da soma pela diferença entre eles.

Representando os números por x e y, como podemos generalizar esse cálculo?

$x^2 - y^2 = (x + y) \cdot (x - y)$

Também podemos usar o recurso de escrever simbolicamente algumas sentenças em situações que envolvem números desconhecidos; nesse caso, as letras são as **incógnitas**.

Observe a balança em equilíbrio e veja como Lígia expressou a situação.

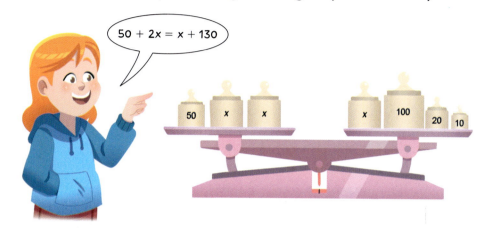

$50 + 2x = x + 130$

Expressões como $x^2 - y^2$, $(x + y) \cdot (x - y)$, $50 + 2x$ e $x + 130$ são chamadas **expressões algébricas**.

> **Expressões algébricas** são aquelas que indicam operações matemáticas e contêm números e letras ou somente letras.

PARA COMPARAR

Qual é a diferença entre variável e incógnita?

 ATIVIDADES

VAMOS PRATICAR

1. Represente por uma expressão algébrica:
   a) a adição de três números consecutivos;
   b) o quadrado da soma de dois números;
   c) a soma dos quadrados de dois números;
   d) a terça parte de um número m adicionada ao número s.

VAMOS APLICAR

2. Imagine que você queira revestir com carpete o piso de um quarto de medidas x e y, conforme a figura.

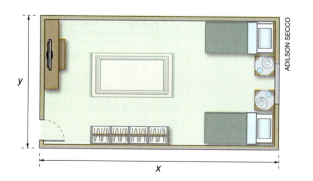

- Agora, responda às questões.
   a) Sabendo que o carpete é comprado por metro quadrado, como você indicaria a quantidade de carpete necessária?
   b) E se você decidisse colocar rodapé? Sabendo que o rodapé é comprado por metro linear, como você indicaria a quantidade de rodapé necessária? Não é preciso descontar o espaço da porta.

3. Que expressão generaliza as igualdades abaixo?

$(-\sqrt{6}) + \sqrt{6} = 0$

$\left(-\dfrac{7}{4}\right) + \left(\dfrac{7}{4}\right) = 0$

$5 + (-5) = 0$

4. Você já estudou que o elemento neutro da adição é o zero, ou seja, a soma de um número com zero é igual ao próprio número. Que expressão algébrica pode generalizar essa propriedade?

5. O elemento neutro da multiplicação é o 1. O que isso significa? Que expressão algébrica pode generalizar essa propriedade?

6. Observe cada figura e escreva no caderno a expressão algébrica correspondente:

a) à distância entre os pontos A e C;

b) ao perímetro do quadrilátero;

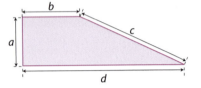

c) à área do quadrado;

d) ao volume do cubo.

2 VALOR NUMÉRICO DE EXPRESSÕES ALGÉBRICAS

Dimas comprará uma camiseta e uma bermuda. Quanto ele vai pagar?

Podemos imaginar quanto custa cada uma dessas peças de roupa e calcular, como no quadro abaixo, o valor total em cada caso.

Preço da camiseta x	Preço da bermuda y	Valor total $(x + y)$
10 reais	15 reais	25 reais (10 + 15)
12 reais	16 reais	28 reais (12 + 16)
18 reais	14 reais	32 reais (18 + 14)

Podemos, ainda, indicar por x o preço da camiseta e por y o preço da bermuda, ambos em reais, e escrever a expressão algébrica que representa o valor total das peças de roupas:

$$x + y \text{ ou } y + x$$

Dessa forma, para calcular, por exemplo, o valor total gasto na compra de uma camiseta de 15 reais e uma bermuda de 12 reais, basta substituir x e y na expressão acima por 15 e 12, respectivamente.

$$15 + 12 = 27 \text{ (total gasto: 27 reais)}$$

Quando substituímos cada letra por determinado número e efetuamos as operações indicadas, obtemos o **valor numérico** dessa expressão para os números escolhidos.

HISTÓRIA DA MATEMÁTICA

Documentos históricos

Papiro de Rhind.

Por volta de 1650 a.C., o egípcio Ahmes escreveu um texto contendo problemas matemáticos, entre eles algumas igualdades que envolviam letras e números (ainda sem a linguagem algébrica usada atualmente). O papiro de Rhind, como foi chamado esse texto, é considerado o primeiro documento conhecido sobre Matemática.

Documento de Diofante de Alexandria.

No século III, Diofante de Alexandria começou a utilizar algumas palavras abreviadas em textos matemáticos. Seria o início da linguagem (notação) algébrica.

Veja outra situação.

A Companhia de Entrepostos e Armazéns Gerais de São Paulo (Ceagesp) comercializa uma grande variedade de produtos, que vão desde alimentos frescos, como verduras, legumes, frutas e peixes, até flores, mudas de plantas e outros. No dia 12 de junho de 2018, a dúzia do lírio custava R$ 17,35.

Observe o quadro a seguir, que mostra quanto uma pessoa gastaria de acordo com a quantidade de dúzias de lírio comprada.

Feira de flores da Ceagesp, São Paulo (SP). Foto de 2012.

Valor da dúzia do lírio	Quantidade de dúzias	Valor gasto
R$ 17,35	2	R$ 34,70 (2 · 17,35)
	4	R$ 69,40 (4 · 17,35)
	6	R$ 104,10 (6 · 17,35)
	9	R$ 156,15 (9 · 17,35)

Considerando n o número de dúzias de lírio comprado, podemos escrever a seguinte **expressão algébrica** para encontrar o valor a ser pago:

$$n \cdot 17{,}35 \text{ ou } 17{,}35n$$

Sabendo que uma pessoa comprou 5 dúzias de lírios, quanto ela pagou por essa compra? Podemos calcular o valor pago substituindo a letra n por 5 na expressão algébrica que acabamos de ver: $17{,}35 \cdot 5 = 86{,}75$.

Encontramos assim o valor numérico da expressão quando n é igual a 5.

Portanto, essa pessoa pagou R$ 86,75 pelas 5 dúzias de lírio.

 Linha do tempo da Álgebra

Assista à animação e veja como alguns símbolos da Matemática se modificaram ao longo do tempo.

ATIVIDADES

VAMOS PRATICAR

R1. Calcule o valor numérico da expressão $2 \cdot x - 3$ para $x = -1$.

Resolução

Para calcular o valor numérico dessa expressão para $x = -1$, substituímos x por -1 na expressão e efetuamos as operações indicadas:

$2 \cdot x - 3 = 2 \cdot (-1) - 3 = -2 - 3 = -5$

Portanto, para $x = -1$ o valor numérico da expressão $2 \cdot x - 3$ é -5.

1. Calcule o valor numérico das expressões algébricas para os números indicados.

a) $-4 \cdot x \cdot y$ para $x = 1$ e $y = 3$
b) $3 \cdot a + b$ para $a = 5$ e $b = -1$
c) $3 \cdot x^2 + 2 \cdot y$ para $x = 1$ e $y = 0$
d) $2 \cdot x + z - 9$ para $x = -3$ e $z = \dfrac{1}{2}$

VAMOS APLICAR

2. José Carlos comprou um aparelho de som que custava x reais. Ao pagar a conta, recebeu um desconto de 20 reais. Qual das expressões algébricas abaixo corresponde à situação descrita?

a) $x \cdot 20$ b) $x : 20$ c) $x + 20$ d) $x - 20$

3. Em uma corrida de táxi, o valor pago varia de acordo com a quantidade *x* de quilômetros rodados. Considere o valor a ser pago pela corrida representado pela expressão $2{,}40 \cdot x + 5$. Calcule o valor a ser pago (em real) se a corrida for de:

a) 5 km;
b) 100 km;
c) 0,75 km;
d) 1.200 km;
e) 6,3 km;
f) 10,5 km.

4. Para cada festa contratada, um bufê cobra uma taxa fixa de R$ 200,00 mais R$ 8,00 por criança até 12 anos e R$ 20,00 por convidado acima dessa idade.

a) Qual é o valor fixo cobrado pelo bufê, independentemente do número de pessoas?
b) Que expressão podemos usar para calcular o orçamento de uma festa para *c* crianças e *p* pessoas acima de 12 anos?
c) Quanto esse bufê cobraria para realizar uma festa com 20 crianças e 30 pessoas acima de 12 anos?

5. Observe a figura ao lado, em que os quadrados têm lado de medida *x*.

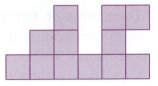

a) Qual é a expressão que representa o perímetro dessa figura?
b) Qual é o perímetro dessa figura para $x = 3{,}7$ cm?
c) Que expressão representa a área da figura?
d) Qual é a área dessa figura para $x = 0{,}6$ cm?

6. Na malha quadriculada abaixo, considere *y* como a área de um quadradinho em cm^2.

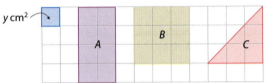

Determine:

a) a área do retângulo *A*;
b) a área do quadrado *B*;
c) a área do triângulo *C*;
d) a metade da área do retângulo *A*;
e) a terça parte da área do quadrado *B*.

3 CALCULANDO COM LETRAS

Ao estudar as operações com números racionais, vimos que vale a **propriedade distributiva** da multiplicação em relação à adição. Observe:

$$5 \cdot 3 + 5 \cdot 2 = 5(3 + 2)$$

Como em expressões algébricas as letras representam números, podemos usar essa e outras propriedades, válidas para os números racionais, para realizar cálculos com essas expressões. Veja como podemos calcular $3x + 2x$.

$$3x + 2x = 3 \cdot x + 2 \cdot x = (3 + 2)x = 5 \cdot x \text{ ou } 5x$$

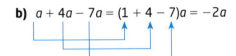

a) $7x^3y^2 - 5x^3y^2 = (7 - 5)x^3y^2 = 2x^3y^2$

b) $a + 4a - 7a = (1 + 4 - 7)a = -2a$

166

Observe como podemos empregar essa propriedade para escrever uma expressão que represente o perímetro de alguns polígonos regulares cujos lados têm a medida representada pela letra x.

RECORDE

Um polígono é **regular** quando tem lados com mesma medida e ângulos internos com medidas iguais.

Triângulo equilátero	Quadrado	Pentágono regular
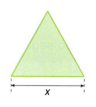		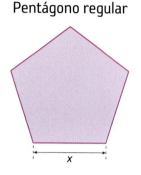
$x + x + x =$	$x + x + x + x =$	$x + x + x + x + x =$
$= (1 + 1 + 1)x = 3x$	$= (1 + 1 + 1 + 1)x = 4x$	$= (1 + 1 + 1 + 1 + 1)x = 5x$

Agora, veja como escrevemos a expressão que representa o perímetro dos polígonos a seguir.

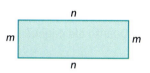 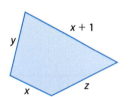

$m + n + m + n =$
$= m + m + n + n =$
$= 2m + 2n$

$y + x + z + x + 1 =$
$= y + x + x + z + 1 =$
$= y + 2x + z + 1$

RESOLVENDO PROBLEMAS COM O USO DE LETRAS

Um *motoboy* recebe mensalmente um valor fixo de R$ 2.000,00 mais R$ 10,00 por entrega feita. Qual foi o valor mensal recebido por esse *motoboy* em um mês em que fez 80 entregas?

Representando por x o número de entregas feitas em um mês, podemos representar o valor mensal que esse *motoboy* recebe com a seguinte expressão algébrica:

$$2.000 + 10x$$

Para calcular o valor mensal recebido por esse *motoboy*, basta substituir x por 80 na expressão algébrica acima e efetuar os cálculos:

$$2.000 + 10 \cdot 80 = 2.000 + 800 = 2.800$$

Portanto, o *motoboy* recebeu, nesse mês, R$ 2.800,00.

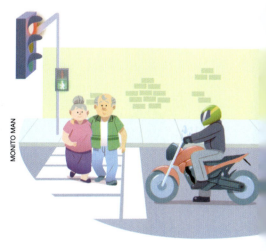

PARA CONVERSAR

- Qual é a importância da faixa de pedestres?

ATIVIDADES

VAMOS PRATICAR

1. Calcule no caderno.
   a) $29a + 4a - 21a$
   b) $x + 3x - x + 5x - x$
   c) $3x + 4x^3 - 5x + x^2 + 2x$
   d) $\frac{3}{4}y - \frac{y}{5} + \frac{7}{2}y$
   e) $4a + 5b + \frac{7}{2}a - b$

2. Identifique o erro cometido por Kevin ao calcular $m + 7m + 1$.

   $m + 7m + 1 =$
   $= (1 + 7 + 1)m =$
   $= 9m$

VAMOS APLICAR

3. Observe o anúncio de uma locadora de veículos.

   ALUGUE UM CARRO
   R$ 25,00 por dia (incluído seguro)
   mais R$ 0,50 por quilômetro rodado para qualquer modelo popular.

   a) Represente por meio de uma expressão algébrica o custo do aluguel nesse caso.
   b) Ivo alugou um carro dessa locadora e rodou 100 km em 4 dias. Quanto ele pagou?

4 SEQUÊNCIAS NUMÉRICAS

Conhecemos diversas situações em que estão presentes sequências, como as estações do ano, as fases da Lua, a classificação dos times participantes de determinado campeonato de futebol, a numeração das casas de uma rua etc.

Preciso entregar uma correspondência na casa de número 101.

Classificação do campeonato catarinense da Série A de 2018

Classificação	Clube	Pontos
1º	Chapecoense	41
2º	Figueirense	36
3º	Tubarão	26
4º	Criciúma	24
5º	Joinville	24
6º	Avaí	24
7º	Brusque	20
8º	Hercílio Luz	17
9º	Internacional	17
10º	Concórdia	13

Dados obtidos em: <http://www.fcf.com.br/competicoes/competicoes-profissionais-2018/>. Acesso em: 10 jul. 2018.

Em Matemática, estudamos as **sequências numéricas**. Uma sequência numérica é um conjunto de números escritos em uma determinada ordem.

EXEMPLOS

São exemplos de sequências numéricas:
a) (1, 6, 11, 16, 21, 26)
b) (0, 2, 4, 6, 8, 10, 12, ...)
c) (1, 10, 100, 1.000, 10.000, 100.000)
d) (1, 3, 5, 7, 9, 11, 13, ...)

Note que as sequências dos itens **a e c** possuem um número finito de elementos. Essas sequências são chamadas **sequências numéricas finitas**.

As sequências dos itens **b e d** possuem infinitos elementos. Elas são exemplos de **sequências numéricas infinitas**.

Cada elemento da sequência é chamado **termo da sequência**. Em uma sequência, o termo que ocupa a posição de número n é indicado pelo símbolo a_n, isto é:

a_1 indica o primeiro termo da sequência;
a_2 indica o segundo termo da sequência;
a_3 indica o terceiro termo da sequência;
a_4 indica o quarto termo da sequência;
...
a_n indica o enésimo termo da sequência.

Assim, indicamos uma sequência finita de n termos por $(a_1, a_2, a_3, ..., a_n)$ e uma sequência infinita por $(a_1, a_2, a_3, ..., a_n, ...)$.

EXEMPLOS

a) Na sequência (0, 4, 8, 12, 16) temos: $a_1 = 0$, $a_2 = 4$, $a_3 = 8$, $a_4 = 12$ e $a_5 = 16$.
b) Na sequência (2, 7, 12, 17, ...) temos: $a_1 = 2$, $a_2 = 7$, $a_3 = 12$, $a_4 = 17$, ...

REPRESENTANDO OS TERMOS DE SEQUÊNCIAS NUMÉRICAS POR MEIO DE EXPRESSÕES ALGÉBRICAS

Acompanhe a situação.

Qual é o 100º termo dessa sequência?

1, 4, 9, 16, ...

Uma maneira possível de responder a essa pergunta é descobrir a relação existente entre os termos da sequência e calcular todos os termos até chegar ao 100º.

Há, porém, uma maneira de descobrir mais rapidamente o 100º termo da sequência: escrever uma expressão algébrica que expresse os termos dessa sequência numérica.

Organizando os termos da sequência em um quadro, temos:

TERMOS DA SEQUÊNCIA NUMÉRICA					
1º termo	2º termo	3º termo	4º termo	...	enésimo (n^o) termo
1	4	9	16	...	?

Ao analisar os termos dessa sequência, verificamos que são números quadrados perfeitos, ou seja, que podem ser escritos como um número elevado ao quadrado.

1º termo ⟶ $1 = 1^2$
2º termo ⟶ $4 = 2^2$
3º termo ⟶ $9 = 3^2$
4º termo ⟶ $16 = 4^2$
⋮
n^o termo ⟶ n^2

Veja que a base de cada uma dessas potências corresponde à posição de cada termo: 1º termo, base 1; 2º termo, base 2; e assim por diante.

Nesse caso, a expressão algébrica que indica o enésimo termo da sequência é n^2.

Com essa expressão, podemos calcular o 100º termo:

100º termo: $a_{100} = 100^2 = 10.000$

Portanto, o 100º termo da sequência é 10.000.

Veja como podemos representar outras sequências numéricas por meio de expressões algébricas, em que n é um número natural maior ou igual a 1.

PARA PENSAR

- A letra n nas expressões algébricas ao lado é variável ou incógnita? Por quê?

a) A sequência dos números naturais pares é (0, 2, 4, 6, ...). Podemos representar um termo qualquer dessa sequência numérica por: $a_n = 2 \cdot (n-1)$, ou, ainda, $a_n = 2n - 2$.

b) A sequência dos números naturais positivos múltiplos de 5 é (5, 10, 15, 20, ...). Podemos representar um termo qualquer dessa sequência numérica por: $a_n = 5n$.

c) A sequência dos números naturais formados usando apenas o algarismo 9, colocados em ordem crescente, é (9, 99, 999, ...). Podemos representar um termo qualquer dessa sequência numérica por: $a_n = 10^n - 1$.

Para escrever na forma ($a_1, a_2, a_3, ...$) a sequência representada por $a_n = 3n + 2$, substituímos n por 1, 2, 3, ... e fazemos os cálculos.

$n = 1 \longrightarrow a_1 = 3 \cdot 1 + 2 = 5$
$n = 2 \longrightarrow a_2 = 3 \cdot 2 + 2 = 8$
$n = 3 \longrightarrow a_3 = 3 \cdot 3 + 2 = 11$
(5, 8, 11, ...)

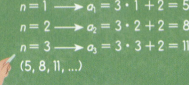

ATIVIDADES

VAMOS PRATICAR

1. Determine as sequências a seguir.

a) Sequência dos números naturais menores que 6.

b) Sequência dos números inteiros que estão entre -3 e 2.

c) Sequência dos números primos positivos.

d) Sequência dos números inteiros cujo módulo é menor do que 2.

e) Sequência dos números pares maiores ou iguais a 6.

2. Faça o que se pede.

a) Considere a seguinte sequência:
- primeiro termo $\longrightarrow$ 2, ou seja, $2 \cdot 1$
- segundo termo $\longrightarrow$ 4, ou seja, $2 \cdot 2$
- terceiro termo $\longrightarrow$ 6, ou seja, $2 \cdot 3$

Como pode ser escrito o enésimo termo dessa sequência, ou seja, o termo de posição n?

b) Considere a sequência dos números ímpares:
- primeiro termo $\longrightarrow$ 1, ou seja, $2 \cdot 1 - 1$
- segundo termo $\longrightarrow$ 3, ou seja, $2 \cdot 2 - 1$

Como pode ser escrito o enésimo termo dessa sequência?

3. Escreva na forma ($a_1, a_2, a_3, a_4, ...$) cada uma das sequências numéricas abaixo.

a) $a_n = 7n$
b) $a_n = n^3$
c) $a_n = n^2 + n$
d) $a_n = 3n^2 - 2$

VAMOS APLICAR

4. Considere alguns termos da sequência numérica abaixo.

1º termo	2º termo	8º termo	11º termo
11	12	18	21

a) Determine o 5º e o 6º termos dessa sequência.

b) Escreva a expressão que indica o enésimo termo dessa sequência.

170

5. Observe as figuras que estão sendo formadas com palitos de sorvete. Primeiro, formou-se um quadrado com 4 palitos; depois, acrescentaram-se 3 palitos e formou-se mais um quadrado; em seguida, com mais 3 palitos, formou-se outro quadrado.

a) Continuando essa construção, quantos palitos serão necessários para formar 4 quadrados?

b) E para formar 5 quadrados?

c) E para formar x quadrados?

d) E para formar 15 quadrados?

6. Observe a sequência de figuras e faça o que se pede:

a) Escreva uma expressão que relacione o número de ★ da figura que ocupa a enésima posição dessa sequência.

b) Calcule o número de ★ do 99º termo dessa sequência.

7. Observe a sequência:

- Calcule o número de ★ da 1.000ª figura dessa sequência.

SEQUÊNCIAS NUMÉRICAS RECURSIVAS

Observe a sequência numérica abaixo.

$$(0, 3, 6, 9, 12, 15, ...)$$

Note que o primeiro termo dessa sequência é 0 e que cada termo, a partir do segundo, é obtido adicionando-se 3 ao termo anterior. Ou seja:

$$a_1 = 0$$
$$a_2 = a_1 + 3 = 0 + 3 = 3$$
$$a_3 = a_2 + 3 = 3 + 3 = 6$$
$$...$$

Assim, podemos representar qualquer termo dessa sequência, a partir do segundo, por:

$$a_{n+1} = a_n + 3$$

Sequências numéricas como essa, em que é possível determinar cada termo a_n a partir de um ou mais de seus termos anteriores ($a_{n-1}, a_{n-2}, ..., a_1$), são chamadas de **sequências recursivas**.

De que outra maneira podemos representar o enésimo termo da sequência numérica (0, 3, 6, 9, 12, 15, ...)?

Veja outras sequências recursivas.

a) (3, 7, 15, 31, 63, ...)

Nessa sequência, para determinar um termo, a partir do segundo, dobramos o termo anterior e adicionamos 1, ou seja:

$a_1 = 3$

$a_2 = 2a_1 + 1 = 2 \cdot 3 + 1 = 7$

$a_3 = 2a_2 + 1 = 2 \cdot 7 + 1 = 15$

$a_4 = 2a_3 + 1 = 2 \cdot 15 + 1 = 31$

$a_5 = 2a_4 + 1 = 2 \cdot 31 + 1 = 63$

...

Assim, podemos representar qualquer termo dessa sequência, a partir do segundo, por:

$$a_{n+1} = 2a_n + 1$$

b) (1, 2, 3, 5, 8, 13, ...)

Nessa sequência, para determinar um termo, a partir do terceiro, adicionamos os dois termos imediatamente anteriores, ou seja:

$a_1 = 1$

$a_2 = 2$

$a_3 = a_1 + a_2 = 1 + 2 = 3$

$a_4 = a_2 + a_3 = 2 + 3 = 5$

$a_5 = a_3 + a_4 = 3 + 5 = 8$

$a_6 = a_4 + a_5 = 5 + 8 = 13$

...

Assim, podemos representar qualquer termo dessa sequência, a partir do terceiro, por:

$$a_{n+2} = a_{n+1} + a_n$$

OBSERVAÇÃO

As sequências numéricas abaixo não são recursivas, pois seus termos não podem ser determinados a partir dos seus termos anteriores.

- Sequência cujos termos são os quadrados dos números naturais:

  (0, 1, 4, 9, 16, 25, 36, 49, ...)

- Sequência dos números primos:

  (2, 3, 5, 7, 11, 13, 17, 19, 23, ...)

Organize o que você aprendeu fazendo a atividade 4 da página 186.

A ideia de recursão também está presente nas artes e na literatura. Veja, por exemplo, o poema "Pêndulo", de Ernesto Manuel de Melo e Castro, reproduzido a seguir. Nesse poema, cada verso, a partir do terceiro, é idêntico ao anterior acrescido de uma letra. Note que a disposição das palavras sugere o movimento de um pêndulo.

P

P

P Ê

P Ê N

P Ê N D U

P Ê N D U L

P Ê N D U L O

P Ê N D U L

P Ê N D U

P Ê N D

P Ê N

P Ê

P

MELO E CASTRO, E. M. de. Pêndulo. Em: *Antologia efêmera: poemas 1950-2000*. Rio de Janeiro: Lacerda, 2000, p. 258.

 Imaginar, criar e inovar

 Trilha de estudo

Vai estudar? Nosso assistente virtual no *app* pode ajudar!
http://mod.lk/trilhas

PARA PESQUISAR

Reúna-se com 3 colegas e pesquisem exemplos de poemas ou obras de arte em que a ideia de recursão está presente.

INFORMÁTICA E MATEMÁTICA

Nesta seção, você vai utilizar uma planilha eletrônica para determinar os termos de uma sequência numérica recursiva chamada **sequência de Fibonacci**.

Sequência de Fibonacci

A sequência de Fibonacci tem origem em um problema proposto pelo matemático Leonardo de Pisa, conhecido como Fibonacci, no livro *Liber abaci*, de 1202, sobre o crescimento de uma população de coelhos. Observe esta sequência:

$$(1, 1, 2, 3, 5, 8, 13, 21, \ldots)$$

Note que os dois primeiros termos dessa sequência são iguais a 1 e que todo termo, a partir do terceiro, é obtido adicionando-se os dois termos imediatamente anteriores.

Assim, podemos representar qualquer termo dessa sequência, a partir do terceiro, por:

$$a_{n+2} = a_{n+1} + a_n$$

Gravura do matemático italiano Leonardo Pisano Fibonacci (1170?-1250), desenhada por Pelle.

Planilhas eletrônicas

As planilhas eletrônicas são tabelas usadas para organizar informações e realizar cálculos.

Elas apresentam variações de formato e de ferramentas, mas, no geral, todas possuem números para indicar as linhas, letras para indicar as colunas, um campo para inserir fórmulas e um campo para indicar a célula selecionada, ou a célula em uso.

Campo que mostra a célula selecionada. A célula **A3** é a célula que está na **coluna A** e na **linha 3**.

Campo que mostra a fórmula associada à célula.

	A	B	C	D	E	F	G
1	37						
2	51						
3	88						
4							
5							
6							
7							
8							
9							
10							

A3 — Fórmula = (A1 + A2)

Letras que indicam as colunas da planilha

Números que indicam as linhas da planilha

INFORMÁTICA E MATEMÁTICA

CONSTRUA

Siga os passos abaixo, para gerar os termos da sequência de Fibonacci em uma planilha eletrônica.

1º) Preencha a célula A1 com o número 1 (primeiro termo da sequência).

2º) Preencha a célula A2 com o número 1 novamente (segundo termo da sequência).

3º) Na célula A3, digite a fórmula:

$$= (A1 + A2)$$

Dessa forma, os valores das células A1 e A2 serão adicionados. A fórmula também pode ser digitada no campo apropriado para inserir fórmulas, com a célula A3 selecionada.

4º) Selecione a célula A3, leve o cursor até o canto inferior direito da célula e, com o botão esquerdo do *mouse* clicado, arraste a seleção para baixo. Assim, a fórmula será copiada para as outras células e outros termos da sequência de Fibonacci serão gerados.

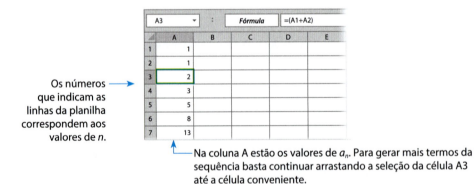

Os números que indicam as linhas da planilha correspondem aos valores de *n*.

Na coluna A estão os valores de a_n. Para gerar mais termos da sequência basta continuar arrastando a seleção da célula A3 até a célula conveniente.

- Quais são os 10 primeiros termos da sequência de Fibonacci?

INVESTIGUE

- Determine o 40º termo da sequência de Fibonacci. Ele é obtido com a adição de quais números?
- 432.500.302 é um termo da sequência de Fibonacci? Justifique a resposta.
- O número 32.951.280.099 é um termo da sequência de Fibonacci? Se for, esse número corresponde a qual termo?

ATIVIDADES

VAMOS PRATICAR

1. Escreva duas sequências numéricas: uma deve ser recursiva e outra não recursiva.

2. Classifique as sequências numéricas a seguir em recursiva e não recursiva.
   a) (4, 8, 12, 16, 20, 24, ...)
   b) (1, 8, 27, 64, 125, 216, ...)
   c) (1, 6, 36, 216, 1296, ...)

   • Agora, represente por meio de uma expressão algébrica as sequências que são recursivas.

VAMOS APLICAR

3. Veja como Mateus e Juliana fizeram para representar a sequência dos números naturais múltiplos de 10.

   • Qual deles representou a sequência dos números naturais múltiplos de 10 corretamente?

4. Associe as representações de uma mesma sequência numérica. Considere que n é um número natural maior ou igual a 1.

   A) $a_n = n$

   B) $a_n = 1 + 4(n-1)$

   C) $a_n = 6n$

   D) $a_n = 10$

   I) $a_1 = 6$; $a_{n+1} = a_n + 6$

   II) $a_1 = 1$; $a_{n+1} = a_n + 1$

   III) $a_1 = 10$; $a_{n+1} = a_n$

   IV) $a_1 = 1$; $a_{n+1} = a_n + 4$

ESTATÍSTICA E PROBABILIDADE
CÁLCULO DA MÉDIA ARITMÉTICA E DA MÉDIA ARITMÉTICA PONDERADA

Média aritmética

Paulo elaborou a lista abaixo para calcular a **média aritmética** das idades dos participantes de um torneio de xadrez que acontecerá na escola.

Para fazer esse cálculo, ele adicionou as idades e, depois, dividiu o resultado pela quantidade de participantes. Observe.

$$\frac{13 + 15 + 11 + 12 + 13 + 12 + 12 + 14 + 13 + 12}{10} = \frac{127}{10} = 12{,}7$$

Portanto, Paulo descobriu que a idade média dos participantes do campeonato de xadrez é 12,7 anos.

Em geral, a média aritmética de um conjunto de valores numéricos representa esse conjunto.

Média aritmética ponderada

No colégio em que Everton estuda, a nota bimestral de Matemática é composta de quatro avaliações com pesos diferentes: um trabalho em grupo, um trabalho individual e duas provas individuais. Veja o peso de cada avaliação no quadro abaixo.

Avaliação	Peso
Trabalho em grupo	1
Trabalho individual	2
Prova individual	3

Nesse caso, a média calculada é considerada **média aritmética ponderada** porque as notas têm pesos diferentes.

Everton obteve as seguintes notas: 8 no trabalho em grupo, 7 no trabalho individual, 7 e 8,5 nas provas individuais. Qual foi a nota bimestral de Everton?

Para saber a nota bimestral de Everton, devemos calcular a **média aritmética ponderada** das notas obtidas nas avaliações. Como elas têm pesos diferentes, veja abaixo como deve ser feito o cálculo.

1) Multiplica-se o valor de cada nota pelo respectivo peso e adicionam-se os produtos.

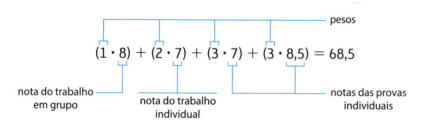

$$(1 \cdot 8) + (2 \cdot 7) + (3 \cdot 7) + (3 \cdot 8{,}5) = 68{,}5$$

2) Divide-se o resultado obtido pela soma dos pesos ($1 + 2 + 3 + 3 = 9$).

Média aritmética ponderada: $\dfrac{68{,}5}{9} = 7{,}6111\ldots$

Assim, a nota bimestral de Everton foi 7,61.

ESTATÍSTICA E PROBABILIDADE

ATIVIDADES

1. Observe o consumo de energia elétrica da família Moura em 12 meses. Depois, responda às questões.

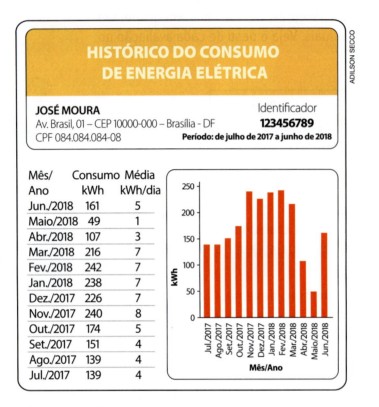

HISTÓRICO DO CONSUMO DE ENERGIA ELÉTRICA

JOSÉ MOURA
Av. Brasil, 01 – CEP 10000-000 – Brasília - DF
CPF 084.084.084-08

Identificador
123456789

Período: de julho de 2017 a junho de 2018

Mês/Ano	Consumo kWh	Média kWh/dia
Jun./2018	161	5
Maio/2018	49	1
Abr./2018	107	3
Mar./2018	216	7
Fev./2018	242	7
Jan./2018	238	7
Dez./2017	226	7
Nov./2017	240	8
Out./2017	174	5
Set./2017	151	4
Ago./2017	139	4
Jul./2017	139	4

a) Em que mês foi registrado o maior consumo? E o menor?

b) Qual foi o consumo médio de energia elétrica nesse período?

c) Em quais meses o consumo ficou acima da média? E em quais ficou abaixo da média?

2. Antes de comprar um liquidificador, Ana resolveu fazer uma pesquisa de preços. Após percorrer cinco lojas, ela organizou os dados coletados no quadro a seguir.

PESQUISA DE PREÇO DO LIQUIDIFICADOR	
Loja	Preço
Casas do Brasil	R$ 166,79
Lojas Amazonenses	R$ 154,77
Casas do Sul	R$ 162,74
Magazine Ceciliana	R$ 148,25
Lojas do Silva	R$ 149,35

Para responder ao item **d**, você deverá adicionar o novo preço do liquidificador aos preços já encontrados e dividir a soma pelo total de lojas pesquisadas (não se esqueça de incluir a nova loja pesquisada nesse cálculo).

a) Qual foi o menor e o maior preço encontrado por Ana? Qual é a diferença entre eles?

b) Qual é a média aritmética dos preços do liquidificador pesquisado?

c) Em quais lojas o preço do liquidificador está acima da média? E em quais está abaixo da média?

d) Ana resolveu pesquisar o preço em uma sexta loja. Ela encontrou o mesmo liquidificador por R$ 146,30. Com esse novo preço, qual é a média aritmética dos preços do liquidificador?

3. Antes de escolher uma casa, Luiz fez uma lista das características que julgava importantes em um imóvel e atribuiu um peso a cada uma delas: quanto mais importante, maior o peso da característica. Em seguida, deu uma nota de 0 a 10 para cada característica das casas. Veja:

Característica	Peso	Nota da casa A	Nota da casa B
Localização	3	9	10
Acabamento	1	5	4
Espaço interno	2	10	8

Luiz resolveu comprar a casa que teve a maior média aritmética ponderada das notas atribuídas às suas características. Qual das casas ele comprou?

4. A escola de música Eustácio Amparo fez um levantamento da idade de seus alunos e organizou os dados no gráfico abaixo.

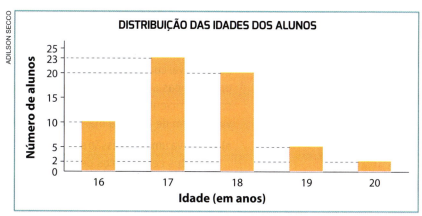

Dados obtidos pela escola de música Eustácio Amparo no início de 2018.

Nesse caso, o peso de cada idade será a quantidade de alunos que têm essa idade.

a) Indique a idade do maior e do menor grupo de alunos.

b) Qual é a média das idades dos alunos?

179

ATIVIDADES COMPLEMENTARES

1. Observe a figura a seguir.

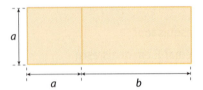

- Agora, responda às questões.
   a) Que expressão representa o perímetro dessa figura?
   b) Qual é o perímetro dessa figura para $a = 5$ cm e $b = 7$ cm?
   c) Que expressão representa a área dessa figura?
   d) Qual é a área dessa figura para $a = 5$ cm e $b = 7$ cm?

2. Em 2016, foi plantada uma árvore com aproximadamente 20 cm de altura. Em 2017, ela estava com 48 cm de altura e, em 2018, com 76 cm de altura. Sabe-se que a altura desse tipo de árvore varia com a idade (em ano) e que sua idade-limite é 50 anos.

- A fórmula que relaciona a idade da árvore t, em ano, e a altura correspondente h, em centímetro, é dada por:

$$h = 28 \cdot t + 20$$

   a) Qual é a altura da árvore quando $t = 6$ anos?
   b) E quando $t = 10$ anos?

3. Considere S o número do sapato que uma pessoa calça. Esse número está relacionado com o comprimento P, em centímetro, do pé e é dado pela fórmula $S = \dfrac{3}{2} \cdot P$.

Qual é o número do sapato de uma pessoa que tem o pé com 24 cm de comprimento?

a) 35
b) 35,5
c) 37
d) 36
e) 37,5

4. Escreva no caderno a expressão algébrica que representa a quantia de cada criança, sabendo que a quantia, em reais, que João tem é x.

a) Luciana tem o dobro da quantia de João.
b) Aline tem um terço da quantia de João.
c) Janaína tem a quantia de João mais 5 reais.
d) Marta tem metade da quantia de Janaína.

5. Eduardo vai comprar corda para fazer dois varais para sua casa. Para isso, ele precisará comprar corda suficiente para o comprimento x de cada varal, além de 20 cm a mais para prendê-lo.

a) Escreva uma expressão algébrica para indicar quantos centímetros de corda serão necessários comprar para fazer cada varal.
b) Se um dos varais terá 80 cm de comprimento, quantos centímetros de corda Eduardo terá de comprar?
c) Para o outro varal, que terá 1 m de comprimento, quantos centímetros de corda ele terá de comprar?

6. Um loteamento vende terrenos retangulares cujo comprimento tem 25 metros a mais que a largura.

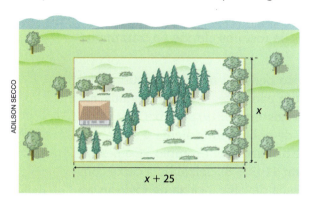

a) Qual é a área do terreno?
b) Qual é o perímetro desse terreno?
c) Se o terreno tiver 50 metros de largura, qual será sua área? E seu perímetro?

7. Uma granja vende uma caixa com 30 dúzias de ovos por x reais. Qual é o preço da dúzia de ovos? Houve um aumento de preço, e o valor de 30 dúzias de ovos chegou a 50 reais. Quanto passaram então a custar 75 dúzias desses ovos?

8. Determine o valor numérico de cada expressão algébrica para $x = 12$.

a) $x + 2$
b) $x^2 + 2x$
c) $\dfrac{x}{3}$

9. Calcule o valor numérico das expressões para os números pedidos.

a) $a + 2 \cdot b - 4 \cdot c^2$, para $a = \dfrac{1}{4}$, $b = -\dfrac{3}{2}$ e $c = -1$
b) $a - b + 3c$, para $a = -\dfrac{5}{2}$, $b = 0{,}5$ e $c = 1$

10. Determine as sequências a seguir.

a) Sequência dos números inteiros negativos maiores que -4.
b) Sequência dos números primos menores ou iguais a 19.
c) Sequência dos números naturais múltiplos de 11.

11. A máquina abaixo associa cada número x da coluna da esquerda a um número n da mesma linha na coluna da direita.

a) O número da direita é o dobro do número à sua esquerda?
b) Escreva com palavras a regra de correspondência entre os números das colunas.
c) Escreva essa regra no caderno usando uma expressão algébrica.

12. Escreva na forma $(a_1, a_2, a_3, a_4, a_5, \ldots)$ cada uma das sequências numéricas abaixo.

a) $a_n = 9n$
b) $a_n = n^2 + 1$
c) $a_1 = 1$
$a_{n+1} = a_n + 10$
d) $a_1 = 2$
$a_2 = 8$
$a_{n+2} = a_{n+1} + a_n$

13. Classifique cada uma das sequências numéricas a seguir em recursiva ou não recursiva.

a) $(50, 50, 50, 50, \ldots)$
b) $(0, 0, 1, 0, 0, 1, \ldots)$
c) $(10, 110, 210, 310, 410, \ldots)$
d) $(2, 9, 9, 2, 2, 9, 9, 2, \ldots)$

14. Represente a sequência numérica abaixo de duas maneiras diferentes.

$(8, 18, 28, 38, 48, \ldots)$

Mais questões no livro digital

COMPREENDER UM TEXTO

A "matemágica" da caixa de fósforos

A maioria dos mágicos não revela os segredos de seus truques. Apesar de concordar com esse pacto informal, confesso que não resisto a contar os segredos de um curioso truque feito com caixas de fósforos, devido ao tratamento matemático que o problema merece.

O truque consiste no seguinte: o mágico pede a uma pessoa que pegue aleatoriamente uma caixa de fósforos de um pacote fechado. Em seguida, ele solicita que a pessoa conte quantos palitos existem dentro da caixa. Feito isso, ele pede que retire da caixa a quantidade de palitos equivalente à soma dos algarismos do número de palitos existente na caixa. Por exemplo, se a pessoa contou 38 palitos na caixa, ela deverá retirar 11 (3 + 8), deixando a caixa com um total de 27 palitos. Depois disso, a pessoa devolve a caixa de fósforos ao mágico, que, após uma simples chacoalhada, adivinha a quantidade de palitos existentes nela.

Apesar de a explicação dessa mágica ser de origem matemática, o truque exige certa habilidade do mágico, conforme discutiremos a seguir.

As dimensões de um palito e de uma caixa de fósforos simples impedem que haja muito mais do que 40 palitos em cada caixa. Admitindo que o número total de palitos da caixa seja escrito como XY, é razoável supor que o algarismo X das dezenas seja um valor de 0 a 4 e que o algarismo Y das unidades seja um número de 0 a 9. Em razão da definição dada para X e Y, podemos dizer que a caixa de fósforos terá um total de 10X + Y palitos.

Quando o mágico pede que a pessoa retire do total de palitos da caixa (10X + Y) uma quantidade igual à soma dos algarismos do número de palitos existentes (X + Y), o número de palitos restantes na caixa de fósforos será 10X + Y − (X + Y), ou seja, 9X palitos. Se X é igual a 0, 1, 2, 3 ou 4, segue que o total de palitos remanescentes na caixa (9X) necessariamente terá de ser igual a 0, 9, 18, 27 ou 36.

Um mágico bem treinado pode, com um simples balançar da caixa, determinar qual das cinco situações possíveis estará ocorrendo. [...]

MELLO, José Luiz Pastore. A "matemágica" da caixa de fósforos. *Folha Online*, 13 dez. 2001. Fovest, Resumão/matemática. Disponível em: <http://www1.folha.uol.com.br/fsp/fovest/fo1312200114.htm>. Acesso em: 10 jul. 2018.

ATIVIDADES

1. Qual é a ideia principal do texto que você acabou de ler? Assinale a alternativa correta.
   a) Defender a revelação dos truques de mágica.
   b) Explicar um truque de mágica que recorre a conhecimentos matemáticos.
   c) Mostrar que os mágicos precisam ser habilidosos para realizar seus truques.

2. Responda às questões.
   a) De acordo com o texto, seria possível uma caixa de fósforos comum conter 60 palitos? Por quê?
   b) No texto, o que as letras X e Y representam?
   c) Se a caixa contivesse 39 palitos, quais seriam os valores de X e Y? E se contivesse 23 palitos?
   d) Por que a quantidade de palitos contidos em uma caixa pode ser expressa por 10X + Y?
   e) Que expressão algébrica representa a quantidade de palitos retirada da caixa pelo espectador do espetáculo de mágica?

3. Reúna-se com dois colegas e realizem diversas vezes o truque explicado no texto, revezando os papéis de mágico e de espectador. Depois, escreva um pequeno texto descrevendo a experiência.

4. Ana, Oto e Lia realizaram o truque da caixa de fósforos 16 vezes. Lia fez o papel do mágico o dobro de vezes que Ana. Oto foi o mágico em 25% das vezes. Quantas vezes cada um teve a oportunidade de treinar as habilidades de mágico?

5. Além de truques matemáticos, os mágicos muitas vezes valem-se de ilusões de óptica para nos surpreender. O que você vê em cada uma das imagens a seguir?

Qual das linhas da esquerda é o prolongamento da linha da direita?

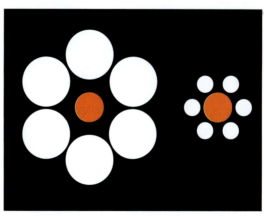

Qual dos círculos vermelhos é maior?

6. Além da Matemática, que outras áreas do conhecimento você acha que podem ajudar um mágico em seus truques?

EDUCAÇÃO FINANCEIRA
PARA ONDE FOI MEU DINHEIRO?

Ao pagar por uma compra, você já percebeu que tinha menos dinheiro do que imaginava? Por que isso aconteceu? Veja se você já passou por uma situação parecida com a apresentada abaixo.

O QUE VOCÊ FARIA?

O que você faria se estivesse no lugar da menina da situação anterior? Analise as alternativas abaixo e escolha uma. Você pode também criar uma resposta diferente.

a) Pediria ao amigo R$ 3,00 emprestados e compraria o sorvete.
b) Compraria o sorvete usando um cartão de crédito, caso estivesse com um.
c) Deixaria de comprar o sorvete, por não ter dinheiro suficiente.
d) Perguntaria ao sorveteiro se poderia tomar o sorvete e voltar mais tarde para pagar.

CALCULE

Para evitar aquela sensação de ficar se perguntando para onde seu dinheiro foi, algumas pessoas organizam o orçamento com o auxílio de uma planilha eletrônica.

Mateus recebe R$ 250,00 de mesada. Veja como ele registrou suas despesas do mês de março de 2018.

C11		Fórmula	9,5
	A	B	C
1	CONTROLE DE GASTOS (MARÇO DE 2018)		
2			
3	Data	Descrição	Valor
4	01	Crédito no celular	R$ 30,00
5	02	Boné	R$ 55,00
6	03	Cinema + pipoca	R$ 25,00
7	05	Sorvete	R$ 5,00
8	09	Lanche	R$ 5,50
9	12	Livro	R$ 28,50
10	24	Ovo de chocolate	R$ 55,00
11	31	Lanche	R$ 9,50
12			

Mateus conseguiu economizar parte do dinheiro que recebeu esse mês? Caso tenha conseguido, o que você acha que ele deveria fazer com o dinheiro que sobrou?

REFLITA

Reúna-se com alguns colegas e reflitam sobre as questões a seguir.

a) É importante controlar as despesas, mesmo as pequenas? Por quê?
b) Você tem algum sonho de consumo? Se sim, qual? Como você se planeja para realizar esse sonho?

ORGANIZAR O CONHECIMENTO

1. Complete o quadro abaixo com os sinais dos fatores, em uma multiplicação de números racionais, analisando o sinal do produto.

Fatores	Sinais dos fatores	Produto
Com o mesmo sinal		Positivo (+)
Com sinais diferentes		Negativo (−)

2. Complete o quadro, escrevendo os símbolos das unidades de medida de massa e sua equivalência com o grama.

	Múltiplos			Unidade de referência	Submúltiplos		
Unidade	quilograma	hectograma	decagrama	grama	decigrama	centigrama	miligrama
Símbolo							
Relação com o grama							

3. Complete o quadro escrevendo os símbolos das unidades de medida de volume e sua equivalência com o metro cúbico.

	Múltiplos			Unidade-padrão	Submúltiplos		
Unidade	quilômetro cúbico	hectômetro cúbico	decâmetro cúbico	metro cúbico	decímetro cúbico	centímetro cúbico	milímetro cúbico
Símbolo							
Relação com o metro cúbico							

4. Complete o esquema abaixo.

Sequências numéricas

- **Sequências recursivas**
  - O que são? _____
  - Exemplo _____

- **Sequências não recursivas**
  - O que são? _____
  - Exemplo _____

TESTES

1. (UFPel-RS)

[...] Trinta minutos depois de uma hora, ouvi um rugido violento, igual ao estrépito de grande cachoeira; dirigi os olhos pelo rio abaixo e passando um quarto de hora apareceu uma onda de uns quinze pés de altura, ocupando qual muralha, toda largura do rio que, com terrível estrépito, avançava para cima com grande rapidez. [...]

Descrição de Von Martius, botânico alemão, que esteve no Brasil em 1817 e assistiu, à beira do rio Capim, ao Fenômeno da Pororoca.

Com base no texto, e sendo 1 pé = 30,48 cm, é correto afirmar que a altura da onda, assistida por Von Martius, mediu:

a) 45,72 m.
b) 457,2 m.
c) 4,572 m.
d) 45,72 cm.
e) 4,572 cm.
f) I.R.

2. (OBM) Um agricultor esperava receber cerca de 100 mil reais pela venda de sua safra. Entretanto, a falta de chuva provocou uma perda da safra avaliada entre $\frac{1}{5}$ e $\frac{1}{4}$ do total previsto.

Qual dos valores a seguir pode representar a perda do agricultor?

a) R$ 21.987,53
b) R$ 34.900,00
c) R$ 44.999,99
d) R$ 51.987,53
e) R$ 60.000,00

3. O valor numérico da expressão

$$\sqrt{9} - \left(\frac{2}{3}\right)^{-2} + \left(\frac{2}{5} \cdot \frac{1}{4}\right) \text{ é:}$$

a) $-\frac{1}{10}$.
b) $\frac{17}{20}$.
c) $-\frac{17}{20}$.
d) $\frac{1}{10}$.
e) $\frac{3}{5}$.

4. (Obmep) Aninha nasceu com 3,250 quilos [quilogramas]. A figura mostra Aninha sendo pesada com um mês de idade. Quanto ela engordou, em grama, em seu primeiro mês de vida?

a) 550
b) 650
c) 750
d) 850
e) 950

5. (Enem) Um porta-lápis de madeira foi construído no formato cúbico, seguindo o modelo ilustrado a seguir. O cubo de dentro é vazio. A aresta do cubo maior mede 12 cm e a do cubo menor, que é interno, mede 8 cm.

O volume de madeira utilizado na confecção desse objeto foi de:

a) 12 cm³.
b) 64 cm³.
c) 96 cm³.
d) 1.216 cm³.
e) 1.728 cm³.

TESTES

6. (Fuvest-SP) O valor da expressão

$$\dfrac{1 - \left(\dfrac{1}{6} - \dfrac{1}{3}\right)}{\left(\dfrac{1}{6} + \dfrac{1}{2}\right)^2 + \dfrac{3}{2}} \text{ é:}$$

a) $\dfrac{1}{2}$.

b) $\dfrac{3}{4}$.

c) $\dfrac{7}{6}$.

d) $\dfrac{3}{5}$.

e) $-\dfrac{3}{5}$.

7. Observe a sequência numérica abaixo:

(5, 9, 13, 17, 21, 25, 29, ...)

Nessa sequência, o primeiro termo é o número 5, o segundo termo é o número 9, o terceiro termo é o número 13 e assim por diante. Podemos, então, dizer que o termo na posição n dessa sequência é:

a) $n + 4$.

b) $4n$.

c) $4n + 1$.

d) $5n$.

e) $4n - 1$.

8. Considere a sequência abaixo:

(15, 20, 25, 30, 35, 40, ...)

Agora, veja como alguns alunos de uma turma de 7º ano a representaram:

I. $a_n = 15n$

II. $a_n = n + 5$

III. $a_n = 5n + 10$

IV. $a_n = (n + 2) \cdot 5$

Quais dessas representações estão corretas?

a) I, II, III e IV

b) II, III e IV

c) II e IV

d) III e IV

e) Apenas a IV

9. (Enem) Um show especial de Natal teve 45.000 ingressos vendidos. Esse evento ocorrerá em um estádio de futebol que disponibilizará 5 portões de entrada, com 4 catracas eletrônicas por portão. Em cada uma dessas catracas, passará uma única pessoa a cada 2 segundos. O público foi igualmente dividido pela quantidade de portões e catracas, indicados no ingresso para o show, para a efetiva entrada no estádio. Suponha que todos aqueles que compraram ingressos irão ao show e que todos passarão pelos portões e catracas eletrônicas indicados.

Qual é o tempo mínimo para que todos passem pelas catracas?

a) 1 hora

b) 1 hora e 15 minutos

c) 5 horas

d) 6 horas

e) 6 horas e 15 minutos

10. (Enem) Alguns exames médicos requerem uma ingestão de água maior do que a habitual. Por recomendação médica, antes do horário do exame, uma paciente deveria ingerir 1 copo de água de 150 mililitros a cada meia hora, durante as 10 horas que antecederiam um exame. A paciente foi a um supermercado comprar água e verificou que havia garrafas dos seguintes tipos:

Garrafa I: 0,15 litro

Garrafa II: 0,30 litro

Garrafa III: 0,75 litro

Garrafa IV: 1,50 litro

Garrafa V: 3,00 litros

A paciente decidiu comprar duas garrafas do mesmo tipo, procurando atender à recomendação médica e, ainda, de modo a consumir todo o líquido das duas garrafas antes do exame.

Qual o tipo de garrafa escolhida pela paciente?

a) I

b) II

c) III

d) IV

e) V

ATITUDES PARA A VIDA

1. Marque um **X** na atitude que o aluno de cada situação deve desenvolver.

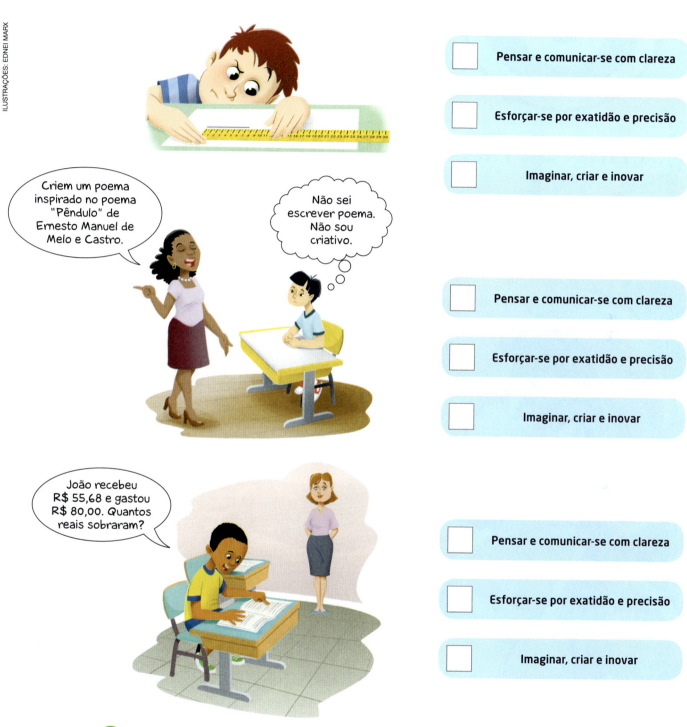

- [ ] Pensar e comunicar-se com clareza
- [ ] Esforçar-se por exatidão e precisão
- [ ] Imaginar, criar e inovar

- [ ] Pensar e comunicar-se com clareza
- [ ] Esforçar-se por exatidão e precisão
- [ ] Imaginar, criar e inovar

- [ ] Pensar e comunicar-se com clareza
- [ ] Esforçar-se por exatidão e precisão
- [ ] Imaginar, criar e inovar

• Por que você escolheu essas opções? Converse com os colegas.

2. Em que situações do dia a dia você acha que deve usar sua imaginação e criatividade? Por quê? Converse com os colegas.

Esta é uma balança de dois pratos, um instrumento mecânico usado para comparar massas. Para encontrar a massa do produto que está em um dos pratos, o feirante pode colocar pesos de medidas conhecidas no prato vazio até a balança ficar equilibrada. Isso indicará que a massa do produto é equivalente à massa dos pesos usados.

A balança de um prato, apesar de ter um sistema de contrapeso móvel, usa o mesmo princípio da balança de dois pratos, pois compara uma massa conhecida com uma desconhecida. Neste tipo de balança, a massa do produto é indicada no visor.

ATITUDES PARA A VIDA

- Persistir.
- Questionar e levantar problemas.
- Escutar os outros com atenção e empatia.

PARA RESPONDER

1. O que significa os pratos da balança estarem equilibrados?
2. Como você fez para descobrir a massa, em grama, do sólido em cada caso?

UNIDADE 7

EQUAÇÕES E INEQUAÇÕES DO 1º GRAU

1 IGUALDADE

Para que uma balança de dois pratos fique equilibrada, é necessário que a massa total dos objetos que estiverem em um dos pratos seja igual à massa total dos objetos que estiverem no outro prato. Paula encontrou o pesinho que falta para conseguir equilibrar a balança.

Quando a balança fica equilibrada, podemos representar a massa dos objetos que estão nos dois pratos com uma sentença matemática em que há o sinal de igual (=), denominada igualdade. Veja os exemplos.

a)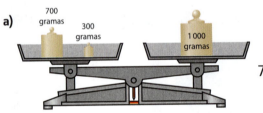

$$700 + 300 = 1.000$$

> As igualdades que apresentam pelo menos uma letra são denominadas equações, assunto que estudaremos a seguir.

b) Na balança abaixo há um objeto de massa a desconhecida, em grama.

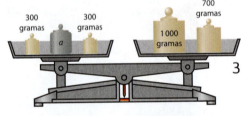

$$300 + a + 300 = 1.000 + 700$$

PARA PENSAR

Qual é a massa desconhecida, em grama, do objeto do último exemplo?

OBSERVAÇÕES

Veja, através de exemplos, que uma igualdade continuará sendo válida se:

- adicionarmos ou subtrairmos o mesmo número aos seus membros.

  $3 + 8 = 15 - 4$
  $3 + 8 - 2 = 15 - 4 - 2$
  $9 = 9$

- multiplicarmos ou dividirmos seus membros por um mesmo número.

  $16 - 2 = 14$
  $(16 - 2) : 2 = 14 : 2$
  $7 = 7$

- elevarmos seus membros a um mesmo expoente.

  $5 - 3 = 10 - 9 + 1$
  $(5 - 3)^2 = (10 - 9 + 1)^2$
  $4 = 4$

2 EQUAÇÃO

Observe as situações-problema a seguir.

Situação 1

Amanda foi ao mercado comprar algumas caixas de leite e gastou, ao todo, 15 reais.

Para relacionar o número de caixas de leite que Amanda comprou com o valor que ela gastou, podemos representar essa quantidade por *x* e escrever a seguinte sentença:

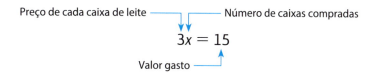

Preço de cada caixa de leite — Número de caixas compradas

$$3x = 15$$

Valor gasto

Situação 2

Flávia viu o recado abaixo no mural da escola:

O professor de Música está selecionando 6 adolescentes (meninos e meninas) para formar uma banda.
Inscrições na Sala de Música.

Em seguida, ela se perguntou: quantos meninos e quantas meninas podem compor essa banda?

Como a soma do número de meninos com o de meninas é igual a 6, podemos indicar o número de meninas por *x* e o número de meninos por *y* e escrever a seguinte sentença matemática:

$$x + y = 6$$

Essa sentença matemática é um exemplo de **equação**.

> **Equação** é uma sentença matemática com sinal de igualdade ($=$) em que números desconhecidos são representados por letras, denominadas **incógnitas**.

> **OBSERVAÇÃO**
>
> Note que em todas as equações há o sinal de igual ($=$), ou seja, todas representam uma **igualdade**. Em uma igualdade, a expressão à esquerda do sinal de igual é chamada de **1º membro** da igualdade, e a expressão à direita é chamada de **2º membro** da igualdade.

Veja alguns exemplos.

- $2x = 4$ é uma equação, e a incógnita dessa equação é *x*.
- $a^2 = 4$ é uma equação, e a incógnita dessa equação é *a*.
- $3m - 5n = 7$ é uma equação, e as incógnitas dessa equação são *m* e *n*.

Nem toda sentença matemática é uma equação. As sentenças abaixo, por exemplo, **não** são equações:

$x + y > 8$ ← Não é uma equação, pois essa sentença não apresenta sinal de igualdade.

$5 + 3 = 8$ ← Não é uma equação, pois essa sentença não apresenta incógnita.

RAIZ DE UMA EQUAÇÃO

A incógnita de uma equação pode assumir diversos valores, mas apenas alguns deles tornam a sentença verdadeira.

Vamos retomar a situação 1 e verificar como obtemos a raiz da equação apresentada.

Situação 1

No caso da equação $3x = 15$, em que *x* representa o número de caixas de leite, o número 5 torna a sentença verdadeira, pois:

$$3 \cdot 5 = 15$$

Dizemos, então, que o número 5 é **raiz** da equação $3x = 15$. Assim, descobrimos que Amanda comprou 5 caixas de leite no mercado.

> **Raiz** de uma equação é um número que, ao substituir a incógnita, torna a sentença verdadeira.

Podemos verificar se um número é raiz ou não de uma equação substituindo a incógnita pelo número considerado. Se a sentença for verdadeira, o número considerado é raiz da equação; se a sentença for falsa, o número não é raiz da equação. Veja um exemplo a seguir.

Vamos verificar se -1 é raiz da equação $8x + 3 = -5$. Para isso, substituímos x por -1 e efetuamos as operações indicadas:

$$8x + 3 = -5$$
$$8 \cdot (-1) + 3 = -5$$
$$-8 + 3 = -5$$
$$-5 = -5$$

Como $-5 = -5$ é uma sentença verdadeira, então -1 é raiz da equação $8x + 3 = -5$.

> **OBSERVAÇÃO**
>
> O número 1 não é raiz da equação $8x + 3 = -5$.
> Veja que ao substituirmos x por 1 nessa equação obtemos uma sentença matemática falsa:
> $$8x + 3 = -5$$
> $$8 \cdot 1 + 3 = -5$$
> $$8 + 3 = -5$$
> $$11 = -5$$
> Como a sentença $11 = -5$ é falsa, o número 1 não é raiz da equação $8x + 3 = -5$.

CONJUNTO UNIVERSO E CONJUNTO SOLUÇÃO DE UMA EQUAÇÃO

Ricardo precisa descobrir a medida do lado de um quadrado que tem área igual a 49 cm². Veja como ele pensou para resolver a situação, sabendo que ele considerou que o lado do quadrado mede x.

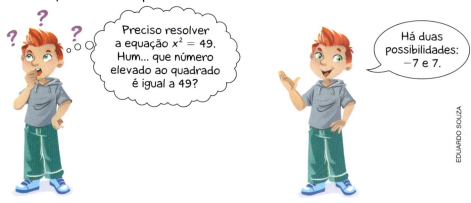

Preciso resolver a equação $x^2 = 49$. Hum... que número elevado ao quadrado é igual a 49?

Há duas possibilidades: -7 e 7.

Podemos verificar que Ricardo tem razão, pois -7 e 7 são raízes da equação $x^2 = 49$.

$$(-7)^2 = 49 \qquad (7)^2 = 49$$
$$49 = 49 \qquad 49 = 49$$

Entretanto, observe que não faz sentido a medida do lado do quadrado ser um número negativo, -7. Por isso, apesar de esse número ser raiz da equação, ele não é solução do problema.

Portanto, o lado de um quadrado cuja área é 49 cm² mede 7 cm.

Quando resolvemos uma equação, precisamos saber quais números podem assumir o valor das incógnitas. Esses números devem ser raízes da equação e fazer parte do **conjunto universo** da equação, representado pela letra U. O conjunto formado pelas raízes que fazem parte do conjunto universo da equação é denominado **conjunto solução** da equação e representado pela letra S. Veja os exemplos.

- Vamos resolver a equação $x^2 = 16$, sendo $U = \mathbb{N}$.

  $x = 4$ ou $x = -4$ são as raízes da equação, mas somente $x = 4$ faz parte do conjunto universo $\mathbb{N}$. Então, a solução dessa equação é somente o número 4. Indicamos: $S = \{4\}$.

- Vamos resolver a equação $x^2 = 16$, sendo $U = \mathbb{Z}$.

  $x = 4$ e $x = -4$ são raízes da equação, e ambas fazem parte do conjunto universo $\mathbb{Z}$. Então, -4 e 4 são soluções da equação. Indicamos: $S = \{-4, 4\}$.

> Organize o que você aprendeu fazendo a atividade 1 da página 276.

Agora, vamos retomar a situação 2 das páginas 193 e 194.

Na equação $x + y = 6$, os números x e y (que representam o número de meninas e o de meninos, respectivamente) devem ser números naturais. Então, há 7 modos diferentes de compor a banda:

Número de meninas (x)	0	1	2	3	4	5	6
Número de meninos (y)	6	5	4	3	2	1	0

As **soluções** de uma equação com duas incógnitas podem ser expressas por pares ordenados (x, y) e representadas graficamente. Veja abaixo como podemos representar em um plano, que costumamos chamar de plano cartesiano, os pares ordenados (0, 6), (1, 5), (2, 4), (3, 3), (4, 2), (5, 1) e (6, 0), que são soluções da equação apresentada no problema.

OBSERVAÇÃO

A equação $x + y = 6$ possui outras raízes, como, por exemplo:
- −1 e 7
  $-1 + 7 = 6$
  $6 = 6$
- 10,5 e −4,5
  $10,5 + (-4,5) = 6$
  $10,5 - 4,5 = 6$
  $6 = 6$

Entretanto, essas raízes não podem ser solução da situação apresentada, pois x e y representam, respectivamente, o número de meninas e o de meninos que podem compor a banda, e não faz sentido esses números não serem naturais.

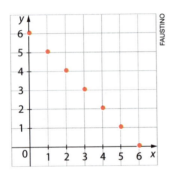

ATIVIDADES

VAMOS PRATICAR

1. Copie no caderno as sentenças matemáticas que são equações.

   a) $x^2 - 3 = 1$
   b) $5^2 - 1 = 24$
   c) $x + y + z = 9$
   d) $2x > 10$

   • Agora, identifique as incógnitas das equações.

2. Identifique o 1º e o 2º membro destas equações.

   a) $x^2 - 5x = 0$
   b) $\frac{x}{5} = y - 7$
   c) $9 - 4x = 10x$
   d) $y - 2 = 3y$

3. Verifique quais das equações a seguir têm o número −9 como raiz.

   a) $\sqrt{10 + x} = 1$
   b) $x^2 + 2x - 8 = 0$
   c) $\frac{x}{3} - 4 = -7$
   d) $2x + \frac{1}{5} = 10$

4. Observe como Carla e Ricardo, calculando mentalmente, descobriram a raiz de uma equação.

Como você pensaria para encontrar o número que dividido por 3 dá 15?

• Converse com um colega sobre como vocês pensaram para chegar à resposta.

5. Calcule mentalmente a raiz de cada equação a seguir.

a) $4x = 32$

b) $\dfrac{z}{10} = 5$

c) $y - 52 = 10$

d) $x + 15 = 0$

6. Escreva uma equação para cada sentença a seguir. Depois, considere o conjunto dos números racionais como conjunto universo da equação e, mentalmente, determine o conjunto solução.

a) O triplo de um número x é igual a 15.

b) O quadrado de um número y é $\dfrac{1}{4}$.

c) Um número n adicionado a 36 é igual a 57.

d) O quadrado de um número k é igual a -3.

- Agora, elabore pelo menos três sentenças e peça a um colega que escreva a equação correspondente a cada uma.

7. Associe cada equação ao conjunto solução correspondente.

A) $x + 6x = 14$, sendo $U = \mathbb{N}$

B) $x + 7 = 0$, sendo $U = \mathbb{N}$

C) $x^4 = 1$, sendo $U = \mathbb{Z}$

I) $S = \{-1, 1\}$

II) $S = \{2\}$

III) Não tem solução.

VAMOS APLICAR

8. Caio foi à papelaria comprar um estojo e um caderno.

a) Escreva a equação que representa o preço x, do estojo, somado com o preço y, do caderno.

b) Usando a equação encontrada no item **a**, responda:
- Se o estojo custasse R$ 3,00, qual teria sido o valor pago pelo caderno?
- Se o caderno custasse R$ 7,50, qual teria sido o valor pago pelo estojo?
- O estojo poderia ter custado R$ 5,00 e o caderno, R$ 5,50? Por quê?

9. As balanças a seguir estão em equilíbrio. Sabendo que a massa dos objetos é expressa em quilograma, determine o valor desconhecido em cada caso.

a)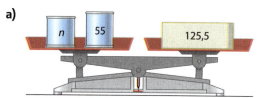

b)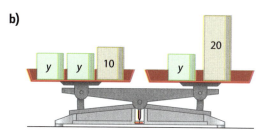

c)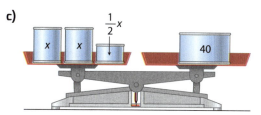

10. Leia o que o sr. Cláudio disse sobre a idade das netas.

- No caderno, responda à questão: Qual é a idade de cada neta?

11. Examinando a planta do seu bairro, Lúcia observou que o quarteirão em que mora tem a forma de um quadrado. Ela sabe que o contorno desse quarteirão mede 425 m.

   a) Escreva no caderno uma equação que represente o perímetro do quadrado. Use a letra ℓ como incógnita.

   b) Quanto mede cada lado do quarteirão em que Lúcia mora?

12. Leia a fala de cada personagem e adivinhe o número em que cada um pensou.

   a) Pensei em um número, multipliquei-o por 5 e obtive 30. Em que número pensei?

   b) Pensei em um número, multipliquei-o por 4, subtraí 4 e obtive 16. Em que número pensei?

- Agora, pense em um número, realize algumas operações com ele e anote o valor obtido. Depois, diga a um colega quais foram as operações que você efetuou e qual foi o resultado obtido. Por fim, peça a ele que descubra o número em que você pensou.

13. Escreva no caderno uma equação que possa ser usada para resolver os problemas a seguir. Depois, resolva-os.

   a) Ana comprou uma geladeira por R$ 1.200,00. Ela deu R$ 200,00 de entrada e o restante pagou em 5 prestações iguais. Qual foi o valor da prestação?

   b) Um marceneiro cortou uma tábua de 2 m em dois pedaços. O comprimento de um dos pedaços é o quádruplo do comprimento do outro. Qual é a medida do comprimento de cada pedaço da tábua?

14. Verifique se o par ordenado (3, 1) é solução das equações a seguir.

   a) $2x - y = 5$
   b) $x + y = 4$
   c) $x - 2y = 3$
   d) $x + 4y = 6$

15. Renata é professora de Inglês e de Espanhol e comprou dicionários desses dois idiomas para trabalhar com os alunos.

Se precisarem de dicionário, podem pegar aqui. Temos 24 dicionários.

   a) Usando x para representar a quantidade de dicionários de inglês e y para representar a quantidade de dicionários de espanhol, escreva a equação correspondente a essa situação.

   b) Determine duas possíveis soluções para a equação do item a.

16. Descubra os números.

A soma de dois números naturais é 5. Que números são esses?

- Agora, expresse por pares ordenados a resposta que você deu e represente-os em um plano cartesiano.

17. Identifique a equação cujos pontos representados no plano cartesiano a seguir fazem parte do conjunto solução.

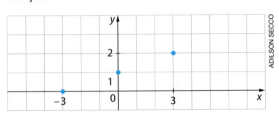

   a) $x + y = -3$
   b) $x - y = 3$
   c) $\dfrac{x}{3} - y = -1$
   d) $3x - y = -1$

3 EQUAÇÕES EQUIVALENTES

Observe as equações:

$$8 + x = 5 \qquad x = 5 - 8 \qquad 6x = -18$$

Veja que -3 é raiz dessas equações, pois, ao substituirmos x por -3 em cada igualdade, obtemos uma sentença verdadeira.

$8 + x = 5$	$x = 5 - 8$	$6x = -18$
$8 + (-3) = 5$	$-3 = 5 - 8$	$6 \cdot (-3) = -18$
$5 = 5$	$-3 = -3$	$-18 = -18$

Pelo fato de terem a mesma raiz, essas equações são chamadas de equações equivalentes.

> Em um mesmo conjunto universo, equações que têm as mesmas raízes são chamadas de **equações equivalentes**.

Em alguns casos é necessário obter equações equivalentes para encontrar as raízes de uma equação. A seguir, vamos analisar as situações que mostram como as equações equivalentes podem ser usadas para determinar a raiz de uma equação.

Situação 1

Em uma balança foram colocados blocos de 1 kg e um bloco de massa desconhecida. Veja que a balança ficou equilibrada.

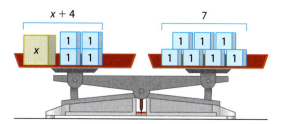

No prato da esquerda há um bloco que pesa x kg e 4 blocos de 1 kg cada. No prato da direita há 7 blocos de 1 kg cada. Podemos representar essa situação por meio da seguinte equação:

$$x + 4 = 7$$

Se retirarmos 4 blocos de cada prato, a balança continuará equilibrada.

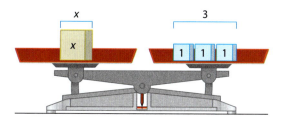

Assim, podemos concluir que o bloco que ficou no prato da esquerda tem massa de 3 kg. A seguinte equação pode representar essa situação:

$$x = 3$$

> Quando adicionamos ou subtraímos uma mesma quantidade nos dois membros de uma equação, obtemos uma equação equivalente à primeira. Esse é o **princípio aditivo** das igualdades.

Veja como o princípio aditivo das igualdades e o raciocínio empregado para resolver a equação da situação 1 podem ser expressos usando apenas a notação algébrica:

$$x + 4 = 7$$

Aplicando o princípio aditivo das igualdades, subtraímos 4 dos dois membros:

$$x + 4 - 4 = 7 - 4$$
$$x = 3$$

Note que as equações $x + 4 = 7$ e $x = 3$ são equações equivalentes.

Situação 2

Em um dos pratos da balança abaixo há 3 blocos com massa de y kg, cada, e no outro prato há 18 blocos, cada um com massa de 1 kg.

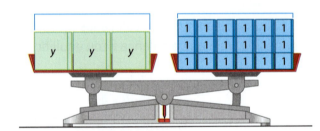

Nesse caso, podemos representar essa situação por meio da seguinte equação:

$$3y = 18$$

Se deixarmos no prato da esquerda a terça parte dos blocos que havia, deveremos fazer o mesmo no prato da direita para manter a balança equilibrada. A terça parte de 3 blocos iguais é 1 bloco, e a terça parte de 18 blocos iguais são 6 blocos.

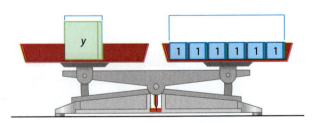

Desse modo, concluímos que o bloco que ficou no prato da esquerda tem massa de 6 kg. A seguinte equação pode representar a situação:

$$y = 6$$

Quando multiplicamos ou dividimos por um mesmo número não nulo os dois membros de uma equação, obtemos uma outra equação equivalente à primeira. Esse é o **princípio multiplicativo** das igualdades.

Veja como o princípio multiplicativo das igualdades e o raciocínio empregado para resolver a equação da situação 2 podem ser expressos usando apenas a de notação algébrica:

$$3y = 18$$

Aplicando o princípio multiplicativo das igualdades, multiplicamos os dois membros por $\frac{1}{3}$:

$$3 \cdot y \cdot \frac{1}{3} = 18 \cdot \frac{1}{3}$$

$$y = 6$$

Note que as equações $3y = 18$ e $y = 6$ são equivalentes.

ATIVIDADES

VAMOS PRATICAR

1. Associe cada equação da coluna da esquerda com a equação equivalente, na coluna da direita.

   A) $x + 6 = 3$
   B) $2x = 5$
   C) $\frac{x}{2} = 8$
   D) $8x = 24$
   E) $2x + 10 = 3x$

   I) $x = 16$
   II) $-x + 10 = 0$
   III) $x = -3$
   IV) $x = \frac{5}{2}$
   V) $4x = 12$

2. Escreva no caderno uma equação equivalente a cada equação abaixo. Depois, encontre o valor de cada incógnita (raiz da equação).

   a) $x + 5 = 18$
   b) $3 + y = 2$
   c) $4z = 12$
   d) $y + 9 = y + 2y$
   e) $2m = -4$
   f) $-5t = 25$
   g) $2x + x = 7 - 10x$
   h) $12b - 22 = 122$

DESAFIO

Márcia vai viajar e quer levar alguns gibis para ler durante a viagem. Se ela comprar gibis de R$ 3,00 cada um, ainda ficará com R$ 10,00. Se comprar o mesmo número de gibis, mas ao preço de R$ 7,00 cada um, faltarão R$ 6,00. Até quantos gibis de R$ 7,00 Márcia pode comprar para levar na viagem?

4 EQUAÇÃO DO 1º GRAU COM UMA INCÓGNITA

Vamos usar equações equivalentes para resolver equações do 1º grau com uma incógnita.

As equações do 1º grau com uma incógnita podem ser escritas como uma equação equivalente da forma $ax + b = 0$, em que a e b são os **coeficientes**, ou seja, números racionais conhecidos, e a é diferente de zero. Nesse caso, a **incógnita** é x. Veja os exemplos.

- $3x + 1 = 0$

    Coeficientes: $\begin{cases} a = 3 \\ b = 1 \end{cases}$

- $-\dfrac{x}{2} = 0$

    Coeficientes: $\begin{cases} a = -\dfrac{1}{2} \\ b = 0 \end{cases}$

Situação 1

Veja como podemos resolver a equação $6x - 2 = 16$, considerando $U = \mathbb{Z}$.

$6x - 2 = 16$

$6x - 2 + 2 = 16 + 2$ ——— Aplicando o princípio aditivo das igualdades, adicionamos 2 aos dois membros da equação.
$6x = 18$

$\dfrac{1}{6} \cdot 6x = \dfrac{1}{6} \cdot 18$ ——— Aplicando o princípio multiplicativo das igualdades, multiplicamos por $\dfrac{1}{6}$ os dois membros da equação.
$x = 3$

Como $3 \in U$, temos $S = \{3\}$.

Situação 2

Veja como podemos resolver a equação $3 \cdot (1 - x) = 5 \cdot (x + 1)$, considerando $U = \mathbb{Q}$.

$3 \cdot (1 - x) = 5 \cdot (x + 1)$

$3 \cdot (1 - x) = 5 \cdot (x + 1)$ ——— Primeiro eliminamos os parênteses da equação, aplicando a propriedade distributiva da multiplicação.

$3 - 3x = 5x + 5$

$3 - 3x - 3 = 5x + 5 - 3$ ——— Subtraímos 3 dos dois membros da equação.
$-3x = 5x + 2$

$-3x - 5x = 5x + 2 - 5x$ ——— Subtraímos $5x$ dos dois membros da equação.
$-8x = 2$

$-8x \cdot (-1) = 2 \cdot (-1)$ ——— Multiplicamos os dois membros da equação por -1.
$8x = -2$

$\dfrac{1}{8} \cdot 8x = \dfrac{1}{8} \cdot (-2)$ ——— Multiplicamos os dois membros da equação por $\dfrac{1}{8}$.
$x = -\dfrac{1}{4}$

Como $-\dfrac{1}{4} \in U$, $-\dfrac{1}{4}$ é a solução da equação. Indicamos $S = \left\{-\dfrac{1}{4}\right\}$.

Quando o coeficiente a for negativo, podemos multiplicar ambos os membros da equação por -1.

OBSERVAÇÕES

- Caso a raiz da equação encontrada não pertença ao conjunto universo, ela deverá ser eliminada da solução.
- Se não houver raiz que pertença ao conjunto universo, dizemos que a equação não tem solução, ou seja, $S = \{\ \}$.

ATIVIDADES

VAMOS PRATICAR

1. Determine a raiz de cada equação a seguir considerando o conjunto universo indicado.

a) $x + 7 = 3, U = \mathbb{N}$
b) $x - 3 = 2x, U = \mathbb{Q}$
c) $8 - x = 2 + x, U = \mathbb{Z}$
d) $17x = -15x, U = \mathbb{Q}$
e) $3x - 7 = 17, U = \mathbb{Q}$
f) $-x = 3x + 5, U = \mathbb{Q}$
g) $100 = 4x, U = \mathbb{N}$
h) $-4x = 2 - x, U = \mathbb{Z}$

2. Classifique cada uma das afirmações em **V** (verdadeira) ou **F** (falsa).

a) A solução da equação $3x - 21 = 5x$ é $S = \{-10\}$, considerando $U = \mathbb{Z}$.
b) A solução da equação $7 \cdot (4 + 2x) - 4x = 16 + 7x$ é $S = \{-4\}$, considerando $U = \mathbb{Q}$.

3. Resolva as equações considerando $U = \mathbb{Q}$.

a) $2x + 7x - 10 = 4x + 3 - 2x$
b) $3 \cdot (x + 1) = 8$
c) $4 \cdot (x - 6) = -3$
d) $2 \cdot (3 - x) = -4 \cdot (x - 1)$
e) $-1 \cdot (x + 4) = 3 \cdot (x + 5)$
f) $3 \cdot \left(\dfrac{1}{3} - x\right) - (-2x + 7) = -3$

R1. Determine a solução das equações a seguir, considerando $U = \mathbb{Q}$.

a) $\dfrac{x}{3} + 2 = 8$ b) $\dfrac{x}{2} + \dfrac{3}{5}x = 1 - \dfrac{7}{10}$

Resolução

a) Para resolver equações com fração, podemos eliminar o denominador da fração e, depois, resolvemos como nos exemplos já estudados.

Para isso, podemos multiplicar os dois membros da equação $\dfrac{x}{3} + 2 = 8$ por 3:

$3 \cdot \left(\dfrac{x}{3} + 2\right) = 3 \cdot 8$

$3 \cdot \left(\dfrac{x}{3} + 2\right) = 3 \cdot 8$ —— Aplicamos a propriedade distributiva.

$3 \cdot \dfrac{x}{3} + 3 \cdot 2 = 24$
$x + 6 = 24$
$x + 6 - 6 = 24 - 6$ —— Subtraímos 6 dos dois membros da equação.
$x = 18$

Como $U = \mathbb{Q}$, 18 é solução da equação.
Então, $S = \{18\}$.

b) Como a equação $\dfrac{x}{2} + \dfrac{3}{5}x = 1 - \dfrac{7}{10}$ tem mais de um denominador, multiplicamos os dois membros dessa equação pelo mmc de 2, 5 e 10 para eliminar todos os denominadores. Sabendo que o mmc de 2, 5 e 10 é igual a 10, temos:

$10 \cdot \left(\dfrac{x}{2} + \dfrac{3}{5}x\right) = 10 \cdot \left(1 - \dfrac{7}{10}\right)$

$10 \cdot \left(\dfrac{x}{2} + \dfrac{3}{5}x\right) = 10 \cdot \left(1 - \dfrac{7}{10}\right)$ —— Aplicamos a propriedade distributiva.

$10 \cdot \dfrac{x}{2} + 10 \cdot \dfrac{3}{5}x = 10 \cdot 1 - 10 \cdot \dfrac{7}{10}$
$5x + 6x = 10 - 7$
$11x = 3$

$\dfrac{1}{11} \cdot 11x = \dfrac{1}{11} \cdot 3$ —— Multiplicamos os dois membros da equação por $\dfrac{1}{11}$.

$x = \dfrac{3}{11}$

Como $U = \mathbb{Q}$, $\dfrac{3}{11}$ é solução da equação.

Então, $S = \left\{\dfrac{3}{11}\right\}$.

4. Considere $U = \mathbb{Q}$ e resolva as equações a seguir.

a) $2x + \dfrac{2}{3} = 3x + 2$
b) $\dfrac{2}{5}x + 3x - 2 = x + 10$
c) $\dfrac{2 \cdot (x - 1)}{3} + \dfrac{x + 2}{2} = 1$
d) $\dfrac{2x - 5}{10} - \dfrac{1 - x}{5} = 0$
e) $\dfrac{2}{3}x + \dfrac{1}{4}x = 6$
f) $\dfrac{1}{2}x - 3x - \dfrac{1}{3} = 8x + 12$

VAMOS APLICAR

5. Escreva uma equação que expresse a situação apresentada em cada caso e, em seguida, resolva-a.

a) O triplo de um número racional adicionado a 8 é igual a 10. Que número é esse?
b) Um número natural adicionado à sua quarta parte é igual a 25. Que número é esse?
c) O quíntuplo de um número inteiro adicionado à terça parte desse número é igual a -64. Qual é esse número?

203

COMPARE ESTRATÉGIAS

Equações do 1º grau com uma incógnita

O professor solicitou aos alunos que resolvessem a equação $2 \cdot (x + 3) = -x + 4 - 3x$.

Veja a resolução feita por alguns alunos e o resultado obtido por eles.

Cálculo de Carina

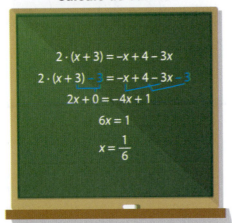

Cálculo de Gustavo

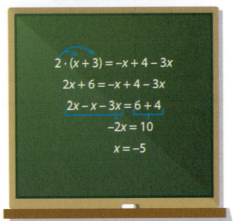

Cálculo de Guilherme

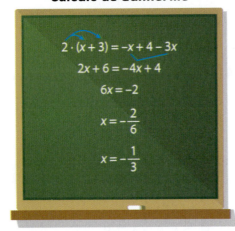

Cálculo de Luísa

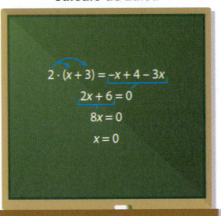

REFLITA

- Qual aluno usou uma estratégia mais parecida com a que você usaria?
- Por que esses alunos não encontraram o mesmo valor de x?
- Você acha que todas as respostas apresentadas estão corretas?

DISCUTA E CONCLUA

- O que devemos fazer para verificar se o valor encontrado é raiz de uma equação?
- Verifique qual dos valores encontrados nas quatro estratégias é raiz da equação.
- Converse com seus colegas e verifiquem pelo menos um equívoco apresentado em cada estratégia errada.
- Volte às questões do *Reflita* e veja se você mudaria as suas respostas.

5 EQUAÇÕES E RESOLUÇÃO DE PROBLEMAS

Alguns problemas podem ser resolvidos por meio de equações do 1º grau com uma incógnita. Acompanhe as situações a seguir.

Situação 1

Em uma viagem por um dos trechos da Estrada Real, um motorista fez uma parada depois de percorrer $\frac{2}{3}$ do trajeto. Antes de retornar à estrada, verificou que faltavam 15 km para chegar ao destino. Quantos quilômetros tem esse trajeto?

CAMINHOS DA ESTRADA REAL

A Estrada Real é a maior rota turística do Brasil, com mais de 1.600 km de extensão. Passa por Minas Gerais, São Paulo e Rio de Janeiro.

Disponível em: <http://www.institutoestradareal.com.br/estradareal>. Acesso em: 11 jul. 2018.

Observe que os dados do problema correspondem a duas partes do trajeto:

- a primeira, que corresponde a $\frac{2}{3}$ do percurso;
- a segunda, que corresponde a 15 km.

Nesse caso, podemos fazer um esquema para representar a situação graficamente. O comprimento do segmento, indicado por *x*, representa todo o percurso.

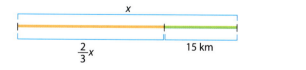

Analisando o esquema é fácil perceber que podemos representar o problema com a seguinte equação:

$$\frac{2}{3}x + 15 = x$$

205

Podemos resolver essa equação do seguinte modo:

$$3 \cdot \left(\frac{2}{3}x + 15\right) = 3 \cdot x$$ — Multiplicamos os dois membros dessa equação por 3.

$$3 \cdot \left(\frac{2}{3}x + 15\right) = 3 \cdot x$$ — Aplicamos a propriedade distributiva.

$$2x + 45 = 3x$$

$$2x + 45 - 2x = 3x - 2x$$ — Subtraímos 2x dos dois membros dessa equação.

$$45 = x$$

Portanto, esse trajeto tem 45 km.

Situação 2

Na aula de Matemática, Bruna descobriu que mede 1,20 m de altura e ficou curiosa para saber a altura do seu pai e a da sua mãe.

Qual é a altura do pai e da mãe de Bruna?

Como um dos dados do problema relaciona a medida da altura do pai à medida da altura da mãe, podemos usar a incógnita x para representar a medida da altura da mãe.

Altura da mãe: x

Altura do pai: $x + 0{,}24$

Altura de Bruna: $\frac{2}{3} \cdot (x + 0{,}24)$

Como Bruna mede 1,20 m de altura, podemos representar essa situação com a seguinte equação:

$$\frac{2}{3} \cdot (x + 0{,}24) = 1{,}20$$

$$3 \cdot \frac{2}{3} \cdot (x + 0{,}24) = 3 \cdot 1{,}20$$ — Multiplicamos os dois membros dessa equação por 3.

$$2 \cdot (x + 0{,}24) = 3{,}60$$

$$\frac{1}{2} \cdot 2 \cdot (x + 0{,}24) = \frac{1}{2} \cdot 3{,}60$$ — Multiplicamos os dois membros dessa equação por $\frac{1}{2}$.

$$x + 0{,}24 = 1{,}80$$

$$x + 0{,}24 - 0{,}24 = 1{,}80 - 0{,}24$$ — Subtraimos 0,24 dos dois membros dessa equação.

$$x = 1{,}56$$

Portanto, a mãe de Bruna tem 1,56 m de altura e o pai, 1,80 m.

PARA PENSAR

Se usarmos a incógnita x para representar a altura do pai de Bruna, qual será a equação que poderá ser usada para representar essa situação? Encontre-a e resolva-a.

Situação 3

Tatiana comprou um terreno de formato retangular, cujo perímetro é 46 m e um de seus lados mede 14 m. Qual é a área desse terreno?

Observando a figura ao lado, verificamos que falta calcular a medida do outro lado do terreno para, posteriormente, determinar a área.

Vamos representar a medida do lado desconhecido por x e escrever uma equação que relaciona a medida dos lados com o perímetro desse terreno.

$$x + 14 + x + 14 = 46$$

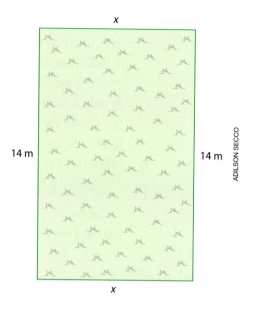

Resolvendo essa equação, podemos fazer:

$2x + 28 = 46$

$2x + 28 - 28 = 46 - 28$ ——— Subtraímos 28 dos dois membros dessa equação.

$2x = 18$

$2x : 2 = 18 : 2$ ——— Dividimos os dois membros dessa equação por 2.

$x = 9$

Assim, o lado desconhecido mede 9 m e a área desse terreno pode ser calculada da seguinte maneira:

$$14 \cdot 9 = 126$$

Logo, a área do terreno que Tatiana comprou é de 126 m².

Situação 4

A soma de três números inteiros consecutivos é 345. Quais são esses números?

Nesse caso, que envolve números inteiros consecutivos, sabemos que a diferença entre um número e outro é de 1 unidade.

Assim, se representarmos o número intermediário por x, o seu sucessor será $x + 1$ e o seu antecessor, $x - 1$.

antecessor de x sucessor de x

Como a soma dos três números é 345, podemos escrever a equação:

$x - 1 + x + x + 1 = 345$

$3x = 345$

$3x : 3 = 345 : 3$ ——— Dividimos os dois membros dessa equação por 3.

$x = 115$

Portanto, os três números procurados são: 114, 115 e 116.

CÁLCULO MENTAL

Observe que, se adicionarmos três números inteiros consecutivos, sempre vamos obter um múltiplo de 3.

- Agora é a sua vez! Determine os números inteiros consecutivos cuja soma é:
  a) 18;
  b) 36;
  c) 99.

Situação 5

Uma prova era composta de 30 questões de múltipla escolha. A cada questão certa o aluno ganhava 1 ponto, e a cada questão errada era descontado 0,25 ponto. Observando a ilustração ao lado, responda: quantos pontos Mariana fez?

Eu errei só 5 questões.

Se de 30 questões Mariana errou 5 e acertou 25, então o total de pontos que ela ganhou pode ser obtido pela seguinte expressão numérica:

$$25 \cdot 1 - 5 \cdot 0{,}25 =$$
$$= 25 - 1{,}25 =$$
$$= 23{,}75$$

Portanto, Mariana ganhou 23,75 pontos.

Joaquim, um colega de Mariana, disse que fez um total de 20 pontos. Quantas questões ele acertou?

Podemos recorrer ao esquema abaixo para representar essa situação.

Como a cada questão certa o aluno recebe 1 ponto e a cada questão errada, perde 0,25 ponto, podemos representar essa situação com a seguinte equação:

$$1 \cdot x - 0{,}25 \cdot (30 - x) = 20$$

Veja como podemos resolver essa equação, para obter o valor de x:

$x - 0{,}25 \cdot (30 - x) = 20$ — Aplicamos a propriedade distributiva.

$x - 7{,}5 + 0{,}25x = 20$

$1{,}25x - 7{,}5 = 20$

$1{,}25x - 7{,}5 + 7{,}5 = 20 + 7{,}5$ — Adicionamos 7,5 aos dois membros dessa equação.

$1{,}25x = 27{,}5$

$1{,}25x : 1{,}25 = 27{,}5 : 1{,}25$ — Dividimos os dois membros dessa equação por 1,25.

$x = 22$

Portanto, Joaquim acertou 22 questões dessa prova.

 **CÁLCULO MENTAL**

Sofia fez essa prova e errou apenas 2 questões. Quantos pontos Sofia ganhou?

ATIVIDADES

VAMOS APLICAR

1. Determine a medida dos lados de um triângulo cujo perímetro é igual a 24 cm, sabendo que essas medidas são expressas por números naturais consecutivos.

2. Os perímetros do quadrado e do retângulo representados abaixo são iguais.

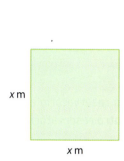
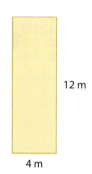

- Qual é a medida do lado do quadrado?

3. Considere x, y e z as medidas dos lados de um triângulo de perímetro igual a 32 cm. Se a medida x é o dobro da medida y e z é igual a 14 cm, quais são as medidas x e y?

   - Desenhe em seu caderno um triângulo e reescreva o enunciado acima substituindo as informações de acordo com as medidas dos lados desse triângulo. Depois, peça a um colega que descubra as medidas de dois lados do triângulo que você desenhou.

4. Paulo vai construir uma casa que vai ocupar $\frac{1}{3}$ da área total do terreno. Nos 160 m² restantes vai construir um jardim.
   a) Qual será a área ocupada pela casa?
   b) Qual é a área total do terreno?

5. No 7º ano, 30% dos alunos deverão fazer prova de recuperação, e os 28 alunos restantes não farão. Quantos alunos há nessa turma?

6. (UFPE) Em um teste de 16 questões, cada acerto adiciona 5 pontos, e cada erro subtrai 1 ponto. Se um estudante respondeu a todas as questões e obteve um total de 38 pontos, quantas questões ele errou?
   a) 4
   b) 5
   c) 6
   d) 7
   e) 8

7. Em uma rodovia, Hugo percebeu que o marcador de combustível do carro indicava $\frac{1}{4}$ da capacidade total do tanque. Por precaução, ele parou em um posto de combustível e colocou 25 litros de etanol. Depois disso, o tanque ficou com $\frac{3}{4}$ da quantidade de combustível necessária para enchê-lo.

   Quantos litros de combustível cabem no tanque do carro de Hugo?

8. A professora de Matemática vai distribuir folhas quadradas para os alunos fazerem dobraduras. Ela estimou 10 folhas para cada aluno.

   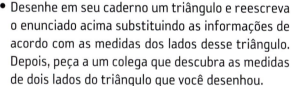

   Como faltaram 5 alunos, posso distribuir 12 folhas para cada um.

   Os alunos fizeram uma dobradura em cada folha recebida. Quantas dobraduras foram feitas nessa aula?

9. Em uma sala de aula, há 20 alunos matriculados.

   Hoje faltaram 6 meninas, professora.

   Então hoje há na sala a mesma quantidade de meninos e de meninas.

   Dos 20 alunos, quantos são meninos e quantas são meninas?

   - Verifique o número de meninos e meninas da sua sala de aula. Depois, elabore um problema indicando o número total de alunos e uma sentença que relacione o número de meninos e meninas da sala. Apresente aos seus colegas o problema elaborado.

10. Em um campeonato de futebol, os dois melhores jogadores são do mesmo time. Durante o campeonato, esses dois jogadores marcaram 32 gols. Se um dos jogadores marcou $\frac{1}{3}$ do número de gols marcados pelo outro, quantos gols marcou cada jogador?

11. João e Pedro fizeram uma viagem de carro para conhecer Aracaju, no Nordeste.

Praia de Atalaia em Aracaju (SE). Foto de 2016.

No primeiro dia da viagem, João dirigiu $\frac{1}{3}$ do percurso. No segundo dia, Pedro dirigiu $\frac{1}{5}$ do percurso. Para chegar ao destino, precisaram ainda de dois dias, em que percorreram 1.120 km.

Quantos quilômetros foram percorridos em toda a viagem?

12. Em uma gráfica de pequeno porte, três impressoras funcionam diariamente para atender às encomendas. O trabalho é dividido da seguinte maneira:

Impressora 1	$\frac{1}{3}$ das impressões
Impressora 2	$\frac{1}{4}$ das impressões
Impressora 3	3.750 impressões

- Quantas impressões são feitas diariamente nessa gráfica?

13. Elabore um problema que possa ser resolvido com uma equação do 1º grau com uma incógnita. Depois, peça a um colega que resolva o seu problema e verifique se ele possui solução.

14. Em um campeonato, havia provas de *skate* e de *bicicross*. Cada esportista levava apenas um *skate* ou uma bicicleta, de acordo com a modalidade em que ia competir. Juntos, os *skates* e as bicicletas dos participantes tinham um total de 100 rodas. Sabendo que foram inscritos 35 participantes nesse campeonato, quantos esportistas participaram da prova de *skate*? Quantos participaram da prova de *bicicross*?

15. O poço A contém 700 litros de água; o poço B contém 800 litros. Usando baldes iguais, Paulo tirou 100 baldes de água do poço A e Roberto tirou 120 baldes de água do poço B.

Sabendo que os poços ficaram com a mesma quantidade de água, quantos litros de água comporta cada balde?

16. Uma torneira enche um reservatório em 3 minutos; outra torneira enche outro reservatório igual ao primeiro em 15 minutos.

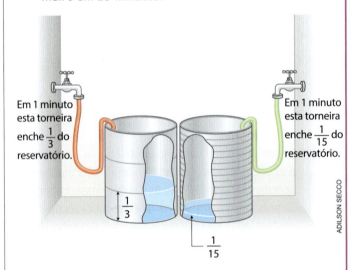

Descubra em quanto tempo o reservatório estará cheio se as duas torneiras forem abertas no mesmo instante.

Persistir

6 DESIGUALDADE

Observe a velocidade registrada pela lombada eletrônica em cada situação a seguir.

Automóvel abaixo da velocidade máxima permitida.

Automóvel acima da velocidade máxima permitida.

Podemos indicar se a velocidade registrada está acima ou abaixo da velocidade máxima permitida na via, usando sentenças matemáticas:

$$43 < 50 \qquad 57 > 50$$

Sentenças como essas são denominadas **desigualdades**. A desigualdade é uma sentença matemática em que aparece um destes sinais:

> $>$ (maior que)
> $<$ (menor que)
> $\leq$ (menor que ou igual a)
> $\geq$ (maior que ou igual a)
> $\neq$ (diferente)

Assim como nas igualdades, chamamos de **1º membro** a expressão que está à esquerda do sinal de desigualdade e de **2º membro** a expressão que está à direita do sinal de desigualdade. Veja os exemplos:

a) $\underbrace{2^2}_{1^\circ \text{ membro}} > \underbrace{-1}_{2^\circ \text{ membro}}$

b) $\underbrace{5+3}_{1^\circ \text{ membro}} < \underbrace{\dfrac{100}{2}}_{2^\circ \text{ membro}}$

PRINCÍPIOS DE EQUIVALÊNCIA DAS DESIGUALDADES

Antes de estudar os princípios de equivalência das desigualdades, observe o que costumamos dizer sobre os sinais que usamos para expressá-las:

- $<$ e $<$ têm o mesmo sentido;
- $>$ e $>$ têm o mesmo sentido;
- $\leq$ e $\leq$ têm o mesmo sentido;
- $\geq$ e $\geq$ têm o mesmo sentido;
- $<$ e $>$ têm sentidos opostos;
- $>$ e $<$ têm sentidos opostos;
- $\leq$ e $\geq$ têm sentidos opostos;
- $\geq$ e $\leq$ têm sentidos opostos.

PARA CONHECER

No Brasil, alguns veículos, como os de transporte escolar, são obrigados a usar um equipamento conhecido como tacógrafo. Esse aparelho registra, para efeito de fiscalização, o tempo de viagem, a distância percorrida e a velocidade do veículo.

- Você já tinha ouvido falar desse aparelho?

OBSERVAÇÃO

Propriedades da desigualdade

Veja alguns exemplos de propriedades que valem para as desigualdades:

- propriedade simétrica
  Exemplo: se $12 + 4 < 25$, então $25 > 12 + 4$
- propriedade transitiva
  Exemplo: sendo $3 - 2 < 8$ e $8 < 11 + 5$, então $3 - 2 < 11 + 5$

PRINCÍPIO ADITIVO DA DESIGUALDADE

Veja nos exemplos o que acontece quando adicionamos um mesmo número aos dois membros de uma desigualdade em que aparecem os sinais $<$ ou $>$ ou $\leq$ ou $\geq$.

- Adicionando um número positivo aos dois membros de uma desigualdade:

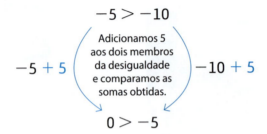

- Adicionando um número negativo aos dois membros de uma desigualdade:

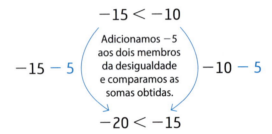

- Adicionando o número zero aos dois membros de uma desigualdade:

$$0,3 > -1$$

$0,3 + 0$ — Adicionamos zero aos dois membros da desigualdade e comparamos as somas obtidas. — $-1 + 0$

$$0,3 > -1$$

Observe que em todos os casos a desigualdade obtida tem o mesmo sentido da desigualdade inicial. Esse é o princípio aditivo da desigualdade. Veja mais exemplos.

a) $-2 < 15$
   $-2 + 7 < 15 + 7$
   $5 < 22$

b) $31,5 > 10$
   $31,5 - 20 > 10 - 20$
   $11,5 > -10$

c) $-7 < 1$
   $-7 + 0 < 1 + 0$
   $-7 < 1$

PRINCÍPIO MULTIPLICATIVO DA DESIGUALDADE

Veja nos exemplos o que acontece quando multiplicamos os dois membros de uma desigualdade em que aparecem os sinais < ou > ou ≤ ou ≥ por um mesmo número.

- Multiplicando os dois membros de uma desigualdade por um número positivo:

$$-5 > -10$$

$-5 \cdot (+5)$ Multiplicamos os dois membros da desigualdade por $+5$ e comparamos os produtos obtidos. $-10 \cdot (+5)$

$$-25 > -50$$

- Multiplicando os dois membros de uma desigualdade por um número negativo:

$$-15 < -10$$

$-15 \cdot (-5)$ Multiplicamos os dois membros da desigualdade por -5 e comparamos os produtos obtidos. $-10 \cdot (-5)$

$$+75 > +50$$

- Multiplicando os dois membros de uma desigualdade por zero:

$$0{,}3 > -1$$

$0{,}3 \cdot 0$ Multiplicamos os dois membros da desigualdade por zero e comparamos os produtos obtidos. $-1 \cdot 0$

$$0 = 0$$

Observe que, se o número considerado for:

- positivo, obtemos outra desigualdade de mesmo sentido;
- negativo, obtemos outra desigualdade de sentido contrário;
- zero, obtemos uma igualdade (0 = 0).

Esse é o princípio multiplicativo da desigualdade. Veja mais exemplos.

a) $-2 < 15$
   $-2 \cdot 7 < 15 \cdot 7$
   $-14 < 105$

b) $31{,}5 > 10$
   $31{,}5 \cdot (-10) < 10 \cdot (-10)$
   $-315 < -100$

c) $-7 < 1$
   $-7 \cdot 0 = 1 \cdot 0$
   $0 = 0$

ATIVIDADES

VAMOS PRATICAR

1. Indique as sentenças que representam uma desigualdade.
   a) $2 + 1 > -1$
   b) $\left(\dfrac{1}{3}\right)^2 = \dfrac{1}{9}$
   c) $\dfrac{3}{4} - 1 \neq -1$
   d) $1^2 + 1^2 \geq 1$
   e) $5 - 10 < 0$
   f) $n - 1 = 0$

2. Identifique o 1º e o 2º membro de cada desigualdade a seguir.
   a) $1 - 2 < 0$
   b) $2 \geq -3 - 4$
   c) $-1 < \dfrac{1}{3}$
   d) $7 \leq 5^2$

R1. Considere as expressões a seguir:
$$12 + 6 \cdot 15 \qquad 6^3 : 2$$
Calcule o valor correspondente a cada expressão e escreva uma sentença que envolva as duas expressões usando o sinal $<$ (menor que) ou $>$ (maior que).

Resolução

Primeiro, calculamos o valor numérico de cada expressão:

$12 + 6 \cdot 15 =$ $6^3 : 2 =$
$= 12 + 90 =$ $= 216 : 2 =$
$= 102$ $= 108$

Como 102 é menor que 108, escrevemos:
$12 + 6 \cdot 15 < 6^3 : 2$

3. Identifique qual das desigualdades a seguir é uma sentença falsa.
   a) $252 : 12 - 35 > -3 \cdot 5$
   b) $(4 + 12) : 2 < 3^2$
   c) $53 - 25 > 10^2$
   d) $15 - 3 \cdot 4 < 36 : 9$
   e) $98 > 256 : 2^2$

4. (Saresp) Observe atentamente as retas ordenadas a seguir:

   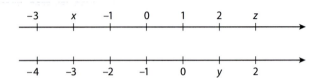

   A ordenação correta entre os números representados pelas letras x, y e z é:
   a) $x < y < z$.
   b) $x < z < y$.
   c) $y < x < z$.
   d) $y < z < x$.

5. Com base no que estudou sobre o princípio aditivo e sobre o princípio multiplicativo da desigualdade, reescreva cada sentença substituindo o ■ pelo sinal de desigualdade adequado.

   a) $\qquad 10 + 1 > 2$
   $10 + 1 - 5 \ ■\ 2 - 5$
   $\qquad 6 \ ■\ -3$

   b) $\qquad 4 \cdot 2 < 20$
   $4 \cdot 2 \cdot (-5) \ ■\ 20 \cdot (-5)$
   $\qquad -40 \ ■\ -100$

   c) $\qquad 7 \leq 10^2$
   $7 + 10 \ ■\ 10^2 + 10$
   $\qquad 17 \ ■\ 110$

   d) $\qquad 9^2 \geq 9$
   $9 \cdot \left(\dfrac{1}{3}\right) \ ■\ 9 \cdot \left(\dfrac{1}{3}\right)$
   $\qquad 27 \ ■\ 3$

6. Classifique cada afirmação a seguir em verdadeira (**V**) ou falsa (**F**).
   a) Se $1 + 6 < 10$, então $1 + 6 + (-6) > 10 + (-6)$.
   b) Se $3 \cdot 7 > 20$, então $3 \cdot 7 \cdot \dfrac{1}{3} > 20 \cdot \dfrac{1}{3}$.
   c) Se $-x \geq 8$, então $-x \cdot (-1) \leq 8 \cdot (-1)$.

VAMOS APLICAR

7. Escreva uma desigualdade para representar cada situação a seguir.

a)

Se eu comprar duas revistas, gastarei menos que se comprar um destes livros.

b)

O dobro da quantidade de ovos deste cestinho não é suficiente para encher esta bandeja.

- Agora, responda: qual é o maior número de ovos que pode haver no cestinho?

8. Observe as figuras representadas a seguir.

Calcule a área dessas figuras e escreva uma desigualdade para relacionar essas áreas.

9. (Saresp) Em um jogo de dados, Zezo tirou 3 vezes o número 6 e depois o número 12. Já Ricardo tirou o 9 na primeira jogada, o 7 na rodada seguinte e o 10 nas terceira e quarta jogadas. É correto dizer que:

a) Ricardo está 16 pontos na frente de Zezo.
b) Zezo está 4 pontos na frente de Ricardo.
c) Ricardo está 6 pontos na frente de Zezo.
d) Zezo está 1 ponto na frente de Ricardo.

7 INEQUAÇÃO DO 1º GRAU COM UMA INCÓGNITA

Observe a seguir alguns exemplos de desigualdades:

$x - 2 > 4x$ $y^2 + y + 1 \geq 0$ $x + y < 3$ $x^3 - 5 \leq 19$

Toda desigualdade com uma ou mais incógnitas em que cada incógnita tem expoente maior ou igual a 1 é chamada de **inequação**.

Entre as desigualdades apresentadas acima, as inequações $x - 2 > 4x$ e $x + y < 3$ são inequações do 1º grau. Entre elas, observe que a inequação $x - 2 > 4x$ tem uma incógnita e a inequação $x + y < 3$ tem duas incógnitas.

Toda inequação do 1º grau com uma incógnita pode ser escrita em uma das formas a seguir:

$$ax + b \neq 0 \qquad ax + b \geq 0$$
$$ax + b > 0 \qquad ax + b \leq 0$$
$$ax + b < 0$$

em que a é um número racional diferente de zero, b é um número racional qualquer e x é a incógnita.

Quando resolvemos uma inequação, obtemos todas as suas soluções em determinado conjunto universo.

Na resolução, empregamos os princípios de equivalência das desigualdades. Veja, por exemplo, como resolver a inequação $x + 6 > 2$, sendo $U = \mathbb{Z}$.

$x + 6 > 2$

$x + 6 - 6 > 2 - 6$ —— Adicionamos -6 aos dois membros da inequação e aplicamos o princípio aditivo da desigualdade.

$x > -4$

Portanto, todo número inteiro maior que -4 é solução dessa inequação.

Veja como podemos representar essa solução na reta numérica:

EXEMPLOS

Veja algumas inequações do 1º grau com uma incógnita:
- $2x > -5$
- $-\dfrac{x}{2} \leq 7$
- $x - 1 \geq 0$

Balança com sólidos 2

Nesse jogo você irá usar uma balança para descobrir a massa dos sólidos.

OBSERVAÇÃO

- Nessa representação feita na reta numérica, os números correspondentes aos pontos indicados com "bolinhas cheias" são algumas das infinitas soluções da inequação $x + 6 > 2$, sendo $U = \mathbb{Z}$.
A "bolinha vazia" indica que -4 não é solução. A partir do -4, todos os números inteiros maiores que ele são soluções dessa inequação.

Vamos agora resolver a inequação $3 \cdot (1 - x) \leq 7$, sendo $U = \mathbb{Q}$.

$3 \cdot (1 - x) \leq 7$

$3 - 3x \leq 7$ —— Aplicamos a propriedade distributiva da multiplicação.

$3 - 3x - 3 \leq 7 - 3$ —— Adicionamos -3 aos dois membros da inequação e aplicamos o princípio aditivo da desigualdade.

$-3x \leq 4$

$-3x \cdot \left(-\dfrac{1}{3}\right) \geq 4 \cdot \left(-\dfrac{1}{3}\right)$ —— Multiplicamos os dois membros da inequação por $-\dfrac{1}{3}$ e aplicamos o princípio multiplicativo da desigualdade.

$x \geq -\dfrac{4}{3}$

Portanto, todo número racional maior ou igual a $-\dfrac{4}{3}$ é solução dessa inequação.

Trilha de estudo

Vai estudar? Nosso assistente virtual no *app* pode ajudar!
<http://mod.lk/trilhas>

COMPARE ESTRATÉGIAS

Inequações do 1º grau com uma incógnita

O professor solicitou aos alunos que resolvessem a inequação $-x > 2$, no conjunto universo $U = \mathbb{Z}$. Veja como Milena e Heitor resolveram.

Cálculo de Milena

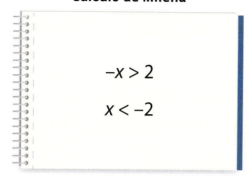

$$-x > 2$$
$$x < -2$$

Cálculo de Heitor

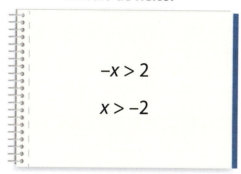

$$-x > 2$$
$$x > -2$$

REFLITA

- Explique o cálculo de Milena.
- Explique o cálculo de Heitor.
- Podemos dizer que Milena e Heitor encontraram a mesma resposta? Explique.
- Se compararmos os números -5 e 7 teremos: $-5 < 7$. Quando comparamos seus opostos, qual é a desigualdade que temos?

DISCUTA E CONCLUA

- Resolver a inequação $-x > 2$ corresponde a determinar valores de x tais que o seu oposto seja maior que 2. Para analisar os resultados obtidos por Milena e Heitor vamos, inicialmente, testar alguns valores. Preencha o quadro a seguir para verificar se alguns valores de x satisfazem a inequação $-x > 2$.

COMPARE ESTRATÉGIAS

Valor de x	O oposto de x (−x)	Verificando se −x > 2
−6		
−5		
−4		
−3		
−2		
−1		
0		
1		
2		
3		

- Represente na reta numérica os números do quadro que tornam a sentença −x > 2 verdadeira.

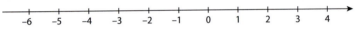

- Os números que você representou na reta são maiores ou menores que −2?
- Multiplique os dois membros da sentença 6 > 4 por (−1). Nesse caso, o que acontece com o sinal de desigualdade?
- Como você poderia explicar para um aluno novo da sua sala o que devemos fazer ao multiplicar os dois membros de uma desigualdade por um número negativo?

ATIVIDADES

VAMOS PRATICAR

1. Indique quais das desigualdades a seguir são inequações do 1º grau com uma incógnita.

a) $x + 3 \geqslant 3x - 1$
b) $x < 0$
c) $y > \dfrac{1}{2} - 4$
d) $7 - x \leqslant x$
e) $x - 5y < 12 + x^2$
f) $10y^2 \geqslant 2y - 3$
g) $9 + 2x > 5 \cdot (x - 3)$
h) $7x - 5 \leqslant z + 6$

2. Associe cada inequação à solução correspondente, sendo $U = \mathbb{Q}$.

A) $3x - 4 > 5$
B) $\dfrac{1}{3}x - 2x < 3$
C) $2x - 1 > 6x + 15$

I) $x > -\dfrac{9}{5}$
II) $x > 3$
III) $x < -4$

3. Sendo $U = \mathbb{Q}$, identifique a solução da inequação $3x - 4 \cdot (x - 2) \geqslant x + 4$.

a) $x > 1$
b) $x \leqslant 2$
c) $x > 0$
d) $x \leqslant 5$

4. Resolva as inequações a seguir.

a) $x + 7 < 10$, sendo $U = \mathbb{Z}$.
b) $10x < 30$, sendo $U = \mathbb{N}$.
c) $2 - x \leqslant x + 8$, sendo $U = \mathbb{Z}$.
d) $12x < 4x + 5$, sendo $U = \mathbb{Q}$.
e) $4 \cdot (x + 5) \leqslant 3x + 10$, sendo $U = \mathbb{Q}$.

VAMOS APLICAR

5. (CMB-DF) O produto de todas as soluções inteiras que satisfazem, simultaneamente, as desigualdades $3(x + 1) < 9 + 2x$, $15x + 5 < 5x + 5$ e $16 - 2(x - 2) > 1 - 3(x - 5)$ é:

a) 0.
b) 6.
c) −6.
d) 24.
e) −24.

6. Responda às questões a seguir.

a) Qual é o maior número inteiro que é solução da inequação $5 - 3 \cdot (x - 2) > x - 2x + 1$?

b) Quais elementos do conjunto $A = \{-2, 0, 1\}$ tornam a sentença $4x + 7 < 3x + 8$ verdadeira?

c) Marcelo pensou em um número natural e adicionou esse número ao seu triplo. O resultado obtido foi maior que 16. Qual é o menor número em que ele pode ter pensado?

d) O dobro de um número racional y é menor que a diferença entre o triplo desse número e 14. Quais valores y pode assumir?

R1. Resolva a inequação $\dfrac{2x}{3} + 1 \geq \dfrac{x - 3}{4}$, sendo $U = \mathbb{Q}$.

Resolução

Multiplicamos os dois membros da inequação por 12, que é o mínimo múltiplo comum de 3 e 4.

$$12 \cdot \left(\dfrac{2x}{3} + 1\right) \geq 12 \cdot \left(\dfrac{x - 3}{4}\right)$$

Aplicamos a propriedade distributiva da multiplicação em relação à adição e à subtração:

$$8x + 12 \geq 3x - 9$$

Para finalizar a resolução, aplicamos o princípio aditivo e o princípio multiplicativo da desigualdade:

$$8x - 3x \geq -9 - 12$$
$$5x \geq -21$$
$$x \geq -\dfrac{21}{5}$$

Portanto, a solução dessa inequação é todo número racional maior ou igual a $-\dfrac{21}{5}$.

7. Sendo $U = \mathbb{Q}$, determine a solução das inequações a seguir.

a) $\dfrac{y - 3}{4} < 2 - y$

b) $x + \dfrac{3 - x}{2} \geq \dfrac{x + 5}{3}$

8. Observe as figuras e responda à questão.

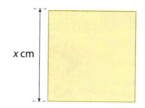
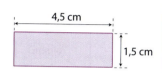

O perímetro do quadrado é maior que o perímetro do retângulo. Qual é o menor número inteiro que x pode assumir?

9. Em uma concessionária, um carro popular custa o dobro do que custa uma moto.

Considerando que o preço da moto é x reais e que o carro e a moto juntos custam mais de R$ 15.000,00, responda às questões.

a) Qual inequação representa as informações do enunciado?

b) O valor do carro é maior ou menor que R$ 10.000,00? Use a inequação encontrada no item **a** e justifique sua resposta.

10. Uma empresa de telefonia celular oferece dois tipos de planos, conforme descrito a seguir.

Plano A: parcela fixa de R$ 35,00 mais R$ 0,50 por minuto utilizado.

Plano B: R$ 1,20 por minuto utilizado.

a) Qual é o plano mais vantajoso para quem utiliza 40 minutos por mês?

b) A partir de quantos minutos de uso mensal o plano A é mais vantajoso que o plano B?

ESTATÍSTICA E PROBABILIDADE
MÉDIA ARITMÉTICA E AMPLITUDE

A escola em que Isabela estuda vai organizar uma gincana em que cada equipe deve ter 6 participantes com alunos do 6º ao 9º ano. Isabela tem 1,61 m de altura e quer entrar em uma equipe em que as alturas dos participantes sejam próximas da dela. Por isso, o professor de Educação Física verificou as equipes que já estavam com 5 participantes e deu a Isabela duas opções.

Isabela decidiu participar da equipe Vamos Juntos, mas, ao verificar o registro de altura dos participantes dessa equipe, percebeu que seus colegas não tinham a altura próxima da dela.

E quando analisou o registro de altura dos participantes da outra equipe notou que todos os alunos tinham a altura próxima da dela.

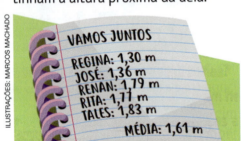

Note que analisar apenas a média das alturas dos participantes das duas equipes não foi suficiente para garantir que eles teriam a altura próxima da altura de Isabela. Para isso, seria necessário verificar a **amplitude**, que nesse caso corresponde à diferença entre o maior e o menor valor de um conjunto de dados.

Veja como calcular a amplitude das alturas de cada equipe:

Vamos Juntos			Força Já		
1,83 m − 1,30 m = 0,53 m			1,62 m − 1,58 m = 0,04 m		
maior altura / menor altura / amplitude			maior altura / menor altura / amplitude		

Repare que a amplitude da equipe Força Já é menor que a amplitude da equipe Vamos Juntos.

ATIVIDADES

1. Observe na tabela abaixo a massa de alguns competidores brasileiros de Judô masculino que foram convocados para o Campeonato Mundial de Judô – Budapeste 2017, que ocorreu na Hungria.

MASSA DE ALGUNS CONVOCADOS PARA O CAMPEONATO MUNDIAL DE JUDÔ	
Competidor	Massa (em kg)
Eric Takabatake	60
Phelipe Pelim	60
Charles Chibana	66
Marcelo Contini	73
Victor Penalber	81
Eduardo Yudi Santos	81

O Judô é uma arte marcial praticada como luta de combate e defesa.

Dados obtidos em: <http://www.cbj.com.br/noticias/6230/sele%C3%A7%C3%A3o-brasileira-%C3%A9-convocada-para-o-campeonato-mundial-de-jud%C3%B4-%E2%80%93-budapeste-2017.html>. Acesso em: 12 jul. 2018.

a) Calcule a média aritmética dessas massas.

b) Determine a amplitude desse conjunto de dados.

c) Que massa pode ser inserida nesse conjunto de dados de modo que sua amplitude continue a mesma?

2. A professora de Matemática do 7º ano aplicou a mesma avaliação para duas turmas. Veja as notas que os alunos de cada turma obtiveram.

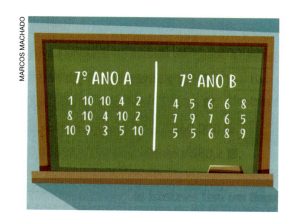

a) Qual foi a nota média de cada turma?

b) Qual é a amplitude das notas de cada turma?

c) Para ser aprovado nessa avaliação, os alunos deveriam ter notas iguais ou superiores a 5. Qual das turmas tem mais alunos que não foram aprovados?

3. Três empresas de uma cidade se cadastraram para um curso de capacitação oferecido pela prefeitura. Observe nos quadros abaixo o número de funcionários de cada empresa e seus respectivos salários.

EMPRESA A		
Cargo	Salário	Número de funcionários
Júnior	R$ 1.175,00	8
Pleno	R$ 1.960,00	2
Sênior	R$ 2.410,00	1

EMPRESA B		
Cargo	Salário	Número de funcionários
Júnior	R$ 950,00	3
Pleno	R$ 1.300,00	5
Sênior	R$ 2.050,00	4

EMPRESA C		
Cargo	Salário	Número de funcionários
Júnior	R$ 1.150,00	2
Pleno	R$ 1.850,00	4
Sênior	R$ 2.640,00	2

A primeira empresa a participar desse curso foi a que tem a menor amplitude no salário de seus funcionários.

a) Qual é o salário médio de cada empresa?

b) Qual dessas empresas foi a primeira a participar do curso de capacitação oferecido pela prefeitura?

ATIVIDADES COMPLEMENTARES

1. Escreva a equação correspondente a cada sentença a seguir. Depois, resolva-a.
   a) A soma do triplo de um número com 3 é igual a 24. Qual é esse número?
   b) A diferença entre o dobro de um número e 25 é igual a 7. Qual é esse número?
   c) Metade de um número menos 1 tem como resultado 3. Que número é esse?
   d) Três quartos de um número adicionados a 5 resultam em $\frac{1}{2}$. Que número é esse?

2. Corrija no caderno as afirmações falsas.
   a) A raiz da equação $x + 2x = 21$ é o número -7.
   b) A solução de uma equação também é solução de todas as equações equivalentes a ela, em um mesmo conjunto universo.
   c) A equação $x - 3x = 20$ não tem número natural como solução.
   d) Os números -5 e 5 são raízes da equação $x^2 - 25 = 0$.

3. Associe as equações equivalentes.

   A) $x + 6 = 9$
   B) $x - 4 = 5$
   C) $x = 2$
   D) $x + 2 = 3$

   I) $2x - 8 = 10$
   II) $4x + 8 = 12$
   III) $(x + 6) - 2 = 7$
   IV) $5x = 10$

4. Responda às questões.
   a) Qual é a raiz da equação $\frac{3}{5}x = 1$?
   b) Qual é a solução dessa equação, se $U = \mathbb{N}$?
   c) E se $U = \mathbb{Z}$?
   d) E se $U = \mathbb{Q}$?

5. Considerando $U = \mathbb{Q}$, determine a solução das equações a seguir.
   a) $4x + 13 = x - 17$
   b) $\frac{x + 1}{3} = \frac{1 - x}{2}$
   c) $3(y - 5) = 25 + 2y$

6. Observe a figura a seguir e, depois, faça o que se pede.

   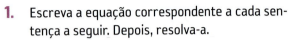

   a) Escreva a expressão correspondente ao perímetro da figura.
   b) Determine o valor de x para que o perímetro da figura seja 60 cm.
   c) Se $x = 100$ cm, qual será o perímetro da figura?
   d) Escreva a expressão correspondente à área da figura.

7. (Saeb) Uma prefeitura aplicou R$ 850 mil na construção de 3 creches e um parque infantil. O custo de cada creche foi de R$ 250 mil. A expressão que representa o custo do parque, em mil reais, é:
   a) $x + 850 = 250$.
   b) $x - 850 = 750$.
   c) $850 = x + 250$.
   d) $850 = x + 750$.

8. O entregador de uma empresa recebe mensalmente um salário fixo de R$ 1.280,00 mais R$ 0,70 por quilômetro rodado.

   Neste mês recebi R$ 2.890,00.

   Quantos quilômetros o entregador rodou para receber esse salário?

9. Um alpinista aceitou o desafio de escalar o maior pico das Américas, o Aconcágua. Durante a subida, enfrentou uma forte tempestade e, por medida de segurança, resolveu parar quando faltavam $\frac{3}{5}$ do percurso total. Se ele tivesse subido mais 696 metros, teria percorrido aproximadamente metade do percurso total. Qual é, aproximadamente, a altitude desse pico?

10. Ari foi contratado para trocar o piso de um salão. Ele cobrou R$ 300,00 para tirar o piso velho e mais uma quantia por metro quadrado de piso novo assentado. Sabendo que o salão tem 57 m² e que a mão de obra total ficou em R$ 1.326,00, quanto Ari cobrou por metro quadrado de piso novo assentado?

11. João colocou o carro à venda e recebeu uma proposta de Marcos.

Se João vender o carro por esse valor, perderá $\frac{3}{10}$ do valor de mercado. Qual é o preço de mercado do carro de João?

12. Beatriz comprou uma caixa com 14 lápis para dividir entre seus três filhos de acordo com a quantidade que cada um precisava. Assim, Ricardo recebeu 3 lápis a menos que a quantidade recebida por Jorge, e Régis ganhou 2 lápis a mais que Jorge. Quantos lápis ganhou cada um dos filhos?

13. Qual das sentenças a seguir é uma inequação do 1º grau com uma incógnita?
a) $x^2 = 7x$
b) $x > 3x - 2$
c) $4x^3 \leqslant 5$
d) $x^2 + 6x = 13$
e) $x + y - 3z < 7$

14. Escreva, para cada frase, uma inequação. Não se esqueça do conjunto universo.
a) x é um número natural maior que 15.
b) y é um número inteiro menor que -32.
c) x é um número racional maior ou igual a -132.

15. Responda às questões a seguir.
a) Se multiplicarmos por -2 os dois membros de uma inequação, o sinal da desigualdade permanecerá no sentido original?
b) Se dividirmos por -2 os dois membros de uma equação, a igualdade permanecerá?
c) O que ocorre com a desigualdade quando adicionamos o número 0 aos dois membros de uma inequação?
d) O que ocorre com a desigualdade quando multiplicamos os dois membros de uma inequação pelo número 0?

16. Resolva as inequações considerando $U = \mathbb{Q}$.
a) $3(4x - 8) + 2 \geqslant 5 - 2(3 - 2x)$
b) $\frac{x + 2}{4} \leqslant \frac{x - 3}{6}$
c) $x - \frac{x + 1}{3} > \frac{x}{2}$
d) $2(x - 1) - (1 - x) \geqslant 3(x + 2)$

17. Sabendo que $U = \mathbb{Q}$, a solução da inequação $3(y - 4) < 5(y + 1) + 11$ é:
a) $y < -1$, com $y \in \mathbb{Q}$.
b) $y < 14$, com $y \in \mathbb{Q}$.
c) $y > 14$, com $y \in \mathbb{Q}$.
d) $y > -14$, com $y \in \mathbb{Q}$.
e) $y < -12$, com $y \in \mathbb{Q}$.

18. (UFG-GO) O menor múltiplo de 3 que satisfaz a inequação $x + 5 < 2x - 1$ é:
a) 12.
b) 9.
c) 6.
d) 3.
e) 0.

ATIVIDADES COMPLEMENTARES

19. Observe as figuras a seguir.

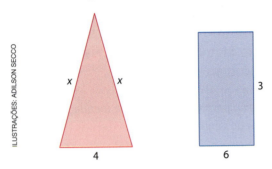

Para quais valores de x o perímetro do triângulo é maior que o perímetro do retângulo?

20. Um guindaste suporta uma carga máxima de 12 toneladas.

Guindaste no porto da cidade de Duisburg, na Alemanha. Foto de 2012.

Sabe-se que esse guindaste vai transportar dois contêineres de mesma massa x e uma caixa de 4 toneladas.

a) Escreva uma inequação que represente essa situação.

b) Quantas toneladas cada contêiner pode ter no máximo?

21. No fim do ano, uma empresa presenteia os funcionários com um vale-presente e uma cesta de Natal. Para isso, é destinado um orçamento de R$ 25.000,00, dos quais R$ 15.000,00 são gastos com as cestas e o restante determina o valor do vale-presente. Sabendo que há 48 funcionários nessa empresa, qual é o maior valor inteiro que o vale-presente pode ter para não estourar o orçamento?

22. Sara e o marido estão poupando uma quantia há algum tempo para comprar um carro que custa R$ 34.000,00. Observe a cena e responda às questões a seguir.

a) O dinheiro que eles têm juntos é suficiente para comprar o carro?

b) Qual desigualdade podemos escrever para relacionar a quantia que Sara e o marido têm juntos e o valor do carro?

23. Carol e Vinícius estavam brincando de resolver enigmas que envolviam números. Vinícius propôs o seguinte enigma para Carol resolver:

a) Para resolver o enigma, Carol escreveu uma inequação. Que inequação ela escreveu?

b) Quais são esses números naturais?

24. (Fuvest-SP) Um estacionamento cobra R$ 6,00 pela primeira hora de uso, R$ 3,00 por hora adicional e tem uma despesa diária de R$ 320,00. Considere-se um dia em que sejam cobradas, no total, 80 horas de estacionamento. O número mínimo de usuários necessário para que o estacionamento obtenha lucro nesse dia é:

a) 25. b) 26. c) 27. d) 28. e) 29.

 Mais questões no livro digital

UNIDADE 8
POLÍGONO, CIRCUNFERÊNCIA E CÍRCULO

1 POLÍGONOS E SEUS ELEMENTOS

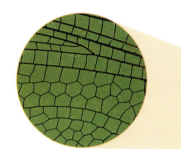

Libélula.

As asas da libélula são formadas por diversas partes que lembram figuras geométricas planas.

> Uma linha poligonal fechada e simples com sua região interna é um **polígono**.

Veja exemplos de polígonos e de figuras que não são polígonos.

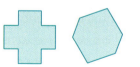 

São polígonos.   Não são polígonos.

A linha poligonal é o contorno do polígono e separa o plano em duas regiões: a região **interna** do polígono e a região **externa** a ele.

 A linha laranja é o contorno do polígono, a parte amarela é a região interna do polígono e a parte azul é a região externa ao polígono.

RECORDE

Linha poligonal é uma linha do plano formada apenas por segmentos de reta consecutivos e não colineares.

- Linhas poligonais fechadas e simples: os segmentos não se cruzam.

- Linhas poligonais fechadas e não simples: os segmentos se cruzam.

225

POLÍGONO CONVEXO E POLÍGONO NÃO CONVEXO

Um polígono pode ser classificado em convexo ou não convexo.

Se todos os segmentos de reta com extremidades no interior de um polígono tiverem todos os seus pontos situados no interior desse polígono, ele será **convexo**. Veja alguns exemplos.

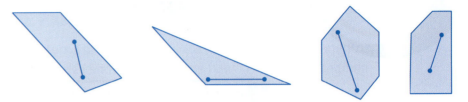

Se um segmento de reta tiver extremidades no interior de um polígono, mas nem todos os seus pontos estiverem situados no interior desse polígono, ele será **não convexo**. Veja alguns exemplos.

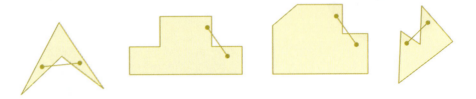

ELEMENTOS DE UM POLÍGONO

Veja o polígono convexo abaixo e a indicação de seus elementos.

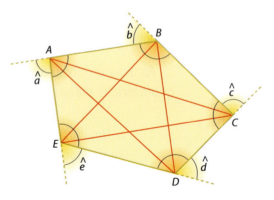

> **OBSERVAÇÃO**
>
> Em um polígono convexo os ângulos internos e externos, com vértice comum, são adjacentes suplementares. Assim, a soma das medidas de cada par deles é igual a 180°. Por isso, no polígono ao lado temos:
> - med($\hat{A}$) + med($\hat{a}$) = 180°
> - med($\hat{B}$) + med($\hat{b}$) = 180°
> - med($\hat{C}$) + med($\hat{c}$) = 180°
> - med($\hat{D}$) + med($\hat{d}$) = 180°
> - med($\hat{E}$) + med($\hat{e}$) = 180°

- **Lados** são os segmentos de reta que limitam o polígono: $\overline{AB}$, $\overline{BC}$, $\overline{CD}$, $\overline{DE}$ e $\overline{EA}$
- **Vértices** são os pontos de encontro de cada par de lados consecutivos do polígono: A, B, C, D e E
- **Diagonais** são segmentos de reta cujas extremidades são vértices que não pertencem a um mesmo lado do polígono: $\overline{AC}$, $\overline{AD}$, $\overline{BE}$, $\overline{BD}$ e $\overline{CE}$
- **Ângulos internos** são os ângulos formados por um par de lados consecutivos que contém a região interna do polígono: $E\hat{A}B$, $A\hat{B}C$, $B\hat{C}D$, $C\hat{D}E$ e $D\hat{E}A$ (também podem ser indicados por $\hat{A}$, $\hat{B}$, $\hat{C}$, $\hat{D}$ e $\hat{E}$, respectivamente)
- **Ângulos externos** são os ângulos formados pelo prolongamento de um dos lados do polígono e por seu lado consecutivo e que não contém a região interna do polígono: $\hat{a}$, $\hat{b}$, $\hat{c}$, $\hat{d}$ e $\hat{e}$

NOME DOS POLÍGONOS

Alguns polígonos são nomeados de acordo com o número de lados. Observe.

Número de lados	Nome do polígono	Exemplo de polígono	Número de vértices	Número de ângulos internos
3	Triângulo		3	3
4	Quadrilátero		4	4
5	Pentágono		5	5
6	Hexágono		6	6
7	Heptágono		7	7
8	Octógono		8	8
9	Eneágono		9	9
10	Decágono		10	10
11	Undecágono		11	11
12	Dodecágono		12	12
15	Pentadecágono		15	15
20	Icoságono		20	20

Note que, para cada um desses polígonos, o número de vértices, de lados e de ângulos internos é sempre o mesmo. Isso vale para qualquer polígono.

POLÍGONOS REGULARES

Os polígonos podem ser classificados segundo as medidas dos lados ou dos ângulos.

Os polígonos que têm todos os lados de mesma medida são denominados **polígonos equiláteros**. Os polígonos que têm todos os ângulos internos de mesma medida são denominados **polígonos equiângulos**. E os polígonos que têm lados de mesma medida e ângulos de mesma medida são denominados **polígonos regulares**.

Observe os polígonos representados abaixo. Apenas o polígono equiângulo e equilátero é um polígono regular.

PARA PENSAR

Uma teia de aranha é formada por diversas partes que lembram polígonos. Esses polígonos são regulares ou não regulares?

Organize o que você aprendeu fazendo a atividade 2 da página 276.

Polígono não equilátero e não equiângulo

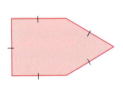
Polígono equilátero e não equiângulo

Polígono equiângulo e não equilátero

Polígono regular

INFORMÁTICA E MATEMÁTICA

Mosaicos

Nesta seção você vai utilizar um *software* de geometria dinâmica para construir mosaicos usando apenas polígonos regulares. Para isso, os polígonos precisam ter pelo menos um vértice em comum e se encaixar perfeitamente, de modo que não se sobreponham nem haja espaços entre eles.

CONSTRUA

Siga os passos abaixo para construir mosaicos com polígonos regulares. Para a construção de cada polígono, use a ferramenta própria para traçar polígonos regulares, destacada na figura ao lado.

Mosaico de quadrados

1º) A partir de dois pontos quaisquer, construa um quadrado.
2º) Selecione dois vértices consecutivos do quadrado construído e construa outro quadrado.
3º) Construa outros quadrados a partir de dois vértices consecutivos de um quadrado já existente, até que o mosaico atinja as dimensões desejadas.

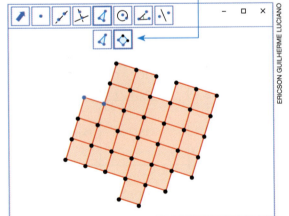

Ferramenta que traça polígonos regulares a partir de dois pontos.

INFORMÁTICA E MATEMÁTICA

Mosaico de triângulos equiláteros

1º) A partir de dois pontos quaisquer, construa um triângulo equilátero.

2º) Selecione dois vértices consecutivos do triângulo construído e construa outro triângulo equilátero.

3º) Construa outros triângulos equiláteros a partir de dois vértices consecutivos de um triângulo já existente, até formar o mosaico desejado.

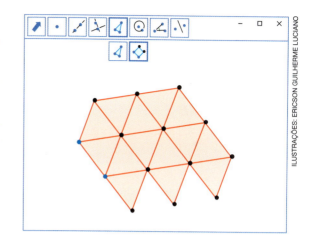

Mosaico de hexágonos regulares

1º) A partir de dois pontos quaisquer, construa um hexágono regular.

2º) Selecione dois vértices consecutivos do hexágono construído e construa outro hexágono regular.

3º) Construa outros hexágonos regulares a partir de dois vértices consecutivos de um hexágono já existente, até formar o mosaico desejado.

Mosaico composto de dois polígonos regulares diferentes

Para compor um mosaico, também podemos combinar dois ou mais polígonos regulares. Siga os passos abaixo e construa um mosaico formado por octógonos regulares e quadrados.

1º) A partir de dois pontos quaisquer, construa um octógono regular.

2º) Selecione dois vértices consecutivos do octógono regular construído e construa um quadrado.

3º) Alterne a construção de octógonos e quadrados seguindo o padrão mostrado no mosaico ao lado, até formar o mosaico desejado.

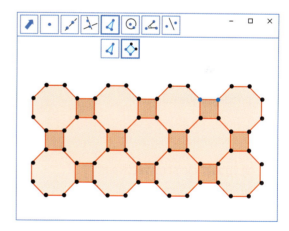

INVESTIGUE

Faça o que se pede utilizando as ferramentas do *software*.

a) Movimente os pontos móveis dos mosaicos construídos, modificando a medida de seus lados. O que aconteceu com as medidas dos ângulos internos dos polígonos quando modificamos as medidas dos lados dos polígonos?

229

INFORMÁTICA E MATEMÁTICA

b) Se em um dos três primeiros mosaicos construídos escolhermos um vértice de um polígono cercado por polígonos em toda a sua volta, a soma dos ângulos internos dos polígonos ao redor desse vértice será 360°.

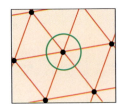 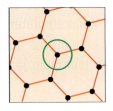

Considerando essa informação, é possível determinar as medidas dos ângulos internos desses polígonos. Calcule a medida do ângulo interno do triângulo equilátero e do hexágono regular.

c) Observe o mosaico construído com octógonos regulares e quadrados e responda: como podemos descobrir a medida do ângulo interno do octógono regular? Qual é essa medida?

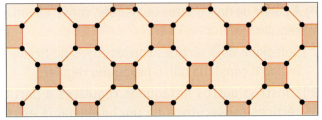

ATIVIDADES

VAMOS PRATICAR

1. Observe o polígono e responda às questões.

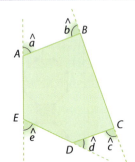

a) Quais são seus vértices?
b) Quais são seus lados?
c) Quais são seus ângulos internos?
d) Quais são seus ângulos externos?
e) Quais são suas diagonais?

2. Usando régua graduada e transferidor, desenhe no caderno:
a) um quadrilátero com todos os ângulos internos medindo 90°;
b) um polígono não equilátero e não equiângulo.
• O quadrilátero que você desenhou no item **a** é regular? Justifique.

VAMOS APLICAR

3. Observe as figuras e assinale a(s) afirmação(ões) verdadeira(s).

a) O polígono A é um polígono regular.
b) O polígono C é um hexágono equiângulo.
c) O polígono D é um quadrilátero equilátero.
d) O polígono B é um pentágono equiângulo.

4. Observe a figura e responda.

• Qual é a relação entre os ângulos interno e externo que possuem o mesmo vértice?

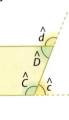

230

2 CIRCUNFERÊNCIA E CÍRCULO

Observe a imagem ao lado.

O bambolê usado pela ginasta dá ideia de qual figura geométrica?

Em nosso dia a dia, percebemos a presença de formas circulares em vários objetos. O bambolê é um exemplo de objeto que lembra uma circunferência.

Circunferência é a figura geométrica formada por todos os pontos de um plano que estão à mesma distância de um ponto fixo desse plano. O ponto fixo é chamado de **centro da circunferência**.

Ganna Rizatdinova da Ucrânia na final individual da Ginástica Rítmica nas Olimpíadas do Rio 2016. Foto de 2016.

Na figura a seguir, por exemplo, a linha verde representa uma circunferência cujo centro é o ponto O, e a distância desse ponto a qualquer ponto da circunferência é de 1,5 centímetro.

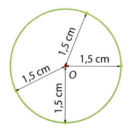

Na foto abaixo, a parte azul da roda-gigante, em que as cabines estão presas, lembra uma circunferência. Note que a distância entre o centro da roda e qualquer ponto da parte azul é a mesma.

Para traçar uma circunferência, podemos contornar objetos circulares, utilizar fios e linhas ou usar um compasso.

231

RAIO E DIÂMETRO DE UMA CIRCUNFERÊNCIA

Qualquer segmento de reta cujas extremidades são o centro e um ponto qualquer da circunferência chama-se **raio da circunferência**.

Qualquer segmento de reta que tem as duas extremidades na circunferência e passa pelo seu centro chama-se **diâmetro**.

Na circunferência ao lado, temos:

- O é o centro;
- A, F, P e M são alguns pontos da circunferência;
- $\overline{AO}$ é um raio;
- $\overline{FA}$ é um diâmetro.

O raio dessa circunferência mede 2 cm de comprimento e o diâmetro, 4 cm de comprimento.

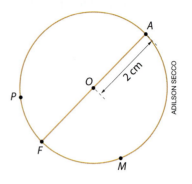

COMPRIMENTO DE UMA CIRCUNFERÊNCIA

Camila desenhou três circunferências usando um compasso e indicou as medidas de seus diâmetros.

Em seguida, ela colocou um barbante sobre o contorno de cada circunferência e mediu o comprimento de cada barbante. A medida aproximada dos comprimentos de cada barbante corresponde à medida aproximada do comprimento da circunferência correspondente. Veja as medidas das circunferências C_1, C_2 e C_3 que Camila obteve ao medir os barbantes:

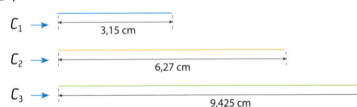

Veja os valores que Camila obteve ao calcular o quociente entre a medida aproximada do comprimento e a medida do diâmetro correspondente a cada circunferência.

C_1: $\dfrac{3,15}{1} = 3,15$ C_2: $\dfrac{6,27}{2} = 3,135$ C_3: $\dfrac{9,425}{3} = 3,141666...$

Como é possível perceber, os valores obtidos por Camila nesses quocientes estão próximos de 3,14.

O número obtido ao dividir a medida do comprimento de uma circunferência pela medida do seu diâmetro, na mesma unidade, é o número irracional pi (representado pela letra grega π).

$$\pi = 3,14159265...$$

Foi provado que o número π tem infinitas casas decimais e não tem parte periódica.

Questionar e levantar problemas

CÍRCULO

A figura geométrica formada por uma circunferência e toda sua região interna chama-se círculo.

circunferência

região interna

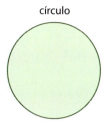
círculo

Trilha de estudo
Vai estudar? Nosso assistente virtual no *app* pode ajudar!
<http://mod.lk/trilhas>

É preciso ter muito cuidado para não confundir circunferência com círculo.

Veja alguns objetos que lembram círculos.

Placa "proibido estacionar".

Moeda de 1 real.

ATIVIDADES

VAMOS PRATICAR

1. Classifique os segmentos a seguir, considerando que o centro da circunferência é o ponto O.
   a) $\overline{OC}$
   b) $\overline{OA}$
   c) $\overline{BD}$
   d) $\overline{OE}$
   e) $\overline{CE}$
   f) $\overline{OD}$

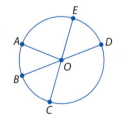

2. Com um compasso, construa uma circunferência de centro O e diâmetro de medida 4 cm. Depois, faça o que se pede.
   a) Trace um raio $\overline{AO}$ e um diâmetro $\overline{AB}$.
   b) Determine o comprimento dessa circunferência.
   c) Converse com um colega e verifique se vocês determinaram o comprimento da circunferência do mesmo modo.

3. Considere que $\overline{CB}$ é diâmetro da circunferência a seguir e que A é um ponto qualquer dela diferente de B e de C.

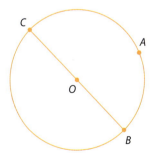

   a) Podemos afirmar que os pontos A, O e B determinam um triângulo isósceles? Por quê?
   b) Podemos afirmar que os pontos A, B e C determinam um triângulo isósceles? Por quê?

233

VAMOS APLICAR

4. Observe os pares de circunferências a seguir e determine se elas têm algum ponto em comum.

a)

c)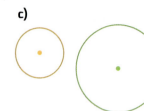

b)

d)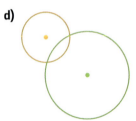

5. Podemos dividir o círculo em partes chamadas de **setores circulares**. Observe o círculo abaixo, de centro O, dividido em três setores circulares.

Agora, observe os setores circulares destacados em cada item e associe-os a partes de giros e medidas de ângulos.

a)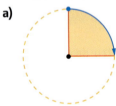

b)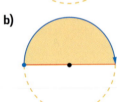

c)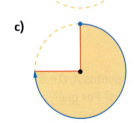

6. Uma fábrica de rodas para bicicletas embala essas peças em caixas.

Desprezando a espessura da caixa, responda às questões.

a) Se uma roda tiver 17 cm de raio, qual deverá ser, no mínimo, a medida do comprimento da caixa?

b) Se o comprimento da caixa for 62 cm, qual deverá ser, no máximo, a medida do raio da roda?

7. Arquimedes, matemático grego que viveu no século III, utilizou a forma fracionária para representar, de maneira aproximada, o número irracional π.

$$\pi = 3,141592... \simeq \frac{22}{7}$$

a) Arredonde os números 3,141592... e $\frac{22}{7}$ para a segunda casa decimal e compare-os. O que você observa?

b) E se arredondá-los para a terceira casa decimal?

8. Míriam está fazendo uma toalha circular e quer aplicar renda em seu contorno. Quantos metros de renda ela deverá usar se o diâmetro da toalha mede 1,5 m?

ESTATÍSTICA E PROBABILIDADE
CONSTRUÇÃO DE GRÁFICOS DE SETORES

Uma pesquisa realizada em março de 2018 na escola de futebol Golaço revelou os times pelos quais os alunos torcem. O resultado dessa pesquisa está apresentado na tabela.

Para construir o gráfico de setores referente a essa pesquisa, precisamos determinar o ângulo associado a cada setor correspondente aos dados da tabela.

Como o círculo corresponde ao total de torcedores, associamos o ângulo de 360° a 100% dos alunos que responderam à pesquisa. A partir dessa informação, podemos obter o ângulo associado ao setor correspondente a cada dado apresentado na tabela.

TIMES PELOS QUAIS OS ALUNOS TORCEM

Time	Porcentagem de alunos
Internacional	50%
Grêmio	25%
Juventude	12,5%
Caxias	12,5%

Dados obtidos pela escola de futebol Golaço em março de 2018.

Internacional

Vamos determinar 50% de 360°:

$$\frac{50}{100} \cdot 360° = \frac{1}{2} \cdot 360° = 180°$$

Grêmio

Vamos determinar 25% de 360°:

$$\frac{25}{100} \cdot 360° = \frac{1}{4} \cdot 360° = 90°$$

Juventude

Vamos determinar 12,5% de 360°:

$$\frac{12,5}{100} \cdot 360° = \frac{125}{1.000} \cdot 360° = \frac{1}{8} \cdot 360° = 45°$$

Caxias

Vamos determinar 12,5% de 360°:

$$\frac{12,5}{100} \cdot 360° = \frac{125}{1.000} \cdot 360° = \frac{1}{8} \cdot 360° = 45°$$

Portanto, o círculo deverá ser dividido em 4 partes, sendo: uma de 180°, uma de 90° e duas de 45°. Depois, cada parte deve ser pintada com uma cor diferente.

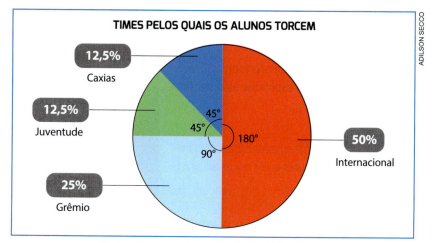

Dados obtidos pela escola de futebol Golaço em março de 2018.

Veja que cada porcentagem está relacionada a um setor com determinado ângulo do círculo. Por exemplo, a porcentagem de torcedores do Internacional está associada a um setor com ângulo de 180°.

ESTATÍSTICA E PROBABILIDADE

ATIVIDADES

1. Uma faculdade de artes cênicas fez em outubro de 2018 uma pesquisa entre alguns frequentadores de teatro para saber sua preferência por gênero de peça teatral. Os dados da pesquisa estão apresentados, em porcentagem, na tabela.

PREFERÊNCIA POR GÊNERO DE PEÇA TEATRAL	
Gênero de peça teatral	Porcentagem de apreciadores
Drama	25%
Musical	30%
Comédia	20%
Monólogo	10%
Ópera	15%

Dados obtidos pela faculdade de artes cênicas em outubro de 2018.

- Construa em uma folha de papel sulfite, com a ajuda de um transferidor, um gráfico de setores com os dados dessa tabela. Lembre-se de indicar o título e a fonte de dados do seu gráfico.

2. A tabela a seguir apresenta a distribuição do consumo de água no mundo.

CONSUMO DE ÁGUA NO MUNDO	
Tipo	Porcentagem
Agrícola	70%
Industrial	20%
Outros	10%

Dados obtidos em: <http://unesdoc.unesco.org/images/0024/002440/244041por.pdf>. Acesso em: 12 jul. 2018.

Com base nos dados da tabela e com o auxílio de compasso e transferidor, construa um gráfico de setores em uma folha de papel sulfite após responder às questões a seguir.

a) Qual será o título do gráfico? E a fonte?
b) Qual deve ser a medida do ângulo do setor circular que representará a porcentagem do consumo agrícola? E do ângulo do setor circular que representará o consumo industrial?
c) Qual é a soma das porcentagens dadas na tabela?
d) Como podemos calcular a medida do ângulo do setor circular associado a outros usando os resultados obtidos no item **b**?

3. Leia o texto e os dados da tabela.

> Cuidado ao abrir os *e-mails* que chegam à sua caixa de entrada. Os *e-mails* indesejados podem ser *spams* publicitários, tentativas de roubar dados pessoais ou até *e-mails* que espalham vírus nos computadores.
>
> Uma análise feita no primeiro trimestre de 2017 mostra que quase 56% de todos os *e-mails* enviados no mundo continham *spams*.

DE ONDE SAEM OS *SPAMS* QUE VÃO PARAR NO SEU *E-MAIL*	
País	Porcentagem de *spams*
China	7,8%
Estados Unidos	18,7%
Alemanha	5,4%
França	4,4%
Rússia	4,9%
Vietnã	7,9%
Índia	5,2%

Dados obtidos em: <https://securelist.com/spam-and-phishing-in-q1-2017/78221/>. Acesso em: 12 jul. 2018.

a) A soma das porcentagens indicadas na tabela é igual a 100%? Em caso negativo, quanto falta?

b) Em uma folha de papel sulfite e usando um transferidor, construa um gráfico de setores com os dados da tabela. Identifique com a palavra *Outros* o setor que falta para completar o círculo.

> Para construir o gráfico, calcule, antes, as medidas aproximadas do ângulo de cada setor que representa os dados da tabela.

4. Uma pesquisa brasileira realizada em 2015 pelo Ministério da Ciência, Tecnologia e Inovação investigou o interesse do brasileiro por ciência e tecnologia.

Observe, na tabela ao lado, os dados dessa pesquisa e, depois, faça o que se pede.

INTERESSE DO BRASILEIRO POR CIÊNCIA E TECNOLOGIA	
Classificação	Porcentagem de entrevistados
Muito interessado	26%
Interessado	35%
Pouco interessado	25%
Nada interessado	13%
Não sabe/não respondeu	1%

Revista *Galileu*, edição 312, julho 2017, página 33.

a) Qual é a soma das porcentagens da tabela?

b) Para construir um gráfico de setores a partir desses dados, o maior setor representará o quê?

c) Construa um gráfico de setores a partir desses dados. Não se esqueça de colocar o título e a fonte de dados.

d) Se você fizesse parte da pesquisa, qual seria a sua resposta?

ATIVIDADES COMPLEMENTARES

1. Calcule o valor de x e de y em cada caso.

   a)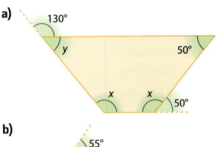

   b)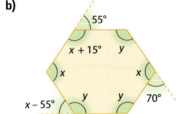

2. (Enem) Na construção civil, é muito comum a utilização de ladrilhos ou azulejos com a forma de polígonos para o revestimento de pisos ou paredes. Entretanto, não são todas as combinações de polígonos que se prestam a pavimentar uma superfície plana, sem que haja falhas ou superposição de ladrilhos, como ilustram as figuras:

   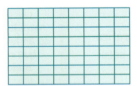

   Figura 1: Ladrilhos retangulares pavimentando o plano

   Figura 2: Heptágonos regulares não pavimentam o plano (há falhas ou superposição)

Nome	Triângulo	Quadrado	Pentágono
Figura	△	□	⬠
Ângulo interno	60°	90°	108°

Nome	Hexágono	Octógono	Eneágono
Figura	⬡	⬢	⬣
Ângulo interno	120°	135°	140°

   Se um arquiteto deseja usar uma combinação de dois tipos diferentes de ladrilho entre os polígonos da tabela, sendo um deles octogonal, o outro tipo escolhido deverá ter a forma de um:

   a) triângulo.
   b) quadrado.
   c) pentágono.
   d) hexágono.
   e) eneágono.

3. Observe a ilustração da circunferência de centro O. Depois, transcreva apenas as afirmações verdadeiras.

   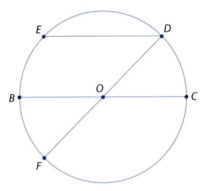

   a) O segmento $\overline{ED}$ é raio da circunferência.
   b) Os segmentos $\overline{BC}$ e $\overline{FD}$ são diâmetros da circunferência.
   c) A medida do diâmetro é a metade da medida do raio.
   d) O é um ponto da circunferência.
   e) A medida do raio é igual à metade da medida do diâmetro.

4. Com um compasso ou usando objetos de forma circular, trace circunferências.

   a) Marque o centro de cada circunferência.
   b) Com uma régua, meça os raios das circunferências.
   c) Junte-se a um colega e troquem ideias sobre como traçaram as circunferências e identificaram os raios.

5. Em uma folha de papel desenhe uma circunferência qualquer e pinte o círculo determinado por ela. Depois, responda às questões e faça o que se pede.

a) O centro da circunferência é um ponto do círculo? É um ponto da circunferência?

b) Os pontos da circunferência fazem parte do círculo?

c) Recorte o círculo que você desenhou e faça experiências com dobras para descobrir quantos eixos de simetria ele tem.

6. Se a corda pela qual o cavalo está amarrado mede 4,35 m, quantos metros tem o cercado? (Considere: $\pi = 3{,}14$.)

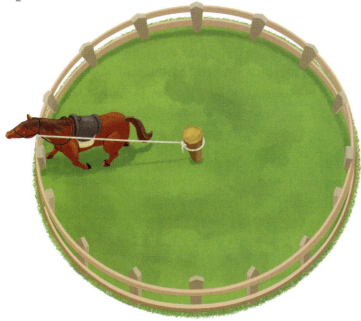

7. Observe atentamente as pinturas a seguir. Leia os títulos, observe as cores e as formas utilizadas e a composição de cada uma.

Wassily Kandinsky. *Nos pontos*, 1928, óleo sobre tela, 140 cm × 140 cm.

Enquanto Wassily Kandinsky trabalhou na escola de artes Bauhaus que ficava na Alemanha, ele completou muitas obras de arte que usavam combinações geométricas e formas livres.

Belmiro Barbosa de Almeida. *Maternidade em círculos*, 1908, óleo sobre tela, 46 cm × 61 cm.

Belmiro Barbosa de Almeida escolheu formas circulares para expressar uma intrigante ideia de maternidade.

- Escreva um texto sobre o uso de formas geométricas na arte e dê sua opinião sobre as obras acima.

 Mais questões no livro digital

UNIDADE 9
TRIÂNGULOS E QUADRILÁTEROS

1 TRIÂNGULOS

Você já aprendeu que triângulo é um polígono com três lados. Na Arquitetura e na Engenharia é muito comum o uso de estruturas com formato triangular, principalmente em telhados, prédios e pontes.

Estrutura de um telhado.

Centro Esportivo em Shenzhen, na China. Foto de 2016.

Observe nas fotos acima que no telhado e no centro esportivo há estruturas triangulares. Esse formato é muito utilizado em construções porque o triângulo é uma figura rígida e, por isso, não pode ser deformada.

Os outros polígonos podem sofrer deformações, pois é possível alterar seus ângulos internos sem mudar a medida de seus lados. Veja que podemos, por exemplo, movimentar dois lados paralelos do contorno de um losango e transformá-lo no contorno de um quadrado.

DESAFIO

A estante entortou! Como isso poderia ter sido evitado?

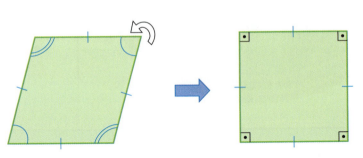

ELEMENTOS DE UM TRIÂNGULO

Considere o triângulo ABC a seguir. Nele, é possível identificar três vértices, três lados e três ângulos internos.

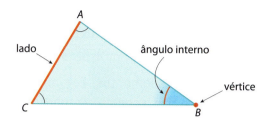

- A, B e C são os vértices;
- $\overline{AB}$, $\overline{BC}$ e $\overline{AC}$ são os lados;
- $C\hat{A}B$, $A\hat{B}C$ e $B\hat{C}A$ são os ângulos internos.

2 CONSTRUÇÃO DE TRIÂNGULOS COM RÉGUA E COMPASSO

Se soubermos as medidas dos lados de um triângulo, podemos construí-lo usando régua e compasso.

Veja, por exemplo, como podemos construir um triângulo com lados que medem 4 cm, 3 cm e 2 cm, conforme o esboço abaixo.

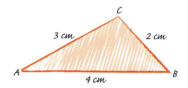

1º) Trace uma reta r e sobre ela construa o segmento $\overline{AB}$, de medida igual a 4 cm, que será um dos lados do triângulo.

2º) Utilize um compasso com abertura de 3 cm e, com a ponta-seca do compasso no ponto A da reta r, trace um arco.

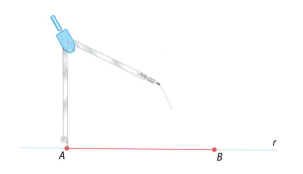

3º) Com abertura de 2 cm e com a ponta-seca do compasso no ponto B da reta r, trace outro arco, de modo que ele cruze o arco já traçado, obtendo o ponto C.

4º) Una com segmentos o ponto C aos pontos A e B, obtendo assim os lados $\overline{AC}$ e $\overline{BC}$. Por fim, pinte a região interna da figura e obtenha o triângulo ABC.

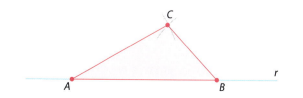

241

PARA PENSAR

Descreva por meio de um esquema os passos para a construção de um triângulo qualquer, conhecidas as medidas dos três lados.

3 CONDIÇÃO DE EXISTÊNCIA DE UM TRIÂNGULO

Você já sabe que o contorno de um triângulo é formado por três segmentos, que são os seus lados. Mas devemos observar que nem sempre três segmentos podem formar o contorno de um triângulo.

Por exemplo, será que é possível construir um triângulo com lados medindo 4 cm, 2 cm e 1 cm?

Verifique que os arcos não se cruzam; portanto, não é possível construir um triângulo com esses segmentos.

Para saber se existe um triângulo com segmentos de determinadas medidas, podemos aplicar a **condição de existência de um triângulo**, também conhecida por **desigualdade triangular**.

> Em qualquer triângulo, a medida de um lado deve ser menor que a soma das medidas dos outros dois lados.

EXEMPLOS

a) É possível construir um triângulo com lados medindo 1 cm, 2 cm e 4 cm?
Aplicando a condição de existência de um triângulo, temos:

$$1 \text{ cm} < 2 \text{ cm} + 4 \text{ cm} \longrightarrow \text{Sentença verdadeira}$$
$$2 \text{ cm} < 1 \text{ cm} + 4 \text{ cm} \longrightarrow \text{Sentença verdadeira}$$
$$4 \text{ cm} < 1 \text{ cm} + 2 \text{ cm} \longrightarrow \text{Sentença falsa}$$

Então, não é possível construir um triângulo com essas medidas de lado.

b) É possível construir um triângulo com lados medindo 7 cm, 3 cm e 5 cm?
Novamente vamos aplicar a condição de existência de um triângulo:

$$3 \text{ cm} < 5 \text{ cm} + 7 \text{ cm} \longrightarrow \text{Sentença verdadeira}$$
$$5 \text{ cm} < 3 \text{ cm} + 7 \text{ cm} \longrightarrow \text{Sentença verdadeira}$$
$$7 \text{ cm} < 3 \text{ cm} + 5 \text{ cm} \longrightarrow \text{Sentença verdadeira}$$

Então, é possível construir esse triângulo.

4 SOMA DAS MEDIDAS DOS ÂNGULOS INTERNOS DE UM TRIÂNGULO

Em todo triângulo, a soma das medidas dos ângulos internos é 180°.

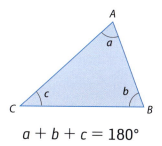

$$a + b + c = 180°$$

RECORDE

Um ângulo que mede 180° corresponde ao ângulo de meia-volta.

É possível verificar essa propriedade fazendo um experimento com um modelo de triângulo de papel.

1º) Desenhe, em uma folha de papel, um triângulo qualquer e recorte-o.

2º) Pinte cada ângulo interno da figura de uma cor.

3º) Recorte o triângulo em três partes de modo que cada uma contenha apenas um dos ângulos internos.

4º) Junte os três ângulos, formando um ângulo de medida igual a 180°.

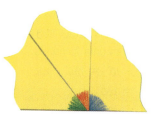

Assim, verificamos experimentalmente que a soma das medidas dos ângulos internos de um triângulo qualquer é 180°. A demonstração desse fato será feita em outro momento.

ATIVIDADES

VAMOS PRATICAR

1. Você conhece alguma construção que seja sustentada por uma estrutura triangular? Em caso afirmativo, descreva-a.

2. Identifique os lados, vértices e ângulos internos de cada triângulo.

   a)

   c)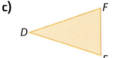

   b)

   d)

3. Verifique se é possível construir triângulos cujos lados tenham as medidas indicadas em cada caso.

   a) 6 cm, 8 cm e 5 cm
   c) 7 cm, 4 cm e 3 cm
   b) 8 cm, 5 cm e 18 cm
   d) 1,5 cm, 4,0 cm e 5,0 cm

4. Construa no caderno triângulos com as medidas dos lados indicadas em cada caso.

   a) 3 cm, 4 cm e 6 cm
   c) 8 cm, 6 cm e 2 cm
   b) 7 cm, 8 cm e 4 cm
   d) 16 cm, 10 cm e 4 cm

   • Você conseguiu construir todos os triângulos?

R1. Qual é a medida do ângulo $A\widehat{B}C$?

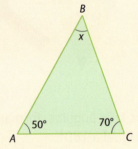

Resolução

Como a soma das medidas dos ângulos internos de um triângulo é 180°, podemos escrever a seguinte equação do 1º grau com uma incógnita:

$x + 50° + 70° = 180°$

$x + 120° = 180°$

$x = 180° - 120°$

$x = 60°$

Então, o ângulo $A\widehat{B}C$ mede 60°.

5. Calcule a medida x em grau.

   a)

   d)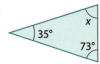

   b)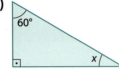

   e)

   c)

   f)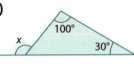

VAMOS APLICAR

6. Responda às questões.

   a) Dois ângulos internos de um triângulo medem, cada um, 40°. Qual é a medida do outro ângulo interno desse triângulo?

   b) Um triângulo tem os três ângulos com mesma medida. Qual é a medida de cada ângulo interno desse triângulo?

7. Responda às perguntas de Ana e João.

   a)  Um dos ângulos de um triângulo mede 23° 30' e outro mede 90°. Qual é a medida do terceiro ângulo desse triângulo?

   b) Um dos ângulos de um triângulo mede 15° e outro mede 150°. Qual é a medida do terceiro ângulo desse triângulo?

5 CLASSIFICAÇÃO DOS TRIÂNGULOS

Os triângulos recebem nomes especiais de acordo com as medidas dos lados ou de acordo com as medidas dos ângulos internos.

CLASSIFICAÇÃO DOS TRIÂNGULOS QUANTO ÀS MEDIDAS DOS LADOS

Quanto às medidas dos lados, os triângulos podem ser classificados em: **equilátero**, **isósceles** ou **escaleno**.

Triângulo equilátero	Triângulo isósceles	Triângulo escaleno
Um triângulo equilátero tem os três lados congruentes.	Um triângulo isósceles tem dois lados congruentes.	Um triângulo escaleno tem os três lados com medidas diferentes.

OBSERVAÇÃO

Os traços indicam que os lados têm a mesma medida.

Organize o que você aprendeu fazendo a atividade 4 da página 276.

CLASSIFICAÇÃO DOS TRIÂNGULOS QUANTO ÀS MEDIDAS DOS ÂNGULOS

Quanto às medidas dos ângulos, os triângulos podem ser classificados em: **acutângulo**, **retângulo** ou **obtusângulo**.

Triângulo acutângulo	Triângulo retângulo	Triângulo obtusângulo
Um triângulo acutângulo tem todos os ângulos internos agudos.	Um triângulo retângulo tem um ângulo interno reto.	Um triângulo obtusângulo tem um ângulo interno obtuso.

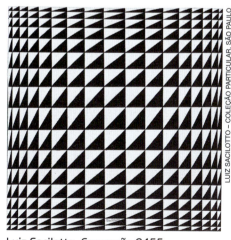

Luiz Sacilotto. *Concreção 8455*, 1984, 20 × 20 cm.

245

6 RELAÇÃO DE DESIGUALDADE ENTRE LADOS E ÂNGULOS DE UM TRIÂNGULO

Considere o triângulo ABC abaixo.

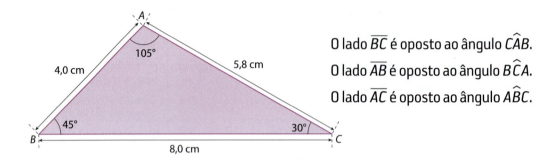

O lado $\overline{BC}$ é oposto ao ângulo $C\hat{A}B$.

O lado $\overline{AB}$ é oposto ao ângulo $B\hat{C}A$.

O lado $\overline{AC}$ é oposto ao ângulo $A\hat{B}C$.

Comparando as medidas dos ângulos internos desse triângulo e relacionando-as com as medidas dos lados opostos, temos:

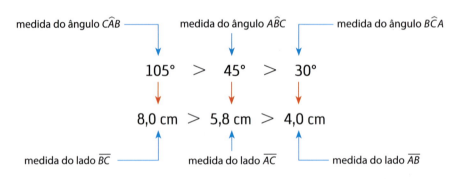

> Organize o que você aprendeu fazendo a atividade 3 da página 276.

Em todo triângulo, ao maior ângulo opõe-se o maior lado e, reciprocamente, ao maior lado opõe-se o maior ângulo. Da mesma forma, ao menor ângulo opõe-se o menor lado.

Essa relação é válida para qualquer triângulo e poderá ser provada mais adiante, quando avançarmos no estudo da Geometria.

Podemos usar essa relação para observar que:

- Um triângulo isósceles, que tem dois lados com mesma medida, também tem os ângulos opostos a esses lados com mesma medida.

- Um triângulo equilátero possui os três ângulos internos com a mesma medida: 180° : 3 = 60°.

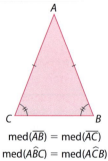

med($\overline{AB}$) = med($\overline{AC}$)
med($A\hat{B}C$) = med($A\hat{C}B$)

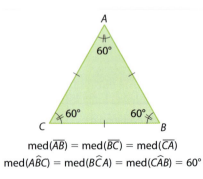

med($\overline{AB}$) = med($\overline{BC}$) = med($\overline{CA}$)
med($A\hat{B}C$) = med($B\hat{C}A$) = med($C\hat{A}B$) = 60°

ATIVIDADES

VAMOS PRATICAR

1. Escreva no caderno apenas as sentenças verdadeiras.
   a) Todo triângulo equilátero é isósceles.
   b) Todo triângulo equilátero é acutângulo.
   c) Todo triângulo retângulo é escaleno.
   d) Existe triângulo escaleno isósceles.
   e) Todo triângulo isósceles é acutângulo.
   f) Existe triângulo retângulo isósceles.
   g) Todo triângulo isósceles é equilátero.

2. Escreva uma equação do 1º grau que represente a soma dos ângulos internos de cada triângulo. Depois, resolva as equações e determine, em cada caso, a medida x em grau.

   a)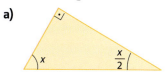
   b)
   c)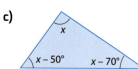

3. Sem instrumentos de medida, como régua ou transferidor, associe os triângulos às suas classificações quanto às medidas dos lados e quanto às medidas dos ângulos.

   A 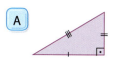   D
   B 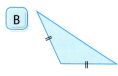   E
   C    F

   I — Equilátero e acutângulo.
   II — Isósceles e acutângulo.
   III — Escaleno e retângulo.
   IV — Isósceles e obtusângulo.
   V — Escaleno e obtusângulo.
   VI — Isósceles e retângulo.

VAMOS APLICAR

4. Calcule o valor de x em grau e minuto.

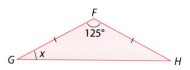

5. Observe o triângulo ABC, em que $\overline{BC}$ é o lado maior e $\overline{AC}$ é o lado menor.

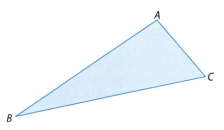

Se os ângulos internos desse triângulo medem x, $3x$ e $5x$, qual é, em grau, a medida:
   a) do ângulo oposto ao lado $\overline{BC}$?
   b) do ângulo oposto ao lado $\overline{AC}$?
   c) do ângulo oposto ao lado $\overline{AB}$?

6. Se dois lados de um triângulo isósceles medem 38 cm e 14 cm, qual é a medida do terceiro lado?

7. Construa o triângulo indicado em cada item e, depois, responda à questão.
   a) Equilátero com lados de 3 cm.
   b) Isósceles com lados de 5 cm e 7 cm.
   c) Escaleno com lados de 4 cm, 5 cm e 7 cm.
   • Há apenas um triângulo que satisfaz cada um dos itens acima? Justifique.

8. Resolva os problemas.
   a) Sabendo que ABC é um triângulo isósceles, $\overrightarrow{BM}$ é a bissetriz do ângulo $A\hat{B}C$ e $\overrightarrow{CM}$ é a bissetriz do ângulo $A\hat{C}B$, encontre a medida x, em grau.

   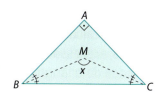

   b) Se o triângulo ABC fosse equilátero, qual seria a medida x em grau?

   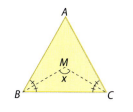

INFORMÁTICA E MATEMÁTICA

Lados e ângulos internos de um triângulo

Nesta seção você vai utilizar um *software* de geometria dinâmica para construir um triângulo qualquer e verificar o resultado da adição das medidas de seus ângulos internos, além de investigar a relação de desigualdade entre seus lados.

CONSTRUA

Siga os passos abaixo para construir um triângulo qualquer.

1º) Trace um segmento de reta $\overline{AB}$.
2º) Trace um segmento de reta $\overline{BC}$, consecutivo e não colinear a $\overline{AB}$.
3º) Trace o segmento de reta $\overline{CA}$, unindo os pontos C e A.
4º) Construa o triângulo ABC.

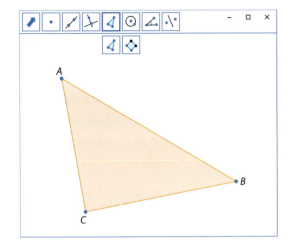

INVESTIGUE

Nesta seção faremos uso de uma calculadora dinâmica. Com esse recurso, as medidas da figura e os resultados das operações relacionadas a essas medidas modificam-se instantaneamente se a figura for movimentada.

Realize os passos abaixo.

a) Meça os ângulos internos do triângulo construído.
b) Com a calculadora do *software* de geometria dinâmica, escreva uma expressão correspondente à soma dos ângulos internos do triângulo: med(α) + med(β) + med(γ).
c) Movimente os vértices do triângulo e observe o que acontece com as medidas dos ângulos internos e com a expressão construída no item **b**. É possível perceber alguma relação observando a expressão que corresponde à soma das medidas dos ângulos internos do triângulo?
d) Meça os lados do triângulo.
e) Com a calculadora do *software* de geometria dinâmica, escreva três expressões correspondentes à soma das medidas dos lados do triângulo, dois a dois:
  - med(CB) + med(AC)
  - med(AC) + med(AB)
  - med(CB) + med(AB)
f) Movimente os vértices do triângulo e observe o que acontece com as expressões construídas no item **e**.
  - O que podemos observar quando comparamos a soma de dois lados com o terceiro lado de um triângulo?

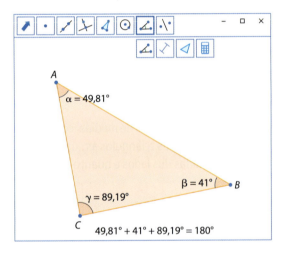

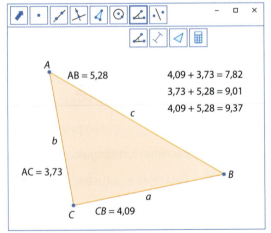

7 QUADRILÁTEROS

Você já aprendeu que um quadrilátero é um polígono de quatro lados. Veja na figura abaixo um exemplo de quadrilátero e seus elementos.

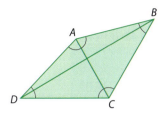

- Vértices: A, B, C e D
- Lados: $\overline{AB}$, $\overline{BC}$, $\overline{CD}$ e $\overline{DA}$
- Ângulos internos: $D\hat{A}B$, $A\hat{B}C$, $B\hat{C}D$ e $C\hat{D}A$
- Diagonais: $\overline{AC}$ e $\overline{BD}$

Os quadriláteros que possuem lados opostos paralelos são denominados **quadriláteros notáveis**. De acordo com o número de pares de lados opostos paralelos, o quadrilátero pode ser um **trapézio** ou um **paralelogramo**.

TRAPÉZIOS

Os trapézios são quadriláteros que têm somente **um par** de lados opostos paralelos. Veja os exemplos.

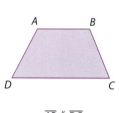

$\overline{AB} \parallel \overline{DC}$

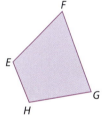

$\overline{EH} \parallel \overline{FG}$

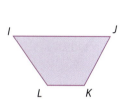

$\overline{IJ} \parallel \overline{LK}$

RECORDE

A notação $\parallel$ indica que duas retas ou dois segmentos são paralelos.

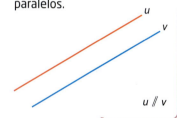

$u \parallel v$

PARALELOGRAMOS

Os paralelogramos são quadriláteros que têm **dois pares** de lados opostos paralelos. Veja os exemplos.

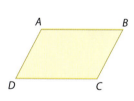

$\overline{AB} \parallel \overline{DC}$ e $\overline{AD} \parallel \overline{BC}$

$\overline{IJ} \parallel \overline{LK}$ e $\overline{IL} \parallel \overline{JK}$

$\overline{ON} \parallel \overline{PQ}$ e $\overline{NQ} \parallel \overline{OP}$

OUTROS QUADRILÁTEROS

Se o quadrilátero não tem **nenhum par** de lados opostos paralelos, ele não recebe nomenclatura especial. Veja os exemplos.

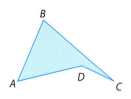

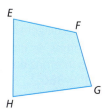

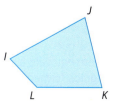

249

8 SOMA DAS MEDIDAS DOS ÂNGULOS INTERNOS DE UM QUADRILÁTERO

Em um quadrilátero convexo *ABCD* qualquer, a soma das medidas dos ângulos internos é 360°.

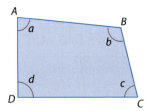

$$a + b + c + d = 360°$$

Assim como fizemos com os triângulos, é possível fazer um experimento com um modelo de quadrilátero de papel.

1º) Em uma folha de papel, desenhe um quadrilátero qualquer; depois, recorte-o.

3º) Recorte o quadrilátero em quatro partes, de forma que cada uma contenha um dos ângulos internos.

4º) Reúna os pedaços de modo que os ângulos pintados fiquem no centro. Observe que o ângulo formado pelas quatro cores tem medida igual a 360°, ou seja, corresponde ao ângulo de uma volta completa.

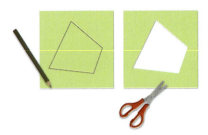

2º) Pinte cada ângulo interno da figura de uma cor.

Assim, verificamos experimentalmente que a soma das medidas dos ângulos internos de um quadrilátero é 360°. A demonstração desse fato será feita em outro momento.

OBSERVAÇÃO

Há outros modos de verificar que a soma dos ângulos internos de um quadrilátero convexo qualquer é 360°.

Podemos, por exemplo, decompor um quadrilátero convexo em dois triângulos, traçando uma de suas diagonais.

Perceba que a soma dos ângulos internos de um quadrilátero equivale à soma dos ângulos internos dos dois triângulos formados, ou seja, $2 \cdot 180° = 360°$.

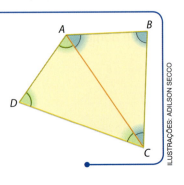

Podemos aplicar o que acabamos de verificar para calcular a medida desconhecida de um dos ângulos internos de um quadrilátero, como no exemplo abaixo. Veja como podemos encontrar a medida do ângulo $A\hat{B}C$.

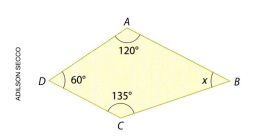

Como ABCD é um quadrilátero convexo, a soma das medidas dos seus ângulos internos é 360°. Assim, temos:

$60° + 120° + 135° + x = 360°$

$315° + x = 360°$

$x = 360° - 315°$

$x = 45°$

INFORMÁTICA E MATEMÁTICA

Ângulos internos de um quadrilátero

Nesta seção você vai utilizar um *software* de geometria dinâmica para construir um quadrilátero qualquer e verificar a soma das medidas de seus ângulos internos.

CONSTRUA

1º) Selecione a ferramenta de construção de polígonos e marque, na área de desenho, quatro pontos (A, B, C e D) consecutivos e não colineares.

2º) Finalize a construção clicando sobre o primeiro ponto marcado (A).

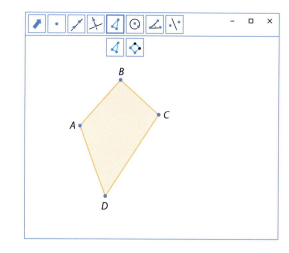

INVESTIGUE

Nesta investigação usaremos novamente a calculadora do *software* de geometria dinâmica.

a) Meça os ângulos internos do quadrilátero construído.

b) Utilizando a ferramenta calculadora do *software*, escreva uma expressão que corresponde à soma dos ângulos internos do quadrilátero: med(α) + med(β) + med(γ) + med(δ)

c) Movimente os vértices do quadrilátero e observe o que acontece com as medidas dos ângulos internos e com a expressão construída no item **b**.

• É possível perceber alguma relação observando a expressão que soma a medida dos ângulos internos do quadrilátero?

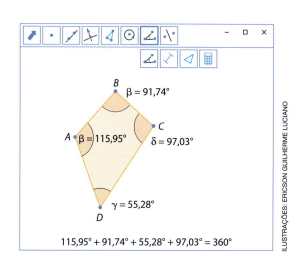

ATIVIDADES

VAMOS PRATICAR

1. Em cada quadrilátero, identifique os vértices, os lados, os ângulos internos e as diagonais.

a)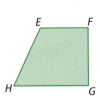

b)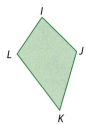

2. Observe a figura e responda à questão.

- Este quadrilátero é um paralelogramo? Justifique.

3. Classifique cada um dos quadriláteros em paralelogramo ou trapézio. Justifique sua resposta.

a)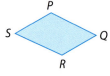

d)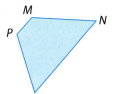

b)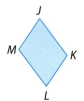

e)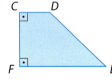

c)

f)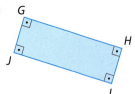

4. Classifique cada uma das afirmações em verdadeira (V) ou falsa (F).

a) Todo quadrilátero é um paralelogramo.

b) Um paralelogramo tem pelo menos um par de lados opostos paralelos.

c) Um trapézio tem somente um par de lados opostos paralelos.

VAMOS APLICAR

5. Em cada figura, descubra a medida x, em grau.

a)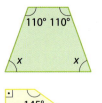

c)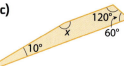

b)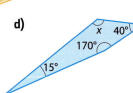

d)

6. Observe o trapézio ABCD, formado pelas retas r, s, t e u. Depois, faça o que se pede.

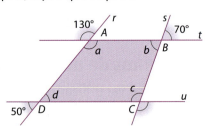

a) Indique os pares de retas concorrentes que podemos identificar na figura.

b) Determine os valores de a, b e d e diga qual é a propriedade que permite obter esses valores.

c) Escreva uma equação que permita determinar o valor de c. Depois, resolva-a.

7. Observe os triângulos isósceles.

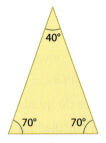 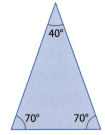

Eles foram sobrepostos de modo que se obteve a figura abaixo.

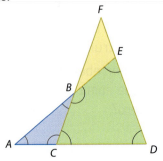

Determine a medida dos ângulos internos:

a) do quadrilátero BCDE;

b) do triângulo ABC.

8. Calcule em cada caso a medida x, em grau.

a)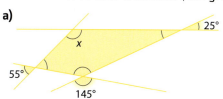

b)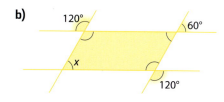

9. Em um quadrilátero ABCD, o ângulo $A\hat{B}C$ é suplementar a um ângulo que mede 140°. $B\hat{C}D$ é um ângulo reto e $C\hat{D}A$ mede 70°. Sabendo que $\overrightarrow{AP}$ é a bissetriz do ângulo $D\hat{A}B$, determine a medida de $P\hat{A}B$.

9 TRAPÉZIOS

Já vimos que os trapézios são quadriláteros que têm somente um par de lados opostos paralelos.

Os lados paralelos dos trapézios são denominados **base**.

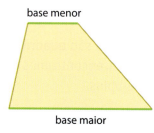

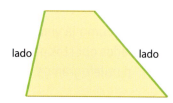

Observe que o trapézio possui apenas duas bases, que são denominadas base menor e base maior.

No quadro a seguir veja três modos de classificar um trapézio em relação à medida de seus lados e ângulos.

- Um trapézio que tem os lados não paralelos congruentes é denominado **trapézio isósceles**.

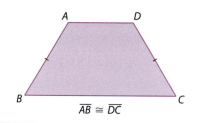

- Um trapézio que tem os lados não paralelos com medidas diferentes é denominado **trapézio escaleno**.

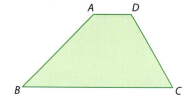

- Um trapézio escaleno que tem dois ângulos retos é denominado **trapézio retângulo**.

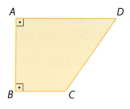

ATIVIDADES

VAMOS PRATICAR

1. Identifique a base maior e a base menor em cada trapézio.

   a)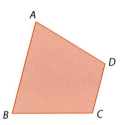

   b)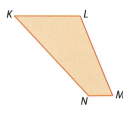

2. O trapézio ABCD é isósceles. Qual é a medida x do lado $\overline{AD}$ desse trapézio?

   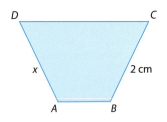

VAMOS APLICAR

3. Em cada caso, escreva uma equação que represente a informação dada e determine o valor de x.

   a) O perímetro do trapézio isósceles ABCD é 10,5 cm.

   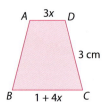

   b) O perímetro do trapézio isósceles EFGH é o dobro do perímetro do retângulo IJKL.

   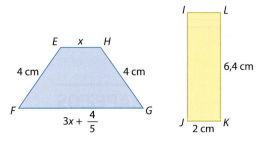

10 PARALELOGRAMOS

Como já vimos, os paralelogramos são quadriláteros que têm dois pares de lados opostos paralelos. No dia a dia, encontramos diversos objetos que lembram paralelogramos. Veja alguns exemplos.

Vista lateral do edifício das docas que lembra um paralelogramo, um prédio de escritórios que fica em Hamburgo, Alemanha. Foto de 2017.

As linhas da quadra de tênis lembram paralelogramos.

Veja a seguir que, de acordo com as medidas dos lados e dos ângulos, um paralelogramo pode ser denominado: retângulo, losango ou quadrado.

RETÂNGULO

Um paralelogramo com **quatro ângulos retos** é denominado retângulo.

Veja alguns exemplos.

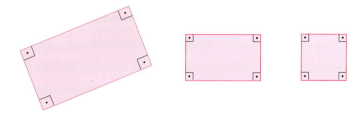

Logo, cada ângulo interno de um retângulo mede 90°.

OBSERVAÇÃO

Em um retângulo, os lados opostos são congruentes.

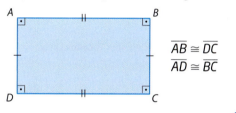

$\overline{AB} \cong \overline{DC}$
$\overline{AD} \cong \overline{BC}$

LOSANGO

O losango é um paralelogramo com **quatro lados congruentes**.

Veja alguns exemplos de losangos.

QUADRADO

O quadrado é um paralelogramo com **quatro ângulos retos** e **quatro lados congruentes**.

Veja alguns exemplos.

Calçada com alguns padrões em forma de losango.

OBSERVAÇÕES

- Todo quadrado também é um retângulo, pois tem todos os ângulos internos retos.
- Todo quadrado também é um losango, pois tem todos os lados com a mesma medida.

INFORMÁTICA E MATEMÁTICA

Nesta seção você vai construir polígonos regulares utilizando o *software* de programação visual chamado TucaProg.

TucaProg

O TucaProg é um aplicativo de programação visual. Nesse aplicativo, o usuário fornece uma sequência de passos para que um tucano se movimente e realize desenhos em um plano cartesiano.

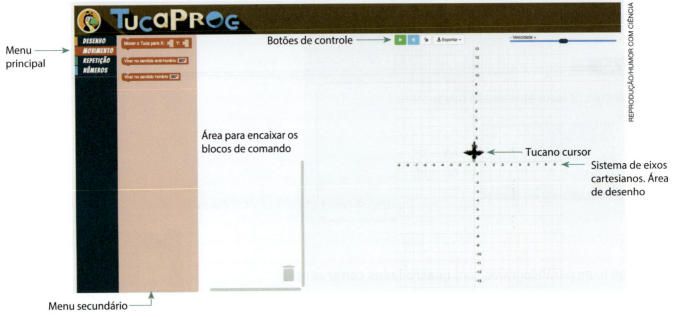

CONSTRUA

Quadrado

Siga os passos abaixo para construir um quadrado no TucaProg.

1º) Selecione a opção "MOVIMENTO" no menu principal e depois arraste o bloquinho "Mover o Tuca" para a área em que deseja montar a sequência de passos.

2º) Selecione a opção "NÚMEROS" e arraste o bloquinho com o número "0", encaixando-o no espaço reservado para a coordenada *x*.

3º) Selecione novamente a opção "NÚMEROS" e arraste um novo bloquinho com o número "0", encaixando-o no local reservado para a coordenada *y*.

4º) Clique sobre os números já existentes nos bloquinhos e digite o número 2 em cada um deles. Depois clique em ▶. Note que o tucano ficará posicionado no ponto de coordenadas (2, 2).

5º) Selecione a opção "DESENHO" e arraste o bloquinho "Deixar rastro na cor", encaixando-o no bloco. Altere para a cor de sua preferência, clicando sobre a cor já existente e escolhendo a cor desejada na paleta de cores.

6º) Selecione a opção "REPETIÇÃO" e arraste o bloquinho "Repita/Passos", encaixando-o no bloco.

7º) Selecione a opção "DESENHO" e arraste o bloquinho "Voar", encaixando-o dentro do bloco "Passos".

8º) Selecione a opção "MOVIMENTO" e arraste o bloquinho "Virar no sentido anti-horário", encaixando-o, também, dentro do bloco "Passos".

9º) Selecione a opção "NÚMEROS" e arraste o bloquinho com o número "0", encaixando-o dentro do bloco "Repita". Altere o número de repetições para 4.

INFORMÁTICA E MATEMÁTICA

10º) Clique em ▶. O tucano desenhará o quadrado de acordo com a sequência de passos fornecida.

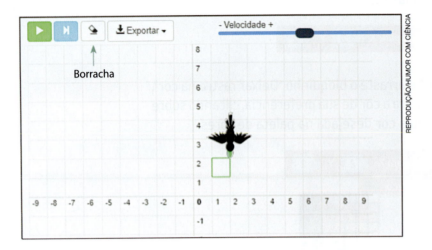

- Agora, crie um esquema visual para representar uma sequência de passos que leve à construção de um triângulo regular de lado com medida igual a 2 unidades.

(Dica: Utilize as estruturas visuais a seguir para te ajudar na construção do esquema e ligue-as utilizando setas, indicando o sentido dos passos a serem seguidos.)

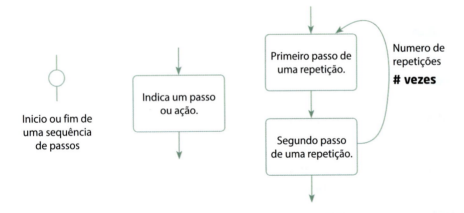

Hexágono regular

Para construir um hexágono regular utilizando o TucaProg, continue encaixando os bloquinhos e siga a mesma sequência de passos realizada para a construção do quadrado, com as seguintes modificações:

1. No 4º passo digite o número 4 na coordenada x, de modo que o tucano fique posicionado no ponto de coordenadas (4, 2).

2. Altere o ângulo de giro do tucano para 60°.

3. Altere a quantidade de repetições para 6.

Após fazer essas mudanças e clicar em ▶ o tucano desenhará um hexágono regular ao lado do quadrado feito anteriormente. Veja:

Octógono regular

Vamos, agora, construir um octógono regular ao lado do hexágono regular construído anteriormente. Para isso, continue encaixando os bloquinhos e siga a mesma sequência de passos realizada para a construção do quadrado, com as seguintes modificações:

1. No 4º passo digite o número 7 na coordenada *x*, de modo que o tucano fique posicionado no ponto de coordenadas (7, 2).
2. Altere o ângulo de giro do tucano para 45°.
3. Altere a quantidade de repetições para 8.

Após fazer essas mudanças e clicar em ▶ o tucano desenhará um octógono regular ao lado do hexágono regular feito anteriormente.

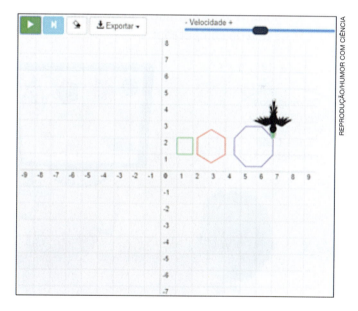

INVESTIGUE

- Usando o TucaProg, construa um polígono regular em que o voo seja de 1 unidade de distância, o ângulo de giro do tucano seja 30° e a quantidade de repetições seja 12. Quantos lados tem o polígono construído? Qual é o nome dele?
- É possível formar um polígono regular com um voo de 1 unidade de distância, um ângulo de giro do tucano de 40° e 11 repetições? Explique o que aconteceu.
- Usando os passos da construção do quadrado e trocando 1 unidade de distância por 3 unidades e mantendo o restante, que polígono regular será obtido? O que acontecerá com as medidas dos lados desse polígono em relação às medidas dos lados do quadrado? E com as medidas dos ângulos internos?

Classificação dos quadriláteros

A professora solicitou aos alunos que observassem as figuras na tela do computador. Veja a seguir.

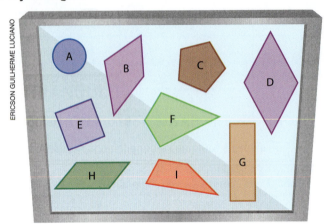

- Agora, veja as afirmações que alguns alunos fizeram sobre as figuras na tela do computador.

Os polígonos representados por B, D, E, F, G, H e I são quadriláteros. — Luiz

Concordo com você, Luiz. Podemos acrescentar mais algumas coisinhas: os polígonos D e E são losangos e os polígonos E e G são retângulos. — Milena

Não concordo com você, Milena. O polígono E não é losango nem retângulo, é um quadrado. — Heitor

REFLITA

- Heitor fez uma afirmação incorreta. Qual foi essa afirmação?
- Explique por que Heitor se equivocou ao realizar essa afirmação.

▶ **DISCUTA E CONCLUA**

Reúna-se com um colega e verifiquem as medidas dos lados e ângulos desses quadriláteros utilizando régua e transferidor. Depois, determine quais quadriláteros são:

- paralelogramos;
- retângulos;
- losangos;
- quadrados.

- Observando as respostas anteriores, responda: existem quadriláteros que aparecem em mais de uma classificação? Se sim, indique as classificações às quais eles pertencem.
- Volte às questões do *Reflita* e veja se você mudaria alguma resposta.

ATIVIDADES

VAMOS PRATICAR

1. Classifique os quadriláteros em paralelogramo, retângulo, losango ou quadrado.

a)
c)
b)
d)

2. Para montar a bandeira do estado do Ceará, Anita fez uma composição de peças, e entre elas há duas que lembram quadriláteros.

Olhando rapidamente, seria possível dizer que ela usou peças que lembram um retângulo e um losango. O que você faria para ter certeza da classificação desses quadriláteros? Justifique.

VAMOS APLICAR

3. Calcule em cada caso a medida *x*, em grau.

a)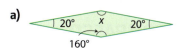

b)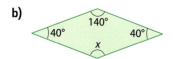

c)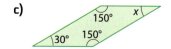

d)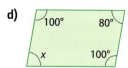

- Com base nos resultados obtidos em cada item, o que você pode afirmar sobre as medidas dos ângulos opostos em cada paralelogramo?

4. Determine a medida *x* sabendo que o perímetro do losango *MNOP* é igual ao dobro do perímetro do quadrado *ABCD*.

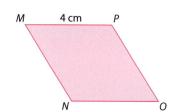

261

5. Calcule o valor de x e de y sabendo que:

a) o valor de y é igual ao dobro do valor de x e o perímetro do retângulo é igual ao perímetro do quadrado.

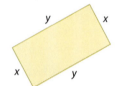
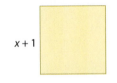

b) o valor de y é igual a um terço do valor de x e o perímetro do losango é igual ao perímetro do quadrado.

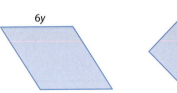
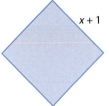

6. Um quadrado de cartolina foi dividido e recortado, obtendo-se peças poligonais.

Com algumas dessas peças, foi possível formar um octógono.

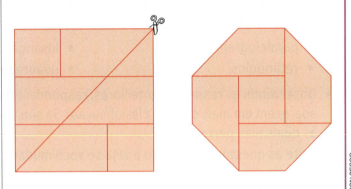

a) Qual é a medida dos ângulos internos do octógono?

b) As peças não utilizadas totalizam que fração do quadrado?

11 CONSTRUÇÃO DE QUADRILÁTEROS COM RÉGUA E COMPASSO

Veja como podemos construir um quadrado e um losango usando régua e compasso.

QUADRADO

Vamos construir um quadrado com 2 cm de lado, conforme o esboço abaixo.

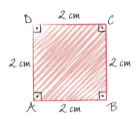

1º) Trace uma reta r e sobre ela construa o segmento $\overline{AB}$, de medida igual a 2 cm, que será um dos lados do quadrado.

2º) Com a ponta-seca do compasso no ponto A e com uma abertura qualquer, marque dois pontos, E e F, sobre r.

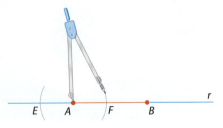

3º) Abra o compasso com uma abertura maior que a anterior e trace dois arcos: um com a ponta-seca do compasso em *E* e o outro com a ponta-seca em *F*.

Os dois arcos se cruzarão em um ponto, que indicaremos por *G*.

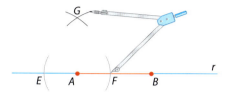

4º) Una os pontos *G* e *A*, traçando a reta *s*, que é perpendicular a *r*. Depois, com a abertura de 2 cm e a ponta-seca do compasso em *A*, obtenha o ponto *D* sobre a reta *s*.

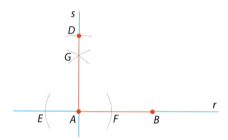

5º) Trace dois arcos utilizando o compasso com abertura de 2 cm: um com a ponta-seca em *B* e o outro com a ponta-seca em *D*. Na intersecção desses arcos, obtemos *C*.

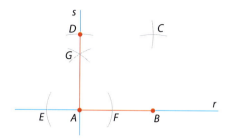

6º) Trace os segmentos $\overline{CD}$ e $\overline{CB}$. Por fim, pinte a região interna da figura e obtenha o quadrado *ABCD*.

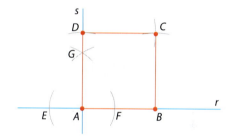

LOSANGO

Vamos construir um losango cujos lados medem 3 cm e um dos ângulos internos mede 45°, conforme o esboço abaixo.

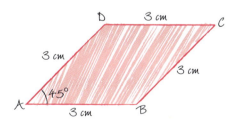

1º) Trace uma reta *r* e, sobre ela, construa o segmento $\overline{AB}$, de 3 cm, que será um dos lados do losango.

2º) Para construir o ângulo $B\hat{A}D$ que mede 45°, faça, inicialmente, uma reta *s*, perpendicular a *r*, passando por *A*.

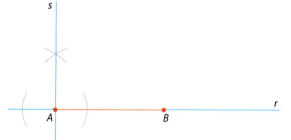

> **OBSERVAÇÃO**
>
> Para construir a bissetriz mostrada do lado, com a ponta seca em A, trace um arco com abertura qualquer interceptando as retas r e s, nos pontos P e Q, respectivamente. Com a ponta seca em P, trace um arco de abertura qualquer, em seguida, com a ponta seca em Q e mesma abertura, trace outro arco interceptando o arco traçado anteriormente no ponto R. Por fim, trace a reta que passa por A e R (bissetriz).

Trilha de estudo

Vai estudar? Nosso assistente virtual no *app* pode ajudar!
<http://mod.lk/trilhas>

3º) Depois, trace a bissetriz do ângulo formado pelas retas r e s e obtenha dois ângulos de 45°.

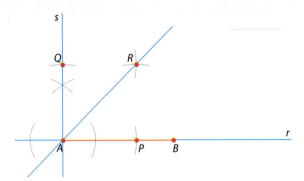

4º) Com a ponta seca do compasso em A e abertura de 3 cm, trace um arco sobre a bissetriz construída e obtenha o ponto D.

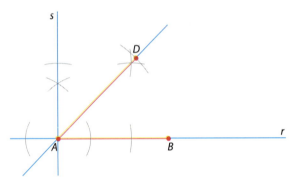

5º) Utilizando o compasso com a abertura de 3 cm, trace dois arcos: um com a ponta-seca em B e o outro com a ponta-seca em D. Na intersecção desses arcos, obtenha o ponto C.

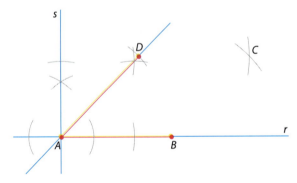

6º) Por fim, trace os segmentos $\overline{CB}$ e $\overline{CD}$ e pinte a região interna da figura, obtendo o losango ABCD.

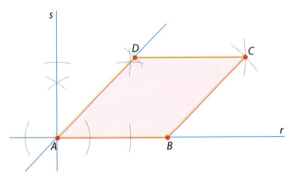

ATIVIDADES

VAMOS PRATICAR

1. Construa os seguintes quadriláteros no caderno, usando régua e compasso e seguindo as medidas indicadas nos esboços.

   a)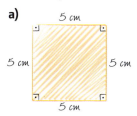

   b)

   c)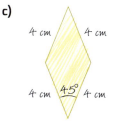

   d)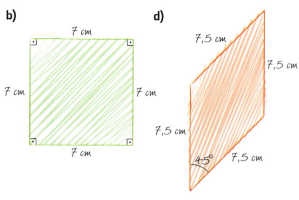

2. No caderno, faça um esboço da construção de cada quadrilátero descrito abaixo.

   a) Um paralelogramo ABCD com lados $\overline{AB}$ e $\overline{CD}$ medindo 7 cm e lados $\overline{BC}$ e $\overline{DA}$ medindo 4 cm. O ângulo $A\hat{B}C$ deve ter medida igual a 60°.

   b) Um quadrilátero convexo de lados medindo 7 cm, 4 cm, 3 cm e 2 cm.

   c) Um trapézio retângulo PQRS com bases PQ = 8 cm e RS = 5 cm, ângulo $S\hat{P}Q$ de medida igual a 90° e lado SP = 2 cm.

3. Responda às questões no caderno.

   a) Ana construiu um paralelogramo com todos os ângulos internos congruentes. Que paralelogramo ela construiu?

   b) Lucas construiu um paralelogramo com os quatro lados de medidas iguais. Que paralelogramo ele construiu?

VAMOS APLICAR

4. Construa um losango com lados de medida 6 cm e um dos ângulos com 45°. Em seguida, com a ajuda de um transferidor, meça os outros ângulos e responda: há alguma regularidade nessas medidas?

5. Na atividade anterior, qual medida precisa ser alterada no enunciado para que o losango se transforme em um quadrado?

6. Faça um esboço de um quadrilátero com lados opostos congruentes medindo 6 cm e 4 cm. Em seguida, responda às questões.

   a) Como podemos classificar esse quadrilátero?

   b) Que informação poderíamos acrescentar ao enunciado para que esse quadrilátero fosse um retângulo?

7. No caderno, faça o esboço e, em seguida, construa cada quadrilátero.

   a) Um losango RSTU com perímetro igual a 22 cm e um dos ângulos internos medindo 45°.

   b) Um retângulo XYZT com perímetro igual a 24 cm e lado $\overline{XY}$ medindo 7 cm.

8. Descubra que quadrilátero Rodrigo construiu.

   "Primeiro, construí um segmento $\overline{PQ}$, de medida igual a 5 cm, sobre uma reta r. Depois, tracei uma reta u, perpendicular a r, passando por P, e sobre ela construí um segmento $\overline{PS}$ de medida igual a 2 cm. Tracei outra reta perpendicular a r, passando por Q, e sobre ela construí um segmento $\overline{QR}$ de medida igual a 2 cm. Uni os pontos R e S e obtive um quadrilátero."

9. No caderno, descreva como você faria para construir o retângulo abaixo com o auxílio de régua e compasso.

   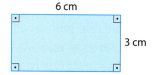

10. Ana construiu um trapézio retângulo. Veja como ela descreveu sua construção.

    "Primeiro, construí uma reta r e, sobre ela, um segmento $\overline{AB}$, de medida igual a 2 cm. Depois, tracei uma reta s, perpendicular a r passando por A, e sobre ela construí um segmento $\overline{AD}$ de medida igual a 4 cm. Tracei outra reta perpendicular a r passando por B, e sobre ela construí um segmento $\overline{BC}$, de medida igual a 6 cm. Uni os pontos C e D e obtive um trapézio retângulo."

    a) Faça um esboço desse trapézio.

    b) Construa esse trapézio no caderno.

ESTATÍSTICA E PROBABILIDADE
LEITURA E INTERPRETAÇÃO DE GRÁFICOS DE SETORES

Felipe foi contratado em um novo emprego e vai receber R$ 1.800,00 de salário líquido por mês. Ele pretende distribuir esse valor entre lazer, alimentação e vestuário e poupança. Para visualizar melhor essa distribuição, ele construiu o gráfico de setores ao lado.

Com as informações do gráfico feito por Felipe, é possível determinar a que finalidade ele pretende reservar cada parte do seu salário e calcular esses valores.

Para isso, vamos analisar alguns elementos do gráfico.

O título "Distribuição mensal do salário de Felipe" informa o que o gráfico contém.

No gráfico, cada setor (identificado com uma cor diferente) representa um tipo de gasto mensal: alimentação e vestuário (55%), lazer (30%) e poupança (15%), que, somados, totalizam 100%.

A fonte, localizada abaixo do gráfico, informa que os dados foram obtidos por Felipe em janeiro de 2018.

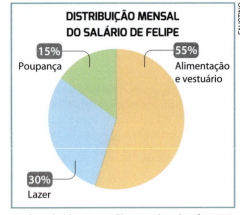

Dados obtidos por Felipe em janeiro de 2018.

Assim:

- Para saber a que finalidade Felipe pretende reservar a maior parte de seu salário, basta comparar as medidas dos ângulos dos setores ou as porcentagens indicadas no gráfico. Pelos dois modos, concluímos que o maior gasto de Felipe será com alimentação e vestuário (55% do salário). Como sabemos que o salário de Felipe será R$ 1.800,00 e que o gasto com alimentação e vestuário será 55% desse valor, podemos calcular o valor a ser gasto com esses itens:

$$55\% \text{ de } 1.800 = \frac{55}{100} \cdot 1.800 = 990$$

Portanto, Felipe deve gastar mensalmente R$ 990,00 com alimentação e vestuário.

- Para ter o controle mensal de quanto será investido na poupança, Felipe precisa calcular esse valor. Assim, analisando o gráfico, percebemos que o valor que Felipe pretende reservar à poupança representa 15% do salário. Vamos calcular esse valor em reais.

$$\text{Poupança: } 15\% \text{ de } 1.800 = \frac{15}{100} \cdot 1.800 = 270$$

Logo, Felipe pretende reservar à poupança R$ 270,00 mensais.

- Finalmente, para descobrir o valor que Felipe pretende reservar ao lazer, podemos calcular 30% de R$ 1.800,00, ou simplesmente somar os valores que serão reservados à poupança e alimentação e vestuário e, em seguida, subtrair essa soma de R$ 1.800,00:

$$R\$ 1.800,00 - (R\$ 990,00 + R\$ 270,00) = R\$ 540,00$$

Portanto, serão destinados R$ 540,00 ao lazer.

ATIVIDADES

1. O planeta Terra é formado por 1.500.000.000 km³ (quilômetros cúbicos) de água, sendo 97% do total composto de água salgada e apenas 3% de água doce. Veja no gráfico abaixo a distribuição dessas águas.

Dados obtidos em: <http://www.cprm.gov.br/publique/Redes-Institucionais/Rede-de-Bibliotecas-Rede-Ametista/Canal-Escola/Coisas-que-Voce-Deve-Saber-sobre-a-Agua-1084.html>. Acesso em: 16 jul. 2018.

Lembre-se de que, nesse tipo de gráfico, os setores são divididos em diferentes tamanhos, conforme a porcentagem correspondente.

Agora, responda às questões.

a) De acordo com o gráfico, como é a divisão de água doce em nosso planeta?
b) Há quantos quilômetros cúbicos de água doce não congelada?
c) E de água salgada?

2. Observe, no gráfico abaixo, a distribuição, por tipo, dos 8.550.441 veículos com placa da cidade de São Paulo em setembro de 2017 e depois responda às questões.

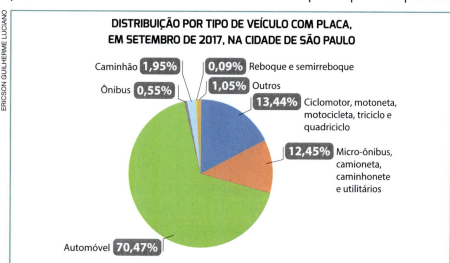

Dados obtidos em: <https://www.detran.sp.gov.br/wps/wcm/connect/6e050111-c752-4178-a985-7234e6620cde/Frota+de+Ve%C3%ADculos+2017.pdf?MOD=AJPERES&CACHEID=ROOTWORKSPACE-6e050111-c752-4178-a985-7234e6620cde-m86YMj4>. Acesso em: 13 mar. 2018.

a) Qual era o tipo de veículo predominante na cidade de São Paulo em setembro de 2017?
b) Qual tipo reúne aproximadamente 1.064.530 veículos?
c) Nesse período, quantos ônibus havia na cidade de São Paulo? E quantos caminhões?

267

ESTATÍSTICA E PROBABILIDADE

3. A Rede Nossa São Paulo realiza frequentemente uma pesquisa para saber o perfil dos moradores da cidade de São Paulo e os níveis de satisfação com os serviços que utilizam na cidade.

Observe, no gráfico abaixo, o tempo médio de deslocamento diário que os entrevistados levam de casa ao trabalho.

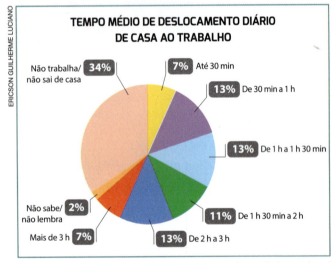

TEMPO MÉDIO DE DESLOCAMENTO DIÁRIO DE CASA AO TRABALHO

- Não trabalha/não sai de casa: 34%
- Até 30 min: 7%
- De 30 min a 1 h: 13%
- De 1 h a 1 h 30 min: 13%
- De 1 h 30 min a 2 h: 11%
- De 2 h a 3 h: 13%
- Mais de 3 h: 7%
- Não sabe/não lembra: 2%

Dados obtidos em: <http://www.nossasaopaulo.org.br/pesquisas/apresentacao-irbem2017.pdf>. Acesso em: 16 jul. 2018.

a) O que respondeu a maior parte dos entrevistados?

b) A maior parte dos entrevistados que trabalha fora de casa leva quanto tempo diariamente de casa ao trabalho?

c) Qual a porcentagem dos entrevistados que leva até 2 h para se deslocar de casa ao trabalho?

d) Sabendo que 1.001 pessoas foram entrevistadas, quantas levam mais de 3 h para chegar ao trabalho?

4. A mesma pesquisa realizada pela Rede Nossa São Paulo pediu aos 1.001 entrevistados que dessem nota de 1 a 10 para o nível de satisfação com a segurança no trânsito. Observe o resultado abaixo.

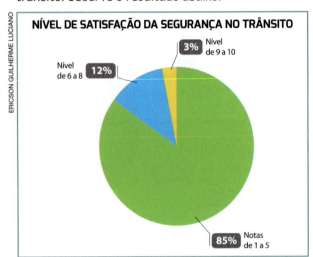

NÍVEL DE SATISFAÇÃO DA SEGURANÇA NO TRÂNSITO

- Nível de 9 a 10: 3%
- Nível de 6 a 8: 12%
- Notas de 1 a 5: 85%

Dados obtidos em: <http://www.nossasaopaulo.org.br/pesquisas/apresentacao-irbem2017.pdf>. Acesso em: 16 jul. 2018.

a) De acordo com a pesquisa, as pessoas se sentem seguras no trânsito? Quantas pessoas avaliaram com notas de 1 a 5?

b) Quantas pessoas entrevistadas estão muito satisfeitas com a segurança no trânsito?

c) O que você acha que poderia ser feito para melhorar a segurança no trânsito?

ATIVIDADES COMPLEMENTARES

1. No triângulo abaixo, identifique os lados, os vértices e os ângulos internos.

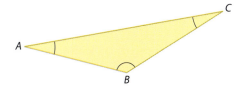

2. (OBM) Quantos triângulos há na figura a seguir?

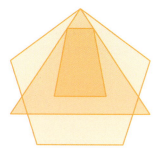

a) 3   b) 4   c) 5   d) 6   e) 7

3. Em cada caso, determine a medida do ângulo desconhecido.

a) 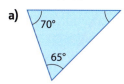   d)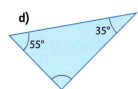

b) 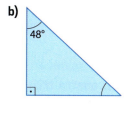   e)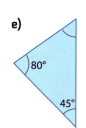

c) 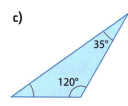   f)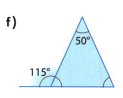

4. Um triângulo isósceles tem um ângulo interno de medida 20°. Quais são as medidas dos outros dois ângulos internos desse triângulo?

5. Construa em seu caderno um triângulo:
a) equilátero de lados medindo 5 cm;
b) isósceles de lados medindo 5 cm, 5 cm e 8 cm;
c) escaleno de lados medindo 6 cm, 7 cm e 10 cm.

6. O *tangram* é um quebra-cabeça chinês formado por sete peças geométricas.

Usando todas essas peças sem sobrepô-las, é possível formar diversas figuras. Veja alguns exemplos.

Repare que entre as peças do *tangram* há cinco triângulos. Veja abaixo o *tangram* representado na malha quadriculada e analise as medidas dos lados e dos ângulos desses triângulos. Depois, faça o que se pede.

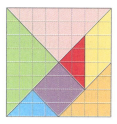

a) Classifique os triângulos quanto às medidas dos lados e dos ângulos.
b) Considere que podemos classificar esses triângulos de acordo com a medida de seus lados como: pequeno, médio ou grande. Quantos triângulos pequenos são necessários para formar um triângulo grande?

269

ATIVIDADES COMPLEMENTARES

7. Luciana fez o esboço de alguns triângulos que vai construir. Analise as medidas dos lados dos triângulos e responda à questão.

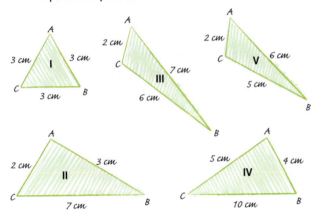

- Os esboços de Luciana estão corretos? Explique.

8. Observe os esboços e afirme se é possível construir os triângulos.

a)

c)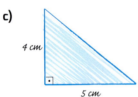

b)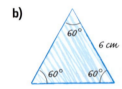

d)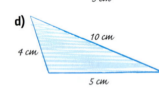

9. Laís está desenhando um triângulo. Ela desenhou o maior lado medindo 10 cm e um outro lado medindo 6 cm. Qual deve ser a medida mínima inteira do terceiro lado para que esse triângulo exista?

10. Usando apenas régua e compasso, verifique se é possível construir um triângulo com os três segmentos fornecidos em cada item.

a)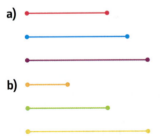

b)

11. Observe as estruturas de metal unidas por rebites.

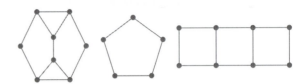

- Desenhe hastes de metal nas estruturas para que elas se tornem não deformáveis.

12. Escreva uma equação do 1º grau que represente a soma dos ângulos internos do triângulo abaixo e, depois, determine o valor de x.

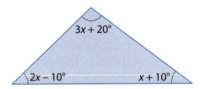

13. Compondo triângulos equiláteros idênticos, formamos outros triângulos equiláteros. Observe a sequência.

- Agora, responda: qual é o perímetro de um triângulo formado por 64 triângulos equiláteros com 1 cm de lado?

14. Marcela desenhou quatro triângulos equiláteros, cada um com perímetro igual a 12 cm, justapostos a um quadrado de modo que um dos lados de cada triângulo se apoiasse sobre um dos lados do quadrado, sem que sobrasse ou faltasse nenhuma parte dos lados dos dois polígonos.

a) Que polígono Marcela formou nessa composição?

b) Qual é o perímetro do polígono formado?

c) Considere em cada triângulo o vértice que não tem contato com o quadrado. Se Marcela traçasse segmentos unindo dois desses vértices consecutivos, que polígono formaria?

15. Determine a medida, em grau, de cada ângulo indicado por letras na figura ao lado.

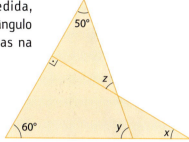

16. Na figura, $AB = AC$, $AE = AD = DE$ e o ângulo $B\hat{A}D$ mede 30°. Então, o ângulo x mede:

a) 10°.   d) 30°.
b) 20°.   e) 45°.
c) 15°.

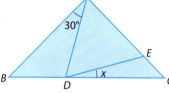

17. Associe cada figura com uma classificação.

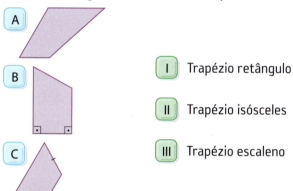

I — Trapézio retângulo

II — Trapézio isósceles

III — Trapézio escaleno

18. Construa com régua e compasso um:

a) quadrado de lados medindo 4 cm;
b) retângulo de lados medindo 5 cm e 3 cm;
c) losango de lados medindo 8 cm e um dos ângulos internos medindo 45°.

19. Felipe tinha dois triângulos isósceles de papelão com medidas iguais e, com eles, compôs uma figura, como mostra a ilustração.

a) Que figura ele compôs com os dois triângulos?
b) Se o par de triângulos usados por Felipe fosse formado por um triângulo isósceles e um triângulo retângulo, que figura ele poderia compor?

20. Determine a medida x considerando o perímetro indicado em cada figura.

a)
perímetro do quadrado: 24 cm

b)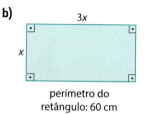
perímetro do retângulo: 60 cm

21. Calcule, em cada caso, a medida x em grau.

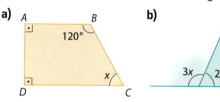

22. Classifique cada afirmação em verdadeira (V) ou falsa (F).

a) Todo quadrilátero é um quadrado.
b) Todo quadrado é um quadrilátero.
c) Um retângulo é também um paralelogramo.
d) Um losango que também é um retângulo pode ser classificado como quadrado.
e) Todo quadrado é um losango.
f) Todo quadrado é um retângulo.
g) Todo quadrado é um paralelogramo.

23. Sabendo que os tracinhos indicam que os segmentos têm a mesma medida, responda às questões.

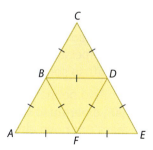

a) Quantos trapézios isósceles podemos identificar na figura?
b) E quantos losangos podemos identificar?

Mais questões no livro digital

271

COMPREENDER UM TEXTO

Por que o parafuso é sextavado?

Mecânico trabalhando em motor de carro.

Você já deve ter visto parafusos destes tipos:

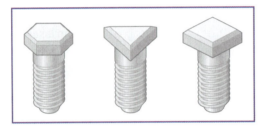

Sendo que o mais comum é o primeiro, chamado pelos mecânicos de sextavado. [...]

Em todos esses tipos de parafusos, o polígono presente é sempre regular e é fácil perceber a razão disso. Seria inconveniente apertar e desapertar um parafuso em cuja cabeça figurasse um polígono não regular. A chave precisaria ser especial para aquele parafuso e ela voltaria a se encaixar na cabeça desse parafuso somente após uma rotação de 360°.

Se o polígono da cabeça do parafuso é um quadrado, após uma rotação de 90°, o parafuso volta à posição original, podendo-se encaixar outra vez a chave para um novo giro. Desse modo, com quatro giros de 90°, a rosca dá um passo.

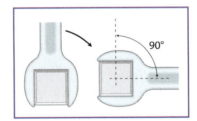

No caso do parafuso triangular, são necessários três giros de 120° para completar uma volta na rosca.

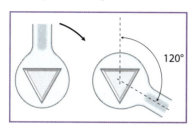

Com o parafuso sextavado, completamos um passo da rosca após seis giros de 60° cada um.

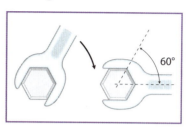

Quando um mecânico está consertando um defeito qualquer numa máquina, por exemplo, um automóvel, muitas vezes, ele tem pouco espaço para trabalhar (em geral, em posições desconfortáveis). Por essa razão, dos três parafusos apresentados, o mais cômodo é o hexagonal, pois é o que pode ser apertado ou desapertado com giros menores (60°), isto é, com movimentos mais curtos do braço.

Observe que esse ângulo de giro a que estamos nos referindo é o ângulo central do polígono regular.

[...]

IMENES, Luiz Márcio P.; JAKUBOVIC, José. *Revista do Professor de Matemática*, São Paulo: Sociedade Brasileira de Matemática, n. 4, p. 9-10, 1º semestre 1984.

ATIVIDADES

1. Pense em seu cotidiano e responda.
   a) Você já prestou atenção às diferentes formas de cabeça de parafusos? Quais formas já viu?
   b) Você já apertou ou desapertou parafusos? Em caso positivo, que tipos de parafuso e de chave você usou? Que diferenças notou?

2. Resolva as questões matemáticas.
   a) Qual é a soma das medidas dos ângulos internos de cada um dos polígonos citados no texto?
   b) Quanto mede o ângulo interno de cada polígono citado no texto?
   c) O que acontecerá com a medida do ângulo interno de um polígono regular se aumentarmos o número de lados do polígono?

3. Investigue e responda.
   a) Qual é a medida do ângulo central de um octógono regular? E do ângulo central de um decágono regular?
   b) Se um polígono regular tem n lados, quanto mede seu ângulo central?

c) O texto informa que o parafuso de cabeça em forma de hexágono regular é mais prático de manusear que o de cabeça em forma de triângulo ou quadrado, uma vez que o hexagonal pode ser manuseado com giros menores (giros de 60°). No entanto, se existem polígonos regulares com ângulo central menor que o do hexágono regular, que outros aspectos podem interferir para que o parafuso de cabeça hexagonal seja o mais usado?

273

EDUCAÇÃO FINANCEIRA
DIFERENTES FORMAS DE PAGAMENTO

É final de ano e momento de planejar alguns gastos. Paulo e Marina precisam comprar uniformes para os filhos que estão ingressando em uma nova escola.

O QUE VOCÊ FARIA?

Em relação à compra de uniforme ou qualquer outro produto com a possibilidade de mais de um modo de pagamento, é importante pensar no que é mais vantajoso e possível de acordo com a realidade de cada família. Junte-se a um ou dois amigos e, com base no diálogo entre Paulo e Marina, conversem sobre as questões a seguir.

a) É possível adiar essa compra ou ela deve ser feita agora?
b) Se a família tem alguma reserva de dinheiro, ou seja, se planejou as despesas, qual será a forma de pagamento mais interessante?
c) Se a família não tiver essa reserva, qual será a melhor forma de pagamento?
d) Neste exemplo, estamos lidando com algo que se quer, mas que se pode deixar de comprar para não haver desperdício? Explique.

CALCULE

Com base nas informações apresentadas no início da seção, calcule quanto será gasto por mês em cada forma de pagamento.

 Escutar os outros com atenção e empatia

Faça um quadro como este em seu caderno para registrar esses custos e compare-os.

DESCRIÇÃO DAS FORMAS DE PAGAMENTO DE ACORDO COM O PREÇO DOS UNIFORMES				
Preço dos uniformes	2 cheques	3 cheques	1 cheque	Cartão
R$ 300,00				
R$ 420,00				
R$ 540,00				
R$ 600,00				

REFLITA

Para concluir o tema desta seção, há algumas questões importantes que você, seus colegas e o professor podem discutir e exemplificar.

- Em quais situações você acha que o uso de cheque pré-datado é um mau negócio?
- Quais são as taxas que um banco cobra pelo uso do cartão de crédito? E pelo uso de cheques?
- Exemplifique situações em que o uso do cartão de crédito pode fugir do controle.
- Quais são os riscos de ter vários cartões de crédito?
- Escreva uma frase para resumir o que você aprendeu nesta seção de Educação Financeira.

CURIOSIDADE...

Você sabia que o cheque pré-datado só existe no Brasil? E que, embora muito usado, não é regulamentado?
O pagamento parcelado no cartão de crédito também só existe no Brasil.

ORGANIZAR O CONHECIMENTO

1. Analise as equações e complete o quadro.

Equações	1º membro	2º membro	Incógnita	Raiz
$2x + 3 = 3$				
$7a + 3 = 24$				
$3y + 2 = 2y + 4$				
$8t = 0$				

2. Analise cada polígono e complete a tabela

	Triângulo	Quadrilátero	Hexágono	Enágono	Decágono	Icoságono
Número de lados						
Quantidade de triângulos da decomposição						
Soma das medidas dos ângulos internos						

3. Complete a sentença.

Em todo triângulo, ao maior _____ opõe-se o maior lado e, reciprocamente, ao _____ lado opõe-se o maior ângulo. Da mesma forma, ao _____ opõe-se o _____ .

4. Complete o quadro desenhando cada um dos triângulos, caso exista.

	Três lados congruentes	Dois lados congruentes	Nenhum par de lados congruentes
Três ângulos agudos			
Um ângulo reto			
Um ângulo obtuso			

TESTES

1. (OBMEP) Na figura estão desenhadas diagonais de duas faces de um cubo. Quanto mede o ângulo BÂC formado por elas?

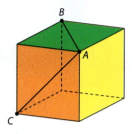

a) 45°   c) 75°   e) 120°
b) 60°   d) 90°

2. (OBMEP) Os irmãos Luiz e Lúcio compraram um terreno cercado por um muro de 340 metros. Eles construíram um muro interno para dividir o terreno em duas partes. A parte de Luiz ficou cercada por um muro de 260 metros e a de Lúcio, por um muro de 240 metros. Qual é o comprimento do muro interno?

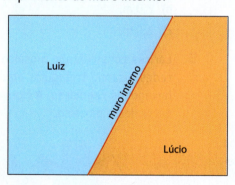

a) 80 m   d) 180 m
b) 100 m   e) 200 m
c) 160 m

3. (OBMEP) Lúcia e Antônio disputaram várias partidas de um jogo no qual cada um começa com 5 pontos. Em cada partida, o vencedor ganha 2 pontos e o derrotado perde 1 ponto, não havendo empates. Ao final, Lúcia ficou com dez pontos e Antônio ganhou exatamente três partidas. Quantas partidas eles disputaram ao todo?

a) 6   d) 9
b) 7   e) 10
c) 8

4. (ENEM) O setor de recursos humanos de uma empresa pretende fazer contratações para adequar-se ao artigo 93 da Lei n° 8.213/91, que dispõe:

Art. 93. A empresa com 100 (cem) ou mais empregados está obrigada a preencher de 2% (dois por cento) a 5% (cinco por cento) dos seus cargos com beneficiários reabilitados ou pessoas com deficiência, habilitadas, na seguinte proporção:
I. até 200 empregados.......................... 2%;
II. de 201 a 500 empregados................ 3%;
III. de 501 a 1.000 empregados............ 4%;
IV. de 1.001 em diante.......................... 5%.

Disponível em: <www.planalto.gov.br>.
Acesso em: 3 fev. 2015.

Constatou-se que a empresa possui 1.200 funcionários, dos quais 10 são reabilitados ou com deficiência, habilitados.

Para adequar-se à referida lei, a empresa contratará apenas empregados que atendem ao perfil indicado no artigo 93. O número mínimo de empregados reabilitados ou com deficiência, habilitados, que deverá ser contratado pela empresa é:

a) 74.   b) 70.   c) 64.   d) 60.   e) 53.

5. (ENEM) O prefeito de uma cidade deseja construir uma rodovia para dar acesso a outro município. Para isso foi aberta uma licitação na qual concorreram duas empresas. A primeira cobrou R$ 100.000,00 por km construído (n), acrescidos de um valor fixo de R$ 350.000,00, enquanto a segunda cobrou um valor de R$ 120.000,00 por km construído (n) acrescidos de uma taxa fixa de R$ 150.000,00. As duas empresas apresentam o mesmo padrão de qualidade dos serviços prestados, mas apenas uma poderá ser contratada. Do ponto de vista econômico, qual equação possibilitaria encontrar a extensão da rodovia que tornaria indiferente para a prefeitura escolher qualquer uma das propostas apresentadas?

a) $100n + 350 = 120n + 150$
b) $100n + 150 = 120n + 350$
c) $100(n + 350) = 120(n + 150)$
d) $100(n + 350.000) = 120(n + 150.000)$
e) $350(n + 100.000) = 150(n + 120.000)$

TESTES

6. (ENEM) Uma criança deseja criar triângulos utilizando palitos de fósforo de mesmo comprimento. Cada triângulo será construído com exatamente 17 palitos e pelo menos um dos lados do triângulo deve ter o comprimento de exatamente 6 palitos. A figura ilustra um triângulo construído com essas características.

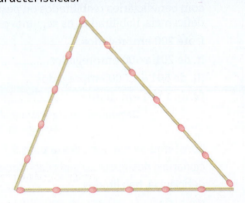

A quantidade máxima de triângulos não congruentes dois a dois que podem ser construídos é:

a) 3.
b) 5.
c) 6.
d) 8.
e) 10.

7. (PASUSP) A atleta brasileira Maurren Maggi ganhou a medalha de ouro no salto em distância, na Olimpíada de Pequim, saltando 7,04 metros. Considerando que um fusca tem uma largura de 1,54 metro, se alguns fuscas fossem colocados lado a lado, com uma distância de aproximadamente 30 centímetros entre eles, a quantos fuscas seria equivalente o salto da atleta?

a) 2
b) 3
c) 4
d) 5
e) 6

8. A ilustração a seguir mostra um tipo de brincadeira infantil muito popular: a brincadeira de roda. Normalmente, nesse tipo de brincadeira, as crianças se revezam ao centro, sempre entoando uma música.

Suponha que na brincadeira representada as crianças formem um circunferência perfeita e que a distância entre qualquer criança da circunferência e aquela que está no centro seja 3 metros. A alternativa que indica a distância máxima entre duas crianças que estão nessa brincadeira é:

a) 1,5 m.
b) 2,0 m.
c) 3,0 m.
d) 6,0 m.
e) 12,0 m.

9. Larissa construiu um mosaico em uma de suas paredes, usando triângulos equiláteros, quadrados e hexágonos regulares. A figura abaixo mostra uma parte desse mosaico.

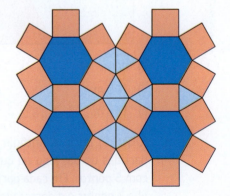

Sabendo que cada um dos ângulos internos do triângulo equilátero mede 60°, a medida do ângulo interno do hexágono da figura é:

a) 210°.
b) 180°.
c) 120°.
d) 90°.
e) 60°.

ATITUDES PARA A VIDA

1. Observe as situações a seguir.

Situação 1

Situação 2

Situação 3

Agora, responda.

a) Em qual situação os alunos se questionaram e levantaram hipóteses?

b) Você concorda com a afirmação abaixo? Por quê?

O menino da situação 1 foi persistente.

c) Qual dessas situações você escolheria para exemplificar a atitude **Escutar os outros com atenção e empatia**? Por quê?

2. O que você faria se estivesse no lugar da menina ao lado? Converse com os colegas.

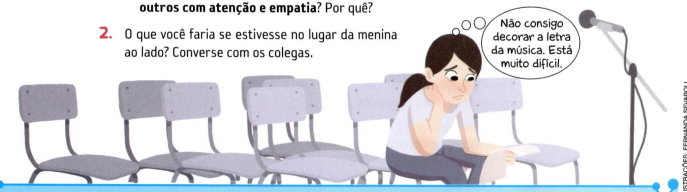

PARTE 4

UNIDADE 10 ÁREA DE QUADRILÁTEROS E DE TRIÂNGULOS
UNIDADE 11 PROPORÇÃO E APLICAÇÕES
UNIDADE 12 TRANSFORMAÇÕES GEOMÉTRICAS

ILUSÃO DE ÓPTICA E GEOMETRIA

Em algumas obras de arte e em criações de design gráfico, há imagens com efeitos visuais impressionantes, que empregam formas geométricas e "enganam" nosso cérebro por meio da ilusão de óptica.

Os padrões usados nessas obras fazem com que as imagens pareçam vibrar ou girar ou que as linhas retas pareçam curvas. O jogo entre as cores também contribui para esses efeitos.

Muitos artistas plásticos adotam em suas obras a ideia de movimento e criam imagens belas e intrigantes. Veja na página ao lado uma obra de Victor Vasarely e outra de Luiz Sacilotto, que exploram fenômenos ópticos por meio de cores e de linhas geométricas, que geram efeito de profundidade e de movimento.

Para entender mais sobre as ilusões de óptica, o professor de psicologia Akiyoshi Kitaoka, da Universidade de Ritsumeikan, em Kyoto, no Japão, cria imagens por meio de design gráfico, com o objetivo de pesquisar seus efeitos no sistema sensorial humano. Os círculos acima são um exemplo de suas criações. Observe-os atentamente para entender o que é uma ilusão de óptica.

Victor Vasarely. *Gestalt-Rugo*, 1978, 283 cm × 138 cm.

Luiz Sacilotto. *G 215*, 1975, 50 cm × 50 cm.

PARA RESPONDER

1. Que efeitos ópticos são percebidos nas imagens desta abertura?
2. Que figuras geométricas você identifica na obra *G 215*, de Luiz Sacilotto?
3. Qual é a sua opinião sobre os efeitos ópticos explorados nessas imagens?

UNIDADE 10
ÁREA DE QUADRILÁTEROS E DE TRIÂNGULOS

1 ÁREA

Desde a Antiguidade, os seres humanos se beneficiam do vento. Uma prova disso são as embarcações à vela que já cruzavam os mares três séculos antes de Cristo. O aproveitamento da força dos ventos para a irrigação de terras e a moagem de grãos parece ter surgido por volta de 200 a.C. na antiga Pérsia (atual Irã).

Os moinhos também podem ser utilizados nas serrarias, no bombeamento de água e na geração de energia elétrica. Nesses casos, o movimento se dá pelo contato do vento com a superfície das pás: quanto maior a área da superfície, maior o contato. Atualmente, modernas turbinas com melhor aerodinâmica e sistemas avançados de transmissão e controle têm reduzido os custos e melhorado o desempenho da geração de energia eólica, uma energia limpa (não poluente) e renovável.

O conceito de área é usado em várias situações do cotidiano: quando queremos determinar a extensão de um terreno, a quantidade necessária de tinta para pintar uma casa, o número de lajotas para revestir um piso, entre outras. Nesses casos, encontramos as medidas das respectivas superfícies: do terreno, das paredes e do piso.

PARA PENSAR

- As pás do moinho da foto ao lado lembram que figuras geométricas planas?
- Imagine que a superfície de uma das pás menores tenha área de 6 metros quadrados. Em sua opinião, qual é a área da superfície de cada uma das outras pás?
- Que outros tipos de energia você conhece que são limpas e renováveis?

Moinho de vento no Texas, Estados Unidos. Foto de 2016.

Turbina eólica do parque Eólico de Osório (RS). Foto de 2013.

UNIDADE DE MEDIDA DE SUPERFÍCIE OU UNIDADE DE ÁREA

Vimos que, para determinar a área de uma superfície, é necessário eleger uma unidade de medida e, em seguida, determinar quantas vezes essa unidade cabe nessa superfície. No Sistema Internacional de Unidades (SI), o **metro quadrado** (m^2) é a unidade padrão de medida para superfícies. O metro quadrado corresponde à área de um quadrado com lados medindo 1 m.

Assim como acontece, por exemplo, com as unidades de medida de comprimento, há os múltiplos e os submúltiplos do metro quadrado. No quadro abaixo, constam essas unidades, o símbolo e a relação de cada múltiplo e submúltiplo com o metro quadrado.

	Múltiplos			Unidade padrão	Submúltiplos		
Unidade	quilômetro quadrado	hectômetro quadrado	decâmetro quadrado	metro quadrado	decímetro quadrado	centímetro quadrado	milímetro quadrado
Símbolo	km^2	hm^2	dam^2	m^2	dm^2	cm^2	mm^2
Relação com o metro quadrado	$1.000.000\ m^2$	$10.000\ m^2$	$100\ m^2$	$1\ m^2$	$0,01\ m^2$	$0,0001\ m^2$	$0,000001\ m^2$

TRANSFORMAÇÕES DAS UNIDADES DE ÁREA

Em algumas situações, precisamos transformar uma unidade de área em outra. Para entender como essas unidades se relacionam, observe a figura a seguir, que representa 1 metro quadrado.

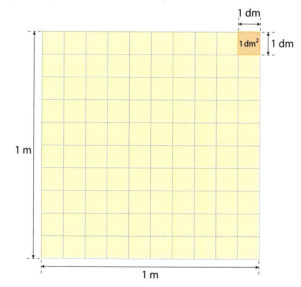

Note que essa figura foi dividida em 100 quadradinhos com lados medindo 1 dm, ou seja, cada quadradinho tem $1\ dm^2$ de área.

Portanto:

$$1\ m^2 = 100 \cdot 1\ dm^2 = 100\ dm^2$$

Seguindo o mesmo raciocínio para os outros múltiplos e submúltiplos, concluímos que cada unidade é 100 vezes a unidade imediatamente inferior e $\frac{1}{100}$ da unidade imediatamente superior. Portanto, para efetuar as transformações, basta fazer multiplicações ou divisões sucessivas por 100.

DESAFIO

Quantas pastilhas de $1\ cm^2$ cabem em uma parte de $1\ m^2$ da parede?

Observe o esquema com essas relações.

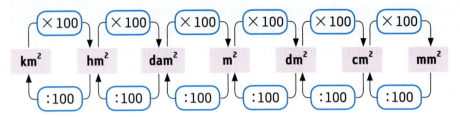

Veja alguns exemplos.

a) Vamos expressar 5 km² em m².

$$km^2 \xrightarrow{\times 100} hm^2 \xrightarrow{\times 100} dam^2 \xrightarrow{\times 100} m^2$$

com $\times 1.000.000$ de km² para m².

Então:
$$5 \text{ km}^2 = (5 \cdot 1.000.000) \text{ m}^2 = 5.000.000 \text{ m}^2$$

b) Vamos expressar 30 mm² em m².

$$m^2 \xleftarrow{:100} dm^2 \xleftarrow{:100} cm^2 \xleftarrow{:100} mm^2$$

com $:1.000.000$ de mm² para m².

Então:
$$30 \text{ mm}^2 = (30 : 1.000.000) \text{ m}^2 = \left(30 \cdot \frac{1}{1.000.000}\right) \text{ m}^2 = \frac{30}{1.000.000} \text{ m}^2 = 0{,}00003 \text{ m}^2$$

MEDIDAS AGRÁRIAS

Que unidades de medidas são usadas para regiões rurais? São as mesmas que se usam para regiões urbanas?

Você já ouviu falar em are e em hectare? E em alqueire?

Para regiões rurais, são usadas algumas unidades de medidas específicas chamadas **medidas agrárias**.

Imagine um terreno de formato quadrado e lados medindo 1 hm.

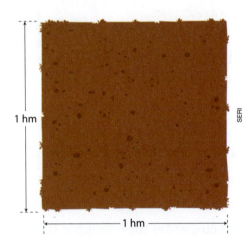

1 hm / 1 hm

Um terreno com essas medidas tem área igual a 1 hm², que corresponde a 1 **hectare**; indicamos por **ha**.

Agora, imagine outro terreno, de formato quadrado e lados medindo 1 dam.

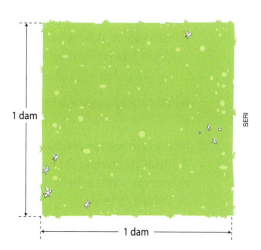

> **OBSERVAÇÃO**
>
> Há ainda outras unidades de medidas agrárias usadas em algumas regiões do Brasil, como:
> - o **alqueire paulista**, que é equivalente a uma área de 24.200 m²;
> - o **alqueire mineiro**, que é equivalente a uma área de 48.400 m²;
> - o **alqueire do norte**, que é equivalente a uma área de 27.225 m².

Esse terreno tem área igual a 1 dam², que corresponde a 1 **are**; indicamos por **a**.

ATIVIDADES

VAMOS PRATICAR

1. Faça as seguintes transformações:
   a) 600 km² em m²;
   b) 600 cm² em m²;
   c) 0,0052 hm² em cm²;
   d) 0,08 dam² em mm²;
   e) 105 m² em km²;
   f) 0,102 m² em cm².

2. Escreva a unidade de medida adequada a cada caso.
   a) 0,064 dm² é equivalente a 6,4 ■.
   b) 150.000 m² é equivalente a 15 ■.
   c) 2,36 m² é equivalente a 2.360.000 ■.
   d) 0,05802 km² é equivalente a 580,2 ■.

3. Responda às questões em seu caderno.
   a) O que é maior: um terreno de 25.000 ha ou um de 12 km²?
   b) O que é menor: uma área de 1,56 m² ou uma de 15.500 cm²?

VAMOS APLICAR

4. Sergipe, o menor estado brasileiro, tem área de 21.918,443 km². Qual é a área do estado de Sergipe em hectômetro quadrado? E em hectare?

Vista da orla no centro de Aracaju (SE) e da ponte do Imperador no Rio Sergipe. Foto de 2018.

5. O sítio de Artur tem 2 alqueires mineiros e o de Rafaela tem 4 alqueires paulistas. Quem tem o sítio de maior área?

6. Josias comprou um terreno de 5 alqueires mineiros e pretende dividi-lo em 10 lotes de mesma área. Quantos metros quadrados terá cada lote?

R1. Joaquim comprou um terreno de 4,2 dam² de área. Ele pretende construir uma casa com 150 m² e um jardim que ocupe 10% da área do terreno. Quantos metros quadrados do terreno serão ocupados pela casa e pelo jardim?

Resolução

Para resolver esse problema, devemos descobrir qual é a área a ser ocupada pelo jardim em metro quadrado. Para isso, representamos a área total do terreno em metro quadrado.

$$4,2 \text{ dam}^2 = (4,2 \cdot 100) \text{ m}^2 = 420 \text{ m}^2$$

Agora, calculamos 10% de 420 m² e adicionamos o valor encontrado à área a ser ocupada pela casa.

$$10\% \text{ de } 420 \rightarrow 420 \cdot \frac{1}{10} = \frac{420}{10} = 42$$

Portanto, 10% de 420 m² são 42 m².

$$42 \text{ m}^2 + 150 \text{ m}^2 = 192 \text{ m}^2$$

Então, a casa e o jardim ocuparão 192 m² do terreno.

7. Em uma área de 5 ares, Leandro fará plantações de milho e de feijão. Se a plantação de milho ocupar 30% da área, qual será a área, em metro quadrado, ocupada pela plantação de feijão?

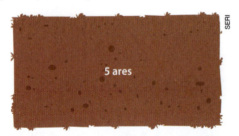

5 ares

8. Comprei um sítio de 12 ha de área. Vou destinar 20% dessa área para a plantação de árvores frutíferas e 25% para a plantação de legumes e hortaliças. Quantos metros quadrados serão destinados para a plantação?

R2. Sofia comprou um sítio de 3 ha. Ela pagou R$ 10,00 por metro quadrado. Quanto Sofia pagou pelo sítio?

Resolução

Inicialmente, representamos a área do sítio em metro quadrado.

$$1 \text{ ha} = 1 \text{ hm}^2$$

Então:

$3 \text{ ha} = 3 \text{ hm}^2$

$3 \text{ hm}^2 = (3 \cdot 10.000) \text{ m}^2 = 30.000 \text{ m}^2$

Em seguida, multiplicamos o valor pago por 1 metro quadrado pela área total do sítio em metro quadrado.

$$30.000 \cdot 10 = 300.000$$

Portanto, Sofia pagou R$ 300.000,00 pelo sítio.

9. Alberto tem um terreno cuja área é 75 hm². Ele vendeu 2.500 m² do terreno, fez uma construção de 1.500 m² e reservou o restante da área para fazer plantações de milho e de feijão.

a) Quantos metros quadrados Alberto deixou para as plantações?

b) Qual será a área ocupada pela plantação de feijão, sabendo que a área ocupada pela plantação de milho será o triplo dessa área?

10. Observe os anúncios e, depois, responda às questões.

VENDE-SE
Fazenda de área igual a 356 alqueires mineiros
valor: R$ 600,00 por alqueire

VENDE-SE
Fazenda de área igual a 635 alqueires paulistas
valor: R$ 500,00 por alqueire

VENDE-SE
Fazenda de área igual a 532 alqueires do norte
valor: R$ 800,00 por alqueire

a) Qual é o valor de cada fazenda?

b) Qual das três fazendas tem maior área em metro quadrado?

c) Diego observou os três anúncios e concluiu que a fazenda do primeiro anúncio tem maior área e valor mais baixo. Diego está correto?

2 ÁREA DO RETÂNGULO

Observe a situação a seguir.

Renato decidiu revestir o chão do corredor de sua casa com lajotas quadradas de lado medindo 1 m.

Podemos representar o chão do corredor por um retângulo e cada lajota por um quadrado.

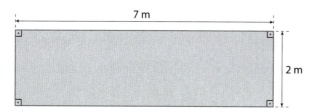

Agora, vamos ver quantos quadrados de área igual a 1 m² cabem no retângulo que representa o chão do corredor.

Com essa representação, percebemos que cabem 14 quadrados de 1 m² de área, ou seja, são necessárias 14 lajotas para revestir o chão do corredor.

Portanto, a área do chão do corredor da casa de Renato é igual a 14 m².

Observe o retângulo cinza e veja a seguir como podemos calcular sua área.

$$(7 \cdot 2) \text{ m}^2 = 14 \text{ m}^2$$

Como você viu, a área do retângulo cinza foi obtida pelo produto da medida da base pela medida da altura relativa a essa base.

> A área de um retângulo de base com medida b e altura com medida a é dada por:
> $$A = b \cdot a$$
> medida da base — medida da altura relativa à base

OBSERVAÇÃO

Não se esqueça de que para obter a área do retângulo, bem como de qualquer outra figura, as medidas usadas no cálculo devem estar expressas em uma mesma unidade de medida de comprimento.

ÁREA DO QUADRADO

Já vimos que o quadrado é um caso particular de retângulo. Então:

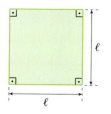

> A área de um quadrado de lado com medida ℓ é dada por:
> $$A = \ell \cdot \ell = \ell^2$$
> medida do lado — medida do lado ao quadrado

ATIVIDADES

VAMOS PRATICAR

1. Faça o que se pede.
   a) Desenhe em seu caderno três retângulos diferentes com 12 cm de perímetro cada um.
   b) Determine a área de cada um dos retângulos que você construiu.

2. Um retângulo tem área igual a 40 cm². Sua base é 3 cm maior que sua altura. Calcule a medida da altura desse retângulo.

VAMOS APLICAR

3. (Saresp) O piso de uma varanda é feito com ladrilhos quadrados de dois tamanhos. A medida do lado do ladrilho maior é o dobro da medida do lado do ladrilho menor.

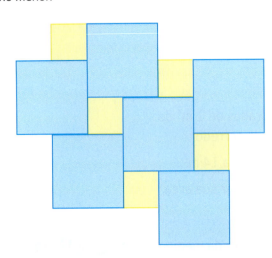

   Considere as afirmativas:

   A – O perímetro do ladrilho maior é o dobro do perímetro do ladrilho menor.

   B – O perímetro do ladrilho maior é o quádruplo do perímetro do ladrilho menor.

   C – A área do ladrilho maior é o dobro da área do ladrilho menor.

   D – A área do ladrilho maior é o triplo da área do ladrilho menor.

   É correta apenas a alternativa:
   a) A.
   b) B.
   c) C.
   d) D.

4. Determine a quantidade de lajotas quadradas com 15 cm de lado necessária para revestir o piso de um banheiro de 2,3 m de largura por 3 m de comprimento.

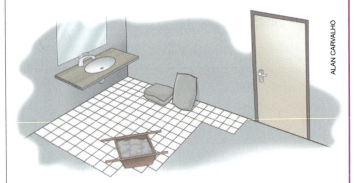

   - O que aconteceria com a quantidade de lajotas se, em vez de 15 cm de lado, elas tivessem 30 cm de lado?

5. Uma decoradora de ambientes deseja forrar um pufe que lembra um cubo com um novo tecido. Esse pufe tem largura igual a 50 cm. Calcule quantos metros quadrados de tecido ela usará, sabendo que a base do pufe não será forrada.

6. (OBM) Um quadrado de área 1 foi dividido em 4 retângulos congruentes, conforme indicado no desenho abaixo. Em seguida, os quatro retângulos foram reagrupados formando um quadrado, com um buraco quadrado no centro, conforme o desenho. Qual é a área do buraco?

 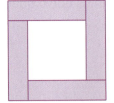

3 FIGURAS EQUIDECOMPONÍVEIS

Polígonos equidecomponíveis
Assista ao vídeo de experimento e veja a decomposição de alguns polígonos. Disponível em <http://mod.lk/h5kxk>.

Observe as figuras coloridas abaixo.

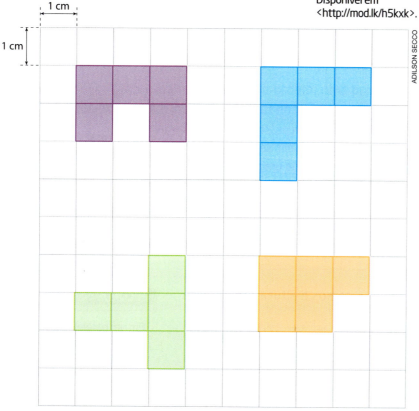

Compare os formatos dessas figuras e, depois, suas áreas. O que você percebeu?

Apesar de essas figuras terem formatos diferentes, podemos decompô-las em 5 quadradinhos e, com eles, formar cada uma das outras figuras da malha quadriculada. Por essa razão, dizemos que essas figuras são **equidecomponíveis**.

Além disso, os quadradinhos têm 1 cm² de área, de modo que todas as figuras acima têm 5 cm² de área. Portanto, essas figuras são **equivalentes**.

Sempre que conseguirmos decompor um polígono em outras figuras e, com elas, formar um segundo polígono, esse polígono terá a mesma área que o primeiro. Ou seja:

> Se dois polígonos são equidecomponíveis, eles são equivalentes.

Por isso, quando o cálculo da área de uma figura for muito complicado, poderemos decompô-la e formar uma figura cuja área sabemos calcular.

Veja, ao lado, como podemos formar um quadrado a partir de um pentágono. Assim, para saber a área do pentágono, basta calcular a área do quadrado que foi formado.

289

ATIVIDADES

VAMOS APLICAR

1. Transforme um quadrado em um retângulo de mesma área.

2. Copie o paralelogramo ao lado em seu caderno e transforme-o em um retângulo de mesma área.

3. Reúna-se com um colega e criem no caderno uma figura que possa ser transformada em um retângulo de mesma área. Em seguida, troquem de caderno com outra dupla, decompondo a figura criada por eles e compondo um retângulo.

Pensar de maneira interdependente

4 ÁREA DO PARALELOGRAMO

Observe o paralelogramo ABCD abaixo. Nele, traçamos a altura $\overline{AH}$, relativa à base $\overline{DC}$.

RECORDE

Em um paralelogramo, os lados opostos paralelos são congruentes.

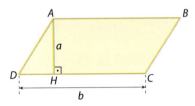

Podemos decompor esse paralelogramo em dois polígonos — o triângulo ADH e o trapézio ABCH — e com esses polígonos compor um retângulo, conforme indicado no esquema:

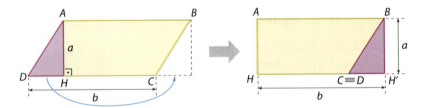

Após a decomposição do paralelogramo e a composição do retângulo, observe que o paralelogramo e o retângulo têm:

- altura de medida a;
- base de medida b;
- mesma área.

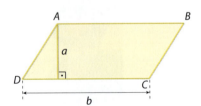 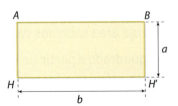 

290

Assim:

A área de um paralelogramo é dada por:

$$A = \underbrace{b}_{\text{medida da base}} \cdot \underbrace{a}_{\text{medida da altura relativa à base}}$$

OBSERVAÇÃO

A expressão ao lado pode ser usada para calcular a área de qualquer paralelogramo com lados de medidas não inteiras.

EXEMPLO

Vamos determinar a área do paralelogramo ABCD a seguir.

Área:
$A = b \cdot a$
$A = 8 \cdot 3,5$
$A = 28$

ATIVIDADES

VAMOS PRATICAR

1. Determine a área dos paralelogramos abaixo.

   a)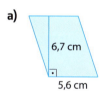

   b)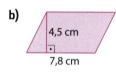

   c)

   d)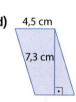

2. Calcule a altura dos paralelogramos.

   a)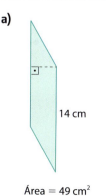
   Área = 49 cm²

   b)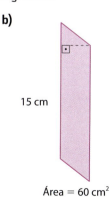
   Área = 60 cm²

3. Faça o que se pede.

   a) A área de um paralelogramo é 146,26 cm². Sabendo que sua altura mede 7,1 cm, determine a medida de sua base.

   b) No paralelogramo ABCD, o lado $\overline{AB}$ mede 2 cm, a altura relativa ao lado $\overline{BC}$ mede 1,7 cm e o perímetro é 12 cm. Determine a área desse paralelogramo.

4. Determine a área do paralelogramo e, depois, responda à questão.

   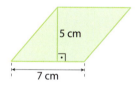

   • Se dobrarmos a altura do paralelogramo e dividirmos sua base por 2, o que acontecerá com a área?

5. Em um paralelogramo ABCD, o segmento $\overline{AE}$ é perpendicular ao lado $\overline{DC}$ e mede 3 cm. Sabendo que o lado $\overline{DC}$ tem medida igual a 5 cm, calcule a área desse paralelogramo.

VAMOS APLICAR

6. Desenhe em seu caderno um paralelogramo que seja equivalente a um quadrado de lado medindo 5 cm.

   Agora, responda: existe uma única solução para esse problema? Justifique sua resposta.

7. Ricardo é marceneiro e recebeu uma encomenda para fazer porta--retratos. Cada porta-retrato terá o formato de um paralelogramo, como mostra a figura ao lado (os objetos não terão emendas).

Para a confecção desses porta-retratos, Ricardo comprou algumas placas de madeira, de formato retangular, com 80 cm de largura e 100 cm de comprimento. Quantas placas serão necessárias para a confecção de 40 porta-retratos?

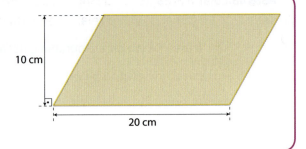

5 ÁREA DO TRIÂNGULO

As regiões triangulares abaixo são iguais e formam um paralelogramo, como mostra o esquema a seguir.

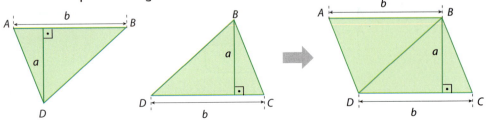

Após a composição do paralelogramo ABCD, é possível observar que:

- os triângulos e o paralelogramo têm altura de mesma medida (a);
- os triângulos e o paralelogramo têm base de mesma medida (b);
- a área do paralelogramo é igual à soma das áreas dos dois triângulos.

Como as regiões triangulares são iguais, a área de cada uma é igual à metade da área do paralelogramo.

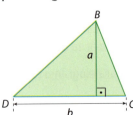 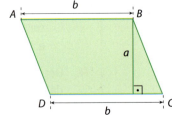

Portanto:

A área de um triângulo é dada por:

medida da base ⎤   ⎡ medida da altura relativa à base

$$A = \frac{b \cdot a}{2}$$

OBSERVAÇÃO

A expressão ao lado pode ser usada para calcular a área de qualquer triângulo, com lados de medidas inteiras ou não inteiras.

EXEMPLO

Vamos determinar a área do triângulo ABC ao lado.

$$A = \frac{b \cdot a}{2} = \frac{5 \cdot 1{,}5}{2} = 3{,}75$$

Logo, a área do triângulo ABC é 3,75 cm².

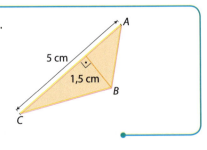

Para calcular a área de um triângulo, podemos considerar base qualquer um de seus lados e tomar a altura relativa ao lado escolhido.

Veja as diferentes maneiras de calcular a área do triângulo ABC abaixo.

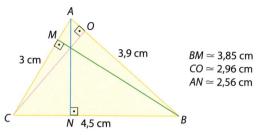

BM ≃ 3,85 cm
CO ≃ 2,96 cm
AN ≃ 2,56 cm

OBSERVAÇÃO

O símbolo ≃ significa "aproximadamente igual". É comum também se usar o símbolo ≅ com a mesma finalidade.

$$A \simeq \frac{3 \text{ cm} \cdot 3{,}85 \text{ cm}}{2} \simeq 5{,}77 \text{ cm}^2 \quad \text{(base } \overline{AC} \text{ e altura } \overline{BM}\text{)}$$

$$A \simeq \frac{3{,}9 \text{ cm} \cdot 2{,}96 \text{ cm}}{2} \simeq 5{,}77 \text{ cm}^2 \quad \text{(base } \overline{AB} \text{ e altura } \overline{CO}\text{)}$$

$$A \simeq \frac{4{,}5 \text{ cm} \cdot 2{,}56 \text{ cm}}{2} \simeq 5{,}77 \text{ cm}^2 \quad \text{(base } \overline{BC} \text{ e altura } \overline{AN}\text{)}$$

DESAFIO

Se a área do triângulo grande é igual a 1 cm² e todos os triângulos são equiláteros, qual é a área do triângulo azul?

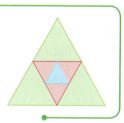

ATIVIDADES

VAMOS PRATICAR

1. Calcule a área de cada triângulo.

a)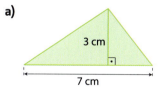

b)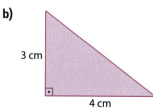

2. Determine a área do triângulo obtusângulo abaixo.

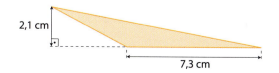

VAMOS APLICAR

3. A área de lazer de um condomínio será ampliada com a construção de um jardim, conforme o esquema abaixo.

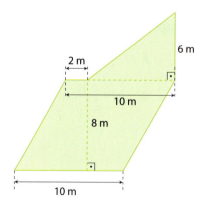

• Qual será a área total ocupada pelo jardim?

4. Encontre a área de um triângulo cujos vértices são os pontos (1, 1), (5, 1) e (0, 4) representados no plano cartesiano.

5. Analise a figura abaixo e descubra a relação entre as áreas dos triângulos ABC, ABD e ABE.

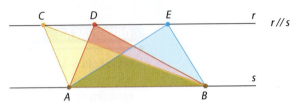

7. O esquema abaixo representa um terreno onde serão plantados três tipos de hortaliça. Elabore um problema com base nesse esquema. Em seguida, troque-o com um colega e resolva o problema criado por ele.

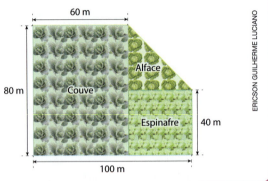

6. Hélio utilizou um pedaço de barbante para fazer uma figura de formato quadrado e outro pedaço de mesmo comprimento para fazer uma figura no formato de um triângulo equilátero. Qual das duas regiões delimitadas pelos barbantes terá maior área?

Dado: $a = \dfrac{\ell\sqrt{3}}{2}$, sendo a a altura do triângulo equilátero, e ℓ, a medida de seu lado.

6 ÁREA DO TRAPÉZIO

Observe que o trapézio ABCD abaixo pode ser decomposto em dois triângulos com bases de medidas b_1 e b_2 e altura de mesma medida a.

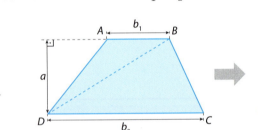 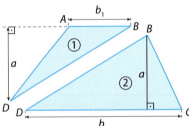

Calculando as áreas desses triângulos, temos:

$$A_{\triangle_1} = \dfrac{b_1 \cdot a}{2} \quad \text{e} \quad A_{\triangle_2} = \dfrac{b_2 \cdot a}{2}$$

A área do trapézio é igual à soma das áreas dos triângulos.

$$A = A_{\triangle_1} + A_{\triangle_2}$$

$$A = \dfrac{b_1 \cdot a}{2} + \dfrac{b_2 \cdot a}{2} = \dfrac{a}{2} \cdot (b_1 + b_2)$$

Assim:

A área de um trapézio é dada por:

medida da altura — medida da base menor — medida da base maior

$$A = \dfrac{a \cdot (b_1 + b_2)}{2}$$

OBSERVAÇÃO

A expressão ao lado pode ser usada para calcular a área de qualquer trapézio, com lados de medidas inteiras ou não inteiras.

PARA PENSAR

Mariana foi contratada por uma empresa para reformar um salão de festas cujo piso tem a forma de um trapézio, como mostra o esquema ao lado.

Para revestir o piso, Mariana escolheu uma lajota quadrada cujo lado mede 30 cm.

a) Qual é a área do piso do salão?
b) Quantas lajotas Mariana deverá comprar para cobrir completamente o piso do salão, considerando que devem ser comprados 5% a mais de lajotas para repor perdas em caso de quebra?

7 ÁREA DO LOSANGO

Observe que o losango ABCD abaixo pode ser decomposto em dois triângulos com base de medida d_2 e altura $\frac{d_1}{2}$, diagonais desse losango.

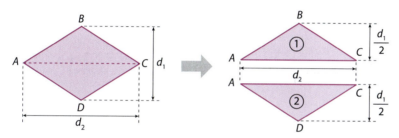

OBSERVAÇÃO

Como o losango é um paralelogramo de lados de mesma medida, as regiões triangulares obtidas com a decomposição do losango ABCD são iguais.

A área do losango é igual à soma das áreas dos triângulos ABC e ADC.

$A = A_{\triangle_1} + A_{\triangle_2}$

$A = \dfrac{d_2 \cdot \dfrac{d_1}{2}}{2} + \dfrac{d_2 \cdot \dfrac{d_1}{2}}{2} = \dfrac{d_2 \cdot d_1}{4} + \dfrac{d_2 \cdot d_1}{4} = \dfrac{2 \cdot d_2 \cdot d_1}{4} = \dfrac{d_2 \cdot d_1}{2}$

Portanto:

> A área de um losango é dada por:
>
> medida da diagonal menor — medida da diagonal maior
>
> $A = \dfrac{d_1 \cdot d_2}{2}$

Trilha de estudo

Vai estudar? Nosso assistente virtual no *app* pode ajudar!
http://mod.lk/trilhas

OBSERVAÇÃO

A expressão ao lado pode ser usada para calcular a área de qualquer losango, com lados de medidas inteiras ou não inteiras.

EXEMPLO

Vamos determinar a área do losango ABCD.

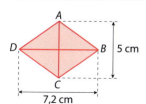

$A = \dfrac{d_1 \cdot d_2}{2}$

$A = \dfrac{5 \cdot 7{,}2}{2} = \dfrac{36}{2} = 18$

Então, a área do losango ABCD é 18 cm².

Organize o que você aprendeu fazendo a atividade 1 da página 360.

ATIVIDADES

VAMOS PRATICAR

1. Determine a área de cada figura.

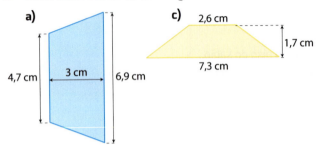

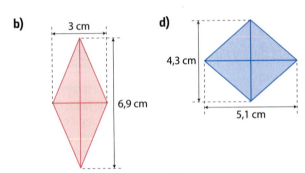

VAMOS APLICAR

2. Um terreno tem a forma de um trapézio de bases medindo 36 m e 24 m e altura de 20 m. Foi construído no local um galpão retangular de lados medindo 10,6 m e 5,5 m. No restante do terreno, plantou-se grama. Qual é a área do terreno que foi gramada?

3. (Cefet-SP) Para maximizar a ocupação do solo, a Agropecuária MT dividiu toda a área desmatada (32 km²) em três regiões distintas, como mostra a figura, sendo a região I reservada para o plantio de variedades de soja precoce e as regiões II e III, para o plantio de variedade de ciclo normal.

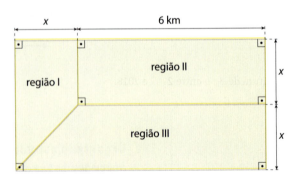

• Se a região II tem 12 km², determine a área da região I.

4. O esquema abaixo representa um terreno que será repartido entre quatro irmãos.

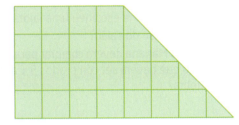

• Como esse terreno poderá ser repartido, sabendo que as partes recebidas pelos irmãos têm a mesma área?

5. A figura abaixo representa uma pipa. Complete-a com as medidas que achar conveniente e elabore um problema que envolva o cálculo da área dessa pipa. Depois, troque-o com um colega e resolva o problema criado por ele.

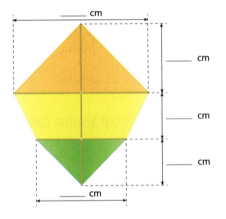

6. Calcule a área da parte pintada de amarelo na figura, sabendo que ela é formada por dois losangos parcialmente sobrepostos.

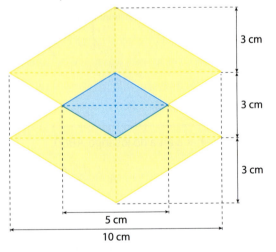

ESTATÍSTICA E PROBABILIDADE
COMPARAÇÃO DE DADOS REPRESENTADOS EM GRÁFICOS DE BARRAS E DE SETORES

O saneamento básico de uma cidade diz respeito à qualidade da água utilizada para abastecimento.

No município de Bela, o esgoto coletado é tratado, mas o não coletado é lançado ao solo, poluindo-o. Como não são todos os bairros que têm coleta de esgoto, a prefeitura de Bela implantou um programa para melhorar essa situação.

Observe dois gráficos que representam os mesmos dados sobre a porcentagem de esgoto sanitário coletado e não coletado em Bela ao longo de quatro anos.

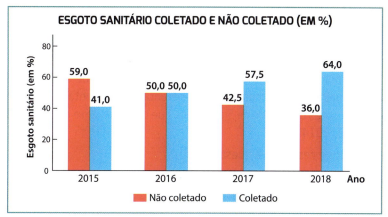

Dados obtidos pela prefeitura de Bela entre 2015 e 2018.

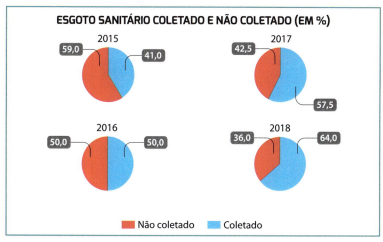

Dados obtidos pela prefeitura de Bela entre 2015 e 2018.

▸ Em qual dos gráficos você acha que é possível observar com mais clareza a evolução do esgoto sanitário em Bela ao longo do tempo?

▸ Em qual tipo de gráfico você acha que é possível observar melhor, em determinado ano, a relação da quantidade de esgoto coletado com a quantidade total?

ESTATÍSTICA E PROBABILIDADE

Dependendo dos dados comparados, ora um, ora outro gráfico revela-se mais eficiente. Em alguns casos, a eficácia de ambos é idêntica. Observe abaixo a comparação desses gráficos em relação à situação retratada.

Gráfico de barras verticais	Gráfico de setores
As barras verticais apresentam, a cada ano, a porcentagem de esgoto não coletado (barra vermelha) e a de esgoto coletado (barra azul). Observando as barras azuis, facilmente concluímos que a porcentagem de esgoto coletado aumentou ao longo do período apresentado.	Os círculos estão divididos em duas partes: a que representa a porcentagem de esgoto não coletado (setor vermelho) e a que representa a porcentagem de esgoto coletado (setor azul). Observando o gráfico de setores relativo a 2018, por exemplo, percebemos que nesse ano a maior parte do esgoto produzido já era coletado e, portanto, tratado.

ATIVIDADE

Segundo a Declaração Universal dos Direitos da Criança, toda criança tem direito à educação e à saúde, por exemplo. No entanto, é grande o número de crianças que trocam a escola pelo trabalho. Os gráficos abaixo apresentam a porcentagem aproximada de crianças e adolescentes com idade de 5 a 17 anos que trabalhavam e que não trabalhavam no Brasil em 2013, 2014 e 2015.

Observe os gráficos e responda à questão.

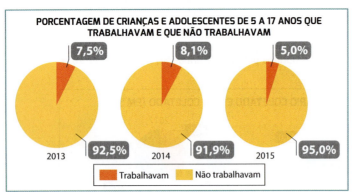

Dados obtidos em: <http://www.crianca.mppr.mp.br/arquivos/File/publi/abrinq/cenario_brasil_abrinq_jun2015.pdf>, <http://www.crianca.mppr.mp.br/arquivos/File/publi/abrinq/cenario_brasil_abrinq_mar2016.pdf> e <http://www.chegadetrabalhoinfantil.org.br/wp-content/uploads/2017/03/Cenario-2017-PDF.pdf>. Acessos em: 17 jul. 2018.

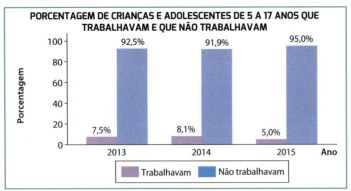

Dados obtidos em: <http://www.crianca.mppr.mp.br/arquivos/File/publi/abrinq/cenario_brasil_abrinq_jun2015.pdf>, <http://www.crianca.mppr.mp.br/arquivos/File/publi/abrinq/cenario_brasil_abrinq_mar2016.pdf> e <http://www.chegadetrabalhoinfantil.org.br/wp-content/uploads/2017/03/Cenario-2017-PDF.pdf>. Acessos em: 17 jul. 2018.

- Em qual dos gráficos é possível observar com mais clareza a variação da porcentagem de crianças e adolescentes de 5 a 17 anos que trabalhavam no período estudado? Justifique.

ATIVIDADES COMPLEMENTARES

1. Uma fazenda de 16 alqueires mineiros será dividida em lotes de 3.200 m² de área cada um.
   a) Quantos lotes serão obtidos com essa divisão?
   b) Se cada lote for vendido por R$ 100.000,00, quanto será arrecadado com a venda de $\frac{3}{4}$ desses lotes?

2. Responda às questões em seu caderno.
   a) Quantas salas retangulares de 4 m de comprimento e 5 m de largura são necessárias para formar 1 are?
   b) A área correspondente a 1 alqueire paulista é equivalente à área de quantos hectares?

3. Manoela vai reformar o piso da sala de sua residência. A sala tem formato quadrado com 5 m de lado. Se ela pretende utilizar lajotas quadradas de lado medindo 0,5 m, quantas lajotas serão necessárias para cobrir todo o piso da sala?

4. (Saresp) Numa praça será construído um jardim com o formato da figura abaixo e plantada grama no seu interior. O lado do quadrado mede 2 metros, e os triângulos são todos iguais.

   A área a ser plantada é:
   a) 6 m².
   b) 10 m².
   c) 12 m².
   d) 14 m².

   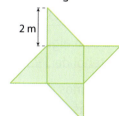

5. Determine a variação da medida da área de uma quadra oficial de futebol de salão, sabendo que o comprimento máximo é de 42 m e o mínimo é de 25 m, e que a largura máxima é de 22 m e a mínima é de 15 m.

6. Calcule a área da figura abaixo.

   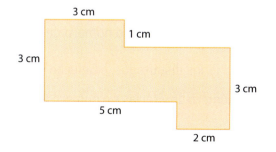

7. Determine a área, em função de m, do quadrado cinza na figura a seguir.

   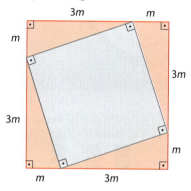

8. Uma empresa vai mudar sua logomarca e recebeu o desenho proposto abaixo, formado por paralelogramos.

   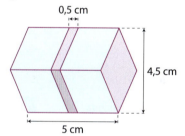

   - Determine a área da figura pintada de azul.

9. Encontre a medida das bases do trapézio isósceles abaixo sabendo que sua área é de 44 cm².

   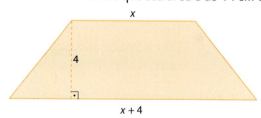

10. (OBM) Seis retângulos idênticos são reunidos para formar um retângulo maior, conforme indicado na figura. Qual é a área deste retângulo maior?

    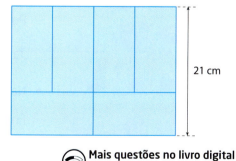

Mais questões no livro digital

UNIDADE 11

PROPORÇÃO E APLICAÇÕES

1 RAZÃO

COMPARANDO POR MEIO DE UMA RAZÃO

Observe o esquema com algumas informações sobre os jogos do Brasil nas Copas do Mundo de Futebol de 1930 a 2014.

Muitas vezes, comparamos duas quantidades ou duas medidas por meio de uma divisão. O quociente assim obtido é chamado de **razão**.

O esquema acima apresenta dados que, quando comparados, permitem analisar o desempenho da Seleção Brasileira de futebol nas Copas do Mundo.

Podemos comparar o número de vitórias com o número de jogos ou o número de derrotas com o número de jogos, e assim por diante. Por exemplo:

- Na Copa de 1950, dos 6 jogos disputados, a Seleção Brasileira venceu 4. Portanto, a razão entre o número de jogos e o número de vitórias é $\frac{6}{4} = \frac{3}{2}$.

  Já a razão entre o número de vitórias e o número de jogos é $\frac{4}{6} = \frac{2}{3}$.

- Na Copa de 1982, dos 5 jogos disputados, a Seleção venceu 4 e perdeu 1. Então, a razão entre o número de vitórias e o número de derrotas é $\frac{4}{1} = 4$.

- Na Copa de 1994, dos 7 jogos disputados, a Seleção venceu 5 e empatou 2. Portanto, a razão entre o número de empates e o número de vitórias é $\frac{2}{5}$.

Puxa! Espero que no próximo campeonato eu consiga ser o artilheiro. Fiz 3 gols em 6 jogos.

Nesta situação, qual é a razão entre o número de gols marcados e o número de jogos?

- Na Copa de 2002, dos 7 jogos disputados, a Seleção venceu 7. Então, a razão entre o número de jogos e o número de vitórias é $\frac{7}{7} = 1$.

A razão entre dois números a e b, com $b \neq 0$, nessa ordem, é dada por: $\frac{a}{b}$.

Razão
Assista ao vídeo e veja um experimento que apresenta a noção matemática de razão.

Podemos expressar a razão na forma de fração, de porcentagem ou de número decimal.

Assim, no exemplo da Copa de 1994, podemos dizer que a razão entre o número de empates e o número de vitórias é 0,4 ou 40%. E também podemos afirmar que na Copa de 2002 o desempenho da Seleção Brasileira foi de 100%.

DESAFIO

A razão entre os números negativos a e b é 0,27. Qual desses números é o menor?

ATIVIDADES

VAMOS PRATICAR

1. Escreva, na forma de fração irredutível, a razão entre:
   a) 7 e 14;
   b) 14 e 7;
   c) −28 e −35;
   d) −56 e 80;
   e) 2,5 e 7,5;
   f) 0,3 e 2,7.

2. Mariana e Lucas estão preparando um suco com a seguinte receita: para cada litro de suco concentrado, são necessários 2 litros de água.

- Como podemos comparar, na forma de razão, a quantidade de suco concentrado com a de água?

3. Corrija as sentenças falsas.
   a) A razão de $\frac{1}{5}$ para 5 é 1.
   b) A razão de 1 para 4 é igual à razão entre 1 e $\frac{1}{4}$.
   c) A razão entre $-\frac{2}{5}$ e $\frac{8}{15}$ é $-0,75$.
   d) A razão de 60 para 12 é igual à razão de 20 para 4.
   e) A razão entre 6 e 40 é 15%.
   f) A razão entre 50 e 100 é 50%.

4. Descubra o número de acordo com as afirmações.
   a) A razão entre um número e $\frac{2}{3}$ é 1.
   b) $\frac{1}{7}$ é a razão entre 14 e um número.
   c) A razão de 0,25 para um número é $-0,5$.

5. Karina, aluna de Tânia, ficou pensando em uma das análises da professora.

Na Copa de 2002, dos 7 jogos disputados, a Seleção Brasileira venceu 7. Então, a razão entre o número de vitórias e o número de jogos é $\frac{7}{7} = 1$. Mas por que será que a professora disse que o desempenho da Seleção nesse ano foi de 100%?

- Responda à pergunta de Karina de acordo com o que você já estudou de frações e porcentagens.

R1. Em uma prova com 80 testes, a razão entre o número de testes que um aluno acertou e o número total de testes foi de 2 para 5.

a) Represente essa razão nas formas de divisão, de fração irredutível, decimal e de porcentagem.

b) Calcule o número de testes que o aluno acertou.

Resolução

a) Primeiro, escrevemos a divisão de 2 por 5 e, em seguida, as formas a ela equivalentes.

Na forma de divisão: 2 : 5

Na forma de fração irredutível: $\frac{2}{5}$

Na forma decimal: 0,4

Na forma de porcentagem:

$0,4 = 0,40 = \frac{40}{100} = 40\%$

b) Para calcular o número de testes que o aluno acertou, devemos encontrar uma fração equivalente a $\frac{2}{5}$ com denominador igual a 80. O numerador será o valor procurado.

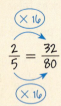

$\frac{2}{5} = \frac{32}{80}$ (× 16)

Portanto, o aluno acertou 32 questões.

Outra forma é calcular 40% do número total de questões.

Calculando 40% de 80:

$40\% \text{ de } 80 = \frac{40}{100} \cdot 80 = \frac{3.200}{100} = 32$

6. Camila e Fernanda estão no mesmo time de handebol. Na última partida, o time marcou 12 gols, dos quais 6 foram de Camila, 4 de Fernanda e os outros 2 de outras duas jogadoras.

a) Escreva, na forma de fração irredutível, a razão entre o número de gols marcados por Camila e o número de gols marcados por Fernanda.

b) Escreva, na forma decimal, a razão entre o número de gols marcados por Fernanda e o número total de gols do time.

c) Escreva, na forma de porcentagem, a razão entre o número de gols marcados por Camila e o número total de gols do time.

VAMOS APLICAR

7. Em uma cidade, há 120 dentistas para 240.000 habitantes. Qual é a razão do número de dentistas para o número de habitantes?

8. De 32 crianças que foram acampar, 10 são meninas. Qual é a porcentagem de meninas em relação ao número total de crianças?

9. O terreno que Débora pretende comprar é representado na planta por um retângulo.

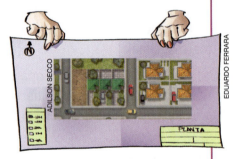

O perímetro do retângulo é 42 m, e a razão entre a medida de sua largura e de seu comprimento é $\frac{2}{5}$. Qual é a área do terreno?

10. Observe a figura e responda às questões.

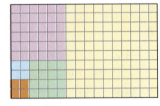

a) O retângulo está decomposto em quadradinhos. Qual é a porcentagem da área do quadrado laranja em relação à área do quadrado amarelo?

b) Qual é a razão entre a área do quadrado verde e a área do quadrado lilás?

c) Escreva, na forma de fração irredutível, a razão entre a área do maior quadrado e a área total do retângulo.

2 PROPORÇÃO

Observe a situação a seguir.

A agência de empregos E10 realizou uma pesquisa para comparar o número de homens e de mulheres que trabalham em três tipos de empresa. Os dados obtidos estão apresentados no esquema abaixo.

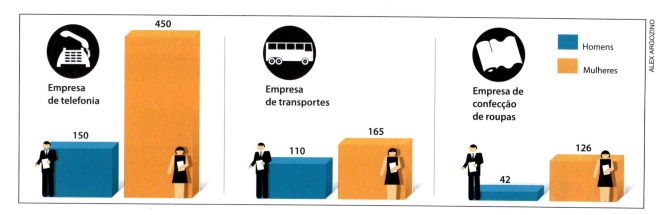

Vamos comparar o número de homens e de mulheres que trabalham em cada tipo de empresa por meio de uma razão.

- Em telefonia, a razão entre o número de homens e o número de mulheres é: $\frac{150}{450} = \frac{1}{3}$. Isso significa que para cada homem existem 3 mulheres trabalhando nesse tipo de empresa.
- Em transportes, a razão entre o número de homens e o número de mulheres é: $\frac{110}{165} = \frac{2}{3}$. Nesse caso, para cada 2 homens, há 3 mulheres nesse setor.
- Em confecção de roupas, a razão entre o número de homens e o número de mulheres é: $\frac{42}{126} = \frac{1}{3}$. Assim como em telefonia, para cada homem, há 3 mulheres trabalhando nesse setor.

Como a razão entre o número de homens e o de mulheres em telefonia é igual à razão entre o número de homens e o de mulheres em confecção de roupas, dizemos que as duas razões formam uma **proporção**.

Essa proporção pode ser indicada da seguinte maneira: $\frac{150}{450} = \frac{42}{126}$.

> Quatro números não nulos, a, b, c e d, formam, nessa ordem, uma **proporção** quando $\frac{a}{b} = \frac{c}{d}$.

Essa proporção também pode ser representada por $a : b = c : d$ (lemos: "a está para b assim como c está para d").

Os **termos** de uma proporção são assim denominados:

$$\frac{a}{b} = \frac{c}{d} \qquad \text{ou} \qquad a : b = a : d$$

extremo — meio — extremos
meio — extremo — meios

A razão entre a medida da minha altura e a da árvore nesta imagem e a razão entre a medida da minha altura e a da árvore, na realidade, formam uma proporção.

303

Caminhando neste ritmo, percorremos 1 km em 15 minutos.

PROPRIEDADE FUNDAMENTAL DAS PROPORÇÕES

Veja a situação a seguir.

O percurso que os jovens fizeram foi de 12 km. Se eles começaram a andar às 8 horas, a que horas chegaram ao acampamento, sabendo que mantiveram o mesmo ritmo de caminhada?

Considerando x o tempo gasto para percorrer os 12 km, podemos montar a seguinte proporção, que é uma equação de incógnita x.

$$\frac{1}{15} = \frac{12}{x}$$ ——— "Um quilômetro está para 15 minutos, assim como 12 quilômetros estão para x minutos."

Vamos descobrir o valor de x.

$$\frac{1}{15} = \frac{12}{x}$$

$$\frac{1}{15} \cdot x = \frac{12}{x} \cdot x$$ ——— Ao multiplicar os dois membros de uma igualdade por um mesmo número, diferente de zero, obtemos outra igualdade equivalente à primeira.

$$\frac{x}{15} = 12$$

$$\frac{x}{15} \cdot 15 = 12 \cdot 15$$

$$x = 12 \cdot 15$$

$$x = 180$$

Logo, eles gastaram 180 minutos (ou 3 horas) para percorrer os 12 km. Assim, chegaram ao acampamento às 11 horas.

Ao desenvolver os cálculos para obter o valor de x nessa proporção, podemos observar uma igualdade entre o produto dos extremos e o produto dos meios:

$$\frac{1}{15} = \frac{12}{x} \implies 1 \cdot x = 12 \cdot 15$$

Será que esse fato é válido para todas as proporções?

Com base no que você já aprendeu sobre operações com números racionais e resolução de equações, podemos partir de $\frac{a}{b} = \frac{c}{d}$, com a, b, c e d não nulos, e obter $a \cdot d = b \cdot c$. Veja.

$$\frac{a}{b} = \frac{c}{d}$$

$$\frac{a}{b} \cdot d = \frac{c}{d} \cdot d$$ ——— Multiplicamos ambos os membros da igualdade por d.

$$\frac{a \cdot d}{b} = c \cdot \frac{d}{d}$$ ——— Reescrevemos a igualdade de outra forma.

$$\frac{a \cdot d}{b} = c \cdot 1$$

$$\frac{a \cdot d}{b} = c$$

$$b \cdot \frac{a \cdot d}{b} = b \cdot c$$ ——— Multiplicamos ambos os membros da igualdade por b.

$$\frac{b}{b} \cdot a \cdot d = b \cdot c$$ ——— Reescrevemos a igualdade de outra forma.

$$1 \cdot a \cdot d = b \cdot c$$

$$\boldsymbol{a \cdot d = b \cdot c}$$

*A igualdade obtida a partir de uma proporção é conhecida como **propriedade fundamental das proporções**.*

Podemos escrever a propriedade fundamental das proporções desta forma:

> Em toda proporção, o produto dos extremos é igual ao produto dos meios. Ou seja, dados os números a, b, c e d não nulos, com $\frac{a}{b} = \frac{c}{d}$, temos: $a \cdot d = b \cdot c$.

Usando essa propriedade, podemos resolver muitos problemas. Por exemplo:

Os números 1,5; 7; 4,5 e 21 formam, nessa ordem, uma proporção. Repare que o produto dos extremos é igual ao produto dos meios:

$$\frac{1{,}5}{7} = \frac{4{,}5}{21} \qquad \underbrace{1{,}5 \cdot 21}_{31{,}5} = \underbrace{7 \cdot 4{,}5}_{31{,}5}$$

produto dos extremos — produto dos meios

DESAFIO

Júlio tem um carro com tecnologia *flex fuel* (pode ser abastecido com gasolina ou álcool ou com uma mistura dos dois combustíveis). No último abastecimento, Júlio colocou álcool e gasolina na proporção de 1 para 4. Sabendo que no tanque do carro cabem 45 litros de combustível, qual foi a quantidade máxima de gasolina colocada?

OBSERVAÇÃO

As razões $\frac{12}{15}$ e $\frac{3}{2}$ não formam uma proporção, pois: $12 \cdot 2 \neq 15 \cdot 3$.

ATIVIDADES

VAMOS PRATICAR

1. Indique apenas as razões que formam proporções.

a) $\frac{4}{10}$ e $\frac{2}{5}$

b) $\frac{8}{32}$ e $\frac{2}{7}$

c) $\frac{9}{0{,}25}$ e $\frac{81}{2{,}25}$

d) $\frac{1{,}5}{6}$ e $\frac{0{,}5}{2}$

e) $\frac{35}{28}$ e $\frac{5}{4}$

f) $\frac{148}{93}$ e $\frac{37}{24}$

2. Descubra todas as proporções com os termos 2, 3, 10 e 15.

3. Leia atentamente o que a garota está dizendo e depois responda à questão.

"Para escalar esta montanha de 220 metros de altura, levei 40 minutos e, para descer, 30 minutos."

As razões entre a distância e o tempo, na subida e na descida, formam uma proporção? Justifique sua resposta.

R1. Calcule o valor de x na proporção $\frac{24}{30} = \frac{144}{x}$.

Resolução

Inicialmente, descobrimos qual é o número que, multiplicado por 24, resulta em 144. Para isso, dividimos 144 por 24:

$$\begin{array}{r|l} 144 & 24 \\ -144 & 6 \\ \hline 0 & \end{array}$$

Também podemos multiplicar 24 por vários números até encontrar o resultado desejado (144):

$$\frac{24}{30} = \frac{144}{x}$$

$4 \cdot 24 = 96$

$5 \cdot 24 = 120$

$6 \cdot 24 = 144$

Em seguida, obtemos x multiplicando 30 por 6.

$$\frac{24}{30} = \frac{144}{180}$$

Portanto, o valor de x é 180.

Também podemos calcular o valor de x aplicando a propriedade fundamental das proporções.

$$\frac{24}{30} = \frac{144}{x}$$

$24 \cdot x = 30 \cdot 144$ —— propriedade fundamental

$24x = 4.320$ —— equação em x

$x = \frac{4.320}{24}$

$x = 180$ —— termo desconhecido

4. Sabendo que 42 está para x assim como 252 está para 186, calcule o valor de x.

5. Determine o termo desconhecido das proporções.

a) $\frac{8}{32} = \frac{2}{x}$

b) $\frac{5}{3} = \frac{x}{21}$

c) $\frac{7}{x} = \frac{3}{27}$

d) $\frac{x}{x+1} = \frac{1}{2}$

e) $\frac{5}{x} = \frac{4}{x+1}$

f) $\frac{x}{9} = \frac{x-2}{15}$

VAMOS APLICAR

R2. Em um mapa, 12 cm equivalem a 36 km da distância real. Sabendo que a distância entre duas cidades é 24 km, qual é a distância entre essas cidades nesse mapa?

Resolução

Chamamos de x a medida que queremos calcular. Como a razão entre a medida no mapa e a medida real é constante, podemos escrever a proporção formada pelas medidas.

x ⟶ distância entre as cidades no mapa

12 cm está para 36 km, assim como x está para 24 km:

$$\frac{12 \text{ cm}}{36 \text{ km}} = \frac{x}{24 \text{ km}}$$

$$\frac{12 \text{ cm}}{36 \text{ km}} \cdot 24 \text{ km} = \frac{x}{24 \text{ km}} \cdot 24 \text{ km}$$

Como a medida 1 km está multiplicando e dividindo o 1º membro da igualdade, podemos cancelá-la, pois 1 km dividido por 1 km é igual a 1 (elemento neutro da multiplicação).

Da mesma forma, cancelamos a medida 24 km, que está multiplicando e dividindo o 2º membro da equação. Assim:

$$\frac{12 \text{ cm}}{36 \text{ km}} \cdot 24 \text{ km} = \frac{x}{24 \text{ km}} \cdot 24 \text{ km}$$

$$\frac{12}{36} \cdot 24 \text{ cm} = x$$

$$8 \text{ cm} = x$$

Portanto, a distância entre as cidades no mapa é 8 cm.

6. Para animar o acampamento das crianças, o cozinheiro inventou uma brincadeira. A cada 15 biscoitos, 4 seriam recheados.

- Se no final da brincadeira a garotada encontrou 12 biscoitos recheados, quantos biscoitos foram feitos?

7. Utilizando uma régua, Jaqueline mediu no mapa a distância entre duas cidades e verificou que era de 25 cm. Em seguida, pesquisou em um livro e descobriu que a distância real entre as duas cidades é de 5.000 km. Jaqueline também mediu no mapa a distância entre outras duas cidades e obteve 15 cm. Qual é a distância real entre essas duas cidades?

OUTRAS PROPRIEDADES DAS PROPORÇÕES

Além da propriedade fundamental, estudaremos duas outras propriedades das proporções que auxiliam na resolução de problemas.

PROPRIEDADE 1

Se $\dfrac{a}{b} = \dfrac{c}{d}$, então $\dfrac{a+b}{b} = \dfrac{c+d}{d}$ e $\dfrac{a+b}{a} = \dfrac{c+d}{c}$

Se $\dfrac{a}{b} = \dfrac{c}{d}$, então $\dfrac{a-b}{b} = \dfrac{c-d}{d}$ e $\dfrac{a-b}{a} = \dfrac{c-d}{c}$

Usando essa propriedade, podemos escrever novas proporções a partir de uma proporção dada. Por exemplo:

$\dfrac{4}{2} = \dfrac{6}{3}$ —— $4 \cdot 3 = 2 \cdot 6$ (propriedade fundamental)

$\dfrac{4+2}{2} = \dfrac{6+3}{3}$, então: $\dfrac{6}{2} = \dfrac{9}{3}$ —— Aplicamos a propriedade 1.
$6 \cdot 3 = 2 \cdot 9$

$\dfrac{4-2}{2} = \dfrac{6-3}{3}$, então: $\dfrac{2}{2} = \dfrac{3}{3}$ —— Aplicamos a propriedade 1.
$2 \cdot 3 = 2 \cdot 3$

Assim, partindo da proporção dada, podemos escrever as proporções $\dfrac{6}{2} = \dfrac{9}{3}$ e $\dfrac{2}{2} = \dfrac{3}{3}$.

PROPRIEDADE 2

Se $\dfrac{a}{b} = \dfrac{c}{d}$, então $\dfrac{a+c}{b+d} = \dfrac{a}{b}$ e $\dfrac{a+c}{b+d} = \dfrac{c}{d}$

Se $\dfrac{a}{b} = \dfrac{c}{d}$, então $\dfrac{a-c}{b-d} = \dfrac{a}{b}$ e $\dfrac{a-c}{b-d} = \dfrac{c}{d}$

Usando essa propriedade, podemos escrever novas proporções a partir de uma proporção dada. Por exemplo:

$\dfrac{4}{2} = \dfrac{6}{3}$ —— $4 \cdot 3 = 2 \cdot 6$ (propriedade fundamental)

$\dfrac{4+6}{2+3} = \dfrac{4}{2}$, então: $\dfrac{10}{5} = \dfrac{4}{2}$ —— Aplicamos a propriedade 2.
$10 \cdot 2 = 5 \cdot 4$

$\dfrac{4+6}{2+3} = \dfrac{6}{3}$, então: $\dfrac{10}{5} = \dfrac{6}{3}$ —— Aplicamos a propriedade 2.
$10 \cdot 3 = 5 \cdot 6$

Assim, partindo da proporção dada, podemos escrever as proporções $\dfrac{10}{5} = \dfrac{4}{2}$ e $\dfrac{10}{5} = \dfrac{6}{3}$.

EXEMPLO

Aplicando a propriedade 2, obtemos outras proporções com base na proporção $\dfrac{4}{2} = \dfrac{6}{3}$.

- $\dfrac{4-6}{2-3} = \dfrac{4}{2}$, então: $\dfrac{-2}{-1} = \dfrac{4}{2}$
- $\dfrac{4-6}{2-3} = \dfrac{6}{3}$, então: $\dfrac{-2}{-1} = \dfrac{6}{3}$

Portanto, podemos escrever as proporções $\dfrac{-2}{-1} = \dfrac{4}{2}$ e $\dfrac{-2}{-1} = \dfrac{6}{3}$.

ATIVIDADES

VAMOS PRATICAR

R1. Calcule x e y na proporção $\dfrac{x}{y} = \dfrac{21}{15}$, sabendo que $x + y = 12$.

Resolução

Aplicamos a propriedade 1 das proporções e substituímos $x + y$ por 12 na proporção:

$$\dfrac{x+y}{y} = \dfrac{21+15}{15} \Rightarrow \dfrac{12}{y} = \dfrac{36}{15}$$

Então, aplicamos a propriedade fundamental:

$12 \cdot 15 = y \cdot 36$

$180 = 36y$

$y = \dfrac{180}{36}$

$y = 5$

Como $x + y = 12$ e $y = 5$, então:

$x + 5 = 12$

$x = 12 - 5$

$x = 7$

Logo, $x = 7$ e $y = 5$.

1. Determine x e y na proporção $\dfrac{x}{y} = \dfrac{3}{4}$, sabendo que $x + y = 28$.

2. Encontre os valores de x e y na proporção $\dfrac{x}{30} = \dfrac{y}{5}$, sabendo que $x - y = 55$.

R2. Resolva o sistema: $\begin{cases} \dfrac{x}{2} = \dfrac{y}{5} \\ x + y = 21 \end{cases}$

Resolução

Começamos aplicando a propriedade 2 das proporções. Em seguida, substituímos $x + y$ por 21 na proporção:

$$\dfrac{x+y}{2+5} = \dfrac{x}{2} \Rightarrow \dfrac{x+y}{7} = \dfrac{x}{2} \Rightarrow \dfrac{21}{7} = \dfrac{x}{2}$$

Aplicamos a propriedade fundamental:

$21 \cdot 2 = 7 \cdot x \Rightarrow 42 = 7x \Rightarrow x = 6$

Como $x + y = 21$ e $x = 6$, então:

$6 + y = 21 \Rightarrow y = 21 - 6 \Rightarrow y = 15$

Portanto, $x = 6$ e $y = 15$.

3. Determine o par ordenado (x, y), solução de cada sistema, sendo x e y números racionais.

a) $\begin{cases} \dfrac{x}{y} = \dfrac{8}{12} \\ x + y = 10 \end{cases}$
c) $\begin{cases} \dfrac{x}{y} = \dfrac{7}{9} \\ y - x = 26 \end{cases}$

b) $\begin{cases} x - y = 35 \\ \dfrac{x}{9} = \dfrac{y}{2} \end{cases}$
d) $\begin{cases} \dfrac{x}{2,5} = \dfrac{y}{5} \\ x + y = 6 \end{cases}$

VAMOS APLICAR

4. A diferença entre dois números é 75. O maior está para 5 assim como o menor está para 2. Quais são esses números?

R3. Para fazer uma bebida, misturamos suco de acerola e suco de laranja na proporção de 1 para 3. Quantos litros de suco de laranja foram necessários para fazer 2 litros dessa bebida?

Resolução

Quantidade de suco de acerola em litro: x

Quantidade de suco de laranja em litro: y

Total de mistura em litro: $x + y = 2$

Se a bebida tem suco de acerola e de laranja na proporção de 1 para 3, isso significa que a razão entre a quantidade de suco de acerola e a de suco de laranja é $\dfrac{1}{3}$:

$$\dfrac{x}{y} = \dfrac{1}{3}$$

Aplicamos a propriedade 1 das proporções, substituindo $x + y$ por 2, e resolvemos a equação em y:

$$\dfrac{x+y}{y} = \dfrac{1+3}{3} \Rightarrow \dfrac{2}{y} = \dfrac{4}{3} \Rightarrow y = 1,5$$

Como $x + y = 2$ e $y = 1,5$, então $x = 0,5$.

Logo, para fazer 2 litros de bebida, foram necessários 0,5 litro de suco de acerola e 1,5 litro de suco de laranja.

5. Para pintar uma casa, misturou-se tinta branca com tinta azul na razão de 5 para 2. Dos 169,75 litros de tinta que o pintor usou, quantos eram de tinta branca e quantos eram de tinta azul?

308

SEQUÊNCIAS DIRETAMENTE PROPORCIONAIS

Veja a situação a seguir.

Caio é dono de uma sorveteria e produz os próprios sorvetes. A quantidade que ele produz de cada sabor depende da preferência dos consumidores, pois há sabores que são mais vendidos que outros. Observe ao lado os sabores preferidos e a quantidade de leite em pó que Caio gasta para fabricá-los.

CHOCOLATE
3,5 kg de leite em pó para produzir 7 kg de sorvete.

Se calcularmos as razões entre o número de quilogramas de leite em pó usados e o número de quilogramas de sorvete produzidos, observamos uma igualdade:

$$\frac{3,5}{7} = \frac{2,5}{5} = \frac{1,5}{3} = \frac{1}{2}$$

O quociente de cada número de uma sequência (nesse caso, o número de quilogramas de leite em pó usados) pelo número correspondente de outra sequência (aqui, o número de quilogramas de sorvete produzidos) resulta sempre em um mesmo número, que chamamos de **constante de proporcionalidade**.

MORANGO
2,5 kg de leite em pó para produzir 5 kg de sorvete.

Então, dizemos que os números 3,5; 2,5 e 1,5 são **diretamente proporcionais** aos números 7, 5 e 3, nessa ordem.

Podemos dizer ainda que a quantidade de leite em pó que Caio usa é diretamente proporcional à quantidade de sorvete produzida.

> Os números $a, b, c, d, \ldots$ são diretamente proporcionais aos números não nulos $A, B, C, D, \ldots$, nessa ordem, quando:
>
> $$\frac{a}{A} = \frac{b}{B} = \frac{c}{C} = \frac{d}{D} = \ldots = k$$
>
> sendo k a constante de proporcionalidade.

CREME
1,5 kg de leite em pó para produzir 3 kg de sorvete.

SEQUÊNCIAS INVERSAMENTE PROPORCIONAIS

Observe, agora, as sequências de números abaixo.

5	10	20	40	80
20	10	5	2,5	1,25

Note que:

$$5 \cdot 20 = 10 \cdot 10 = 20 \cdot 5 = 40 \cdot 2,5 = 80 \cdot 1,25 = 100$$

Aqui, o produto de cada elemento de uma sequência pelo elemento correspondente da outra sequência resulta em um mesmo número, que também é chamado de constante de proporcionalidade. Agora, observe como podemos escrever as igualdades acima como igualdades de razões:

$$\frac{5}{\frac{1}{20}} = \frac{10}{\frac{1}{10}} = \frac{20}{\frac{1}{5}} = \frac{40}{\frac{1}{2,5}} = \frac{80}{\frac{1}{1,25}}$$

Então, dizemos que os números 5, 10, 20, 40 e 80 são **inversamente proporcionais** aos números 20; 10; 5; 2,5 e 1,25, nessa ordem.

Repare que 5, 10, 20, 40 e 80 são diretamente proporcionais aos inversos de 20; 10; 5; 2,5 e 1,25, nessa ordem.

> Os números não nulos $a, b, c, d, ...$ são inversamente proporcionais aos números não nulos $A, B, C, D, ...,$ nessa ordem, quando:
>
> $$\frac{a}{\frac{1}{A}} = \frac{b}{\frac{1}{B}} = \frac{c}{\frac{1}{C}} = \frac{d}{\frac{1}{D}} = ... = k$$

ATIVIDADES

VAMOS PRATICAR

R1. A professora de Thaís pediu a ela que dividisse o número 60 em três partes diretamente proporcionais a 3, 5 e 7.

Resolução

Inicialmente, vamos dividir 60 em três partes: x, y e z

$$x + y + z = 60 \text{ (I)}$$

Os números x, y e z são diretamente proporcionais aos números 3, 5 e 7. Então:

$$\frac{x}{3} = \frac{y}{5} = \frac{z}{7} = k \leftarrow \text{constante de proporcionalidade}$$

- $\frac{x}{3} = k \Rightarrow x = 3k$
- $\frac{z}{7} = k \Rightarrow z = 7k$
- $\frac{y}{5} = k \Rightarrow y = 5k$

Substituindo esses valores na equação (I), temos:

$x + y + z = 60 \qquad k = 4$

$3k + 5k + 7k = 60$

$15k = 60$

Então, a constante de proporcionalidade é 4.

Agora, calculamos os valores de x, y e z substituindo k por 4:

$x = 3 \cdot 4 = 12 \quad y = 5 \cdot 4 = 20 \quad z = 7 \cdot 4 = 28$

Portanto, dividindo o número 60 em três partes diretamente proporcionais a 3, 5 e 7, obtemos 12, 20 e 28.

1. Divida o número 52 em partes inversamente proporcionais a 2, 3 e 4.

2. Observe no quadro o número de camisetas que a empresa Ciranda Confecções produziu em determinados períodos de tempo.

Tempo (horas)	Quantidade de camisetas
5	400
10	800
15	1.200

a) O que aconteceu com a quantidade de camisetas produzidas quando o tempo passou de 5 para 10 horas? E de 5 para 15 horas?

b) Pode-se afirmar que, nesse caso, o tempo e a quantidade de camisetas são diretamente proporcionais?

3. Observe as duas sequências de números diretamente proporcionais e descubra mentalmente os números que estão faltando. Então complete o quadro.

1	2	3	4
0,2		0,6	

4. Observe as duas sequências proporcionais e determine a constante de proporcionalidade.

24	12	6	3
4	2	1	0,5

VAMOS APLICAR

5. Calcule as medidas de um retângulo cujo perímetro é 50 cm e no qual as medidas dos lados são diretamente proporcionais aos números 3 e 2.

6. Divida o número 260 em partes inversamente proporcionais a 2, 3 e 4.

3 GRANDEZAS E MEDIDAS

A necessidade de medir existe desde as mais antigas civilizações.

Durante muito tempo, cada região teve seu próprio sistema de medidas, muitas vezes baseado em unidades imprecisas, como o palmo, o pé e a polegada, que variavam de pessoa para pessoa.

Com o decorrer do tempo, as unidades foram sendo padronizadas e os sistemas de medida, modificados, até que, em 1960, foi criado o Sistema Internacional de Unidades (SI), aperfeiçoando o Sistema Métrico Decimal e facilitando o intercâmbio de informações e as transações comerciais.

O SI e o Sistema Métrico Decimal não são adotados mundialmente; há países que ainda mantêm unidades de medida que se baseiam em outros padrões.

No dia a dia, deparamos com diversas grandezas (tudo o que pode ser medido ou contado) e suas medidas (comparação entre a grandeza que se deseja medir e outra, de mesma espécie, tomada como unidade).

Veja algumas grandezas e medidas que podemos usar em um só dia!

O **tempo** é uma grandeza; a **hora (h)** é uma unidade de medida de tempo.

A **capacidade** de armazenamento do *pen drive* é uma grandeza; o *gigabyte* **(GB)** é uma unidade de medida de capacidade.

A **capacidade** do copo é uma grandeza; o **mililitro (mL)** é uma unidade de medida de capacidade.

A **massa** é uma grandeza; o **quilograma (kg)** é uma unidade de medida de massa.

A **vazão** da água que sai do chuveiro é uma grandeza; o **litro por minuto (L/min)** é uma unidade de medida de vazão.

A **velocidade** é uma grandeza; o **quilômetro por hora (km/h)** é uma unidade de medida de velocidade.

O **consumo de energia elétrica** é uma grandeza; o **quilowatt-hora (kWh)** é uma unidade de medida de consumo de energia.

A **superfície** é uma grandeza; o **metro quadrado (m²)** é uma unidade de medida de superfície.

A **massa** de café é uma grandeza; o **grama (g)** é uma unidade de medida de massa.

A **temperatura** é uma grandeza; o **grau Celsius (°C)** é uma unidade de medida de temperatura.

A **capacidade** da jarra é uma grandeza; o **litro (L)** é uma unidade de medida de capacidade.

4 GRANDEZAS DIRETAMENTE PROPORCIONAIS

Vamos observar algumas situações que envolvem grandezas diretamente proporcionais.

Situação 1

Uma indústria automobilística decidiu testar se a velocidade indicada em um velocímetro era precisa. Para isso, verificou a distância percorrida pelo veículo durante 1 minuto, mantendo uma mesma velocidade média. Primeiro, o veículo manteve a velocidade média de 60 km/h e foi registrada a distância percorrida em 1 minuto. Em seguida, outras velocidades foram testadas. Veja os resultados do teste na tabela.

Velocidade média (km/h)	60	120	30	90
Distância percorrida em 1 minuto (km)	1	2	0,5	1,5

A razão entre o valor da velocidade média e o valor correspondente à distância percorrida no mesmo intervalo de tempo (1 minuto) é sempre a mesma:

$$\frac{60}{1} = \frac{120}{2} = \frac{30}{0,5} = \frac{90}{1,5} = 60$$

Nesse caso, podemos dizer que as grandezas velocidade média e distância percorrida são **diretamente proporcionais**.

> Duas grandezas são diretamente proporcionais quando variam sempre na mesma razão. Ou seja, duas grandezas são diretamente proporcionais quando, ao dobrar o valor de uma, o valor da outra também dobra; ao reduzir pela metade o valor de uma, o valor da outra também se reduz pela metade; e assim por diante.

Situação 2

Em uma papelaria, são cobrados 20 centavos por página copiada, como mostra o quadro a seguir.

Quantidade de páginas	1	2	3	4	5	6
Preço total (R$)	0,20	0,40	0,60	0,80	1,00	1,20

A razão entre o número de páginas copiadas e o preço é sempre a mesma:

$$\frac{1}{0,20} = \frac{2}{0,40} = \frac{3}{0,60} = \frac{4}{0,80} = \frac{5}{1,00} = \frac{6}{1,20} = 5$$

O preço total é, então, diretamente proporcional ao número de páginas copiadas.

OBSERVAÇÃO

A razão entre a distância percorrida por um corpo móvel e o tempo que esse corpo gasta para percorrê-la é definida como **velocidade média**.

Exemplo: Se um carro percorre 120 km em 2 horas, a velocidade média desse carro é 120 km/2 h ou 60 km/h.

Situação 3

Observe estes quadrados:

2 cm   4 cm   6 cm

O quadro abaixo relaciona a medida dos lados de cada quadrado com seu perímetro.

Quadrado	Medida do lado (cm)	Perímetro (cm)
Azul	2	8
Vermelho	4	16
Verde	6	24

A razão entre a medida dos lados dos quadrados e seus respectivos perímetros é sempre a mesma:

$$\frac{2}{8} = \frac{4}{16} = \frac{6}{24} = \frac{1}{4}$$

Portanto, a medida do lado de um quadrado é diretamente proporcional a seu perímetro.

Situação 4

Para verificar o desempenho de um automóvel, alguns engenheiros mecânicos mediram a distância percorrida por um veículo e a quantidade de combustível consumido durante um trajeto em que o carro manteve velocidade média constante. Observe abaixo o esquema que representa a situação.

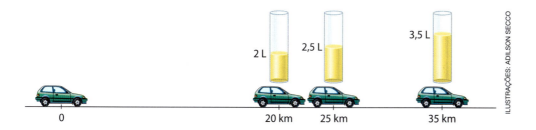

Após vários testes, os engenheiros assumiram que a distância percorrida é diretamente proporcional à quantidade de combustível consumido, ou seja, a razão entre a distância percorrida e a quantidade de combustível consumido é sempre a mesma:

$$\frac{20}{2} = \frac{25}{2,5} = \frac{35}{3,5} = 10$$

Isso significa que o veículo sempre percorre 10 km por litro de combustível.

ATIVIDADES

VAMOS PRATICAR

1. Identifique o item que não apresenta grandezas diretamente proporcionais.
   a) A idade e a estatura de uma pessoa.
   b) A quantidade de água gasta em uma residência e o valor a ser pago pelo consumo de água.
   c) O número de folhas e a massa de um livro.

2. Os números 3, 5 e x são diretamente proporcionais aos números 15, y e 45, nessa ordem. Quais são os valores de x e y?

R1. Camila, Marta e Fernanda montaram um restaurante no bairro em que moram. Camila investiu R$ 20.000,00, Marta, R$ 14.000,00, e Fernanda, R$ 7.000,00. Devido ao sucesso, em determinado mês decidiram investir R$ 10.250,00 na expansão do restaurante, em partes diretamente proporcionais ao investimento inicial. Quanto cada uma delas teve de investir na expansão do restaurante?

Resolução

Inicialmente, representamos as quantias procuradas por incógnitas; nesse caso escolhemos x, y e z:

$x \longrightarrow$ parte do investimento feito por Camila
$y \longrightarrow$ parte do investimento feito por Marta
$z \longrightarrow$ parte do investimento feito por Fernanda

Como as partes do investimento são diretamente proporcionais a 20.000, 14.000 e 7.000, podemos estabelecer como igualdades as razões entre a parte do novo investimento e a do investimento inicial:

$$\frac{x}{20.000} = \frac{y}{14.000} = \frac{z}{7.000} = k \longleftarrow \text{constante de proporcionalidade}$$

Escrevemos o investimento de cada sócia em relação a k:

$\frac{x}{20.000} = k \Rightarrow x = 20.000k$ (parte de Camila)

$\frac{y}{14.000} = k \Rightarrow y = 14.000k$ (parte de Marta)

$\frac{z}{7.000} = k \Rightarrow z = 7.000k$ (parte de Fernanda)

Como o investimento de 10.250 reais foi dividido em x, y e z, podemos escrever:

$$x + y + z = 10.250$$

Substituindo o valor investido de cada sócia pelas expressões em relação a k, obtemos uma equação com a incógnita k:

$$x + y + z = 10.250$$
$$20.000k + 14.000k + 7.000k = 10.250$$
$$41.000k = 10.250$$
$$k = \frac{10.250}{41.000}$$
$$k = 0,25$$

Calculamos os valores de x, y e z substituindo k por 0,25:

$x = 20.000 \cdot 0,25 = 5.000$ (parte de Camila)
$y = 14.000 \cdot 0,25 = 3.500$ (parte de Marta)
$z = 7.000 \cdot 0,25 = 1.750$ (parte de Fernanda)

Portanto, Camila investiu R$ 5.000,00, Marta, R$ 3.500,00 e Fernanda, R$ 1.750,00.

3. Divida o número 210 em partes diretamente proporcionais a 3, 5 e 6.

VAMOS APLICAR

4. A quantia de R$ 288,00 será repartida em partes diretamente proporcionais às idades de três crianças. Quantos reais receberá a criança de 8 anos? E a de 10 anos? E a de 12 anos?

5. As frases abaixo formam um problema. Veja:

> Juliana pagou R$ 19.000,00 e Lucas R$ 11.000,00.

> Depois de alguns anos, venderam o carro por R$ 22.500,00 e dividiram o valor da venda em partes diretamente proporcionais aos valores pagos.

> Dois irmãos compraram um carro juntos.

> Quanto Juliana recebeu? E Lucas?

a) Ordene as frases e escreva o problema.
b) Resolva o problema que você escreveu no item anterior.

5 GRANDEZAS INVERSAMENTE PROPORCIONAIS

Vamos observar algumas situações que envolvem grandezas inversamente proporcionais.

Situação 1

No quadro abaixo pode-se observar o tempo gasto por uma moto para percorrer uma mesma distância, variando a velocidade média.

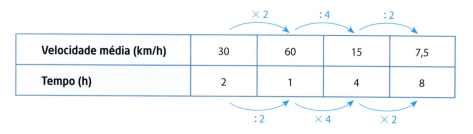

A razão entre o valor da velocidade média e o inverso do valor correspondente ao tempo gasto é sempre a mesma:

$$\frac{30}{\frac{1}{2}} = \frac{60}{\frac{1}{1}} = \frac{15}{\frac{1}{4}} = \frac{7,5}{\frac{1}{8}} = 60$$

Nesse caso, podemos dizer que as grandezas velocidade média e tempo são **inversamente proporcionais**.

> Duas grandezas são inversamente proporcionais quando uma varia sempre na razão inversa da outra. Ou seja, duas grandezas são inversamente proporcionais quando, ao dobrar o valor de uma, o valor da outra se reduz pela metade; ao dividir por 3 o valor de uma, o valor da outra é multiplicado por 3; e assim por diante.

OBSERVAÇÃO

Nesse caso, quando dobramos a velocidade, o tempo ficou reduzido à metade; dividindo a velocidade por 4, o tempo ficou multiplicado por 4; reduzindo à metade a velocidade, o tempo dobrou.

Organize o que você aprendeu fazendo a atividade 2 da página 360.

Situação 2

Renata comprou 240 figurinhas da Copa do Mundo de Futebol para dividir entre alguns de seus sobrinhos.

O número de figurinhas que cada sobrinho receberá depende de quantos sobrinhos Renata vai considerar. Veja o quadro.

Número de sobrinhos	2	3	4	5	6
Número de figurinhas por sobrinho	120	80	60	48	40

A razão entre o número de sobrinhos de Renata e o inverso do número de figurinhas por sobrinho é sempre a mesma:

$$\frac{2}{\frac{1}{120}} = \frac{3}{\frac{1}{80}} = \frac{4}{\frac{1}{60}} = \frac{5}{\frac{1}{48}} = \frac{6}{\frac{1}{40}} = 240$$

Logo, o número de sobrinhos é inversamente proporcional ao número de figurinhas que cada um receberá.

Situação 3

Há diversos retângulos de área igual a 12 cm². Veja algumas possíveis medidas de lados desses retângulos.

Comprimento (cm)	6	4,8	3	2,4	2
Largura (cm)	2	2,5	4	5	6

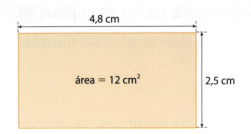

A razão entre a medida do comprimento e o inverso da medida da largura é sempre a mesma:

$$\frac{6}{\frac{1}{2}} = \frac{4,8}{\frac{1}{2,5}} = \frac{3}{\frac{1}{4}} = \frac{2,4}{\frac{1}{5}} = \frac{2}{\frac{1}{6}} = 12$$

Portanto, a medida do comprimento de cada um desses retângulos é inversamente proporcional à medida da largura.

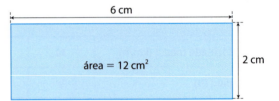

ATIVIDADES

VAMOS PRATICAR

1. Classifique as grandezas *x* e *y*, expressas pelos números em cada caso, em diretamente proporcionais ou inversamente proporcionais.

a)
x	2	3
y	4	6

b)
x	1	2
y	48	24

2. Escreva se as sequências de cada item são diretamente proporcionais, inversamente proporcionais ou nenhuma das duas.

a) (6, 9, 12, 15) e (2, 3, 4, 5)
b) (40, 38, 35) e (8, 7, 5)
c) (5, 6, 7) e (75, 90, 105)
d) (5, 8, 10) e (40, 25, 20)
e) (24, 12, 6) e $\left(\frac{1}{2}, 1, 2\right)$

3. Os números 3, 2 e 4 são inversamente proporcionais aos números 8, 12 e 6, nessa ordem. Determine a constante de proporcionalidade.

VAMOS APLICAR

4. A empreiteira Construcaru resolveu fazer um estudo sobre o número de dias e a quantidade de funcionários necessários para construir a estrutura de um prédio de 3 andares. Veja o resultado do estudo no quadro.

Tempo (dias)	42	21	14
Quantidade de funcionários	6	12	18

a) Quando a quantidade de funcionários aumenta, o que acontece com o número de dias?

b) As duas grandezas são diretamente ou inversamente proporcionais?

5. Bruno desenhou um retângulo de comprimento 9 cm e largura 5 cm. Lúcia desenhou outro retângulo com 15 cm de comprimento e 3 cm de largura. Verifique se os comprimentos desses retângulos são inversamente ou diretamente proporcionais à largura.

6. Com base nas seguintes ilustrações, elabore um problema envolvendo grandezas inversamente proporcionais.

6 REGRA DE TRÊS SIMPLES

Muitos problemas que envolvem duas grandezas, direta ou inversamente proporcionais, podem ser resolvidos de modo prático se empregarmos o procedimento chamado **regra de três simples**.

REGRA DE TRÊS SIMPLES ENVOLVENDO GRANDEZAS DIRETAMENTE PROPORCIONAIS

Você estudou nesta unidade que há situações em que as grandezas são diretamente proporcionais. Ao dobrar o valor de uma, o valor da outra também dobra; ao triplicar o valor de uma, o valor da outra também triplica; e assim por diante.

A altura de um objeto e o comprimento de sua sombra, em determinado instante, são grandezas diretamente proporcionais.

Veja algumas situações:

- a velocidade do automóvel e a distância percorrida por ele em determinado período de tempo;
- a altura de um objeto e o comprimento de sua sombra, em determinado instante;
- a quantidade de combustível colocada em um carro e o valor pago.

Acompanhe a resolução de um problema envolvendo duas grandezas diretamente proporcionais.

Num dia de sol, Janete e Paulo mediram o comprimento de suas sombras. Janete tem 165 cm de altura e Paulo, 180 cm. Sabendo que, em determinado horário, a medida do comprimento da sombra de Paulo era 60 cm, qual era a medida do comprimento da sombra de Janete?

Para responder à questão, vamos organizar os dados do problema em um quadro.

	Altura da pessoa (cm)	Comprimento da sombra (cm)
Paulo	180	60
Janete	165	x

Como as grandezas são diretamente proporcionais, podemos montar a seguinte proporção:

$$\frac{180}{165} = \frac{60}{x}$$

Aplicamos a propriedade fundamental das proporções e, resolvendo a equação, temos:

$$180 \cdot x = 60 \cdot 165$$
$$180x = 9.900$$
$$x = \frac{9.900}{180}$$
$$x = 55$$

Portanto, nesse mesmo horário, a medida do comprimento da sombra de Janete era 55 cm.

RECORDE

Propriedade fundamental das proporções

Dados os números a, b, c e d não nulos, com $\frac{a}{b} = \frac{c}{d}$, temos: $a \cdot d = b \cdot c$

OBSERVAÇÃO

A regra de três sempre pode ser usada quando temos três termos de uma proporção e precisamos obter o quarto termo, que é um termo desconhecido.

REGRA DE TRÊS SIMPLES ENVOLVENDO GRANDEZAS INVERSAMENTE PROPORCIONAIS

Há também situações em que as grandezas envolvidas são inversamente proporcionais.

Quando o valor de uma grandeza dobra, o valor da outra grandeza fica reduzido à metade; quando o valor de uma grandeza triplica, o valor da outra grandeza fica reduzido à terça parte; e assim por diante.

Veja algumas situações:

- a velocidade do automóvel e o tempo gasto por ele para percorrer certa distância;
- a quantidade de pessoas e de dias necessários para colher café em uma plantação;
- a vazão de uma torneira e o tempo gasto para encher um recipiente.

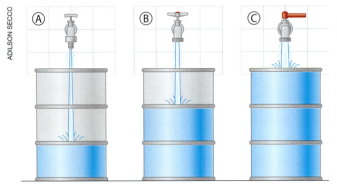

Três torneiras, com vazões diferentes, foram abertas no mesmo instante, enchendo, cada uma, um barril de mesma capacidade. O que podemos concluir sobre a vazão de cada torneira?

Acompanhe a resolução de um problema envolvendo duas grandezas inversamente proporcionais.

Cinco pedreiros constroem um sobrado em 90 dias. Em quantos dias 15 pedreiros fariam o mesmo serviço?

Vamos organizar os dados em um quadro.

Pedreiros	Dias
5	90
15	x

Nesse caso, se dobrarmos o número de pedreiros, o número de dias para o sobrado ficar pronto reduz pela metade, e assim por diante. Então, as grandezas são inversamente proporcionais e, por isso, montamos a seguinte proporção:

razão inversa

$$\frac{5}{15} = \frac{x}{90}$$

$$5 \cdot 90 = 15 \cdot x$$

$$450 = 15x$$

$$x = \frac{450}{15}$$

$$x = 30$$

Portanto, se 15 pedreiros trabalharem, serão necessários 30 dias para o sobrado ficar pronto.

DESAFIO

Uma torneira com vazão de 6 L/min enche um balde em 5 minutos. Qual deve ser a vazão para essa torneira encher o mesmo balde em 8 minutos?

ATIVIDADES

VAMOS PRATICAR

1. Uma universidade comunicou que, para o vestibular do curso de História, o número de candidatos por vaga era igual a 16. Se essa universidade ofereceu 300 vagas, quantos candidatos havia?

2. O quadro abaixo mostra a quantidade de quilowatts-hora que um televisor consome, em um mês, em relação às horas que permanece ligado em um dia.

Horas diárias	2	4	6	8	y
Consumo mensal (kWh)	6	x	18	24	30

- Quais são os valores de x e de y?

3. Uma indústria fornece refeições aos funcionários. Um levantamento revelou que 100 funcionários, alimentados durante 10 dias, custam à empresa R$ 3.000,00. Quanto custaria para a empresa alimentar 150 funcionários durante esse mesmo período?

4. Na empresa de Marcos, havia no banheiro um tipo de torneira que, quando aberta por 5 minutos, gastava 80 litros de água. Para economizar, Marcos trocou seis dessas torneiras por torneiras automáticas, que se fecham depois de alguns segundos. Essas torneiras têm a mesma vazão que as torneiras antigas.

Se, em média, contando os períodos de uso, cada torneira tradicional ficava aberta por 25 minutos durante 1 dia, e cada torneira automática permanece aberta por 15 minutos, de quanto será a economia de água por dia?

VAMOS APLICAR

5. Márcia queria ampliar uma fotografia. Na loja de revelação de fotos, a funcionária anotou as medidas da fotografia, 2 cm de altura e 3 cm de comprimento, e perguntou qual deveria ser o tamanho da foto ampliada. Márcia respondeu apenas que a foto deveria ter 5 cm de altura. Qual será a medida do comprimento da foto ampliada se as proporções forem mantidas?

6. (Saresp) As bombas de combustível dos postos de serviços têm um contador que vai acumulando o total de litros vendidos. Veja os totais acumulados por dia em cada bomba do Posto do Pedro.

	1ª bomba	2ª bomba
Litros	15.635	10.215

Se o Posto do Pedro vender todos os dias a mesma quantidade, em quantos dias venderá 103.400 litros?

a) 6 dias   b) 5 dias   c) 4 dias   d) 3 dias

7. Em uma hora, 4 torneiras despejam 1.000 litros de água num reservatório.

a) Se fossem 9 torneiras, com mesma vazão, quantos litros de água seriam despejados por hora?

b) Se a capacidade do reservatório é de 18.000 litros e ele está completamente vazio, quanto tempo será necessário para enchê-lo com as 9 torneiras?

8. Pedro vai viajar de carro para a cidade de Natal, no Rio Grande do Norte. Se ele dirigir com velocidade média de 60 km/h, serão necessárias 3 horas para percorrer o trajeto. Quanto tempo ele gastará se a velocidade média for de 90 km/h?

Morro do Careca e Praia da Ponta Negra, Natal, Rio Grande do Norte. Foto de 2017.

9. Encontre o erro que há na resolução do problema abaixo. Depois, resolva-o no caderno.

Um posto de gasolina tem uma bomba antiga e uma moderna. A bomba moderna enche o tanque de um automóvel em 3 minutos, com vazão de 15 L/min. Quanto tempo a bomba antiga levará para encher o mesmo tanque se sua vazão é de 10 L/min?

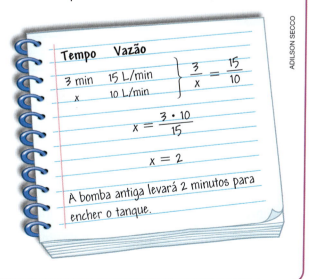

7 REGRA DE TRÊS COMPOSTA

Já aprendemos a resolver problemas que envolvem duas grandezas usando a regra de três simples. Agora, veremos como resolver problemas que envolvem mais de duas grandezas por meio do procedimento chamado **regra de três composta**.

REGRA DE TRÊS COMPOSTA ENVOLVENDO GRANDEZAS DIRETAMENTE PROPORCIONAIS

Trabalhando 5 dias, 2 artesãs produzem 60 pares de brincos. Quantos pares de brincos 3 artesãs, trabalhando no mesmo ritmo que as outras, produzirão em 2 dias?

Para resolver o problema, vamos organizar os dados em um quadro.

Número de dias	Número de artesãs	Número de pares de brincos
5	2	60
2	3	x

Observe que o termo desconhecido (x) corresponde à grandeza número de pares de brincos. Por isso, comparamos essa grandeza com as outras duas e verificamos que:

- o número de dias é diretamente proporcional ao número de pares de brincos;
- o número de artesãs também é diretamente proporcional ao número de pares de brincos.

Sem demonstrar, admitiremos que, se uma grandeza é proporcional a outras grandezas, então será proporcional ao produto delas.

Assim, podemos escrever:

$$\frac{5}{2} \cdot \frac{2}{3} = \frac{60}{x}$$

- razão entre o número de pares de brincos
- razão entre o número de artesãs
- razão entre o número de dias

Aplicando a propriedade fundamental das proporções, temos:

$$\frac{5}{2} \cdot \frac{2}{3} = \frac{60}{x}$$

$$\frac{10}{6} = \frac{60}{x}$$

$$10 \cdot x = 6 \cdot 60$$

$$10x = 360$$

$$x = 36$$

Portanto, 3 artesãs produzirão 36 pares de brincos em 2 dias.

Com o capim dourado, os artesãos do Jalapão, no Tocantins, produzem diversos tipos de objetos, como os brincos da foto.

REGRA DE TRÊS COMPOSTA ENVOLVENDO GRANDEZAS INVERSAMENTE PROPORCIONAIS

Acompanhe a situação a seguir.

Em um prédio, 6 pintores pintam uma área de 300 m² em 2 horas. Quantos pintores, trabalhando no mesmo ritmo que os outros, serão necessários para pintar uma área de 400 m² em 1 hora?

Organizamos os dados do problema em um quadro.

Número de pintores	Área (m²)	Tempo (h)
6	300	2
x	400	1

Depois, comparamos a grandeza número de pintores (na qual está o termo desconhecido) com as outras duas:

- o número de pintores é diretamente proporcional à área pintada;
- o número de pintores é inversamente proporcional ao tempo gasto.

Então, podemos escrever:

$$\frac{6}{x} = \frac{300}{400} \cdot \frac{1}{2}$$

- razão entre o número de pintores
- razão entre as áreas
- razão inversa entre os tempos

Aplicando a propriedade fundamental das proporções, temos:

$$\frac{6}{x} = \frac{300}{400} \cdot \frac{1}{2}$$

$$\frac{6}{x} = \frac{300}{800}$$

$$6 \cdot 800 = x \cdot 300$$

$$4.800 = 300x$$

$$x = \frac{4.800}{300}$$

$$x = 16$$

Portanto, são necessários 16 pintores para pintar uma área de 400 m² em 1 hora.

ATIVIDADES

VAMOS PRATICAR

1. Na indústria de bicicletas Aro Azul, 4 máquinas produzem 48 guidões de bicicleta em 6 dias. Quantos guidões de bicicleta serão produzidos em 9 dias por 10 máquinas?

2. Em 8 horas, 20 caminhões descarregam 160 m³ de areia. Quantos caminhões serão necessários para descarregar 125 m³ de areia em 5 horas?

3. Lúcia viajou de automóvel durante 6 dias, dirigindo 6 horas por dia, com velocidade média de 80 km/h. Determine quantos dias duraria a viagem de Lúcia se ela dirigisse durante 8 horas por dia à velocidade média de 90 km/h.

4. Uma empresa gasta R$ 6.500,00 com café da manhã para seus 180 funcionários durante 30 dias. Quanto a empresa gastaria para oferecer o mesmo café da manhã para 300 funcionários em 90 dias?

5. Carlos pedala 2 horas por dia e em 4 dias percorre 160 km. Em quantos dias ele percorrerá 400 km se pedalar 4 horas por dia no mesmo ritmo anterior?

6. Júlio é proprietário de uma pequena indústria de embalagens plásticas. Sua empresa possui 4 máquinas que, juntas, produzem 7.200 embalagens num período de 10 dias.
   a) Quantas embalagens podem ser produzidas por 3 máquinas em 12 dias?
   b) Se Júlio adquirir mais uma máquina, quantos dias serão necessários para produzir as 7.200 embalagens?

7. Um navio de passageiros precisa de 180.000 litros de água potável para atender a 1.500 pessoas durante um cruzeiro de 15 dias. Quantos litros de água potável deverão ser armazenados para atender a 1.800 pessoas durante uma viagem de 9 dias?

8. Trabalhando 8 horas por dia, 2.500 funcionários de uma indústria automobilística produzem 500 veículos em 30 dias. Quantos dias serão necessários para que 1.200 funcionários produzam 450 veículos trabalhando 10 horas por dia?

8 PORCENTAGEM

Quando fazemos compras, é muito comum encontrar promoções que oferecem descontos na aquisição de certas quantidades de produtos. Para verificar se uma promoção é vantajosa, podemos calcular a porcentagem de desconto. Observe a situação a seguir.

Paula e Caio foram ao mercado, gostaram de uma promoção que viram e compraram 5 detergentes pelo preço de 4. Ou seja, 1 dos 5 detergentes que compraram foi de graça. De quanto foi o desconto, em porcentagem, oferecido nessa promoção?

> **Taxa percentual** ou **porcentagem** é a razão entre um número p e 100. Indicamos por $\frac{p}{100}$ ou $p\%$.

Veja alguns cálculos com porcentagem.

a) 2% de $350 = \frac{2}{100} \cdot 350 = \frac{700}{100} = 7$

b) 30% de $10\% = \frac{30}{100} \cdot \frac{10}{100} = \frac{300}{10.000} = 0{,}03$

c) $112{,}5\%$ de $70 = \frac{112{,}5}{100} \cdot 70 = 1{,}125 \cdot 70 = 78{,}75$

PARA PENSAR

Mariana queria saber qual era a porcentagem de meninas de sua classe. Sabendo que o número total de alunos da turma é 32 e 8 são meninos, observe os cálculos que ela fez.

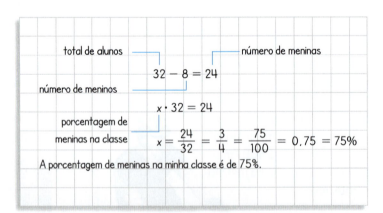

a) Você concorda com os cálculos de Mariana?
b) Qual é a razão que representa o número de meninas em relação ao número total de alunos da turma?
c) Por que podemos dizer que 75% dos alunos da classe de Mariana são meninas?
d) Qual é a porcentagem de meninos na classe de Mariana? Converse com um colega sobre a estratégia que cada um usou para resolver essa questão.

ATIVIDADES

VAMOS PRATICAR

1. Escreva as razões abaixo na forma de porcentagem.
   a) $\dfrac{12}{25}$
   b) $\dfrac{46}{20}$
   c) $\dfrac{5,6}{50}$
   d) $\dfrac{160}{250}$

2. Escreva as porcentagens na forma decimal.
   a) 55%
   b) 3,7%
   c) 0,21%
   d) 404,04%

3. Escreva as porcentagens na forma de fração irredutível.
   a) 10%
   b) 45%
   c) 60%
   d) 123%

4. Calcule mentalmente e registre o resultado no caderno.
   a) 1% de 500
   b) 10% de 200
   c) 30% de 1.000
   d) 150% de 100

5. Descubra o valor de x em cada caso.
   a) 10% de x é igual a 27.
   b) 1% de x é igual a 15.
   c) 25% de x é igual a 100.

6. As frases abaixo formam um problema. Veja:

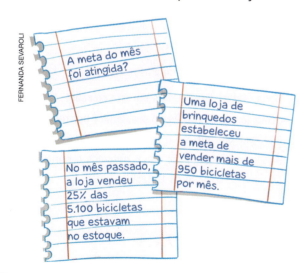

   A meta do mês foi atingida?
   No mês passado, a loja vendeu 25% das 5.100 bicicletas que estavam no estoque.
   Uma loja de brinquedos estabeleceu a meta de vender mais de 950 bicicletas por mês.

   a) Ordene as frases e escreva o problema.
   b) Resolva o problema que você escreveu no item anterior.

7. Com o auxílio de uma calculadora, determine os valores abaixo, de acordo com a porcentagem indicada.
   a) 14% de R$ 112,00
   b) 4% de R$ 208,50
   c) R$ 104,00 mais 16% de R$ 104,00
   d) R$ 60,40 mais 42,5% de R$ 60,40

8. Ao reduzir R$ 99,00 em 1%, qual será o valor obtido?

VAMOS APLICAR

R1. Em um jogo de basquete, Renata fez 25% dos 92 pontos marcados por sua equipe. Quantos pontos Renata marcou?

Resolução

Como 25% é igual a $\dfrac{1}{4}$ $\left(25\% = \dfrac{25}{100} = \dfrac{1}{4}\right)$, multiplicamos $\dfrac{1}{4}$ por 92 (total de pontos) e obtemos os pontos marcados por Renata.

$$25\% \text{ de } 92 = \dfrac{1}{4} \cdot 92 = \dfrac{92}{4} = 23$$

Portanto, Renata marcou 23 pontos.

Podemos resolver o problema de outra forma, usando regra de três. Observe que 92 pontos estão para 100% assim como x pontos estão para 25%. Desse modo, formamos uma proporção:

92 pontos ——————— 100%
x pontos ——————— 25%

$$\dfrac{92}{x} = \dfrac{100}{25}$$

Encontramos o termo desconhecido da proporção, que é o número de pontos marcados por Renata:

$$92 \cdot 25 = 100 \cdot x$$

$$x = \dfrac{2.300}{100} = 23$$

Portanto, Renata marcou 23 pontos.

9. Os 78% do total de figurinhas de Mariana correspondem a 156 figurinhas. Qual é a quantidade total de figurinhas que Mariana tem?

323

10. Uma bicicleta que custava R$ 150,00 está sendo vendida com 40% de desconto. De quanto foi o desconto? Qual é o preço atual da bicicleta? Veja como Luís e Júlia resolveram o problema.

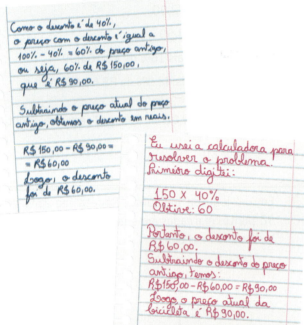

Agora, resolva o problema usando uma estratégia diferente das usadas por Luís e Júlia.

11. Em uma pesquisa com 1.200 telespectadores, foi questionado quantas famílias assistiram às competições da última olimpíada. Concluiu-se que 65% dos telespectadores não assistiram a mais de 50% das competições. Quantos telespectadores entrevistados assistiram a mais de 50% das competições olímpicas?

Torcedores na Arena de Vôlei de Praia na Praia de Copacabana durante jogo nas Olimpíadas Rio 2016. Rio de Janeiro, RJ. Foto de 2016.

R2. Em uma sala de aula com 30 alunos, 12 são meninos. Qual é a porcentagem de meninas nessa sala de aula?

Resolução

Calculamos o número de meninas subtraindo o número de meninos do total de alunos:

total de alunos — 30 — número de meninos — 12 = 18 — número de meninas

Montamos e resolvemos a equação em que x é a porcentagem de meninas na sala de aula:

$$x \cdot 30 = 18$$

$$x = \frac{18}{30} = 0,6 = 60\%$$

A porcentagem de meninas nessa sala é 60%.

12. De 210 candidatos que participaram de um concurso, 70 foram aprovados. Qual foi, aproximadamente, a porcentagem dos reprovados?

R3. Na coleção de CDs de Rafael, 42 são de artistas brasileiros, o que corresponde a 60% do total. Quantos CDs Rafael tem em sua coleção?

Resolução

Observe que 42 CDs estão para 60% assim como x CDs estão para 100%. Desse modo, podemos utilizar a regra de três:

42 CDs —————— 60%
x CDs —————— 100%

$$\frac{42}{x} = \frac{60}{100}$$

$$42 \cdot 100 = x \cdot 60$$

$$x = \frac{4.200}{60} = 70$$

Logo, Rafael tem 70 CDs em sua coleção.

Outra forma de resolver o problema é por meio de uma equação, em que x é o número total de CDs.

Resolvendo a equação em x, obtemos o número total de CDs da coleção de Rafael.

número total de CDs — 60% de x = 42 — número de CDs de artistas brasileiros

$$0,6 \cdot x = 42$$

$$x = \frac{42}{0,6}$$

$$x = 70$$

R4. No mês passado, Priscila consultou em uma loja o preço de uma calça e de uma blusa. Agora, ela decidiu comprá-las, mas os preços foram alterados. A calça, que custava R$ 83,00, sofreu um aumento de 10%. A blusa, que custava R$ 42,00, teve um desconto de 7%. Quanto Priscila gastou na loja?

Resolução

Determinamos a porcentagem do preço atual da calça em relação ao preço antigo:

$$100\% + 10\% = 110\%$$

Calculamos 110% do preço antigo e obtemos o preço atual da calça:

$$110\% \text{ de } 83 = \frac{110}{100} \cdot 83 = 91,30$$

Determinamos a porcentagem do preço atual da blusa em relação ao preço antigo:

$$100\% - 7\% = 93\%$$

Calculamos 93% do preço antigo e obtemos o preço atual da blusa:

$$93\% \text{ de } 42 = \frac{93}{100} \cdot 42 = 39,06$$

Adicionamos os preços atuais da calça e da blusa:

$$91,30 + 39,06 = 130,36$$

Portanto, Priscila gastou R$ 130,36 na loja.

13. Paulo foi jantar com sua família em um restaurante. A conta, incluindo os 10% da taxa de serviço, foi de R$ 165,00. Qual seria o valor da conta sem a taxa de serviço?

14. Márcia revendeu uma casa por R$ 460.000,00, obtendo lucro de 15% sobre o preço de compra. Quanto Márcia havia pagado pela casa?

9 JURO SIMPLES

PAGAMENTO À VISTA E PAGAMENTO A PRAZO

Acompanhe a situação a seguir.

Raul quer comprar uma televisão. A loja oferece duas formas de pagamento: R$ 930,00 à vista ou a prazo, em 8 parcelas de R$ 139,50.

Por que o preço da televisão a prazo (R$ 1.116,00) é maior que o preço à vista (R$ 930,00)?

Nessa situação, o preço a prazo é maior porque é cobrado **juro** (remuneração pelo parcelamento da dívida) sobre o preço à vista.

Vamos calcular o juro cobrado pelo parcelamento dessa dívida:

$$R\$\ 1.116,00 - R\$\ 930,00 = R\$\ 186,00$$

Portanto, se Raul comprar a televisão a prazo, pagará R$ 186,00 de juro.

Para encontrar a porcentagem de juro, podemos fazer:

$$\frac{186}{930} = 0{,}2 = 20\%$$

O juro (R$ 186,00) corresponde a 20% do preço à vista (R$ 930,00).

Dividindo 20% por 8 (número de parcelas), obtemos 2,5%, que é a **taxa de juro ao mês** no sistema de **juro simples**.

Nesta unidade, estudaremos apenas situações que envolvem o sistema de juro simples.

APLICAÇÃO FINANCEIRA E EMPRÉSTIMO

Quando uma pessoa aplica ou pede emprestado um valor em dinheiro, geralmente recorre a uma instituição financeira, por exemplo, um banco. Esse valor em dinheiro é chamado **capital** e, nesse caso, o **juro** é a remuneração que a pessoa recebe do banco (na aplicação) ou paga a ele (no empréstimo). A soma do capital com o juro é chamada **montante**.

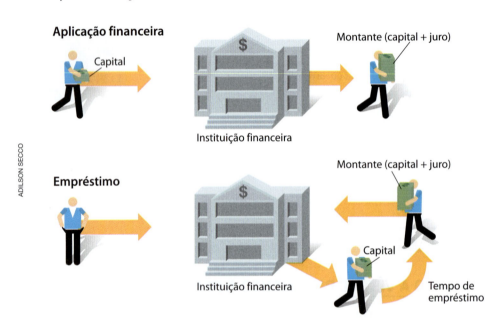

Veja alguns exemplos.

- **Situação de aplicação**

    Juliana aplicou R$ 300,00 em um fundo de investimento à taxa de juro simples de 0,5% ao mês. Depois de 1 ano, Juliana tinha R$ 318,00.

    Nessa situação, o capital é R$ 300,00; a taxa de juro, 0,5% ao mês; o tempo de aplicação, 1 ano ou 12 meses; o montante, R$ 318,00; e o juro, R$ 18,00 (R$ 318,00 − R$ 300,00).

- **Situação de empréstimo**

    Fábio pediu um empréstimo de R$ 1.000,00 a um banco à taxa de juro simples de 4% ao mês. Depois de 3 meses, Fábio pagou R$ 1.120,00 ao banco.

    Nessa situação, o capital é R$ 1.000,00; a taxa de juro, 4% ao mês; o tempo de empréstimo, 3 meses; o montante, R$ 1.120,00; e o juro, R$ 120,00 (R$ 1.120,00 − R$ 1.000,00).

Trilha de estudo

Vai estudar? Nosso assistente virtual no *app* pode ajudar! <http://mod.lk/trilhas>

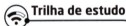

OBSERVAÇÃO

No sistema de juro simples, o juro incide apenas sobre o capital investido, e o montante obtido nesse sistema depende do capital, do tempo de aplicação e da taxa de juro.

ATIVIDADES

VAMOS PRATICAR

1. O quadro a seguir apresenta dados de uma aplicação financeira. Complete-o.

Mês	Montante no início de cada mês	Juro do mês	Montante no fim de cada mês
1º	R$ 200,00	R$ 6,00	
2º		R$ 6,00	R$ 212,00
3º	R$ 212,00		R$ 218,00
4º	R$ 218,00	R$ 6,00	

Agora, responda às questões.

a) Qual é o capital investido nessa aplicação?

b) Qual é o montante depois de 4 meses?

c) Qual é a taxa de juro simples mensal?

VAMOS APLICAR

R1. Rebeca aplicou R$ 100,00 em um fundo de investimento à taxa de juro simples de 5% ao mês. Qual será o juro depois de 6 meses? E o montante?

Resolução

Calculamos o valor do juro após 1 mês:

taxa de juro ao mês — capital — juro após um mês

$$5\% \text{ de } 100 = 0{,}05 \cdot 100 = 5$$

Como queremos descobrir o juro depois de 6 meses, multiplicamos o valor encontrado por 6:

$$5 \cdot 6 = 30$$

Portanto, o juro depois de 6 meses será R$ 30,00.

O montante será a soma do capital com o juro depois de 6 meses:

$$100 + 30 = 130$$

Logo, o montante depois de 6 meses será R$ 130,00.

Outra forma de resolver o problema é construir um quadro que apresente o juro e o montante calculados após cada mês.

Período	Juro	Montante
Após 1 mês	100 · 0,05 · 1 = 5	100 + 5 = 105
Após 2 meses	100 · 0,05 · 2 = 10	100 + 10 = 110
Após 3 meses	100 · 0,05 · 3 = 15	100 + 15 = 115
Após 4 meses	100 · 0,05 · 4 = 20	100 + 20 = 120
Após 5 meses	100 · 0,05 · 5 = 25	100 + 25 = 125
Após 6 meses	100 · 0,05 · 6 = 30	100 + 30 = 130

A última linha do quadro apresenta os valores procurados. Portanto, depois de 6 meses, o juro será R$ 30,00 e o montante, R$ 130,00.

2. Paulo aplicou R$ 12.650,00 em um fundo de investimentos à taxa de juro simples de 6% ao ano.

a) Qual será o juro obtido após 3 anos?

b) Depois de quanto tempo Paulo terá um montante de R$ 16.445,00?

3. Elabore um problema utilizando os dados abaixo:

Juro simples

Capital de R$ 1.400,00

Taxa de 4,6% ao mês

6 meses

- Agora, resolva o problema elaborado.

4. Determine os valores usando uma calculadora para resolver os problemas.

a) Um capital de R$ 750,00 é aplicado a juro simples de 5% ao mês durante 6 meses. Qual será o montante final dessa aplicação?

b) Um capital de R$ 700,00 é aplicado a juro simples de 4% ao mês durante 6 meses. Qual será o montante final dessa aplicação?

c) Qual é o juro recebido sobre um capital de R$ 600,00, aplicado por 7 meses, a juro simples de 3% ao mês?

R2. Talita pediu um empréstimo à taxa de juro simples de 3,5% ao mês. Depois de um ano, ela pagou ao banco R$ 294,00 de juro. Qual foi o valor do empréstimo?

Resolução

Como 1 ano equivale a 12 meses, para determinar o juro em cada mês dividimos o juro total por 12.

$$294,00 : 12 = 24,50$$

Montamos e resolvemos a equação em que x é o capital emprestado:

$$3,5\% \text{ de } x = 24,5$$
$$0,035 \cdot x = 24,5$$
$$x = \frac{24,5}{0,035} = 700$$

Portanto, o valor do empréstimo foi de R$ 700,00.

5. Quanto um investidor deve aplicar, à taxa de juro simples de 4% ao mês, para obter em 14 meses o montante de R$ 23.400,00?

6. Luciano pediu um empréstimo de R$ 200,00 à taxa de juro simples de 2% ao mês. Quanto ele estará devendo depois de 8 meses?

R3. Um fogão custa R$ 450,00 à vista. Se comprado em 4 prestações mensais, passa a custar R$ 471,60 por causa do juro. Qual é a taxa de juro simples mensal cobrada nesse caso?

Resolução

Calculamos a diferença entre o preço a prazo e o preço à vista, obtendo o juro em 4 meses:

$$471,60 - 450 = 21,60$$

Dividimos o juro total por 4 (número de prestações mensais), obtendo o valor do juro em cada mês:

$$\frac{21,60}{4} = 5,4$$

Montamos e resolvemos a equação em que x é a taxa de juro simples mensal:

$$x \cdot 450 = 5,4$$
$$x = \frac{5,4}{450} = 0,012 = 1,2\%$$

Portanto, a taxa de juro simples mensal é 1,2%.

7. Fernanda investiu R$ 5.000,00 em uma aplicação no sistema de juro simples. Depois de 4 meses, seu saldo era R$ 5.360,00. Qual era a taxa de juro simples mensal dessa aplicação?

R4. Depois de quanto tempo uma aplicação de R$ 820,00, à taxa de juro simples mensal de 8%, produz juro de R$ 459,20?

Resolução

Calculamos a porcentagem do juro em relação ao capital investido:

$$\frac{459,2}{820} = 0,56 = 56\%$$

Dividimos a porcentagem do juro pela taxa de juro simples mensal, obtendo o número de meses:

$$\frac{56\%}{8\%} = 7$$

Portanto, depois de 7 meses a aplicação produz juro de R$ 459,20.

8. Durante quanto tempo um capital de R$ 370,00 deve ficar aplicado, à taxa de juro simples de 2,5% ao mês, para que renda juro de R$ 83,25?

9. Uma loja vende uma TV *Smart LED* por R$ 4.200,00 à vista ou em 3 parcelas iguais de R$ 1.650,00. Qual é a taxa de juro simples mensal que a loja está cobrando?

• Agora responda:

a) Leonardo possui um capital de R$ 4.000,00 e gostaria de aplicar essa quantia em uma instituição financeira à taxa de juro simples de 2,5% ao mês. Quantos meses seriam necessários aguardar para que ele pudesse comprar a televisão pagando-a à vista?

b) Na sua opinião, é mais vantajoso que Leonardo compre a televisão com pagamento a prazo ou à vista?

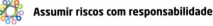 Assumir riscos com responsabilidade

ESTATÍSTICA E PROBABILIDADE
CONSTRUÇÃO DE TABELAS E GRÁFICOS USANDO PLANILHAS ELETRÔNICAS

O Exame Nacional do Ensino Médio (Enem) é uma maneira de ingressar em algumas universidades particulares e públicas de acordo com a nota atingida. Nele são apresentadas questões que abordam conhecimentos das áreas de Matemática, Linguagens, Ciências Humanas e da Natureza.

A irmã de Marina vai prestar o Enem neste ano e está estudando para alcançar bons resultados na prova. Marina, que está no 7º ano, resolveu ajudar a irmã pesquisando quais conteúdos de Matemática mais aparecem no Enem. Para isso, ela encontrou as seguintes informações em uma revista.

Temas frequentes de Matemática das últimas edições do Enem

Conhecimentos numéricos: 41%

Conhecimentos geométricos: 27%

Conhecimentos algébricos: 15%

Estatística e probabilidade: 14%

Conhecimentos algébricos e geométricos: 3%

Revista *Galileu*. Edição 316, p. 36, nov. 2017.

O Enem ocorre anualmente. Ele existe desde 1998, mas só a partir de 2014 começou a ser usado para o acesso às universidades.

Para facilitar a leitura das informações, Marina resolveu colocá-las em uma **planilha eletrônica** e, em seguida, construir um gráfico com elas.

Construí a tabela na planilha eletrônica. E agora, que tipo de gráfico é melhor para ser usado?

É possível ver que cada **célula** da planilha corresponde a uma coluna e uma linha. Além dessa estrutura, Marina também poderia ter construído a tabela na horizontal.

ESTATÍSTICA E PROBABILIDADE

Marina resolveu construir alguns tipos de gráficos para verificar qual seria a melhor forma de apresentar as informações. Para isso, ela selecionou os dados na planilha e escolheu a opção de inserir gráfico de barras verticais. Depois, selecionou novamente os dados e escolheu a opção de inserir gráfico de barras horizontais. Por fim, fez o mesmo procedimento, mas dessa vez escolhendo a opção de gráfico de setores. Observe.

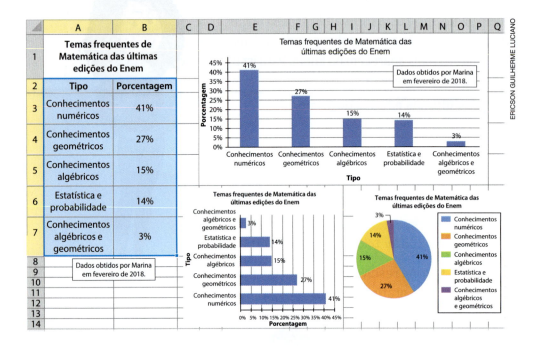

Após a construção dos gráficos, Marina considerou que o gráfico de setores foi o mais adequado para representar os dados da tabela, pois possibilita comparar as partes de cada uma delas com o todo.

ATIVIDADES

1. Reginaldo é dono de um brechó que vende camisas, calças e sapatos usados ou seminovos, em boas condições. Ele fez um levantamento da quantidade de peças vendidas no segundo semestre do ano passado. Observe ao lado.

   a) Represente esses dados em uma planilha eletrônica, construindo uma tabela horizontal.

   b) Quantas linhas e quantas colunas foram usadas na construção da sua tabela?

   c) Qual tipo de gráfico pode representar melhor esses dados: de barras ou setores? Por quê?

   d) Construa o gráfico escolhido no item anterior.

| Peças vendidas no segundo semestre do ano passado ||
Mês	Quantidade de peças
Julho	427
Agosto	312
Setembro	284
Outubro	465
Novembro	548
Dezembro	640

Dados obtidos por Reginaldo, em 2018.

2. Juliana está fazendo uma pesquisa sobre as intenções de voto para o novo Grêmio Estudantil da escola onde estuda. Ela precisa apresentar os resultados em um gráfico que será colocado no jornal da escola e enviado ao *e-mail* de todos os alunos. Os alunos poderão votar nas seguintes chapas: "Vamos em frente", "A hora é agora", "Podemos juntos" ou "É preciso agir".

   a) Em quais tipos de gráficos ela pode representar os resultados dessa pesquisa? Que informações ela pode indicar em cada gráfico?

   b) Há alunos que ainda não sabem em quem votar. Como ela pode indicar essa informação no gráfico?

3. Uma pesquisa realizada entre 2011 e 2015 levantou alguns dados sobre os hábitos de leitura dos brasileiros de acordo com as regiões. Observe o mapa abaixo e faça o que se pede.

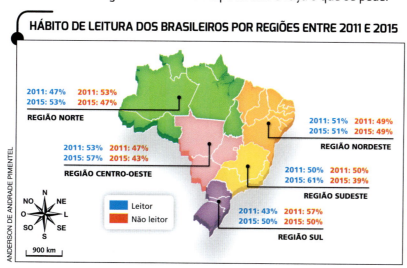

Revista Joca. Edição 97, p. 3, jun. 2017.

   a) Construa, em uma planilha eletrônica, uma tabela para indicar a porcentagem de leitores e não leitores das regiões brasileiras em 2011. Em seguida, construa um gráfico de barras duplas para representar esses dados.

   b) Construa, em uma planilha eletrônica, uma tabela para indicar a porcentagem de leitores e não leitores das regiões brasileiras em 2015. Em seguida, construa cinco gráficos de setores, um para cada região brasileira.

   c) Observe os gráficos construídos nos itens anteriores e verifique em que tipo de gráfico é possível visualizar todas as regiões em um ano.

4. Há bebidas industrializadas que apresentam grande quantidade de açúcar, e o consumo em excesso pode ser prejudicial à nossa saúde. Observe a quantidade de açúcar em algumas bebidas industrializadas. Em seguida, faça o que se pede.

Bebida	Limão	Laranja	Pêssego	Uva
Quantidade de açúcar (em grama)	45	36	35	26

Revista Joca. Edição 101, p. 5, set. 2017.

   a) Construa, em uma planilha eletrônica, uma tabela vertical com os dados apresentados.

   b) Construa, em uma planilha eletrônica, o gráfico que, para você, melhor representa esses dados.

ATIVIDADES COMPLEMENTARES

1. Com as informações da tabela, calcule a densidade demográfica, em hab./km², para cada município.

   POPULAÇÃO ESTIMADA E ÁREA DE ALGUNS MUNICÍPIOS BRASILEIROS

Município	População estimada em 2017	Área (em km²)
Belém	1.452.275	1.059
Cuiabá	590.118	3.291
Florianópolis	485.838	675
Maceió	1.029.129	509
Vitória	363.140	96

   Dados obtidos em: <http://www.ibge.gov.br>. Acesso em: 19 jul. 2018.

2. Determine uma razão que forme uma proporção com a razão $\frac{12}{9}$.

3. Verifique se as razões formam proporções.
   a) $\frac{18}{24}$ e $\frac{2,5}{9,5}$
   b) $\frac{51}{68}$ e $\frac{16,5}{22}$

4. Observe a figura formada por triângulos equiláteros e responda às questões.

   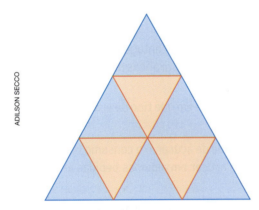

   a) Qual é a razão entre a área de um dos triângulos menores e a área do maior triângulo?
   b) Qual é a porcentagem da área de um dos triângulos menores em relação à área do maior triângulo?
   c) Qual é a fração irredutível que representa a parte da figura que não está pintada de azul?
   d) Qual é a fração irredutível que representa a parte da figura que está pintada de azul?
   e) Escreva, na forma de porcentagem, as frações encontradas nos itens **c** e **d**.

5. A razão entre as medidas dos lados de um retângulo é $\frac{3}{2}$ e seu perímetro é 60 cm.
   a) Quais são as medidas dos lados desse retângulo?
   b) Qual é a área do retângulo?

6. Complete os quadros de sequências de números diretamente proporcionais (**a**) e inversamente proporcionais (**b**).

   a) Constante de proporcionalidade: 3

81	90	99	108	117

   b) Constante de proporcionalidade: 20

10	5	2,5	4	1,25

7. Bianca comprou 3 camisetas e pagou R$ 120,00. Quanto ela pagaria se comprasse 5 camisetas?

8. Um trem, deslocando-se à velocidade média de 400 km/h, demora 3 horas para completar um percurso. Quanto tempo esse trem gastaria para fazer o mesmo percurso à velocidade média de 480 km/h?

9. Três amigos montaram uma empresa de telefonia. João investiu R$ 8.000,00; Pedro, R$ 6.000,00 e Daniel, R$ 12.000,00. Após um ano, dividiram o lucro de R$ 91.000,00 em partes proporcionais ao capital que cada um investiu. Quanto João recebeu? E Pedro? E Daniel?

10. Para construir uma laje de 7 cm de espessura, foram gastos 35 sacos de cimento. Cada saco pesa 40 kg. Quantos quilogramas de cimento teriam sido economizados se a laje tivesse sido construída com 5 cm de espessura?

11. Em 2 dias, 3 costureiras produzem 12 calças. Quantas calças 8 costureiras, no mesmo ritmo de trabalho que as outras, produzirão em 5 dias?

12. Um empresário investiu R$ 8.400,00 em um projeto. Depois de um ano, seu lucro foi de R$ 1.680,00. Qual foi a porcentagem do lucro em relação ao investimento?

13. Em uma rede de postos de combustível, o preço médio do litro do etanol fechou a semana com alta de 0,6% em relação à semana imediatamente anterior. Se o preço do litro era R$ 2,906, qual foi o preço cobrado por litro após o aumento?

Na sua opinião é importante pesquisar os preços antes de efetuar uma compra?

14. Maria comprou uma calça e, como pagou à vista, teve um desconto de 15% sobre o valor anunciado. Calcule o valor anunciado, sabendo que após o desconto Maria pagou R$ 80,75 na calça.

Você costuma pedir desconto ao realizar uma compra? Na sua opinião, qual é a importância de obter um desconto?

15. Observe esta ilustração para responder às questões.

a) Qual é o valor cobrado pela escola de dança em cada plano para um período de 6 meses?

b) Se um aluno optar por pagar a escola no plano semestral, qual será o percentual que ele economizará em comparação ao que pagaria pelo plano trimestral no mesmo período de 6 meses?

c) Um aluno optou por pagar a escola no plano mensal por um período de 6 meses. Qual é a porcentagem que ele está pagando a mais que um aluno que optou pelo plano semestral?

d) Observe novamente os preços cobrados pela escola de dança em cada plano e diga qual é a vantagem e as desvantagens de fazer um plano semestral.

16. Rodrigo comprou um guarda-roupa e uma cama pelos quais deverá pagar um valor total de R$ 2.250,00. Como ele vai parcelar esse valor em 10 meses, a loja cobrará juro simples de 2% ao mês.

A primeira parcela é para daqui a um mês.

a) Em relação ao valor à vista, que percentual representa o juro pago após os 10 meses?

b) Qual será o valor de cada parcela?

17. Júlia pediu um empréstimo de R$ 2.800,00 a uma instituição financeira a uma taxa de juro simples de 6% ao mês. Qual montante Júlia deverá pagar para essa instituição financeira após 3 meses?

Mais questões no livro digital

UNIDADE 12

TRANSFORMAÇÕES GEOMÉTRICAS

1 LOCALIZAÇÃO DE PONTOS NO PLANO

Você já viu que determinados pontos podem ser localizados na reta numérica. Mas como podemos localizar um ponto em um plano?

Para localizar um ponto em um plano, usamos duas coordenadas, uma para indicar a localização horizontal e outra para indicar a localização vertical.

Para facilitar a localização no globo terrestre, por exemplo, foram criadas duas coordenadas, que indicam a posição de um ponto de acordo com a localização horizontal e a vertical. Essas coordenadas são a latitude e a longitude. A ideia de localização, com base na latitude e na longitude, é similar à ideia de localização de pontos em um plano; por isso, antes de estudar esse assunto, vamos conhecer um pouco mais sobre latitude e longitude.

A latitude e a longitude são medidas angulares (em graus) empregadas para localizar qualquer ponto no globo terrestre.

A latitude é a medida que toma como referência a linha do Equador e se baseia na orientação norte-sul. A longitude é a medida que toma como referência o meridiano de Greenwich e se baseia na orientação leste-oeste.

Veja, abaixo, um esquema com as linhas de indicação de latitudes e longitudes do globo terrestre e, na página seguinte, o planisfério com a localização de algumas cidades, conforme essas coordenadas.

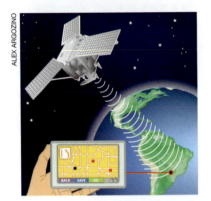

O GPS (*Global Positioning System*) é um sistema de navegação que indica a posição de qualquer ponto no globo terrestre usando as coordenadas latitude e longitude.

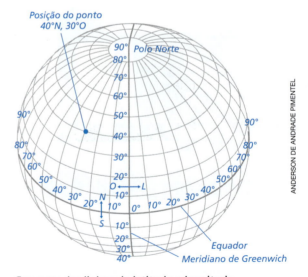

Esquema das linhas de latitude e longitude.

A longitude do ponto A no planisfério, por exemplo, é 40° leste, e a latitude é 60° norte.

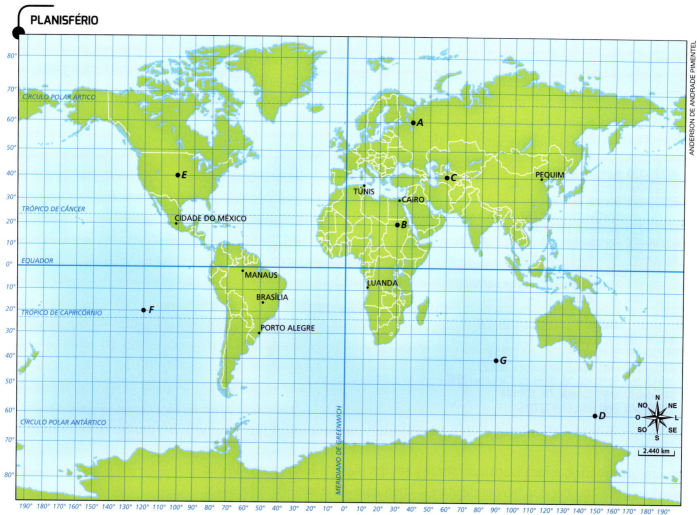

Elaborado a partir de: Graça Maria Lemos Ferreira. *Moderno atlas geográfico*. 6. ed. São Paulo: Moderna, 2016. p. 12 e 13.

 ATIVIDADES

VAMOS PRATICAR

1. Observe o planisfério acima e responda às questões.
   a) Qual é a latitude da cidade do Cairo, no Egito?
   b) Qual é a longitude da cidade de Túnis, na Tunísia?
   c) Qual é a latitude da cidade de Porto Alegre, no Brasil?
   d) Qual é a longitude da cidade de Manaus, no Brasil?

2. Consulte o planisfério acima e escreva, no caderno, o ponto que está localizado nas coordenadas:
   a) 30° leste, 20° norte;
   b) 100° oeste, 40° norte;
   c) 120° oeste, 20° sul.

VAMOS APLICAR

3. Com base no planisfério acima, responda às questões.
   a) A cidade onde você mora fica a leste ou a oeste do meridiano de Greenwich?
   b) A cidade onde você mora fica ao norte ou ao sul da linha do Equador?
   • Faça uma pesquisa, em um atlas ou na internet, e encontre a latitude e a longitude da cidade onde você mora.

4. Registre exemplos de uma cidade:
   a) ao norte da linha do Equador e a oeste do meridiano de Greenwich;
   b) ao sul da linha do Equador e a leste do meridiano de Greenwich;
   c) ao sul da linha do Equador e a oeste do meridiano de Greenwich.

335

PAR ORDENADO

Você viu que a longitude e a latitude são as coordenadas utilizadas para localizar um ponto no planisfério.

Outro exemplo de localização em um plano é o utilizado em guias de ruas de uma cidade. Para localizar uma rua em um guia, além da página em que está representada a rua, precisamos de suas coordenadas, que, geralmente, são uma letra e um número. Observe as fotos abaixo, que indicam a localização de uma rua da cidade de São Paulo (SP).

Reprodução da página com as coordenadas da rua Bertioga, do *Guia Quatro Rodas*: ruas São Paulo 2011. São Paulo: Abril, 2010.

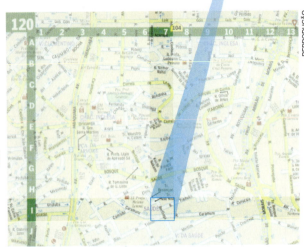

Localização da rua Bertioga no mapa. Reprodução da página 120 do *Guia Quatro Rodas*: ruas São Paulo 2011. São Paulo: Abril, 2010.

Em Matemática, a localização de pontos em um plano é feita com o auxílio de duas retas numéricas perpendiculares, chamadas de **eixos**. Para localizar um ponto nesse sistema de eixos, usamos dois números. Esses números são expressos na forma de um **par ordenado**.

Esse par de números é assim chamado porque existe uma ordem predeterminada para escrevê-lo.

O primeiro número indica a posição em relação ao eixo horizontal, e o segundo número, a posição em relação ao eixo vertical.

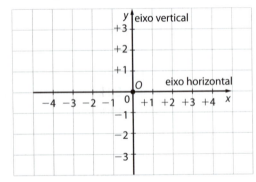

O ponto O é chamado de origem. No eixo horizontal, à direita de O, estão os pontos correspondentes aos números positivos, e à esquerda, os pontos correspondentes aos números negativos. A distância entre um ponto correspondente a um número inteiro e o seguinte, no eixo horizontal, é a mesma tanto à direita quanto à esquerda da origem.

No eixo vertical, acima de O, estão os pontos correspondentes aos números positivos, e abaixo, os pontos correspondentes aos números negativos. A distância entre um ponto correspondente a um número inteiro e o seguinte, no eixo vertical, é a mesma tanto acima quanto abaixo da origem.

Na figura abaixo, o ponto A pode ser localizado no plano pelo par ordenado (2, 1), e o ponto B, por (−1, 1).

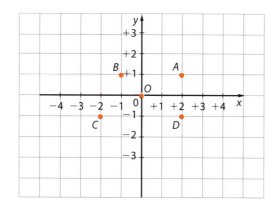

Os números do par ordenado que indicam a localização de determinado ponto são as **coordenadas** desse ponto. Quais são as coordenadas dos pontos C, D e O?

OBSERVAÇÃO

Representamos o ponto A de coordenadas (2, 1) por:

A(2, 1)

posição em relação ao eixo horizontal — posição em relação ao eixo vertical

 ATIVIDADES

VAMOS PRATICAR

1. Considere o sistema de eixos abaixo e escreva no caderno as coordenadas dos pontos destacados.

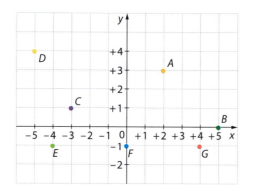

2. Desenhe uma malha quadriculada e determine um sistema de eixos perpendiculares sobre ela. Depois trace:

a) o triângulo de vértices nos pontos A(1, 2), B(−3, 3) e C(−2, −2);

b) o quadrado de vértices nos pontos A(2, 2), B(−2, 2), C(−2, −2) e D(2, −2).

3. Desenhe uma malha quadriculada, com um sistema de eixos perpendiculares, e assinale os pontos: A(4, 1), B(−1, 3) e C(1, −3).

• Que figura é formada ligando-se, com o auxílio de uma régua, os pontos A e B, B e C, C e A?

4. Observe os pontos e faça o que se pede.

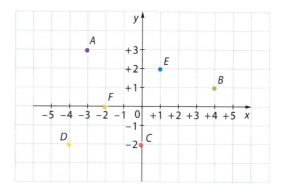

a) Copie a malha e represente os pontos indicados.

b) Encontre o ponto cujo par ordenado é formado pelo módulo das coordenadas de cada ponto representado na malha. Por exemplo:

O ponto A(−3, 3) será correspondente ao ponto A'(|−3|, |3|).

c) Onde estão localizados os pontos A', B', C', D', E' e F'? Descreva a região para os colegas.

337

2 TRANSFORMAÇÕES GEOMÉTRICAS NO PLANO

Podemos fazer certos movimentos ou algumas transformações com figuras do plano, de modo que todas as suas medidas sejam preservadas. Nos exemplos a seguir, a figura 2 foi obtida a partir da figura 1 por meio de uma **transformação geométrica**.

a)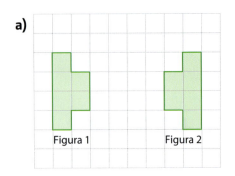

b)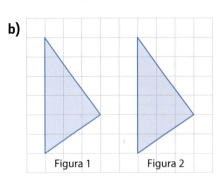

c)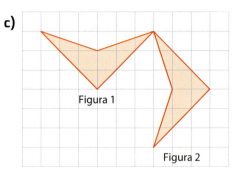

PARA INVESTIGAR

- Em cada exemplo, como a figura 2 foi obtida a partir da figura 1?
- O que podemos afirmar sobre as medidas dos lados e ângulos correspondentes das figuras 1 e 2 em cada exemplo?

Como as medidas dos lados e ângulos correspondentes das figuras 1 e 2 são iguais, essas transformações são chamadas de **isometrias**. São exemplos de isometrias do plano: **reflexão**, **translação** e **rotação**.

3 REFLEXÃO

Uma figura pode ser refletida num plano de dois modos: em relação a uma reta ou em relação a um ponto. Vamos estudar os dois casos.

REFLEXÃO EM RELAÇÃO A UMA RETA

Na figura abaixo, o triângulo $A'B'C'$ (imagem) foi obtido do triângulo ABC a partir da **reflexão em relação à reta** r indicada. Dizemos que esses dois triângulos são simétricos em relação à reta r, que é o **eixo de reflexão** ou **eixo de simetria**.

Verifique que as medidas dos lados e ângulos correspondentes desses triângulos são iguais.

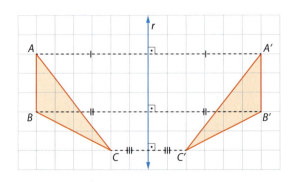

Cada ponto do triângulo $A'B'C'$ tem um ponto correspondente no triângulo ABC, que é seu simétrico em relação à reta r.

Por exemplo:

- A e A' são simétricos em relação à reta r.
- B' é o simétrico de B em relação à reta r.
- C' é a imagem de C por meio da reta r.

Observe que dois pontos simétricos em relação à reta r estão à mesma distância dessa reta, em posições opostas.

Isso sempre ocorre com duas figuras simétricas em relação a uma reta: cada ponto de uma delas é simétrico a um ponto da outra em relação à mesma reta, e vice-versa, e os pontos simétricos estão à mesma distância da reta considerada.

Veja, por exemplo, como podemos refletir o quadrilátero $ABCD$ abaixo em relação à reta r, com o auxílio de uma malha quadriculada.

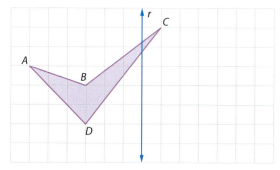

Primeiro, encontramos os simétricos dos vértices A, B, C e D do quadrilátero em relação à reta r. Vamos denominar esses pontos por A', B', C', D', respectivamente. Em seguida, construímos o quadrilátero $A'B'C'D'$, que é simétrico do quadrilátero $ABCD$ em relação à reta r.

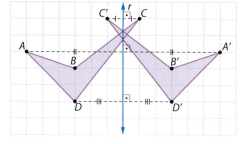

Note que como o eixo de simetria corta a figura inicial, parte da figura refletida está de um lado da reta r; e a outra parte está no outro lado.

OBSERVAÇÕES

- O eixo de reflexão é fixo, ou seja, ele não se movimenta.
- A simetria em relação a uma reta é chamada de **simetria axial**.

FIGURAS COM SIMETRIA

Veja algumas figuras que apresentam simetria. Note que algumas delas apresentam mais de um eixo de simetria.

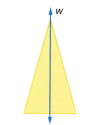

Dizemos, nesse caso, que a figura apresenta simetria de reflexão.

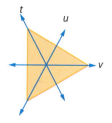

O triângulo equilátero tem três eixos de simetria.

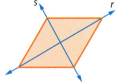

O losango tem dois eixos de simetria.

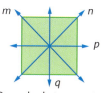

O quadrado tem quatro eixos de simetria.

REFLEXÃO DE FIGURAS EM RELAÇÃO AOS EIXOS DO PLANO CARTESIANO

Podemos encontrar a simétrica de qualquer figura em relação aos eixos do plano cartesiano. Veja o exemplo abaixo:

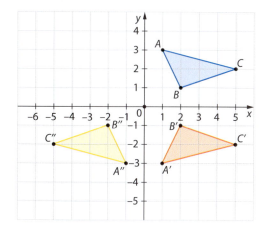

Nesse exemplo, temos que:

- o triângulo $A'B'C'$ é o simétrico do triângulo ABC em relação ao eixo x;
- o triângulo $A''B''C''$ é o simétrico do triângulo $A'B'C'$ em relação ao eixo y.

PARA INVESTIGAR

Que triângulo obteremos se refletirmos o triângulo ABC primeiro em relação ao eixo y e depois em relação ao eixo x?

ATIVIDADES

VAMOS PRATICAR

1. Copie a figura em um papel quadriculado. Em seguida, construa a figura simétrica em relação à reta *s*.

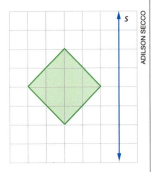

2. Observe a figura. Copie-a em uma folha de papel quadriculado e desenhe uma figura simétrica a ela em relação à reta *r*.

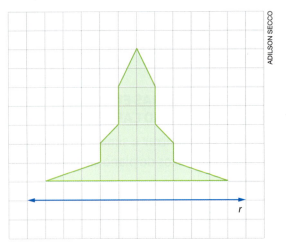

R1. Na imagem abaixo, o polígono $A'B'C'D'E'F'$ é o simétrico do polígono $ABCDEF$ em relação a uma reta *r*. Represente a reta *r*.

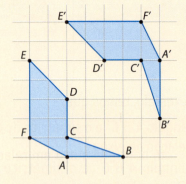

Resolução

Primeiro construímos dois segmentos cujas extremidades sejam pontos correspondentes. Nesse caso, vamos construir os segmentos $\overline{CC'}$ e $\overline{EE'}$. Depois, encontramos o ponto médio de ambos os segmentos.

Vamos denominar esses pontos por *Q* e *P*, respectivamente.

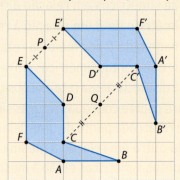

Por fim traçamos a reta que passa pelos pontos *P* e *Q*. Essa é a reta *r*.

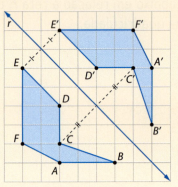

3. As figuras abaixo são simétricas em relação a uma reta *t*. Represente a reta *t*.

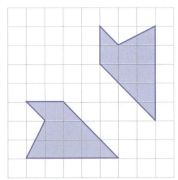

VAMOS APLICAR

4. Observe a figura abaixo.

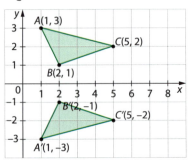

Agora, responda.

a) O que podemos afirmar sobre os triângulos ABC e A'B'C'?

b) Compare as coordenadas dos vértices dos pontos correspondentes dos triângulos ABC e A'B'C'. O que você pode perceber?

c) Quais são as coordenadas do simétrico do quadrilátero de vértices A(1, 1), B(1, 3), C(5, 5) e D(5, 2) em relação ao eixo x?

5. Considere os triângulos representados no plano cartesiano abaixo.

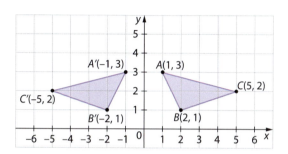

a) O que podemos afirmar sobre os triângulos ABC e A'B'C'?

b) Ao observar esses triângulos, Elisa escreveu a seguinte conclusão:

As ordenadas dos pontos correspondentes são iguais e as abscissas desses pontos têm sinais contrários.

A conclusão de Elisa está correta?

c) Quais são as coordenadas do simétrico do pentágono de vértices P(2, 1), Q(3, 3), R(5, 4), S(6, 2) e T(5, 1) em relação ao eixo y?

6. Em um papel quadriculado, represente o triângulo de vértices J(−6, 2), K(−5, 5) e L(−2, 2) e o seu simétrico em relação ao eixo x.

7. Em um papel quadriculado, represente o quadrilátero de vértices F(−8, −4), G(−7, −7), H(−1, −4) e I(−4, −2) e o seu simétrico em relação ao eixo y.

REFLEXÃO EM RELAÇÃO A UM PONTO

Observe os triângulos representados na malha quadriculada abaixo.

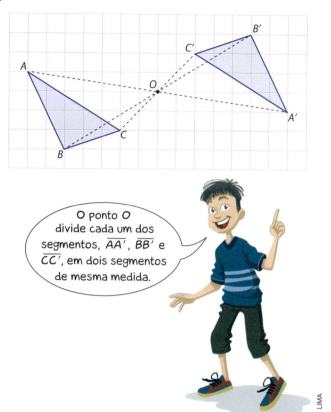

O ponto O divide cada um dos segmentos, $\overline{AA'}$, $\overline{BB'}$ e $\overline{CC'}$, em dois segmentos de mesma medida.

O triângulo A'B'C' (imagem) foi obtido do triângulo ABC a partir da **reflexão em relação ao ponto O** indicado. Dizemos que esses dois triângulos são simétricos em relação ao ponto O, que é o **centro de reflexão**.

Cada ponto do triângulo A'B'C' tem um ponto correspondente no triângulo ABC, que é seu simétrico em relação ao ponto O.

Por exemplo:

- A e A' são simétricos em relação ao ponto O.
- B' é o simétrico de B em relação ao ponto O.
- C' é a imagem de C em relação ao ponto O.

Isso sempre ocorre com duas figuras simétricas em relação a um ponto: cada ponto de uma delas é simétrico a um ponto da outra em relação ao centro de reflexão, e vice-versa, e os pontos simétricos estão à mesma distância do centro de reflexão.

OBSERVAÇÃO

A simetria em relação a um ponto é chamada de **simetria central**.

Veja, por exemplo, como podemos refletir o polígono ABCDE abaixo em relação ao ponto O, com o auxílio de uma malha quadriculada.

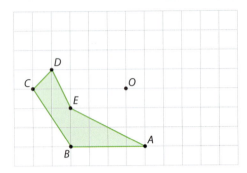

Primeiro, encontramos os simétricos dos vértices A, B, C, D e E do polígono em relação ao ponto O. Vamos denominar esses pontos por A', B', C', D' e E', respectivamente. Em seguida, construímos o polígono A'B'C'D'E', que é o simétrico do polígono ABCDE em relação ao ponto O.

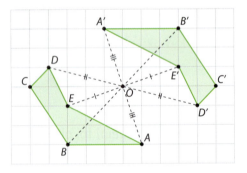

REFLEXÃO DE FIGURAS EM RELAÇÃO À ORIGEM DO PLANO CARTESIANO

Podemos encontrar a simétrica de qualquer figura em relação à origem do plano cartesiano. Veja o exemplo abaixo.

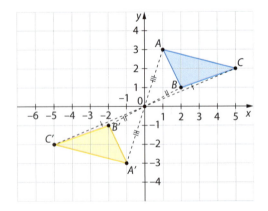

Nesse exemplo, temos que o triângulo A'B'C' é o simétrico do triângulo ABC em relação à origem do plano cartesiano.

ATIVIDADES

VAMOS PRATICAR

1. Copie a figura a seguir em uma folha de papel quadriculado. Depois, construa a figura simétrica em relação ao ponto Q.

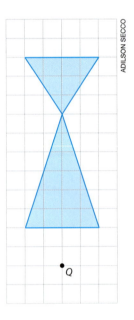

2. Copie a figura a seguir em uma folha de papel quadriculado. Depois, construa a figura simétrica em relação ao ponto G.

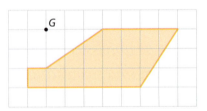

R1. Na imagem abaixo, o polígono A'B'C'D'E' é o simétrico do polígono ABCDEF em relação a um ponto O. Represente o ponto O.

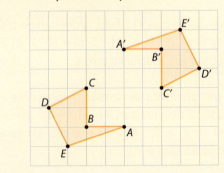

Resolução

Primeiro construímos dois segmentos cujas extremidades sejam pontos correspondentes. Nesse caso, vamos construir os segmentos $\overline{AA'}$ e $\overline{BB'}$. O ponto de intersecção desses segmentos é o ponto O.

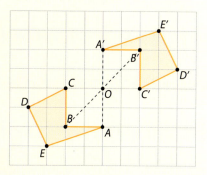

3. As figuras abaixo são simétricas em relação a um ponto T. Represente o ponto T.

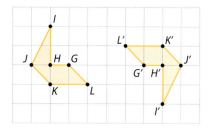

VAMOS APLICAR

4. Observe a figura abaixo.

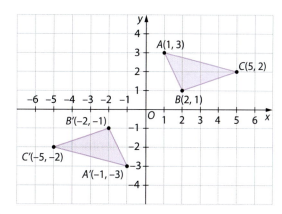

Agora, responda.

a) O que podemos afirmar sobre os triângulos ABC e A'B'C'?

b) Compare as coordenadas dos vértices dos pontos correspondentes dos triângulos ABC e A'B'C'. O que você pode perceber?

c) Quais são as coordenadas do simétrico do quadrilátero de vértices $A(-2, -6)$, $B(-3, -1)$, $C(-5, -3)$ e $D(-5, -5)$ em relação à origem?

5. Em um papel quadriculado, represente o pentágono de vértices $P(-4, 2)$, $Q(-2, 3)$, $R(-3, 4)$, $S(-5, 4)$ e $T(-6, 3)$ e o seu simétrico em relação à origem do plano cartesiano.

6. A afirmação ao lado está correta?

> Multiplicamos as coordenadas dos vértices de um polígono por −1 para encontrar as coordenadas dos vértices de seu simétrico em relação à origem do plano cartesiano.

343

4 TRANSLAÇÃO

Observe as figuras na malha quadriculada abaixo.

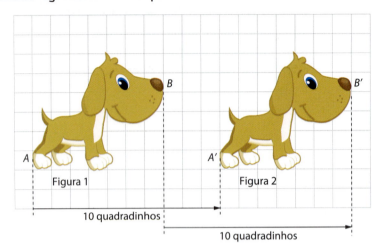

As setas indicam que a figura 1 foi deslocada 10 quadradinhos na direção horizontal e no sentido da esquerda para a direita, gerando a figura 2.

Considerando que esse mesmo deslocamento foi feito com todos os pontos da figura 1, dizemos que a figura 2 foi obtida por uma **translação** da figura 1. A figura 2 é chamada de **imagem** da figura 1.

PARA COMPARAR

O que a reflexão em relação a uma reta (ou em relação a um ponto) tem em comum com a translação? No que elas se diferenciam? Converse com os colegas.

Para transladar qualquer figura é preciso saber a direção, o sentido e a distância em que ela será deslocada. Em geral, essas informações são representadas por uma seta que chamamos de **vetor da translação**.

Veja, por exemplo, como podemos transladar o triângulo ABC abaixo de acordo com a medida do comprimento, direção e sentido da seta.

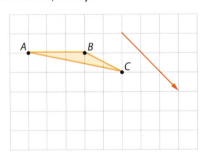

Para transladar o triângulo, deslocamos os vértices A, B e C, 3 quadradinhos para a direita e depois 3 quadradinhos para baixo, obtendo os vértices A', B' e C', respectivamente. Em seguida, construímos o triângulo A'B'C'.

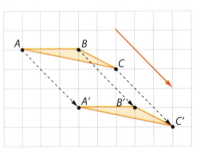

344

ATIVIDADES

VAMOS PRATICAR

1. Em cada caso, copie o polígono em uma folha de papel quadriculado. Depois, translade-o de acordo com a medida do comprimento, direção e sentido da seta.

   a) 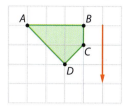   b)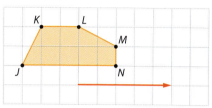

2. Na figura abaixo, o triângulo $A'B'C'$ é imagem do triângulo ABC por uma translação. Desenhe, em uma folha de papel quadriculado, o vetor dessa translação.

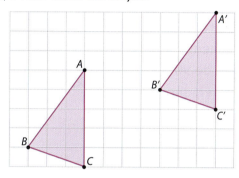

VAMOS APLICAR

3. Observe as figuras representadas na malha quadriculada a seguir.

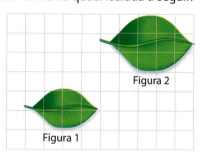

   É correto afirmar que a figura 2 foi obtida pela translação da figura 1? Justifique.

4. Observe as faixas decorativas a seguir.

   Qual é a direção e o sentido da translação presente em cada uma dessas faixas?

345

5 ROTAÇÃO

Observe as figuras na malha quadriculada abaixo.

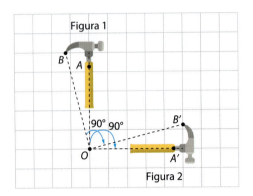

Nessa malha quadriculada, temos o desenho de dois martelos idênticos. Observe que a figura 2 foi obtida da figura 1 a partir de um giro, no sentido horário (sentido dos ponteiros do relógio), de 90° ao redor do ponto O. Assim, podemos dizer que o ponto A gerou o ponto A' e o ponto B gerou o ponto B'.

Considerando que esse mesmo giro foi feito com todos os pontos da figura 1, dizemos que a figura 2 foi obtida por uma **rotação** da figura 1. A figura 2 é chamada de **imagem** da figura 1.

O ponto O é chamado de **centro da rotação**. Para rotacionar qualquer figura precisamos conhecer o centro da rotação, a medida do ângulo de giro e o sentido da rotação (horário ou anti-horário).

> **PARA COMPARAR**
>
> Compare a reflexão em relação a um ponto O de uma figura qualquer com a rotação de centro O e ângulo 180° dessa mesma figura. O que você pode perceber?

CONSTRUÇÃO DA FIGURA OBTIDA POR UMA ROTAÇÃO

Veja como podemos construir, com auxílio de régua e transferidor, a figura obtida pela rotação do triângulo ABC, em torno do ponto O, considerando um giro de 90° no sentido horário.

1. Seja o triângulo ABC e o ponto O.

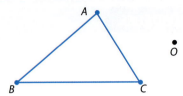

2. Traçamos a semirreta $\overrightarrow{OA}$.

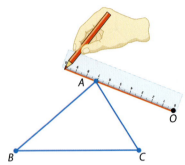

3. Com o auxílio de um transferidor, traçamos uma semirreta com origem em O e que forma 90° com $\overrightarrow{OA}$ no sentido horário.

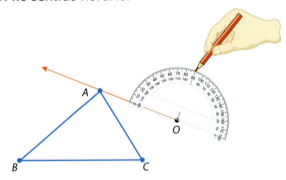

4. Marcamos um ponto A' sobre a semirreta construída de tal modo que o segmento $\overline{OA'}$ tenha a mesma medida que $\overline{OA}$.

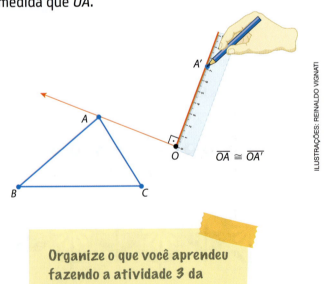

$\overline{OA} \cong \overline{OA'}$

> Organize o que você aprendeu fazendo a atividade 3 da página 360.

346

5. Repetimos o mesmo processo com os pontos B e C para obtermos os pontos B' e C', ou seja:

- traçamos $\overrightarrow{OB}$ e, depois, uma semirreta com origem em O e que forma 90° com $\overrightarrow{OB}$ no sentido horário. Em seguida, marcamos o ponto B' nessa semirreta construída, de modo a ter OB = OB'.
- traçamos $\overrightarrow{OC}$ e, depois, uma semirreta com origem em O e que forma 90° com $\overrightarrow{OC}$ no sentido horário. Em seguida, marcamos o ponto C' nessa semirreta construída, de modo a ter OC = OC'.

Por fim, ligamos os pontos A', B' e C'.

Assim, o triângulo A'B'C' foi obtido pela rotação de 90° do triângulo ABC em torno do ponto O, no sentido horário.

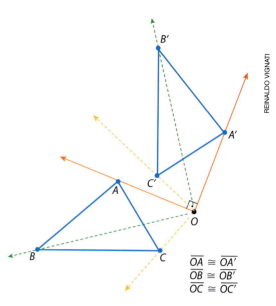

$\overline{OA} \cong \overline{OA'}$
$\overline{OB} \cong \overline{OB'}$
$\overline{OC} \cong \overline{OC'}$

ATIVIDADES

VAMOS PRATICAR

1. Observe a rotação das figuras ao redor do ponto O e responda às questões.

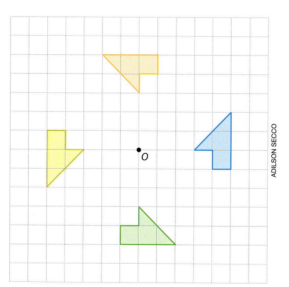

a) Qual ângulo de rotação no sentido anti-horário devemos aplicar na figura azul para obter a figura laranja?

b) Ao aplicar uma rotação de 180° na figura laranja, obtemos qual figura?

c) Qual é o ângulo e o sentido de rotação que devemos aplicar na figura azul para obter a figura verde?

d) Qual ângulo de rotação devemos aplicar na figura amarela para obtê-la novamente?

2. Construa, em seu caderno, a figura obtida pela rotação de um triângulo qualquer, em torno de um ponto O, determinada pelo giro de 100° no sentido anti-horário.

3. Determine, em cada caso, o ângulo e o sentido da rotação realizada da figura original em torno do ponto O.

a) Figura original: ABC   b) Figura original: ABCDEF

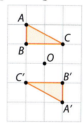 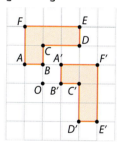

4. Construa, em seu caderno, a figura obtida pela rotação de um quadrilátero qualquer, em torno de um ponto O, determinada pelo giro de 70° no sentido horário.

VAMOS APLICAR

5. Descreva a rotação que fazemos com o quadrilátero ABCD abaixo quando multiplicamos as coordenadas de seus vértices por −1.

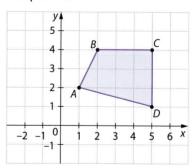

6. Em uma folha de papel quadriculado, represente em um plano cartesiano o triângulo de vértices P(2, 1), Q(3, 3) e R(4, 1) e o triângulo de vértices S(1, −2), T(3, −3) e U(1, −4). O que podemos afirmar sobre esses dois triângulos?

347

INFORMÁTICA E MATEMÁTICA

Figuras obtidas por transformações geométricas

Nesta seção vamos refletir, transladar e rotacionar polígonos, com auxílio de um *software* de geometria dinâmica. Além disso, vamos investigar algumas propriedades dessas transformações geométricas.

CONSTRUA

Reflexão em relação a uma reta

Siga os passos abaixo e construa o simétrico de um polígono qualquer em relação a uma reta.

1º) Construa um polígono qualquer.
2º) Trace uma reta *r* qualquer. Essa reta será o eixo de reflexão.

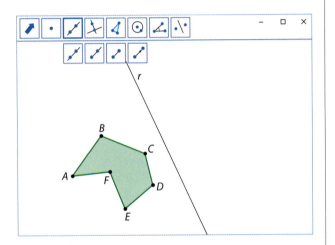

3º) Clique na ferramenta de reflexão em relação a uma reta. Depois clique sobre o polígono e a reta *r*. O polígono que aparecerá na tela é o simétrico do polígono inicial em relação à reta *r*.

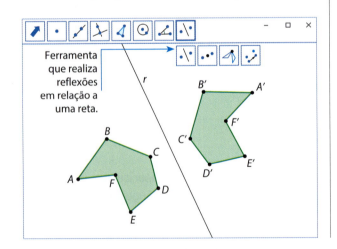

Reflexão em relação a um ponto

Siga os passos abaixo e construa o simétrico de um polígono qualquer em relação a um ponto.

1º) Construa um polígono qualquer.
2º) Marque um ponto *O* qualquer. Esse ponto será o centro de reflexão.

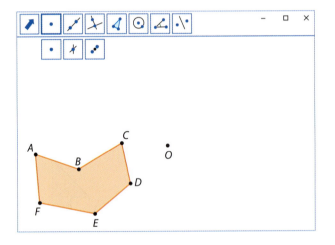

3º) Clique na ferramenta de reflexão em relação a um ponto. Depois clique sobre o polígono e o ponto *O*. O polígono que aparecerá na tela é o simétrico do polígono inicial em relação ao ponto *O*.

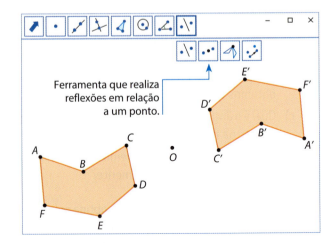

Translação

Siga os passos abaixo e translade um polígono qualquer.

1º) Construa um polígono qualquer.

2º) Use a ferramenta para construir vetores e construa um vetor qualquer. Esse será o vetor da translação.

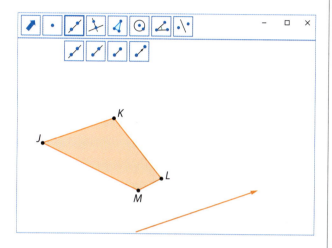

3º) Clique na ferramenta de translação. Depois clique sobre o polígono e o vetor. O polígono que aparecerá na tela é a imagem da translação.

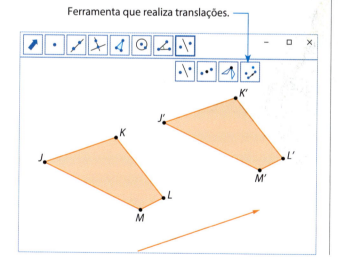

Ferramenta que realiza translações.

Rotação

Siga os passos abaixo e rotacione um polígono qualquer em torno de um ponto por um ângulo.

1º) Construa um polígono qualquer.

2º) Marque um ponto P qualquer. Esse ponto será o centro da rotação.

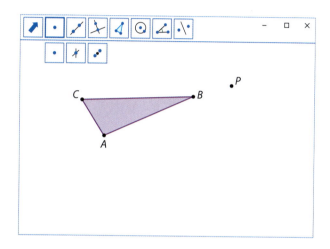

3º) Clique na ferramenta de rotação. Depois clique sobre o polígono e o ponto P. Por fim, escolha a medida do ângulo de giro e o sentido da rotação. O polígono que aparecerá na tela é a imagem da rotação.

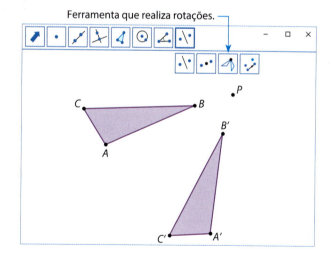

Ferramenta que realiza rotações.

INVESTIGUE

Em cada uma das construções que você realizou, meça os lados e os ângulos correspondentes dos polígonos. Depois, movimente-os. O que você pode observar?

6 AS TRANSFORMAÇÕES NAS ARTES

Podemos reconhecer algumas transformações geométricas em obras de arte, em elementos arquitetônicos etc.

Ao criar uma obra de arte, por exemplo, muitos artistas aplicam os conceitos de simetria e repetição de padrões. Um deles é o artista gráfico holandês M. C. Escher (1898-1972), que se destaca pela habilidade de criar imagens com efeitos de ilusão de ótica e produzir obras com padrões obtidos a partir de figuras simples, como as observadas na obra reproduzida a seguir.

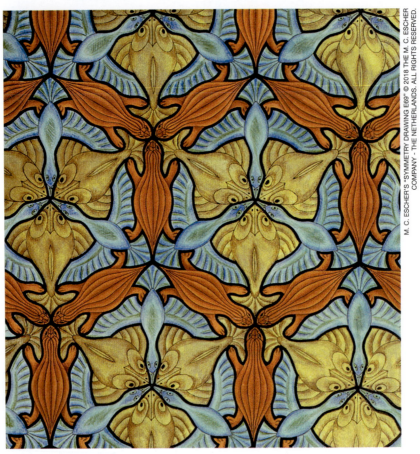

Peixe/pato/lagarto (1948), de M. C. Escher. 1948, tinta aquarela, 305 mm × 325 mm.

Observe que na reprodução dessa obra há três desenhos que se repetem: peixe, pato e lagarto. Todos eles apresentam simetria em relação a uma reta:

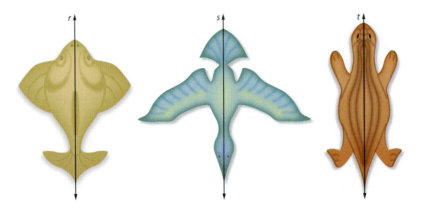

Além disso, é possível identificar translações e rotações de figuras nessa obra.

Nesse destaque, o peixe P foi deslocado uma certa distância na direção horizontal e no sentido da esquerda para a direita, resultando no peixe P_1.

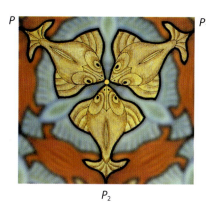

Note que o peixe P_1 foi obtido do peixe P a partir de um giro, no sentido horário, de 120° ao redor do ponto amarelo, e o peixe P_2 foi obtido do peixe P_1 a partir de um giro, no sentido horário, de 120° ao redor do ponto amarelo.

PARA ANALISAR

Observe novamente a reprodução da obra *Peixe/pato/lagarto*, de M. C. Escher, e identifique outras translações e rotações presentes nela.

As transformações geométricas também estão presentes em diferentes obras visuais indígenas, como a pintura corporal e a cestaria. Uma característica comum nessas obras é a utilização de **grafismos**, desenhos que representam figuras geométricas ou imagens de pessoas e de animais. Observe as imagens a seguir.

Cestaria: técnica de produção de cestos.

Cestaria da etnia Wayana-Apalay.

Trilha de estudo

Vai estudar? Nosso assistente virtual no *app* pode ajudar!
<http://mod.lk/trilhas>

Homens da etnia Yawalapiti participando do *Kuarup*, no Parque Indígena do Xingu (MT), 2012.

351

ATIVIDADES

VAMOS APLICAR

1. Influenciado pela cultura e pelas tradições dos povos africanos, o artista brasileiro Rubem Valentim (1922-1991) atribuía um caráter sagrado às suas produções. Veja, a seguir, a reprodução de duas obras desse artista.

Emblemágico, de Rubem Valentim. 1979, acrílica sobre tela, 73 cm × 100 cm.

Emblemágico 78, de Rubem Valentim. 1978, acrílica sobre tela, 75,7 cm × 103 cm.

Agora, faça o que se pede.

a) Que transformações geométricas você reconhece na reprodução da obra *Emblemágico*? E na reprodução da obra *Emblemágico 78*?

b) Reúna-se com três colegas e façam uma pesquisa sobre a influência da cultura africana na formação do povo brasileiro.

2. Nas peças de cerâmica, os grafismos podem ser pintados com tinta ou feitos por incisões. A imagem abaixo é de urna funerária marajoara, em que os grafismos foram obtidos por meio de pequenos cortes. Que transformações geométricas você reconhece nessa urna?

Cerâmica marajoara. Museu Paraense Emílio Goeldi, Belém (PA).

3. As figuras abaixo foram criadas com base em alguns grafismos indígenas. Veja.

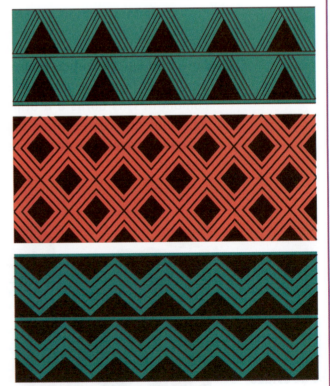

Inspirado por essas imagens, crie um grafismo com o auxílio de uma folha de papel quadriculado.

ESTATÍSTICA E PROBABILIDADE
PESQUISA AMOSTRAL E PESQUISA CENSITÁRIA

No estudo da Estatística, duas ideias muitos importantes estão presentes nas pesquisas: a ideia de população e a ideia de amostra.

População é o conjunto de todos os elementos que contêm uma característica que se quer estudar. A população pode ser tanto os habitantes que moram em determinada cidade, como todas as peças produzidas por uma fábrica em um certo período de tempo.

Amostra de uma população é uma parte da população que queremos estudar.

População

Amostra da população

Assim, por exemplo, em uma pesquisa sobre a idade dos funcionários das 18 escolas públicas de uma cidade, temos:

- População: todos os funcionários das 18 escolas públicas dessa cidade.
- Amostra: funcionários de 10 das 18 escolas públicas dessa cidade.

Assim, uma pesquisa estatística pode ser feita acessando toda a população (**pesquisa censitária**) ou uma parte dela (**pesquisa amostral**). Em geral, opta-se pelas pesquisas amostrais por razões econômicas e/ou pela impossibilidade de acessar toda a população.

São exemplos de pesquisas amostrais as pesquisas de intenção de voto e as pesquisas de opinião. Já os censos demográficos, por exemplo, são pesquisas censitárias.

ESTATÍSTICA E PROBABILIDADE

ATIVIDADES

1. Leia as afirmações a seguir e identifique as que são verdadeiras.
   a) Uma amostra é uma parte da população.
   b) Uma pesquisa censitária é aquela que é feita consultando parte da população.
   c) Uma pesquisa amostral é aquela que é feita consultando toda a população.
   d) Se o público-alvo for pequeno é indicado fazer uma pesquisa amostral.

2. Leia a pesquisa descrita em cada item, identifique a população e, depois, classifique-a em censitária ou amostral.
   a) Uma loja que vende produtos pela internet decidiu avaliar o grau de satisfação de seus clientes com relação ao atendimento no último mês. Para isso, todo cliente que fizesse alguma compra era orientado a classificar, no site, o atendimento em ruim, regular ou ótimo.
   b) Em um prédio com 240 moradores, foi feita uma pesquisa com 50 moradores, escolhidos aleatoriamente, para saber a intenção de voto para síndico do prédio.
   c) Para fazer o recadastramento dos alunos de uma academia, foi preciso ligar para cada um e obter informações atualizadas.

Alô! É o Paulo? Preciso atualizar seu cadastro.

3. Reúna-se com os colegas e façam uma pesquisa estatística. Ao final da pesquisa, façam um relatório escrito procurando responder às questões a seguir:

1. Qual é o tema da pesquisa? Por que vocês escolheram esse tema?
2. Que perguntas serão feitas?
3. A pesquisa será censitária ou amostral? Por quê?
4. Como será feita a coleta dos dados?
5. Que tipos de gráfico vocês vão construir para organizar os dados obtidos? Por que escolheram esses tipos de gráfico?
6. O que é possível concluir a partir dos gráficos construídos?
7. As questões propostas inicialmente foram respondidas?
8. Como vocês vão apresentar as conclusões da pesquisa para a turma?

ATIVIDADES COMPLEMENTARES

1. Com base na figura ao lado, classifique em verdadeira (V) ou falsa (F) cada uma das afirmações a seguir, sabendo que o polígono A'B'C'D'E'F' foi obtido a partir do polígono ABCDEF por uma translação.

   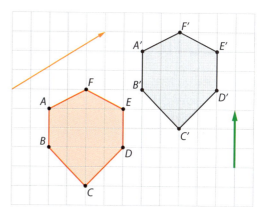

   a) O vetor dessa translação é o de cor verde.
   b) Os segmentos $\overline{BC}$ e $\overline{B'C'}$ possuem mesma medida.
   c) Os ângulos correspondentes desses polígonos não possuem mesma medida.
   d) A distância entre os pontos D e D' é igual à distância entre os pontos F e F'.

2. Veja como Laura descreveu a rotação ao lado:

   > O polígono A'B'C'D' foi obtido do polígono ABCD a partir de um giro, no sentido horário, de 285° ao redor do ponto O.

   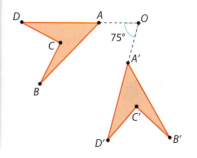

   a) Você concorda com a descrição feita por Laura?
   b) De que outra maneira ela poderia ter descrito essa rotação?

3. As transformações geométricas também estão presentes nos bordados dos vestidos. Veja alguns exemplos de padrões de bordados.

   Criar, imaginar e inovar

   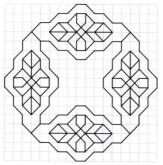 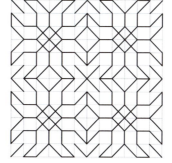 

   a) Que transformações geométricas você reconhece nesses padrões?
   b) Inspirado pelas imagens acima, crie um padrão de bordado em uma folha de papel quadriculado. Depois compartilhe seu desenho com os colegas.

   Mais questões no livro digital

COMPREENDER UM TEXTO

FATO OU FICÇÃO?

Palavras e imagens ganham um estranho poder quando são mostradas na TV, em jornais e revistas ou até na internet: elas parecem verdadeiras. Mas nem tudo que é noticiado por aí tem fundamento na realidade. E é por isso que têm se ouvido tanto os termos em inglês fake news *("notícia falsa") e* fact-checking *("checagem dos fatos").*

NASA — Sonda Curiosity
(Laboratório de Propulsão a Jato da Nasa)
28 fev. 2018

Oi! Estou aqui em Marte tirando *selfies*.

Mais fotos minhas e do Planeta Vermelho em https://go.nasa.gov/2n5oyKo

317 comentários   2.422 curtidas

JPL-CALTECH/MSSS/NASA

Checar antes de compartilhar

Fatos podem ser verificados, provados ou demonstrados. Se não, são apenas suposições. Para saber se as informações são confiáveis, é só prestar atenção em alguns detalhes.

1) Está clara a fonte das informações?

Desconfie de publicações anônimas. Toda notícia verdadeira revela a **fonte** de suas informações. E a **fonte** precisa ser confiável.

SIM, siga para o próximo passo.

NÃO

Apesar de o texto estar em primeira pessoa, e sondas espaciais não falarem, isso dá leveza à notícia científica. E, entre parênteses, está clara a **fonte**: a Nasa.

É melhor não reproduzir o que você leu.

2) O conteúdo pode ser checado?

O **conteúdo** deve ser checado em outras fontes confiáveis para confirmar ou não a notícia.

SIM

NÃO

A publicação tem data, autor e seu conteúdo está indicado no *link* apresentado. Se você pesquisar na internet, verá que existe como confirmar essa notícia em outras **fontes**.

3 **O contexto é adequado?**
Avalie o contexto fazendo as perguntas:
- A fonte da informação é de qualidade?
- Informações importantes, que poderiam influenciar as conclusões, foram omitidas?

A Nasa é a **fonte** mais confiável da atualidade para informações sobre a exploração do espaço. As informações importantes que poderiam influenciar as conclusões não foram omitidas. Elas estão indicadas no *link*.

4 **Há evidências que confirmam a notícia?**
As **evidências** são informações que permitem que o leitor cheque o processo utilizado para chegar à informação. São exemplos de evidências: citações, explicações sobre o método utilizado para reunir os fatos que constam da notícia e *links* para as fontes.

O *link* no final da publicação serve de **evidência**, já que mostra outras imagens. Além disso, em outras publicações da sonda *Curiosity* na mesma rede social, há *links* para a explicação de como as *selfies* foram tiradas.

62% dos brasileiros
entre 18 e 24 anos confiam poucas vezes nas notícias que circulam pela internet, de acordo com a *Pesquisa Brasileira de Mídia – PBM 2016*[1].

- 62% Confia poucas vezes
- 14% Nunca confia
- 15% Confia muitas vezes
- 8% Confia sempre
- 1% Não sabe/Não respondeu

2 entre cada 3 adultos
norte-americanos disseram que **têm dificuldade para distinguir notícias falsas das verdadeiras**, revelou um estudo realizado pelo *Pew Research Center*[2].

Se você respondeu "NÃO" a um dos quatro passos, não compartilhe a notícia.
Caso queira reproduzir mesmo assim, explique quais foram os passos que você seguiu para checar as informações e deixe claro que **não é um fato**, porque não pode ser verificado.

Se você respondeu "SIM" aos quatro passos, o que você leu é um fato.
Lembre-se de conferir todos os números e cálculos, além de checar as imagens, pois nem sempre o que vemos reproduz a realidade: fotos podem ser manipuladas e distorcidas.

INFOGRAFIA: WILLIAM TACIRO, LAVINIA FAVERO E MARIO KANNO

ATIVIDADES

1. Alguma vez você desconfiou de uma informação mostrada na TV ou na internet? Você checou essa informação? Como você fez para saber se era verdadeira ou falsa?

2. Podemos afirmar que 8 entre cada 100 brasileiros confiam sempre nas notícias que circulam na internet? Por quê?

3. Sabendo que aproximadamente 1.000 adultos norte-americanos fizeram parte do estudo realizado pelo *Pew Research Center*, quantos aproximadamente disseram que têm dificuldade para distinguir notícias falsas das verdadeiras?

Fontes: Gráfico adaptado de BRODIE, Nechama. "The five-step fact-check". In: *Africa Check*. Disponível em: <https://africacheck.org/factsheets/guide-the-five-step-fact-check>. Notícia adaptada de <https://twitter.com/MarsCuriosity/status/955982934300704768>. Estatística 1: BRASIL. Presidência da República. Secretaria Especial de Comunicação Social. *Pesquisa Brasileira de Mídia – PBM 2016*: hábitos de consumo de mídia pela população brasileira. Brasília: Secom, 2016. Disponível em: <http://www.secom.gov.br/atuacao/pesquisa/lista-de-pesquisas-quantitativas-e-qualitativas-de-contratos-atuais/pesquisa-brasileira-de-midia-pbm-2016-1.pdf/view>. Estatística 2: BARTHEL, M.; MITCHELL, A. e HOLCOMB, J. "Many Americans Believe Fake News Is Sowing Confusion". Disponível em: <http://www.journalism.org/2016/12/15/many-americans-believe-fakenews-is-sowing-confusion>. Acessos em: 13 abr. 2018.

EDUCAÇÃO FINANCEIRA
COMPRAR MAIS OU COMPRAR MENOS?

O QUE VOCÊ FARIA?

Imagine que você está nessa padaria diante das duas situações mostradas. Depois, complete os quadros a seguir para descrever em quais circunstâncias vale ou não a pena fazer uma compra.

UM DIA NA PADARIA...	
Vale a pena comprar o bolo inteiro quando...	Vale a pena comprar o bolo em pedaços quando...

OUTRO DIA NA PADARIA...	
Compensa aproveitar a promoção se...	Não compensa aproveitar a promoção se...

CALCULE

1. Veja ao lado os preços dos bolos e, depois, responda às questões.

    a) Quantos pedaços de bolo formam o bolo inteiro?

    b) Se você comprasse 6 pedaços de bolo, quanto gastaria?

    c) Quantos pedaços de bolo podem ser comprados com o preço de um bolo inteiro?

    d) O preço do bolo inteiro e o preço do pedaço são proporcionais? Justifique sua resposta. *Dica*: serão proporcionais se o preço dos 6 pedaços (equivalentes ao bolo inteiro) for igual ao preço do bolo inteiro.

    e) Se você quisesse comprar 3 pedaços de bolo, o que faria: compraria o bolo inteiro ou os 3 pedaços à parte? Justifique sua resposta.

    f) Se alguém comprasse o bolo inteiro por impulso, sem de fato precisar, quais problemas essa atitude acarretaria? Exemplifique com uma situação.

Bolo inteiro
R$ 18,00

Pedaço de bolo
R$ 4,00

2. Agora, observe os preços da promoção de tortas e responda às questões.

    a) O preço unitário e o da promoção são proporcionais? Por quê?

    b) Quais poderiam ser os preços de 1, 2 e 3 tortas para que fossem proporcionais?

    c) Quanto você economizaria se aproveitasse a promoção?

    d) Quais problemas uma compra por impulso acarretaria, nesse caso? Exemplifique com uma situação.

Preço unitário R$ 12,00
Promoção Leve 3 e pague 2

REFLITA

Nos mercados em geral, há muitas ofertas e produtos tentadores; por isso, precisamos pensar com responsabilidade e bastante cautela para decidir o que comprar e quanto comprar.

   a) Você, ou sua família, já fez uma compra por impulso? Essa compra gerou desperdícios ou algum outro problema?

   b) Você já ouviu falar em vendas no atacado (vendas em grandes ou médias quantidades)?

   c) A que público é direcionado esse tipo de venda? Por quê?

   d) Você e sua família já fizeram compras no atacado? Em que situação?

ORGANIZAR O CONHECIMENTO

1. Complete o quadro com as fórmulas de área de cada uma das figuras geométricas:

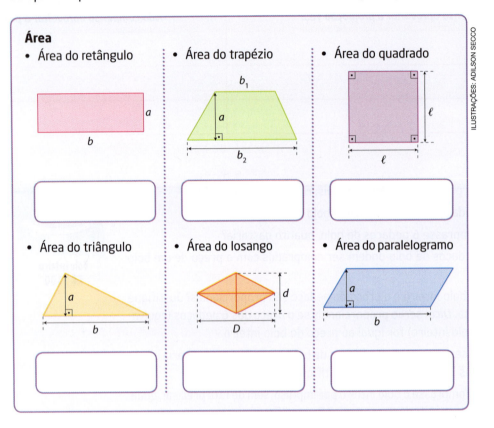

2. Complete as frases com "diretamente proporcionais" ou "inversamente proporcionais":

   • Duas grandezas são _____ quando variam sempre na mesma razão.

   • Duas grandezas são _____ quando uma varia sempre na razão inversa da outra.

3. Desenhe a transformação geométrica de cada guarda-chuva conforme cada alternativa.

   a) Rotação de 90° no sentido horário, em torno do ponto A.
   b) Translação para a direita.
   c) Reflexão com relação a reta r.

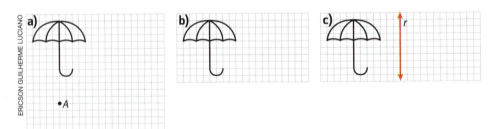

   • Explique o processo para obter essas transformações.

TESTES

1. (ENEM) Em uma empresa de móveis, um cliente encomenda um guarda-roupa nas dimensões 220 cm de altura, 120 cm de largura e 50 cm de profundidade. Alguns dias depois, o projetista, com o desenho elaborado na escala 1 : 8, entra em contato com o cliente para fazer sua apresentação. No momento da impressão, o profissional percebe que o desenho não caberia na folha de papel que costumava usar. Para resolver o problema, configurou a impressora para que a figura fosse reduzida em 20%. A altura, a largura e a profundidade do desenho impresso para a apresentação serão, respectivamente:

a) 22,00 cm; 12,00 cm e 5,00 cm.
b) 27,50 cm; 15,00 cm e 6,25 cm.
c) 34,37 cm; 18,75 cm e 7,81 cm.
d) 35,20 cm; 19,20 cm e 8,00 cm.
e) 44,00 cm; 24,00 cm e 10,00 cm.

2. (ENEM) Num mapa com escala 1 : 250 000, a distância entre as cidades A e B é de 13 cm. Num outro mapa, com escala 1 : 300 000, a distância entre as cidades A e C é de 10 cm. Em um terceiro mapa, com escala 1 : 500 000, a distância entre as cidades A e D é de 9 cm. As distâncias reais entre a cidade A e as cidades B, C e D são, respectivamente iguais a X, Y e Z (na mesma unidade de comprimento). As distâncias X, Y e Z, em ordem crescente, estão dadas em:

a) X, Y, Z.
b) Y, X, Z.
c) Y, Z, X.
d) Z, X, Y.
e) Z, Y, X.

3. (OBMEP) As duas figuras a seguir são formadas por cinco quadrados iguais.

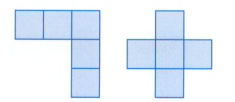

Observe que elas possuem eixos de simetria, conforme assinalado a seguir.

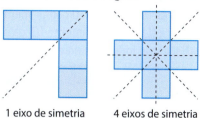

1 eixo de simetria   4 eixos de simetria

As figuras a seguir também são formadas por cinco quadrados iguais.

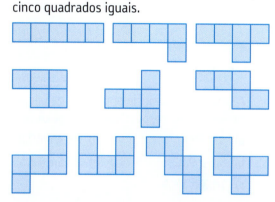

Quantas delas possuem pelo menos um eixo de simetria?

a) 3   b) 4   c) 5   d) 6   e) 7

4. (ENEM) Um agricultor vive da plantação de morangos que são vendidos para uma cooperativa. A cooperativa faz um contrato de compra e venda no qual o produtor informa a área plantada. Para permitir o crescimento adequado das plantas, as mudas de morango são plantadas no centro de uma área retangular, de 10 cm por 20 cm, como mostra a figura. Atualmente, sua plantação de morangos ocupa área de 10.000 m², mas a cooperativa quer que ele aumente sua produção. Para isso, o agricultor deverá aumentar a área plantada em 20%, mantendo o mesmo padrão de plantio. O aumento (em unidade) no número de mudas de morango em sua plantação deve ser de:

a) 10.000.
b) 60.000.
c) 100.000.
d) 500.000.
e) 600.000.

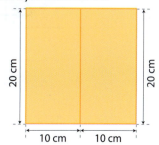

361

TESTES

5. (ENEM) Um pesquisador, ao explorar uma floresta, fotografou uma caneta de 16,8 cm de comprimento ao lado de uma pegada. O comprimento da caneta (c), a largura (L) e o comprimento (C) da pegada, na fotografia, estão indicados no esquema.

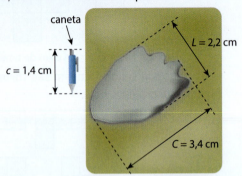

A largura e o comprimento reais da pegada, em centímetros, são, respectivamente, iguais a:

a) 4,9 e 7,6.
b) 8,6 e 9,8.
c) 14,2 e 15,4.
d) 26,4 e 40,8.
e) 27,5 e 42,5.

6. (ENEM) Um programa de edição de imagens possibilita transformar figuras em outras mais complexas. Deseja-se construir uma nova figura a partir da original. A nova figura deve apresentar simetria em relação ao ponto O.

Figura original

A imagem que representa a nova figura é:

a)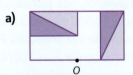

b)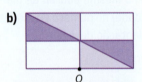

c)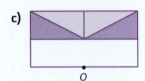

d)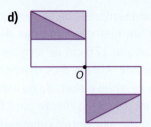

e)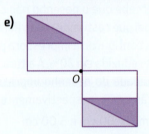

7. (OBMEP) Pelo centro do quadrado da Figura 1 traçam-se duas retas perpendiculares, que o dividem em quatro quadriláteros iguais. Esses quadriláteros são rearranjados em outro quadrado maior, como na Figura 2. Qual é a área, em cm², do quadrado ABCD da Figura 2?

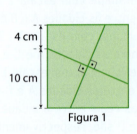 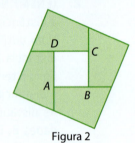

Figura 1 — Figura 2

a) 16
b) 25
c) 36
d) 49
e) 64

8. (OBMEP) Alice fez três dobras numa folha de papel quadrada de lado 20 cm, branca na frente e cinza no verso. Na primeira dobra, ela fez um vértice coincidir com o centro do quadrado e depois fez mais duas dobras, como indicado na figura. Após a terceira dobra, qual é a área da parte cinza da folha que ficou visível (em cm²)?

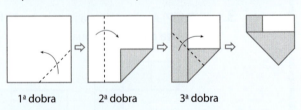
1ª dobra   2ª dobra   3ª dobra

a) 70,5
b) 100,5
c) 112,5
d) 162,5
e) 225,5

ATITUDES PARA A VIDA

1. Escreva que atitude o menino de cada cena precisa desenvolver.

Situação 1

Situação 2

_____

_____

Situação 3

_____

2. Marque um **X** nas ações que você costuma ter quando trabalha em grupo.

( ) Não escuta os colegas.

( ) Busca entrar em um acordo com eles.

( ) Fica sozinho.

( ) Aceita *feedback* de um colega crítico.

( ) Se preocupa somente com a sua parte no trabalho.

RESPOSTAS

PARTE 1

UNIDADE 1

Página 24

1. a) Verdadeira
   b) Verdadeira
   c) Verdadeira
   d) Falsa
   e) Verdadeira

2. Sim, 222 e 228; esses números são divisíveis por 6.

3. a) 1
   b) zero
   c) qualquer número natural

4. a) Nenhum. Para 5.47n ser divisível por 10, n = 0, mas 5.470 não é divisível por 9.
   b) 2 ou 8. Pois 65.328 e 65.388 são divisíveis por 3 e por 4.

5. 121 caixas; não

6. 58 janelas; sim; sobrarão 2 placas

7. Sim, mas apenas no caso de esses alunos serem distribuídos em 6 classes, pois 138 é divisível por 6, e não por 4.

8. alternativa **b**

9. Não, pois 1.567 não é divisível nem por 3 nem por 4. Dessa forma, fica impossível organizar as prateleiras de modo que elas tenham a mesma quantidade de arquivos.

10. 52 anos

Página 29

1. a) D(25) = {1, 5, 25};
   D(30) = {1, 2, 3, 5, 6, 10, 15, 30}
   b) 1 e 5
   c) 5

2. a) 30
   b) 33
   c) 4
   d) 13

3. a) 0, 12, 24, 36, 48, 60, 72, 84, 96, 108
   b) 0, 24, 48, 72, 96, 120, 144, 168, 192, 216
   c) 0, 24, 48, 72 e 96
   d) 24

4. a) 36
   b) 180
   c) 605
   d) 2.100

5. a) Falsa
   b) Verdadeira
   c) Falsa
   d) Falsa

6. a) Não, pois 30 não é divisor de 25.
   b) Não, pois 6 não é múltiplo de 8.
   c) Sim, pois 4 é divisor de 12.

7. a) 1.500
   b) 10
   c) 150
   d) 1.500
   - itens a e d
   - o produto de dois números diferentes de zero é igual ao produto do mdc pelo mmc desses números.

8. às 9 horas

9. às 20 horas

10. 77 crianças

11. 60 centímetros

12. 50 centímetros

13. depois de 12 minutos

14. a) 10 DVDs   b) 57 prateleiras

15. a) 16 páginas   b) 26 semanas

16. a) a cada 120 quilômetros
    b) uma vez

Página 32

1. a) aproximadamente 0,06 ou 6%

2. a) 0,45; 0,1   b) 8 vezes

3. aproximadamente 0,25 ou 25%

4. a) azul: 10,5%; preta: 9,7%; verde: 9,5%; roxa: 9,9%; laranja: 10,3%; amarela: 9,8%; branca: 10,8%; vermelha: 9,6%; cinza: 9,8%; marrom: 10,1%
   b) aproximadamente 10% para cada cor

Página 34

1. alternativa **b**

2. a) Falsa   d) Verdadeira
   b) Verdadeira   e) Verdadeira
   c) Falsa

3. $1.050 = 2 \cdot 3 \cdot 5^2 \cdot 7$

4. alternativa **c**

5. 42 dias

6. a) Flávia em primeiro, Jane em segundo e Carla em terceiro.
   b) 54 e 90

7. 120 biscoitos

8. a) 4 alunos
   b) 172 equipes
   c) nos cursos A e D

9. a) 4 funcionários   b) 7 carros

UNIDADE 2

Página 38

1. a) −12 °C
   b) −2
   c) −R$ 420,00
   d) +800 m
   e) −150 m

2. +5 °C, −15 °C

3. −2 e 4

4. a) A temperatura média estava agradável, entre 0 °C e −5 °C.

Página 40

1. Exemplo de respostas:
   a) 2, 8, 13
   b) −20, −4, −1

2. $\mathbb{N}$: 0, 12, 51
   $\mathbb{Z}^*$: −48, −35, 12, 51
   $\mathbb{Z}$: −48, −35, 0, 12, 51

3. a) Não, pois está à direita da origem.
   b) Sim, pois está à esquerda da origem.
   c) Não, O está relacionado com o zero.

4. a) −2   b) 0

5. a) 100 e 98
   b) 1.000 e 998
   c) −999 e −1.001
   d) 1.001 e 999
   e) −9.008 e −9.010
   f) −9.999 e −10.001

6. a) o zero e os números inteiros positivos
   b) O menor número do conjunto $\mathbb{N}$ é o zero. Não há um maior número natural.
   c) O conjunto $\mathbb{Z}$ não tem menor nem maior número.

7. a) −6 < +2
   b) −4 > −6
   c) +3 > −1
   d) +2 < +5
   e) 0 > −3
   f) −8 > −10

8. a) 1, 2 e 3
   b) −1, −2 e −3
   c) −9
   d) 4
   e) 0, −1 e −2

9. a) −20; antecessor: −21; sucessor: −19
   b) 20; antecessor: 19; sucessor: 21
   c) −4; antecessor: −5; sucessor: −3
   d) 9; antecessor: 8; sucessor: 10

10. a) Deverá colocar o material a ser armazenado a −80 °C no *freezer* com temperatura até −86 °C, ajustando a temperatura para −80 °C, e o outro material no *freezer* com temperatura até −196 °C, ajustando a temperatura para −100 °C.

11. a) temperaturas adequadas: −18 °C, −19 °C, −20 °C;
    Temperaturas inadequadas: −17 °C, −16 °C, −15 °C

Página 43

1. a) 7; 4; 3; 1; 0; 2; 4; 5
   b) 4 e −4

2. a) 23   d) 4
   b) −16   e) −3
   c) 0

3. Não, pois na última linha há dois espaços que podem ser preenchidos com dois números.

4. a) $|-7| > |5|$
   b) $|+1| < |-4|$
   c) $|-100| = |100|$
   d) $0 < |-30|$

5. $-4; -3; -2; -1; 0; 1; 2; 3; 4$

6. b) $-10; +4; +5; -8; +2$ e -3
   c) -2 e 3

7. $-10, -8, -5, -2, -1, 3, 4, 7, 11$
   - $10, 8, 5, 2, 1, -3, -4, -7, -11$

8. a) Nas datas indicadas, o saldo da conta de Paulo estava negativo, e o saldo da conta de Joana estava positivo.

   Em algumas das datas indicadas, o saldo da conta de Larissa estava positivo, e em outras, negativo.

   b) Conta de Paulo: O menor saldo foi o do dia 12 de novembro, e o maior, o do dia 15 de novembro. Conta de Larissa: O menor saldo foi o do dia 15 de novembro, e o maior, o do dia 2 de novembro. Conta de Joana: O menor saldo foi o do dia 12 de novembro, e o maior, o do dia 15 de novembro.

9. a) 40 °C
   b) −55 °C
   c) 24 °C

10. − 4 °C, − 2 °C, +6 °C

11. a) − 18 °C
    b) 10 °C
    c) 40 minutos

▶ Página 47

1. a) +24
   b) +9
   c) −28
   d) −12
   e) −19
   f) +12
   g) +12
   h) −14
   i) −41
   j) −40
   k) +68
   l) −110

3. a) positivo
   b) negativo
   c) negativo

4. a) 0
   b) (−7)
   c) (+10)
   d) (+2)

5. a) R$ 205,00
   b) R$ 80,00

6. Em 11/3, o saldo era +R$ 180,00; em 12/3, −R$ 20,00; e em 13/3, +R$ 240,00.

7. a) −48 °C
   b) −6 °C

8. Exemplo de respostas:
   a) $a = 10, b = 11$
   b) $a = -1, b = -3$
   c) $a = -5, b = 4$
   d) $a = 37, b = -37$

▶ Página 49

1. a) −11
   b) −12
   c) −4
   d) −1.535

2. a) 2; propriedade comutativa
   b) 100; elemento neutro
   c) −5; propriedade associativa

3. a) Verdadeira b) Falsa c) Falsa

4. a) em 22/5
   b) em 2/6

5. a) R$ 3.650,00
   b) lucro

6. a) R$ 70,00
   b) $(-30) + (-40) = -70$

7. Alice

▶ Página 51

1. a) +8
   b) −8
   c) −19
   d) −27
   e) +17
   f) −71

2. a) −2
   b) +16
   c) −2
   d) −9

3. Sofreu uma variação de 60 °C.

4. a) 212 a.C.
   b) 82 anos
   c) 571 a.C.

5. a) Diminuir uma dívida significa dever menos; aumentá-la significa dever mais.
   b) 98 reais

6. a) −1 °C   b) 9 °C

8. A: 7, B: −5, C: −6, D: 15, E: 12, F: 1, G: −21, H: 11, I: 22, J: −11

▶ Página 53

1. a) +12
   b) −6
   c) +28

3. a) 3
   b) −20
   c) 5
   d) −26

5. a) há falta de 24 gramas
   b) 1.176 gramas

6. $= (+12) + (-12) - (-4) =$
   $= 0 - (-4) = -(-4) = 4$

8. a) −14
   b) −175
   c) 284

▶ Página 55

1. Alternativas a e c

2. a) −20
   b) −15
   c) −5
   d) +19
   e) 0
   f) −60
   g) −45
   h) −100

3. Alternativas a e c

5. a) Falsa
   b) Verdadeira
   c) Verdadeira
   d) Falsa
   e) Falsa

6. a) Exemplo de resposta: $a = -2$ e $b = -3$
   b) Exemplo de resposta: $a = -2$ e $b = 3$
   c) Essa sentença é válida para qualquer valor de a e b.

7. 150 reais

8. a) $(+4) \cdot (-100) = -400$; o submarino se encontrava a 400 m abaixo do nível do mar.
   b) $+500 + (+8) \cdot (+25) = 700$; o avião atingiu 700 m de altitude.
   c) $(+3) \cdot (-1) = -3$; Cássio consegue descer a 3 m de profundidade.
   d) $(-4) + (+3) \cdot (-4) = -16$; Hugo chegou a 16 m de profundidade.

▶ Página 58

1. a) +1.140
   b) +35.100
   c) −99.000
   d) +90
   e) −2.000.000
   f) −36.000

2. a) comutativa
   b) associativa
   c) distributiva
   d) existência do elemento neutro

3. a) 2; −3; −6
   b) +4; 7; −4; 28
   c) 2; 10; 2; 6; 10; 60

4. a) zero
   b) 8
   c) $a = 0, b = 0$ e $c = 2$

5. a) propriedade distributiva da multiplicação em relação à subtração e à adição
   b) Sim, efetuando a adição algébrica dentro dos parênteses: $(-3) \cdot (+2) \cdot (-6) = +36$

6. a) +210
   b) −140
   c) +120
   d) +6.000
   e) 0

RESPOSTAS

7. Não, pois o elemento neutro da multiplicação dos números inteiros é 1. Um número multiplicado por -1 determina seu oposto, portanto -1 não pode ser o elemento neutro.

8. a) decresce
b) para $x = 0$
c) para $x < 0$; para $x > 0$

9. a) saldo positivo de 30 fichas
b) saldo positivo de 50 fichas
c) 5 questões
d) 70 fichas
e) 3 questões

▶ **Página 61**

1. Alternativas **b**, **c**, **d**

2. Alternativas **b**, **c**, **e**

3. a) -5
b) -7
c) $+81$
d) 0
e) -10
f) $+31$

4. a) O quociente é positivo.
b) Nada se pode afirmar sobre o sinal do quociente.

5. a) Falsa; exemplo de resposta: $(+9) : (+2) = 4,5$
b) Falsa; exemplo de resposta: $(-8) : (-2) = 4$
c) Falsa; exemplo de resposta: $(-6) : (-2) = 3$
d) Falsa; não é possível dividir por zero.

6. a) 3; 3
b) 3; 3
c) 3; 3
d) 3; 3
- São iguais.
- não; exemplo de resposta:
$|(-2) - (-6)| = |-2 + 6| = |+4| = 4$
$|-2| - |-6| = 2 - 6 = -4$

7. Respostas possíveis:
-20 e $+5$; -15 e $+5$; -3 e $+3$; $+12$ e -6 ou
-20 e $+5$; -15 e $+5$; -6 e $+3$; $+12$ e -3

8. a) -600
b) -310

9. Nenhuma delas vale; exemplos de resposta:
Associativa: $(12 : 6) : 2 \neq 12 : (6 : 2)$;
Comutativa: $8 : (-2) \neq (-2) : 8$.

▶ **Página 62**

1. a) 19
b) -72
c) 8
d) 35
e) 17
f) -13
g) 44
h) 16
i) 5
j) -134
k) 1

2. $-25 - (+3) \cdot (-7) - 21 : (+3) =$
$= -25 - (-21) - (+7) =$
$= -25 + 21 - 7 =$
$= -4 - 7 =$
$= -11$

3. a) sim
b) Vão sobrar 144 reais.

4. a) 4 horas
b) $-32\ °C$

▶ **Página 67**

1. a) 16
b) -8
c) 49
d) 81
e) 64
f) 625
g) -216
h) 1
i) -1.000
j) -1.000
k) 1
l) -1

2. não; sim

3. a) negativo
b) Não, pois $(-1)^{20} = 1$.
c) não; $(-3)^2 = (-3) \cdot (-3) = 9$ e $-3^2 = -(3 \cdot 3) = -9$

4. a) $(-15)^2 = 225$
b) $(-5)^2 = 25$
c) $5^1 = 5$
d) $-5^2 = -25$
e) $(-5)^3 = -125$
f) $(-6)^0 = 1$

5. b) $8^0 = (-4)^0$
c) $(-3)^3 < (-2)^3$
d) $6^2 = (-6)^2$

6. a) -2.187
b) 25
c) 1.024
d) 16

7. a) 4
b) 0
c) 5
d) 1
e) 2
f) 5

8. a) $(-8)^{10}$
b) 6^6
c) 7^1
d) $(-3)^4$
e) $(4)^{10}$
f) $(10)^0$
g) 2^9
h) 12^4
i) $(-15)^8$
j) $(-5)^{10}$

9. a) $2 \cdot (-2)^2 + \dfrac{81}{(-3)^2} = 17$
b) $3 \cdot (-3)^3 + (-2)^4 = -65$
c) $(-5)^2 + \left(3 \cdot \dfrac{3^7}{3^4}\right) = 106$

10. a) 256
b) 0
c) 8
d) -3.024

11. a) 109
b) 27
c) 15
d) -185

12. a) para $x = 3$
b) para $x = 4$
c) para x par
d) para x ímpar

13. a) 4^2 **b)** 5^2 **c)** 6^2

14. a) 256 lajotas; $16^2 = 256$
b) 64 lajotas; $8^2 = 64$

15. -2

▶ **Página 70**

1. itens **a**, **b**, **d**

2. a) $+9$
b) -4
c) $-3, -2$ e -1

4. a) 256   **b)** 4   **c)** 256

5. a) 56
b) -19
c) 13
d) -8
e) 4

6. a) para $n = 64$
b) para $n = 400$
c) Não, $\sqrt{n}$ é sempre um número não negativo.
d) como $\sqrt{n} \geq 0$, então $-\sqrt{n} \leq 0$

7. a) 9   **b)** 18

8. a) 16, 4 e 2   **b)** 4 vezes; 64 vezes

9. Em cada triângulo, a soma dos quadrados das medidas dos dois lados menores é igual ao quadrado da medida do lado maior.

▶ **Página 72**

1. c) menor: Sapporo (Japão)
maior: Florianópolis (Brasil)

2. a) margarina: 4 °C; pão de queijo: 18 °C; linguiça calabresa: 4 °C; sorvete: 12 °C; massa para pizza: 12 °C
diferença menor: 4 °C, da margarina e da linguiça calabresa; diferença maior: 18 °C, do pão de queijo
d) pão de queijo, sorvete e massa para *pizza*
e) -18 °C

3. c) 41 pontos
d) América, Internacional e Ceará

▶ **Página 74**

1. **a)** +5; −7
   b) +1
   c) −3

2. **a)** Verdadeira
   b) Verdadeira
   c) Falsa

3. −5

4. zero

6. **a)** −20 °C; −5 °C; 0 °C; 4 °C; 7 °C
   b) alimentos congelados; trufas, verduras e legumes

7. **a)** −12
   b) −9
   c) −4
   d) −3
   e) Exemplo de resposta: 1 e (−1)

8. **a)** associativa

9. **a)** a cidade B; a cidade A
   b) na cidade B
   c) −1 °C

10. **a)** 1 · 7 e (−1) · (−7)
    b) 1 · (−12); 2 · (−6); 3 · (−4); −1 · 12; −2 · 6 e −3 · 4
    c) 1 · (−19) e −1 · 19

12. **a)** −1.824
    b) 2.208
    c) −105
    d) 17

13. 240

14. **a)** 3^3
    b) 16 cubinhos

15. **a)** 5^3
    b) 500 caixas
    c) 6 lotes

16. **a)** A: 1; B: 8; C: 27; D: 64; E: 125; F: 216
    b) $1^3, 2^3, 3^3, 4^3, 5^3$ e 6^3
    c) 1, 9, 36, 100, 225 e 441
    d) $1^2, 3^2, 6^2, 10^2, 15^2$ e 21^2
    e) A soma das seis primeiras bases de **b** é igual à sexta base de **d**.
    f) Em cada caso, a soma das primeiras bases de **b** é igual à respectiva base de **d**.

17. 14 horas e 19 minutos

18. 4

19. **a)** 25
    b) Sim, 121 é um quadrado perfeito.
    121 = 1 + 3 + 5 + 7 + 9 + 11 + 13 + + 15 + 17 + 19 + 21

20. $12 - 5 \cdot \sqrt{81} + \sqrt{25} : (-5) + 2 \cdot (-3)^3 =$
    $= 12 - 5 \cdot 9 + 5 : (-5) + 2 \cdot (-27) =$
    $= 12 - 45 + (-1) + (-54) =$
    $= 12 - 45 - 1 - 54 =$
    $= 12 - 100 = -88$

UNIDADE 3

▶ **Página 80**

1. **a)** 45°, 90°, 120°, 150° e 180°
   b) $A\hat{O}F$
   c) $A\hat{O}C$

3. itens **a**, **c**, **e**

4. $A\hat{O}C$, $B\hat{O}D$ e $C\hat{O}E$

5. Retirar o transferidor e, depois, traçar a semirreta $\overrightarrow{OB}$.

6. **a)** agudo
   b) 45°

7. **a)** 120°
   b) 150°

8. alternativa **a**

9. 90°; 135°; 90°

▶ **Página 83**

1. **a)** complementares
   b) nem complementares nem suplementares
   c) suplementares
   d) nem complementares nem suplementares

2. **a)** 65°
   b) 84°
   c) 53°
   d) 77°
   e) 2°
   f) 46°
   g) 34°
   h) 21°

3. **a)** 55°
   b) 13°
   c) 106°
   d) 82°
   e) 52°
   f) 148°
   g) 175°
   h) 63°

4. **a)** complemento: 50°
      Suplemento: 140°
   b) complemento: 15°
      suplemento: 105°

5. adjacentes complementares: item **d**
   Adjacentes suplementares: itens **b** e **c**

6. **a)** Verdadeira
   b) Falsa
   c) Falsa
   d) Verdadeira

7. **a)** 73°
   b) 54°

9. A e F; B e E; C e D

10. 25°

11. 60° e 120°

▶ **Página 87**

1. **a)** 35°   **c)** 65°
   b) 25°   **d)** 90°

2. med ($A\hat{O}C$) = 100°;
   med ($A\hat{O}B$) = 60°

3. **a)** 28° 30′   **c)** 52° 30′
   b) 39° 30′   **d)** 7° 30′

4. 45°

▶ **Página 90**

1. **a)** $x = 140°$ e $y = 40°$
   b) $x = 150°$ e $y = 150°$
   c) $x = 120°$ e $y = 60°$
   d) $x = 20°$ e $y = 160°$
   e) $x = 160°$ e $y = 160°$
   f) $x = 30°$ e $y = 150°$

2. **a)** 80°   **b)** 32°   **c)** 45°

3. **a)** 90°   **b)** 140°

4. $\hat{a}$ e $\hat{d}$; $\hat{b}$ e $\hat{e}$; $\hat{c}$ e $\hat{f}$

5. Os ângulos $\hat{y}$ e $\hat{z}$ medem 120°. O ângulo $\hat{x}$ mede 60°.

6. **a)** Os ângulos $\hat{b}$, $\hat{f}$, $\hat{d}$ e $\hat{h}$, e medem 90°.
      Os ângulos $\hat{c}$ e $\hat{e}$ medem 75°.
      Os ângulos $\hat{g}$ e $\hat{i}$ medem 105°.
   b) $\hat{g}$ e $\hat{i}$; $\hat{e}$ e $\hat{c}$; $\hat{f}$ e $\hat{h}$; $\hat{b}$ e $\hat{d}$
   c) São ângulos suplementares.

▶ **Página 94**

1. alternativa **c**

2. **a)** $x = 60°$ e $y = 120°$
   b) $m = 45°$ e $n = 45°$

3. **a)** $a = 45°$; $b = 135°$
   b) $a = 127°$; $b = 53°$
   c) $a = 120°$; $b = 120°$

▶ **Página 96**

1. **a)** Beijing: −4 °C; Astana: −14 °C
   b) Barcelona: 9 °C; Abakan: −21 °C

2. **a)** em 2017
   b) em 2018
   c) Em 2015, houve prejuízo de 5 milhões de reais; em 2016, houve lucro de 15 milhões de reais.

3. **a)** congelados e sorvetes
   b) bebidas e frutas

4. em 27/12/2018; em 3/9/2018

▶ **Página 97**

1. **a)** 61°, 136°

2. 160°

3. alternativa **b**

5. alternativa **a**

6. **a)** 40°   **b)** 70°   **c)** 30°   **d)** 120°

7. **a)** $x = 30°$; $y = 40°$
   b) $x = 110°$; $y = 30°$

367

RESPOSTAS

Página 103

1. alternativa c
2. alternativa c
3. alternativa b
4. alternativa d
5. alternativa a
6. alternativa d
7. alternativa e
8. alternativa d
9. alternativa b
10. alternativa d
11. $\dfrac{\alpha°}{2}$

PARTE 2

UNIDADE 4

Página 111

1. a) $-\dfrac{21}{10}$
   b) $\dfrac{8}{1}$
   c) $\dfrac{3.254}{100}$
   d) $-\dfrac{556}{100}$
   e) $\dfrac{17}{3}$
   f) $-\dfrac{1.077}{100}$
   g) $\dfrac{7.895}{1.000}$
   h) $\dfrac{52}{100}$

2. $-2,3;\ -9;\ -3\dfrac{1}{2};\ 2,82;\ 0;\ -\dfrac{9}{10};\ \sqrt{9};\ \dfrac{7}{2}$
   Justificativa: Porque podem ser escritos na forma $\dfrac{a}{b}$, com a e b inteiros e $b \neq 0$.

3. a) -1 e 0
   b) 2 e 3
   c) -3 e -2
   d) -4 e -3
   e) 1 e 2
   f) 4 e 5

4. a) sim
   b) 3 e 4

5. $C: 5,2$ ou $5\dfrac{1}{5};\ D: 5,4$ ou $5\dfrac{2}{5};\ E: 5,6$ ou $5\dfrac{3}{5};$
   $F: 5,8$ ou $5\dfrac{4}{5}$

6. $A: -\dfrac{2}{3};\ B: -\dfrac{1}{3};\ C: \dfrac{1}{4};\ D: \dfrac{1}{2};\ E: \dfrac{3}{4}$

8. a) Falsa
   b) Verdadeira
   c) Falsa

9. $\dfrac{1}{4};\ \dfrac{1}{4}$

Página 114

1. a) $\dfrac{1}{2}$
   b) $1,54$
   c) $\dfrac{7}{9}$
   d) $0,612$
   e) $1\dfrac{7}{9}$
   f) $0,25$
   g) $10,32$
   h) $\dfrac{983}{100}$
   i) $0,004$
   j) $\dfrac{23}{4}$

2. a) $-\dfrac{2}{3}$
   b) $\dfrac{1}{3}$
   c) $\dfrac{1}{6}$
   d) $-0,3$
   e) $0,4195$
   f) $\dfrac{7}{6}$
   g) $0,7$
   h) $-0,63$

3. a) $7,3 > \dfrac{15}{4}$ ou $\dfrac{15}{4} < 7,3$
   b) $\dfrac{101}{5} < 20,25$ ou $20,25 > \dfrac{101}{5}$
   c) $-3,2 = -\dfrac{16}{5}$
   d) $0,79 < \dfrac{790}{100}$ ou $\dfrac{790}{100} > 0,79$
   e) $-2,1 > -\dfrac{7}{3}$ ou $-\dfrac{7}{3} < -2,1$
   f) $0,02 = \dfrac{1}{50}$

4. $-3,5 < -\dfrac{564}{200} < -\dfrac{3}{5} < \dfrac{1}{2} < \dfrac{30}{25} <$
   $< 1,3 < 5 < 5,68$

5. a) 23
   b) $\dfrac{11}{5}$
   c) $-\dfrac{524}{10}$
   d) $-5,2$

6. a) $0,0001;\ 0,0009;\ 0,00052$
   b) $-2,81251;\ -2,81252;\ -2,81253$
   c) $0,63;\ 0,66;\ 0,69$
   d) $0,41;\ 0,419;\ 0,4156$
   e) $1,3;\ 1,339;\ 1,32$
   f) $-0,129;\ -0,13;\ -0,135$

7. o vaso de R$ 39,62

8. $30/10;\ 27/9$

9. $-5,2\ °C;\ -2,2\ °C;\ -1,7\ °C;\ -1,4\ °C;\ 0,7\ °C;\ 7,6\ °C$

Página 117

1. a) $-\dfrac{47}{35}$
   b) $-\dfrac{7}{90}$
   c) $8,6$
   d) $32,4$
   e) $-16,65$
   f) $-\dfrac{10}{77}$

2. a) $-0,35$
   b) $0,75$
   c) $-1,025$
   d) $-1,815$
   e) $0,375$
   f) $-1,867$

3. $\dfrac{9}{20}$

4. Obtemos zero quando adicionamos um número a seu oposto.

5. $0,18$ kg

6. a) Para mais, uma vez que a maioria dos valores foram arredondados para cima.
   b) Sim.
   c) R$ 168,42

7. a) Falsa
   b) Verdadeira
   c) Verdadeira
   d) Falsa

8. a) A: 16,9 °C; B: 2,5 °C; C: 3,2 °C
   b) na localidade A

Página 118

1. a) $-0,52$
   b) $1,24$
   c) $7,93$
   d) $-13,54$
   e) $-0,572$

2. b) $\dfrac{7}{12}$
   c) $\dfrac{5}{4}$
   d) $-\dfrac{3}{8}$

3. b) $\left(\dfrac{5}{3} - 1\right) - \left(-\dfrac{1}{2}\right) = \dfrac{7}{6}$
   c) $-\dfrac{1}{2} + \left(-1 - \dfrac{5}{3}\right) = -\dfrac{19}{6}$
   d) $\left[-\dfrac{1}{2} + \left(-\dfrac{5}{3} - 1\right) + 1\right] = -\dfrac{13}{3}$
   e) $\dfrac{1}{2} - \left(-\dfrac{5}{3} - 1\right) = \dfrac{19}{6}$
   f) $\dfrac{1}{2} - \left(-\dfrac{5}{3} - 1\right) - \dfrac{1}{2} + \dfrac{5}{3} = \dfrac{13}{3}$

4. a) $-\dfrac{4}{5}$
   b) $\dfrac{25}{4}$

Página 121

1. a) $-\dfrac{32}{27}$
   b) $+3,15$
   c) $-0,046$
   d) $-\dfrac{12}{35}$
   e) $-0,05$
   f) $-88,2$
   g) $+\dfrac{23}{28}$
   h) $+0,012$

368

2. A – I; B – III; C – IV; D – II
3. −R$ 35,00; 2 · (−17,50)
4. $(1{,}11) \cdot (2{,}3) = \frac{111}{100} \cdot \frac{23}{10} = \frac{2.553}{1.000} = 2{,}553$
5. $\frac{1}{2} \cdot \frac{5}{4} = \frac{1 \cdot 5}{2 \cdot 4} = \frac{5}{8}$

   Como os dois fatores têm sinais opostos, o produto é negativo:
   $\left(-\frac{1}{2}\right) \cdot \left(+\frac{5}{4}\right) = -\frac{5}{8}$

6. a) −0,03
   b) −0,02
   c) +0,04
7. na Loja B
8. a) 0,5
   b) $\frac{9}{4}$
   c) −4,8
   d) $-\frac{35}{8}$
   e) $-\frac{18}{5}$
9. 25,85 m²
   • R$ 496,32
12. $\frac{1}{24}$ da barra de chocolate

▶ **Página 125**

1. a) $-\frac{7}{5}$
   b) 3,75
   c) $-\frac{4}{7}$
   d) $-\frac{3}{5}$
   e) −2
   f) $-\frac{2}{3}$
   g) $-\frac{16}{21}$
   h) $\frac{21}{2}$
2. a) $\left(-\frac{5}{3}\right) \cdot \left(-\frac{5}{3}\right) = +\frac{25}{9}$
   d) $-\frac{7}{2}$
3. R$ 2,50
4. a) Não, é maior.
   b) Não, é menor.
   c) Não, é menor.
   d) entre 0 e 1
   e) 25% de 0,4 = 10% de 1
5. aproximadamente R$ 1,17
   b) aproximadamente 38,8 litros
   c) aproximadamente 4,9 litros
6. R$ 175,92; 3
7. a) correta
   b) incorreta. $(-6{,}825) : (+2{,}1) = -3{,}25$
   c) incorreta. $\left(-\frac{1}{5}\right) : (-0{,}6) = +\frac{1}{3}$
   d) correta

▶ **Página 129**

1. a) 3
   b) $\frac{1}{81}$
   c) 0,008
   d) 1
   e) $\frac{1}{1.000}$
   f) $-\frac{9}{3}$
   g) −8
   h) $\frac{343}{27}$
   i) 25
   j) −0,027
2. a) $\frac{3.125}{32}$
   b) $(0{,}8)^{5-3}$; $(0{,}8)^2$; 0,64
   c) $(3{,}2)^{2 \cdot 2}$; $(3{,}2)^4$; 104,8576
   d) $\left(\frac{3}{7}\right)^{1+4}$; $\left(\frac{3}{7}\right)^5$; $\frac{243}{16.807}$
   e) $\left(\frac{3}{10}\right)^{7-2}$; $\left(\frac{3}{10}\right)^5$; $\frac{243}{100.000}$
   f) $\left(-\frac{14}{10}\right)^2 : \left(\frac{7}{2}\right)^2 = \left(\frac{\overset{5}{10}}{\underset{7}{14}}\right)^2 : \left(\frac{2}{7}\right)^2 =$
   $= \frac{25}{49} \cdot \frac{49}{4} = \frac{25}{4}$
   g) $\left(\frac{1}{3}\right)^4 \cdot (0{,}3)^2 = \frac{1}{3^4} \cdot \frac{3^2}{10^2} =$
   $= \frac{1}{3^2 \cdot 100} = \frac{1}{900}$
3. a) Falsa
   b) Verdadeira
   c) Verdadeira
   d) Falsa
   e) Verdadeira
   f) Falsa
4. 0; $(0{,}1)^3$; $(0{,}1)^2$; $(0{,}1)^1$; $(0{,}1)^0$; $(0{,}1)^{-1}$; $(0{,}1)^{-2}$; $(0{,}1)^{-3}$
5. a) $(2{,}3)^4$
   b) $(0{,}7)^2$
   c) $\left(\frac{1}{2}\right)^2$
   d) $\left(\frac{1}{3}\right)^{-3}$
6. a) $\frac{1}{16}, \frac{1}{8}, \frac{1}{4}, \frac{1}{2}$, 1, 2 e 4
   b) −1.000, 100, −10, 1, $-\frac{1}{10}, \frac{1}{100}, -\frac{1}{1.000}$ e $\frac{1}{10.000}$
   c) 16, 8, 4, 2, 1, $\frac{1}{2}, \frac{1}{4}, \frac{1}{8}$ e $\frac{1}{16}$
   d) 125, 25, 5, 1, $\frac{1}{5}, \frac{1}{25}$ e $\frac{1}{125}$
7. a) $\frac{1}{4}$
   b) $-\frac{1}{27}$
   c) $\frac{1}{16}$
   d) $-\frac{1}{32}$
8. 256 bactérias
10. −2

▶ **Página 132**

1. a) $\frac{9}{10}$
   b) $\frac{1}{3}$
   c) $\frac{3}{4}$
   d) 5
   e) 0,8
   f) 0,2
   g) 2
   h) $\frac{1}{100}$
   i) 0,6
   j) 0,1
2. a) −9,52
   b) $-\frac{2}{35}$
   c) −3
   d) $\frac{8}{15}$
   e) $\frac{17}{20}$
   f) 0,95 ou $\frac{19}{20}$
3. a) 8
   b) 7,8
   c) 1.230
   d) 1.234
4. a) 4,5 m
   b) 64 m²
   c) 6,2 cm
5. R$ 227,70
6. a) 1
   b) Sim; quanto mais apertamos a tecla $\sqrt{}$, mais a raiz se aproxima de 1.
7. a) $\frac{1}{10}$ ou $-\frac{1}{10}$
   b) 8 ou −8
   c) $\frac{5}{8}$ ou $-\frac{5}{8}$
8. a) $\left[(2 \cdot 0{,}25) : \frac{1}{4}\right] + 3 = 5$
   b) $\left(\sqrt{0{,}25}\right) + \left(-\sqrt{\frac{16}{100}}\right) = \frac{1}{10}$
   c) $\sqrt{\frac{9}{16}} + \left(\frac{5}{2}\right)^3 = \frac{131}{8}$
   d) $\sqrt{1{,}44} + \sqrt{\frac{121}{100}} = 2{,}3$
9. alternativa d
10. a) 1
    b) −1
    c) 1
    d) −1
    e) $\frac{3}{4}$
    f) $-\frac{3}{4}$

▶ **Página 135**

2. a) Mulheres; aproximadamente 3 milhões.

369

RESPOSTAS

▶ **Página 136**

1. $-98;\ 5\frac{9}{13};\ 14;\ -\frac{2}{3}$

2. a) $\frac{725}{100}$
   b) $-\frac{158}{10}$
   c) $\frac{33}{1}$
   d) $\frac{755}{10}$
   e) $\frac{6.128}{1.000}$
   f) $-\frac{9.445}{100}$

3. a) Verdadeira
   b) Falsa
   c) Verdadeira
   d) Falsa
   e) Verdadeira
   f) Falsa

5. Exemplo de resposta:
   a) $-1,5;\ -1,7$
   b) $2.321;\ 2.329$
   c) $3,6;\ 3,9$
   d) $-0,21;\ -0,219$

6. a) $1,56$
   b) $\frac{15}{7}$
   c) 59
   d) $6\frac{5}{9}$

7. A – IV; B – V; C – I; D – III; E – II

8. a) -4
   b) -25
   c) 12
   d) $-\frac{7}{5}$

9. Júlia está correta e Ricardo está errado.

10. $9,3$ km

11. a) $1,60$ m
    b) $1,62$ m

12. R$ 21,20

13. $\frac{1}{60}$

14. a) $+0,8$
    b) $-\frac{1}{3}$
    c) $-\frac{1}{4}$
    d) 0
    e) $-1,7$

15. a) $\frac{1}{2}$
    b) $-3,0$
    c) $-3,5$
    d) $-2,4$
    e) $-\frac{5}{2}$
    f) $-\frac{3}{2}$
    g) -1
    h) $-2,5$

17. $\frac{1}{4}$

20. R$ 109,35

21. R$ 7,40

22. $0,486$ kg

23. 16 cocos

24. $\frac{15}{16}$

26. a) $\frac{27}{125}$
    b) $\frac{1}{343}$
    c) $-\frac{1}{343}$
    d) $-\frac{13}{7}$
    e) $\frac{16}{81}$
    f) 8
    g) 1
    h) $0,36$
    i) $-\frac{7}{13}$

27. a) Falsa
    b) Verdadeira
    c) Verdadeira
    d) Falsa

28. 3^0

29. a) 1 e 2
    b) -2 e -1
    c) 2 e 3
    d) 0 e 1
    e) 0 e 1
    f) -1 e 1

UNIDADE 5

▶ **Página 140**

1. a) metro
   b) metro quadrado
   c) mililitro
   d) quilograma ou tonelada
   e) segundo

2. cenas A e D
   Exemplo de resposta:
   • Minha altura é 1,3 metro.
   • Por favor, 150 gramas de presunto.

▶ **Página 143**

1. a) $0,15$ m
   b) 500 cm
   c) 3.000 m
   d) 3.000 dm
   e) $0,007$ dam
   f) 10.000 cm

2. a) 9.080 m   d) $5,02$ m
   b) 18.080 m   e) $2,475$ m
   c) 2.570 m   f) $3,671$ m

3. a) m; dm   c) km; dam
   b) cm; mm   d) dam; dm

4. a) 2 dam equivalem a 20 m.
   b) 1 micrômetro equivale a 0,000001 m.
   c) Quilômetro, hectômetro e decâmetro são múltiplos de metro.

5. 9.750 m

6. 1.600 passos

7. aproximadamente 400 micrômetros

8. a) $228.884.742.200$ m
   b) $1.400.236.070$ km

▶ **Página 145**

1. a) 86.400 segundos
   b) 168 horas
   c) 42 dias, 12 dias
   d) 100.800 vezes

2. 1º colocado: Oswaldo; 2º colocado: Nélson; 3º colocado: Pedro; 4º colocado: José

3. aproximadamente 8 minutos

4. 300 litros

5. 2.520 quilocalorias

6. a) 2º ciclista: às 9 h 46 min 54 s; 3º ciclista: às 9 h 48 min 24 s
   b) 1º lugar; 3º lugar; 2º lugar

7. 16 h 40 min

▶ **Página 148**

1. a) 42.500 g
   b) 235.600 kg
   c) 1.860 kg
   d) $0,02$ t

2. a) 24 sacos de 500 g ou 8 sacos de 1,5 kg
   b) é mais vantajoso comprar 6 sacos com 1,5 kg e 2 sacos de 500 g.

3. 18@; R$ 52,64; R$ 5,00; O lucro de Vitor foi de R$ 402,48.

4. alternativas **a** e **d**

5. 4 g

▶ **Página 151**

1. a) 5 m³   c) $0,32$ m³
   b) $5,8$ cm³   d) $1.025.800.000$ dm³

2. a) $0,0022$ dm³ b) $0,0098$ dm³

3. a) 8 vezes   b) 1 vez

4. $0,00195$ dam³

▶ **Página 154**

1. a) 300 L
   b) 2.500 L
   c) $6.300.000$ L

2. A – VI, B – IV, C – III, D – II, E – V, F – I

3. a) $32,2$ daL   b) $1,38$ kL

4. embalagem A e embalagem C

5. 1, 3, 4, 5, 6 e 7

370

6. Levar duas embalagens A e uma C, ou uma A, uma B e duas C, ou duas B e três C.

7. **a)** 5 vezes
   b) 200 mL. Exemplo de justificativa: A capacidade do copo utilizado por Pedro é 200 mL, porque assim como João ele precisou preencher esse copo 5 vezes para encher o recipiente de 1 litro, logo, a capacidade do copo utilizado por Pedro é a mesma que a capacidade do copo utilizado por João.

8. • Encher de água o balde de 7 L.
   • Despejar a água no balde de 5 L, de modo que fiquem 2 L no de 7 L.
   • Jogar de volta na fonte o conteúdo do balde de 5 L.
   • Despejar o conteúdo de 2 L (que está no balde de 7 L) no balde de 5 L.
   • Encher o balde de 7 L.
   • Despejar parte do conteúdo do balde de 7 L até completar a capacidade do balde de 5 L.
   • Ficarão 4 L no balde de 7 L.

9. 3 copos

▶ **Página 156**

1. alternativa **a**

▶ **Página 158**

1. **a)** Austrália: 22 medalhas; Alemanha: 18 medalhas; Brasil: 14 medalhas; Itália: 10 medalhas; Canadá: 8 medalhas
   b) 10 medalhas
   c) 7º. Como o número de medalhas de ouro conquistadas pela Holanda está entre o número de medalhas de ouro conquistadas por Alemanha (6º colocado) e Brasil (8º colocado), então a Holanda terminou os Jogos Paralímpicos Rio 2016 como 7º colocado.

2. **a)** abril; 18 árvores
   b) 30 árvores
   c) fevereiro, março e junho

3. **a)** 400 automóveis
   b) em 2017; 500 automóveis
   c) 1.800 automóveis

4. **a)** 20.000 CD's
   b) *rock* e tecno

5. **a)** pontos históricos; 1.750 turistas
   b) centro comercial; 700 turistas
   c) 70.000 reais

▶ **Página 160**

1. **a)** caminho de João **b)** 100 cm
2. 0,0003 mm e 0,01 mm
3. **a)** 510,7 cm **b)** 80 cm
4. 280 m
5. **a)** Daniela **b)** Mariana **c)** 16 min
6. 5 quilogramas
7. 800 dm^3
8. 3.270 L

UNIDADE 6

▶ **Página 163**

1. Exemplo de resposta:
   a) $(n-1) + n + (n+1)$
   b) $(x+y)^2$
   c) $x^2 + y^2$
   d) $\frac{m}{3} + s$

2. Exemplo de resposta:
   a) a quantidade de carpete corresponde à área do chão do quarto, que pode ser expressa por $x \cdot y$.
   b) A quantidade de rodapé, incluindo o espaço da porta, corresponde ao perímetro do quarto, que pode ser expresso por $x + y + x + y$, ou seja, $2x + 2y$.

3. Exemplo de resposta: $x + (-x) = 0$

4. $a + 0 = a$

5. Significa que o produto de um número por 1 é igual ao próprio número; $a \cdot 1 = a$

6. **a)** $x + y$
   b) $a + b + c + d$
   c) $m \cdot m$ ou m^2
   d) $a \cdot a \cdot a$ ou a^3

▶ **Página 165**

1. **a)** -12 **c)** 3
   b) 14 **d)** $-\frac{29}{2}$

2. alternativa **d**

3. **a)** 17 reais **d)** 2.885 reais
   b) 245 reais **e)** 20,12 reais
   c) 6,80 reais **f)** 30,20 reais

4. **a)** R$ 200,00
   b) $8c + 20p + 200$
   c) R$ 960,00

5. **a)** $24x$
   b) 88,8 cm
   c) $12x^2$
   d) 4,32 cm^2

6. **a)** $8y$ cm^2 **d)** $4y$ cm^2
   b) $9y$ cm^2 **e)** $3y$ cm^2
   c) $\frac{9}{2}y$ cm^2

▶ **Página 168**

1. **a)** $12a$ **d)** $\frac{81}{20}y$
   b) $7x$ **e)** $\frac{15}{2}a + 4b$
   c) $4x^3 + x^2$

2. Kevin errou ao aplicar a propriedade distributiva, pois colocou o número 1 da expressão dentro dos parênteses.

3. **a)** $25d + 0,50q$, com d representando o número de dias que o carro ficou alugado e q o número de quilômetros rodados.
   b) R$ 150,00

▶ **Página 170**

1. **a)** (0, 1, 2, 3, 4, 5)
   b) (−2, −1, 0, 1)
   c) (2, 3, 5, 7, 11, ...)
   d) (−1, 0, 1)
   e) (6, 8, 10, 12, 14, ...)

2. **a)** $a_n = 2n$
   b) $a_n = 2n - 1$

3. **a)** (7, 14, 21, 28, ...)
   b) (1, 8, 27, 64, ...)
   c) (2, 6, 12, 20, ...)
   d) (1, 10, 25, 46, ...)

4. **a)** 15 e 16
   b) $a_n = 10 + n$

5. **a)** 13 palitos
   b) 16 palitos
   c) $[4 + 3(x-1)]$ palitos
   d) 46 palitos

6. **a)** $2n$ **b)** 198

7. 1.999

▶ **Página 175**

2. **a)** sequência recursiva
   b) sequência não recursiva
   c) sequência recursiva
   • Exemplo de resposta:
     a) $a_{n+1} = a_n + 4$
     c) $a_{a+1} = 6a_n$

3. Os dois representaram corretamente.

4. A − II, B − IV, C − I, D − III

▶ **Página 178**

1. **a)** Fev. 2018: 242 kWh; maio 2018: 49 kWh
   b) 173,5 kWh
   c) acima: outubro, novembro e dezembro de 2017; janeiro, fevereiro e março de 2018; abaixo: julho, agosto e setembro de 2017; abril, maio e junho de 2018

2. maior: R$ 166,79; menor: R$ 148,25; diferença: R$ 18,54
   b) R$ 156,38
   c) acima: Casas do Brasil e Casas do Sul; abaixo: Lojas Amazonenses, Magazine Ceciliana e Lojas do Silva
   d) R$ 154,70

3. casa A

4. **a)** 17 anos e 20 anos
   b) 17,4333...

▶ **Página 180**

1. **a)** $4 \cdot a + 2 \cdot b$
   b) 34 cm
   c) $a \cdot a + a \cdot b$
   d) 60 cm^2

371

RESPOSTAS

2. a) 188 cm
   b) 300 cm

3. alternativa **d**

4. a) $2 \cdot x$
   b) $\dfrac{x}{3}$
   c) $x + 5$
   d) $\dfrac{x + 5}{2}$

5. a) $x + 20$
   b) 100 cm
   c) 120 cm

6. a) área em metro quadrado: $x(x + 25)$
   b) perímetro em metro: $4x + 50$
   c) 3.750 m²; 250 m

7. $\dfrac{x}{30}$ reais; 125 reais

8. a) 14
   b) 168
   c) 4

9. a) $-\dfrac{27}{4}$
   b) 0

10. a) $(-3, -2, -1)$
   b) $(2, 3, 5, 7, 11, 13, 17, 19)$
   c) $(0, 11, 22, 33, 44, 55, ...)$

11. a) não
   b) Exemplos de resposta: O número da coluna da direita é o dobro do antecessor do número da mesma linha da coluna da esquerda. O número da coluna da direita é igual ao dobro do número da mesma linha da coluna da esquerda menos dois.
   c) $n = 2 \cdot (x - 1)$ ou $n = 2x - 2$

12. a) $(9, 18, 27, 36, 45, ...)$
   b) $(2, 5, 10, 17, 26, ...)$
   c) $(1, 11, 21, 31, 41, ...)$
   d) $(2, 8, 10, 18, 28, ...)$

13. a) sequência recursiva
   b) sequência não recursiva
   c) sequência recursiva
   d) sequência não recursiva

14. Exemplo de resposta:
$a_n = 10n - 2$ e $a_1 = 8$; $a_{n+1} = a_n + 10$

▶Página 187

1. alternativa **c**
2. alternativa **a**
3. alternativa **b**
4. alternativa **d**
5. alternativa **c**
6. alternativa **d**
7. alternativa **c**
8. alternativa **d**
9. alternativa **b**
10. alternativa **d**

PARTE 3

UNIDADE 7

▶Página 196

1. a) incógnita x
   c) incógnitas x, y e z

2. a) 1º membro: $x^2 - 5x$; 2º membro: 0
   b) 1º membro: $\dfrac{x}{5}$; 2º membro: $y - 7$
   c) 1º membro: $9 - 4x$; 2º membro: $10x$
   d) 1º membro: $y - 2$; 2º membro: $3y$

3. alternativas **a** e **c**

5. a) $x = 8$ **c)** $y = 62$
   b) $z = 50$ **d)** $x = -15$

6. a) $3x = 15$; $S = \{5\}$
   b) $y^2 = \dfrac{1}{4}$; $S = \left\{-\dfrac{1}{2}, \dfrac{1}{2}\right\}$
   c) $n + 36 = 57$; $S = \{21\}$
   d) $k^2 = -3$; não tem solução.

7. A – II, B – III, C – I

8. a) $x + y = 10$
   b) R$ 7,00; R$ 2,50; não, pois a soma do preço do estojo com o preço do caderno seria R$ 10,50, o que não corresponde ao valor pago por Caio.

9. a) 70,5 kg
   b) 10 kg
   c) 16 kg

10. Luma: 8 anos; Lia 12 anos; Márcia: 6 anos; Célia: 4 anos

11. a) Exemplo de resposta:
   $4\ell = 425$
   b) 106,25 m

12. a) 6   **b)** 5

13. a) Exemplo de resposta: $200 + 5x = 1.200$; valor da prestação: R$ 200,00
   b) Exemplo de resposta: $y + 4y = 2$; medida do comprimento de cada pedaço da tábua: 0,4 m e 1,6 m

14. a) sim   **b)** sim   **c)** não   **d)** não

15. a) $x + y = 24$
   b) Exemplo de resposta: (10, 14), (12, 12)

16. (0, 5); (1, 4); (2, 3); (3, 2); (4, 1); (5, 0)

17. alternativa **c**

▶Página 201

1. A – III; B – IV; C – I; D – V; E – II

2. Exemplo de respostas:
   a) $x - 13 = 0$; $x = 13$
   b) $1 + y = 0$; $y = -1$
   c) $8z = 24$; $z = 3$
   d) $9 - 2y = 0$; $y = \dfrac{9}{2}$
   e) $2m + 4 = 0$; $m = -2$
   f) $-5t - 25 = 0$; $t = -5$
   g) $13x - 7 = 0$; $x = \dfrac{7}{13}$
   h) $12b = 144$; $b = 12$

▶Página 203

1. a) Não tem solução.
   b) -3
   c) 3
   d) 0
   e) 8
   f) $-\dfrac{5}{4}$
   g) 25
   h) Não tem solução.

2. a) Falsa   **b)** Verdadeira

3. a) $S = \left\{\dfrac{13}{7}\right\}$
   b) $S = \left\{\dfrac{5}{3}\right\}$
   c) $S = \left\{\dfrac{21}{4}\right\}$
   d) $S = \{-1\}$
   e) $S = \left\{-\dfrac{19}{4}\right\}$
   f) $S = \{-3\}$

4. a) $S = \left\{-\dfrac{4}{3}\right\}$
   b) $S = \{5\}$
   c) $S = \left\{\dfrac{4}{7}\right\}$
   d) $S = \left\{\dfrac{7}{4}\right\}$
   e) $S = \left\{\dfrac{72}{11}\right\}$
   f) $S = \left\{-\dfrac{74}{63}\right\}$

5. a) $3x + 8 = 10$; $x = \dfrac{2}{3}$
   b) $x + \dfrac{x}{4} = 25$; $x = 20$
   c) $5x + \dfrac{x}{3} = -64$; $x = -12$

▶Página 209

1. 7 cm, 8 cm e 9 cm
2. 8 m
3. $x = 12$ cm e $y = 6$ cm
4. **a)** 80 m²   **b)** 240 m²
5. 40 alunos
6. alternativa **d**
7. 50 litros
8. 300 dobraduras
9. 7 meninos e 13 meninas
10. Um jogador marcou 24 gols e o outro, 8 gols.
11. 2.400 km
12. 9.000 impressões
14. 15 da prova de *skate* e 20 da prova de *bicicross*
15. 5 L
17. 2 minutos e 30 segundos

Página 214

1. itens **a**, **c**, **d** e **e**

2. **a)** 1º membro: 1 − 2; 2º membro: 0
   b) 1º membro: 2; 2º membro: −3 − 4
   c) 1º membro: −1; 2º membro: $\frac{1}{3}$
   d) 1º membro: 7; 2º membro: 5^2

3. alternativa **c**

4. alternativa **a**

5. **a)** >; >   **b)** >; >   **c)** ⩽; ⩽   **d)** ⩾; ⩾

6. **a)** Falsa
   b) Verdadeira
   c) Verdadeira

7. **a)** 2 · 17 < 35
   b) 2x < 12
   • 5 ovos

8. área do quadrado: 9 cm²; área do retângulo: 8 cm²; 8 cm² < 9 cm² ou 9 cm² > 8 cm²

9. alternativa **c**

Página 218

1. itens **a**, **b**, **c**, **d** e **g**

2. A – II; B – I; C – III

3. alternativa **b**

4. **a)** $x < 3$, com $x \in \mathbb{Z}$
   b) $x = 0$ ou $x = 1$ ou $x = 2$
   c) $x \geqslant -3$, com $x \in \mathbb{Z}$
   d) $x < \frac{5}{8}$, com $x \in \mathbb{Q}$
   e) $x \leqslant -10$, com $x \in \mathbb{Q}$

5. alternativa **c**

6. **a)** 4
   b) −2 e 0
   c) 5
   d) $y > 14$

7. **a)** $y < \frac{11}{5}$ **b)** $x \geqslant 1$

8. 4

9. **a)** Exemplo de resposta: $x + 2x > 15.000$
   b) Maior que 10.000 reais, porque resolvendo a inequação encontrada no item **a** temos que $x > 5.000$; logo, $2x > 10.000$.

10. **a)** plano B
    b) a partir de 51 minutos

Página 221

1. **a)** aproximadamente 70,17 kg
   b) 21 kg
   c) acima de 60 kg e abaixo de 81 kg

2. **a)** 7º ano A: aproximadamente 6,5; 7º ano B: 6,4
   b) 7º ano A: 9; 7º ano B: 5
   c) A turma A.

3. **a)** Empresa A: R$ 1.430,00; empresa B: R$ 1.462,50; empresa C: R$ 1.872,50.
   b) A empresa B

Página 222

1. **a)** $3x + 3 = 24; x = 7$
   b) $2x - 25 = 7; x = 16$
   c) $\frac{1}{2}x - 1 = 3; x = 8$
   d) $\frac{3}{4}x + 5 = \frac{1}{2}; x = -6$

2. **a)** A raiz da equação $x + 2x = 21$ é o número 7.

3. A – III; B – I; C – IV; D – II

4. **a)** $\frac{5}{3}$
   b) Não tem solução.
   c) Não tem solução.
   d) $\frac{5}{3}$

5. **a)** $S = \{-10\}$
   b) $S = \left\{\frac{1}{5}\right\}$
   c) $S = \{40\}$

6. **a)** $12x$
   b) 5 cm
   c) 1.200 cm
   d) $2x \cdot 4x$ ou $8x^2$

7. alternativa **d**

8. 2.300 km

9. aproximadamente 6.960 m

10. R$ 18,00

11. R$ 24.000,00

12. Jorge: 5; Ricardo: 2; Régis: 7

13. alternativa **b**

14. **a)** $x > 15$, sendo $U = \mathbb{N}$
    b) $y < -32, U = \mathbb{Z}$
    c) $x \geqslant -132, U = \mathbb{Q}$

15. **a)** não
    b) sim
    c) permanece a mesma
    d) Obtemos uma igualdade.

16. **a)** $x \geqslant \frac{21}{8}$
    b) $x \leqslant -12$
    c) $x > 2$
    d) Não tem solução.

17. alternativa **d**

18. alternativa **b**

19. $x > 7$

20. **a)** $2x + 4 \leqslant 12$
    b) 4 toneladas

21. R$ 208,00

22. **a)** Não
    b) $18.700 + 12.400 < 34.000$ ou $31.100 < 34.000$

23. **a)** $3x + 15 < 2x + 20$
    b) 0, 1, 2, 3 e 4

24. alternativa **c**

UNIDADE 8

Página 230

1. **a)** A, B, C, D e E
   b) $\overline{AB}, \overline{BC}, \overline{CD}, \overline{DE}$ e $\overline{EA}$
   c) $A\hat{B}C, B\hat{C}D, C\hat{D}E, D\hat{E}A$ e $E\hat{A}B$
   d) $\hat{a}, \hat{b}, \hat{c}, \hat{d}$ e $\hat{e}$
   e) $\overline{AC}, \overline{AD}, \overline{BD}, \overline{BE}$ e $\overline{CE}$

3. alternativas **a** e **c**

4. São adjacentes suplementares.

Página 233

1. **a)** raio
   b) raio
   c) diâmetro
   d) raio
   e) diâmetro
   f) raio

2. **b)** aproximadamente 12,56 cm

3. **a)** Sim, pois $\overline{OA}$ e $\overline{OB}$ são raios e, portanto, têm a mesma medida.
   b) Não, pois $AB \neq BC, AC \neq BC$, e não podemos afirmar que $\overline{AB}$ e $\overline{AC}$ têm a mesma medida.

4. **a)** Não tem pontos em comum.
   b) Têm um ponto em comum.
   c) Não tem pontos em comum.
   d) Têm dois pontos em comum.

5. **a)** giro de um quarto de volta ou ângulo de 90°
   b) giro de meia-volta ou ângulo de 180° (ângulo raso)
   c) giro de três quartos de volta ou ângulo de 270°

6. **a)** 34 cm
   b) 31 cm

7. **a)** $\pi \simeq 3,14$ e $\frac{22}{7} \simeq 3,14$; não há diferença, os números são iguais.
   b) $\pi \simeq 3,142$ e $\frac{22}{7} \simeq 3,143$; a diferença entre os números é 1 milésimo.

8. aproximadamente 4,71 m

Página 236

2. **a)** título: Consumo de água no mundo; fonte: <http://unesdoc.unesco.org/images/0024/002440/244041por.pdf>.
   Acesso em: 12 jul. 2018.
   b) 252°; 72°
   c) 100%
   d) Subtraindo (252° + 72°) de 360°, obtemos 36°.

3. **a)** não; faltam 45,7%

4. **a)** 100%
   b) A porcentagem da população interessada.

RESPOSTAS

Página 238

1. **a)** $x = 130°$ e $y = 50°$
   b) $x = 110°$ e $y = 125°$
2. alternativa **b**
3. alternativas **b** e **e**
5. **a)** sim; não
   b) sim
   c) infinitos eixos de simetria
6. aproximadamente 27,3 m

UNIDADE 9

Página 244

2. **a)** lados: $\overline{AB}$, $\overline{BC}$ e $\overline{CA}$
   vértices: A, B e C
   ângulos internos:
   $A\hat{B}C$, $B\hat{C}A$ e $C\hat{A}B$
   b) lados: $\overline{HI}$, $\overline{GH}$ e $\overline{GI}$
   vértices: I, H e G
   ângulos internos:
   $G\hat{H}I$, $H\hat{I}G$ e $I\hat{G}H$
   c) lados: $\overline{DE}$, $\overline{EF}$ e $\overline{FD}$
   vértices: D, E e F
   ângulos internos:
   $D\hat{E}F$, $E\hat{F}D$ e $F\hat{D}E$
   d) lados: $\overline{KL}$, $\overline{LM}$ e $\overline{MK}$
   vértices: K, L e M
   ângulos internos:
   $K\hat{L}M$, $L\hat{M}K$ e $M\hat{K}L$
3. **a)** Sim, pois $8 < 6 + 5$
   b) Não, pois $18 > 8 + 5$
   c) Não, pois $7 = 4 + 3$
   d) sim, pois $5 < 1,5 + 4$
4. Não é possível construir os triângulos **c** e **d**
5. **a)** 60° **c)** 100° **e)** 35°
   b) 30° **d)** 72°   **f)** 130°
6. **a)** 100° **b)** 60°
7. **a)** 66° 30′ **b)** 15°

Página 247

1. alternativas **a**, **b** e **f**
2. **a)** $90° + x + \frac{x}{2} = 180°; x = 60°$
   b) $x + x + x = 180°; x = 60°$
   c) $x + x - 50 + x - 70° = 180°; x = 100°$
3. A — III; B — IV; C — II; D — I; E — VI; F — V
4. 27° 30′
5. **a)** 100°
   b) 20°
   c) 60°
6. 38 cm
7. Não, há duas possibilidades de construirmos os triângulos no item **b**.
8. **a)** 135° **b)** 120°

Página 252

1. **a)** vértices: E, F, G, H;
   lados: $\overline{EF}$, $\overline{FG}$, $\overline{GH}$, $\overline{HE}$;
   ângulos internos:
   $H\hat{E}F$, $E\hat{F}G$, $F\hat{G}H$, $G\hat{H}E$;
   diagonais: $\overline{EG}$, $\overline{FH}$
   b) vértices: I, J, K, L;
   lados: $\overline{IJ}$, $\overline{JK}$, $\overline{KL}$, $\overline{LI}$;
   ângulos internos:
   $L\hat{I}J$, $I\hat{J}K$, $J\hat{K}L$, $K\hat{L}I$;
   diagonais: $\overline{IK}$, $\overline{JL}$
2. Não, pois não tem dois pares de lados opostos paralelos.
3. **a)** paralelogramo **d)** trapézio
   b) paralelogramo **e)** trapézio
   c) paralelogramo **f)** paralelogramo
4. **a)** Falsa
   b) Falsa
   c) Verdadeira
5. **a)** $x = 70°$ **c)** $x = 170°$
   b) $x = 35°$ **d)** $x = 135°$
6. **a)** r e t; r e u; s e t; s e u; r e s
   b) propriedade dos ângulos opv, $a = 130°$;
   $b = 70°$; $d = 50°$
   c) exemplo de resposta:
   $c + 130° + 70° + 50° = 360°$; $c = 110°$
7. **a)** 70°, 70°, 70° e 150°
   b) 30°, 40° e 110°
8. **a)** $x = 135°$ **b)** $x = 60°$
9. 80°

Página 254

1. **a)** base maior: $\overline{AB}$;
   Base menor: $\overline{CD}$
   b) base maior: $\overline{KL}$;
   Base menor: $\overline{MN}$
2. $x = 2$ cm
3. **a)** $3x + 1 + 4x + 3 + 3 = 10,5; x = 0,5$ cm
   b) $x + 3x + \frac{4}{5} + 4 + 4 = 2 \cdot (6,4 + 6,4 + 2 + 2)$;
   $x = 6,2$ cm

Página 261

1. **a)** paralelogramo e losango
   b) paralelogramo e retângulo
   c) paralelogramo, retângulo, losango e quadrado
   d) paralelogramo
3. **a)** $x = 160°$
   b) $x = 140°$
   c) $x = 30°$
   d) $x = 80°$
   • São todos congruentes
4. $x = 2$ cm
5. **a)** $x = 2; y = 4$ **b)** $x = 1; y = \frac{1}{3}$
6. **a)** 135° **b)** $\frac{2}{9}$

Página 265

3. **a)** um retângulo ou um quadrado
   b) um losango ou um quadrado
4. Exemplo de resposta: Os ângulos opostos são congruentes; os ângulos consecutivos são suplementares.
5. O ângulo deve ter medida igual a 90°.
6. **a)** Pode ser um paralelogramo ou, ainda, um retângulo
   b) exemplo de resposta: O quadrilátero tem todos os ângulos internos congruentes.
8. Rodrigo construiu um retângulo.

Página 267

1. **a)** águas congeladas: 1,75%; rios, lagos e águas subterrâneas: 1,25%
   b) 18.750.000 km³
   c) 1.455.000.000 km³
2. **a)** automóvel
   b) micro-ônibus, camioneta, caminhonete e utilitário
   c) ônibus aproximadamente 47 + 027; caminhões: aproximadamente 166.734
3. **a)** Não trabalha/não sai de casa
   b) De 30 min a 1 h, de 1 h a 1 h 30 min ou de 2 h a 3 h
   c) 44%
   d) aproximadamente 70 pessoas
4. **a)** não; aproximadamente 851 pessoas
   b) 30 pessoas

Página 269

1. lados: $\overline{AB}$, $\overline{BC}$ e $\overline{CA}$;
   vértices: A, B e C;
   ângulos internos:
   $A\hat{B}C$, $B\hat{C}A$ e $C\hat{A}B$
2. alternativa **d**
3. **a)** 45° **d)** 90°
   b) 42° **e)** 55°
   c) 25° **f)** 65°; 65°
4. exemplo de resposta: 80° e 80° ou 20° e 140°
6. **a)** Todos são triângulos retângulos isósceles.
   b) 4 triângulos pequenos
7. Os esboços II e IV estão errados, pois os triângulos não existem.
8. **a)** sim **c)** sim
   b) sim **d)** não
9. 5 cm
10. **a)** sim
    b) não
12. $3x + 20° + x + 10° + 2x - 10° = 180°$;
    $x = 26°\,40′$
13. 24 cm
14. **a)** um octógono
    b) 32 cm
    c) um quadrado

15. $x = 30°$; $y = 70°$; $z = 40°$

16. alternativa **c**

17. A – III; B – I; C – II

19. a) um paralelogramo
b) um trapézio

20. a) $x = 6$ cm **b)** $x = 7,5$ cm

21. a) $x = 60°$ **b)** $x = 36°$

22. a) Falsa
b) Verdadeira
c) Verdadeira
d) Verdadeira
e) Verdadeira
f) Verdadeira
g) Verdadeira

23. a) 3 trapézios
b) 3 losangos

▶**Página 277**

1. alternativa **b**
2. alternativa **a**
3. alternativa **b**
4. alternativa **e**
5. alternativa **a**
6. alternativa **a**
7. alternativa **c**
8. alternativa **d**
9. alternativa **c**

PARTE 4

UNIDADE 10

▶**Página 285**

1. a) 600.000.000 m²
b) 0,06 m²
c) 520.000 cm²
d) 8.000.000 mm²
e) 0,000105 km²
f) 1.020 cm²

2. a) cm² **b)** hm² **c)** mm² **d)** dam²

3. a) um terreno de 25.000 ha
b) uma área de 15.500 cm²

4. 2.191.844,3 hm²; 2.191.844,3 ha

5. Eles têm sítios de mesma área.

6. 24.200 m²

7. 350 m²

8. 54.000 m²

9. a) 746.000 m² **b)** 186.500 m²

10. a) R$ 213.600,00; R$ 317.500,00; R$ 425.600,00
b) a fazenda do 1º anúncio
c) sim

▶**Página 288**

2. 5 cm

3. alternativa **a**

4. aproximadamente 307 lajotas; seriam necessárias aproximadamente 77 lajotas (a quarta parte)

5. 1,25 m²

6. $\dfrac{9}{16}$

▶**Página 291**

1. a) 37,52 cm²
b) 35,1 cm²
c) 20,4 cm²
d) 32,85 cm²

2. a) 3,5
b) 4

3. a) 20,6 cm
b) 6,8 cm²

4. 35 cm²; Será mantida

5. 15 cm²

6. Não

7. 2 placas

▶**Página 293**

1. a) 10,5 cm² **b)** 6 cm²

2. 7,665 cm²

3. 104 m²

4. 6 unidades de área

5. As áreas dos triângulos são iguais.

6. a região de formato quadrado

▶**Página 296**

1. a) 17,4 cm²
b) 10,35 cm²
c) aproximadamente 8,42 cm²
d) aproximadamente 10,97 cm²

2. 541,7 m²

3. 6 km²

6. 45 cm²

▶**Página 298**

Exemplo de resposta: No gráfico de barras, pois possibilita perceber de imediato que o percentual aumentou e depois diminuiu ao longo dos anos. Apesar de o gráfico de setores apresentar as porcentagens em cada ano de forma mais evidente, não mostra claramente a variação no período.

▶**Página 299**

1. a) 242 lotes **b)** R$ 18.150.000,00

2. a) 5 salas **b)** 2,42 ha

3. 100 lajotas

4. alternativa **c**

5. 549 m²

6. 19 cm²

7. 10 m²

8. 20,25 cm²

9. 13 cm e 9 cm

10. 588 cm²

UNIDADE 11

▶**Página 301**

1. a) $\dfrac{1}{2}$
b) $\dfrac{2}{1}$
c) $\dfrac{4}{5}$
d) $-\dfrac{7}{10}$
e) $\dfrac{1}{3}$
f) $\dfrac{1}{9}$

2. $\dfrac{1}{2}$

3. a) A razão de $\dfrac{1}{5}$ para 5 é $\dfrac{1}{25}$.
b) A razão de 1 para 4 é diferente da razão entre 1 e $\dfrac{1}{4}$.

4. a) $\dfrac{2}{3}$
b) 98
c) $-0,5$

6. $\dfrac{3}{2}$
b) aproximadamente 0,33
c) 50%

7. $\dfrac{1}{2.000}$

8. 31,25%

9. 90 m²

10. a) 4%
b) $\dfrac{16}{36}$
c) $\dfrac{5}{8}$

▶**Página 305**

1. alternativas **a**, **c**, **d** e **e**

2. $\dfrac{2}{3} = \dfrac{10}{15}$; $\dfrac{2}{10} = \dfrac{3}{15}$; $\dfrac{15}{3} = \dfrac{10}{2}$; $\dfrac{15}{10} = \dfrac{3}{2}$; $\dfrac{3}{2} = \dfrac{15}{10}$; $\dfrac{3}{15} = \dfrac{2}{10}$; $\dfrac{10}{15} = \dfrac{2}{3}$

3. não, pois: $\dfrac{220}{40} \neq \dfrac{220}{30}$

4. 31

5. a) $x = 8$ **d)** $x = 1$
b) $x = 35$ **e)** $x = -5$
c) $x = 63$ **f)** $x = -3$

6. 45 biscoitos

7. 3.000 km

375

RESPOSTAS

Página 308

1. $x = 12$ e $y = 16$
2. $x = 66$ e $y = 11$
3. a) (4, 6)   c) (91, 117)
   b) (45, 10)   d) (2, 4)
4. 125 e 50
5. tinta branca: 121,25 litros; tinta azul: 48,5 litros

Página 310

1. 24, 16 e 12
2. a) dobrou; triplicou   b) sim
4. 6
5. comprimento: 15 cm;
   Largura: 10 cm
6. 120, 80, 60

Página 314

1. a) não proporcionais
   b) diretamente proporcionais
   c) diretamente proporcionais
2. $x = 9$ e $y = 25$
3. 45, 75, 90
4. R$ 76,80; R$ 96,00; R$ 115,20
5. a) Dois irmãos compraram um carro juntos. Juliana pagou R$ 19.000,00 e Lucas, R$ 11.000,00. Depois de alguns anos, venderam o carro por R$ 22.500,00 e dividiram o valor da venda em partes diretamente proporcionais aos valores pagos. Quanto Juliana recebeu? E Lucas?
   b) R$ 14.250,00 e R$ 8.250,00

Página 316

1. a) diretamente proporcionais
   b) inversamente proporcionais
2. a) diretamente proporcionais
   b) nenhuma das duas
   c) diretamente proporcionais
   d) inversamente proporcionais
   e) inversamente proporcionais
3. 24
4. a) diminui
   b) inversamente proporcionais
5. inversamente proporcionais

Página 318

1. 4.800 candidatos
2. $x = 12$ e $y = 10$
3. R$ 4.500,00
4. 960 litros
5. 7,5 cm
6. alternativa c
7. a) 2.250 litros   b) 8 horas
8. 2 horas

9. Tempo e vazão são grandezas inversamente proporcionais. Portanto, a resolução correta seria:
   $15 \cdot 3 = x \cdot 10$
   $x = 4,5$
   A bomba antiga levará 4,5 minutos para encher o tanque.

Página 321

1. 180 guidões de bicicleta
2. 25 caminhões
3. 4 dias
4. R$ 32.500,00
5. 5 dias
6. a) 6.480 embalagens
   b) 8 dias
7. 129.600 litros
8. 45 dias

Página 323

1. a) 48%   c) 11,2%
   b) 230%   d) 64%
2. a) 0,55   c) 0,0021
   b) 0,037   d) 4,0404
3. a) $\frac{1}{10}$ b) $\frac{9}{20}$ c) $\frac{3}{5}$ d) $\frac{123}{100}$
4. a) 5   b) 20   c) 300   d) 150
5. a) 270   b) 1.500   c) 400
6. a) Uma loja de brinquedos estabeleceu a meta de vender mais de 950 bicicletas por mês. No mês passado, a loja vendeu 25% das 5.100 bicicletas que estavam no estoque. A meta do mês foi atingida?
   b) sim
7. a) R$ 15,68   c) 120,64
   b) R$ 8,34   d) R$ 86,07
8. R$ 98,01
9. 200 figurinhas
11. 420 espectadores
12. aproximadamente 66,66%
13. R$ 150,00
14. R$ 400.000,00

Página 327

1. a) R$ 200,00   c) 3%
   b) R$ 224,00
2. a) R$ 2.277,00   b) 5 anos
4. a) R$ 975,00   c) R$ 126,00
   b) R$ 868,00
5. R$ 15.000,00
6. R$ 232,00
7. 1,8%
8. 9 meses
9. 5,95%;
   a) 2 meses

Página 330

1. b) duas linhas e oito colunas
   c) Gráfico de barras, pois por meio dele é possível visualizar a variação de vendas.
2. a) Gráfico de setores, mostrando em porcentagem a intenção dos votos; gráfico de barras, mostrando em porcentagem a intenção dos votos ou os números da intenção dos votos.
   b) Pode indicar como "Não sei" ou "Indecisos".
3. c) Gráfico de barras duplas, pois conseguem ver região por região em uma única visualização.

Página 332

1. Os números são aproximados. Belém: 1.371,36; Cuiabá: 179,31 Florianópolis: 719,76; Maceió: 2.021,86; Vitória: 3.782,71
2. Exemplo de resposta: $\frac{4}{3}$
3. a) não
   b) sim
4. a) $\frac{1}{9}$
   b) aproximadamente 11%
   c) $\frac{1}{3}$
   d) $\frac{2}{3}$
   e) aproximadamente 33% e 67%
5. a) 12 cm e 18 cm   b) 216 cm²
7. R$ 200,00
8. 2,5 h
9. R$ 28.000,00, R$ 21.000,00 e R$ 42.000,00
10. 400 kg
11. 80 calças
12. 20%
13. aproximadamente R$ 2,923
14. R$ 95,00
15. a) plano semestral: R$ 360,00; plano trimestral: R$ 420,00; plano mensal: R$ 480,00
    b) aproximadamente 14,3%
    c) aproximadamente 33,333%
16. a) 20%
    b) R$ 270,00
17. R$ 3.304,00

UNIDADE 12

Página 335

1. a) 30° norte   c) 30° sul
   b) 10° leste   d) 60° oeste
2. a) B   b) E   c) F
3. a) a oeste
4. Exemplos de respostas:
   a) Cidade do México, no México
   b) Luanda, em Angola
   c) Brasília, capital do Brasil

Página 337

1. $A(2, 3)$; $B(5, 0)$; $C(-3, 1)$; $D(-5, 4)$; $E(-4, -1)$; $F(0, -1)$; $G(4, -1)$

3. um triângulo

4. b) $A'(3, 3)$; $B'(4, 1)$; $C'(0, 2)$; $D'(4, 2)$; $E'(1, 2)$; $F'(2, 0)$
   c) no primeiro quadrante do plano cartesiano

Página 340

4. a) São simétricos em relação ao eixo x
   c) $A'(1, -1)$; $B'(1, -3)$; $C'(5, -5)$; $D'(5, -2)$

5. a) São simétricos em relação ao eixo y.
   b) sim
   c) $P'(-2, 1)$; $Q'(-3, 3)$; $R'(-5, 4)$; $S'(-6, 2)$; $T'(-5, 1)$

Página 342

4. a) São simétricos em relação à origem
   b) Exemplo de resposta: As coordenadas dos pontos correspondentes são opostas.
   c) $A'(2, 6)$; $B'(3, 1)$; $C'(5, 3)$ e $D'(5, 5)$

6. sim

Página 345

3. Não, pois a figura 2 não tem as mesmas medidas da figura 1.

4. Direção: horizontal;
   Sentido: da esquerda para a direita

Página 347

1. a) 90°
   b) verde
   c) 270° no sentido anti-horário ou 90° no sentido horário.
   d) 360°

3. a) Rotação de 180° no sentido horário ou rotação de 180° no sentido anti-horário.
   b) Rotação de 90° no sentido horário ou rotação de 270° no sentido anti-horário.

5. Rotação de 180° no sentido horário (ou rotação de 180° no sentido anti-horário) em torno da origem do plano cartesiano.

6. o triângulo STU é a imagem por uma rotação de 90°, em torno da origem, no sentido horário do triângulo PQR.

Página 352

1. a) Exemplo de resposta:
   Emblemágico: reflexão em relação a uma reta.
   Emblemágico 78: reflexão em relação a uma reta.

2. Exemplo de resposta: reflexão em relação a uma reta, translação e rotação.

Página 354

1. afirmações **a** e **d**

2. a) População: clientes que compraram produtos na loja no último mês; pesquisa censitária.
   b) População: os 240 moradores do prédio; pesquisa amostral.
   c) População: todos os alunos da academia; pesquisa censitária.

Página 355

1. a) Falsa
   b) Verdadeira
   c) Falsa
   d) Verdadeira

2. a) sim
   b) Exemplo de resposta: O polígono $A'B'C'D'$ foi obtido do polígono $ABCD$ a partir de um giro no sentido anti-horário, de 75° ao redor do ponto O.

3. a) Exemplo de resposta: reflexão em relação à reta, reflexão em relação a um ponto, translação e rotação.

Página 361

1. alternativa **a**
2. alternativa **b**
3. alternativa **b**
4. alternativa **c**
5. alternativa **d**
6. alternativa **e**
7. alternativa **c**
8. alternativa **c**

SIGLAS

- **Cefet-SP:** Centro Federal de Educação Tecnológica de São Paulo
- **CMB-DF:** Colégio Militar de Brasília do Distriro Federal
- **Enem:** Exame Nacional do Ensino Médio
- **FGV:** Fundação Getulio Vargas
- **Fuvest-SP:** Fundação Universitária para o Vestibular
- **OBM:** Olimpíada Brasileira de Matemática
- **Obmep:** Olimpíada Brasileira de Matemática das Escolas Públicas
- **Pasusp:** Programa de Avaliação Seriada da Universidade de São Paulo
- **Saeb:** Sistema de Avaliação da Educação Básica
- **Saresp:** Sistema de Avaliação de Rendimento Escolar do Estado de São Paulo
- **UFG-GO:** Universidade Federal de Goiás
- **UFPE:** Universidade Federal de Pernambuco
- **UFPel-RS:** Universidade Federal de Pelotas do Rio Grande do Sul
- **UFPR:** Universidade Federal do Paraná
- **Unicamp-SP:** Universidade de Campinas
- **Vunesp:** Fundação para o Vestibular da Universidade Estadual Paulista

BIBLIOGRAFIA

ÁVILA, Geraldo. A distribuição dos números primos. *Revista do Professor de Matemática*, São Paulo, n. 19, p. 19-26, 2º sem. 1991.

BAMBERGER, Honi J.; OBERDORF, Christine; SCHULTZ-FERREL, Karren. *Math misconceptions*: from misunderstanding to deep understanding. Portsmouth: Heinemann, 2010.

BARBOSA, Ruy Madsen. *Descobrindo padrões em mosaicos*. 4. ed. São Paulo: Atual, 1993.

_____. *Descobrindo padrões pitagóricos*. 3. ed. São Paulo: Atual, 1993.

BERLOQUIN, Pierre. *100 jogos geométricos*. Trad. Luis Filipe Coelho e Maria do Rosário Pedreira. Lisboa: Gradiva, 1999.

_____. *100 jogos lógicos*. Trad. Luis Filipe Coelho e Maria do Rosário Pedreira. Lisboa: Gradiva, 1991.

_____. *100 jogos numéricos*. Trad. Luis Filipe Coelho e Maria do Rosário Pedreira. Lisboa: Gradiva, 1991.

BOLTIANSKI, V. G. *Figuras equivalentes e equicompostas*. São Paulo: Atual, 1996.

BOYER, Carl B. *História da Matemática*. São Paulo: Edgard Blücher, 2010.

BRASIL. Ministério da Educação. *Base Nacional Comum Curricular* – versão final 19 mar. 2018. Brasília: MEC, 2018.

_____. *Parâmetros curriculares nacionais*: Matemática. Brasília: MEC/SEF, 1997.

_____. *Parâmetros curriculares nacionais*: Matemática. Brasília: MEC/SEF, 1998.

CASTRO, E. M. de Melo e. *Antologia efêmera*: poemas 1950-2000. Rio de Janeiro: Lacerda, 2000.

CENTURION, Marília. *Conteúdo e metodologia da Matemática*: números e operações. São Paulo: Scipione, 1994.

DANTE, Luiz Roberto. Algoritmos e suas implicações educativas. *Revista do Ensino de Ciências*, Funbec, São Paulo, p. 29-34, 1985.

_____. *Didática da resolução de problemas de Matemática*. São Paulo: Ática, 1989.

DAVID, Maria Manuela M. S.; FONSECA, Maria da Conceição F. R. Sobre o conceito de número racional e a representação fracionária. *Presença Pedagógica*, Belo Horizonte, v. 3, n. 14, mar./abr. 1997.

EVES, Howard. *Introdução à história da Matemática*. Trad. Hygino H. Domingues. Campinas: Unicamp, 2004.

HEUVEL-PANHUIZEN, Marja van den (Ed. and Coord.). *Children learn Mathematics*: a learning teaching trajectory with intermediate attainment targets for calculation with whole numbers in primary school. Freudenthal Institut Utrecht University. Netherlands: Sense Publisher, 2001.

IBGE. *Anuário estatístico 2005*. Rio de Janeiro: IBGE, 2006.

IFRAH, Georges. *História universal dos algarismos*. Rio de Janeiro: Nova Fronteira, 1995.

INMETRO. *Padrões e unidades de medida*: referências metrológicas da França e do Brasil. Rio de Janeiro: Qualitymark, 1999.

LIMA, E. Lages. Conceitos e controvérsias. *Revista do Professor de Matemática*, São Paulo, n. 2, p. 6-12, 1983.

LIMA, J. M. de F. Iniciação ao conceito de fração e o desenvolvimento da conservação de quantidade. In: CARRAHER, T. N. (Org.). *Aprender pensando*. Petrópolis: Vozes, 2008.

LINDQUIST, Mary Montgomery; SHULTE, Albert (Orgs.). *Aprendendo e ensinando geometria*. São Paulo: Atual, 2005.

LINS, R. C.; GIMENEZ, J. *Perspectiva em aritmética e álgebra para o século XXI*. Campinas: Papirus, 1997.

MAGALHÃES, Marcos Nascimento; LIMA, Antonio C. P. *Noções de probabilidade e estatística*. São Paulo: Edusp, 2010.

MIGUEL, Antonio; MIORIM, Maria Ângela. *O ensino de Matemática no primeiro grau*. São Paulo: Atual, 1986.

NUNES, T.; BRYANT, P. Compreendendo números racionais. *Crianças fazendo Matemática*. Porto Alegre: Artmed, 1997. p. 191-217.

OCDE – Organização para a Cooperação e Desenvolvimento Econômico. *Estrutura de avaliação do Pisa 2003*: conhecimentos e habilidades em matemática, leitura, ciências e resolução de problemas. Trad. B & C Revisão de textos. São Paulo: Moderna, 2004.

OZAMIZ, Miguel de Guzmán. *Aventuras matemáticas*. Trad. João Filipe Queiró. Lisboa: Gradiva, 1991.

POLYA, George. *A arte de resolver problemas*. Rio de Janeiro: Interciência, 2006.

PÜIG, Irene de; SÁTIRO, Angélica. *Brincando de pensar com histórias*. São Paulo: Callis, 2000.

ROBINS, Gay; SHUTE, Charles. *The Rhind matematical papyrus*: an ancient Egyptian text. Nova York: Dover, 1987.

SMITH, David Eugene. *History of Mathematics*. Boston: Ginn, s.d.

TOLEDO, Marília; TOLEDO, Mauro. *Didática de Matemática*: como dois e dois – a construção da Matemática. São Paulo: FTD, 1998.

TREFFERS, A. *Three dimensions*: a model of goal and theory descriptions in mathematics instruction. The Wiskobas Project. Dordrecht, Netherlands: Reidel Publishing Company, 1987.

VERISSIMO, Luis Fernando. *Matemática*. São Paulo: Ática, 1981. (Coleção Para gostar de ler).

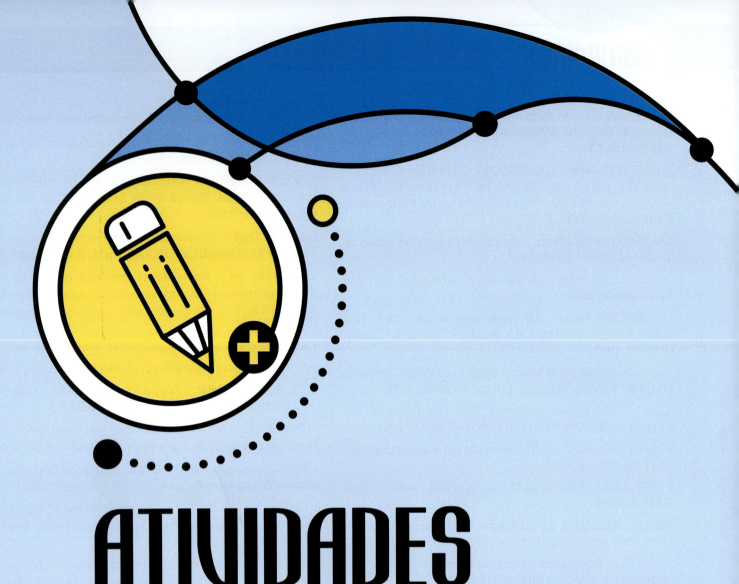

ATIVIDADES EXTRAS

- DESENVOLVEM HABILIDADES DE CÁLCULO MENTAL
- MOSTRAM ESTRATÉGIAS DE RESOLUÇÃO DE PROBLEMAS
- APROFUNDAM A COMPREENSÃO DE CONCEITOS

ATIVIDADES EXTRAS

PRÁTICA 1

Você vai estudar:
- Localização de números racionais na forma de fração e na forma decimal na reta numérica.

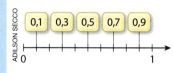

1. Observe, ao lado, alguns números na forma decimal localizados na reta numérica em um intervalo entre 0 e 1.

Agora, localize números na reta numérica conforme descrito em cada caso.

a) Construa uma reta e, no intervalo entre 0 e 1, localize os números:

0,4   0,8   0,2   0,75   0,96

b) Construa uma reta e, no intervalo entre 0 e 2, localize os números:

0,6   1,6   1,1   1,7   1,91   1,58

2. Em qual intervalo de uma unidade da reta podemos localizar 6,3 e 6,8? Construa esse intervalo e localize esses números.

3. A mãe de Joana mediu a altura de cada membro da família. Construa uma reta numérica e relacione, de forma aproximada, cada medida encontrada por ela com um ponto da reta.

Mãe: 1,65 m
Pai: 1,81 m
Joana: 1,42 m
Pedro: 0,90 m

R1. Localize na reta numérica os números racionais na forma de fração:

$$\frac{6}{10} \qquad 1\frac{3}{5} \qquad 2\frac{2}{3}$$

Resolução

Dividimos o intervalo ao qual pertence a fração de acordo com o denominador. O número $\frac{6}{10}$ está localizado no intervalo entre 0 e 1, que deve ser dividido em 10 partes iguais. O número $1\frac{3}{5}$ está localizado no intervalo entre 1 e 2, que deve ser dividido em 5 partes iguais. E o número $2\frac{2}{3}$ está localizado no intervalo entre 2 e 3, que deve ser dividido em 3 partes iguais.

4. Localize números na reta numérica conforme descrito em cada caso.

a) Construa uma reta e, no intervalo entre 0 e 1, localize os números:

$\frac{5}{10}$ $\frac{3}{10}$ $\frac{8}{10}$

b) Construa uma reta e localize os números:

$\frac{1}{3}$ $1\frac{3}{4}$ $1\frac{2}{4}$ $2\frac{3}{5}$ $2\frac{4}{5}$

5. Em qual intervalo de uma unidade da reta podemos localizar $4\frac{3}{5}$ e $4\frac{4}{5}$? Construa esse intervalo e localize esses números.

ATIVIDADES EXTRAS

PRÁTICA 2

RECORDE
- 1 m = 100 cm
- 0,01 m (um centésimo do metro) é o mesmo que 1 cm
- 0,1 m (um décimo do metro) é o mesmo que 10 cm

RECORDE
- 1 kg = 1.000 g
- 0,001 kg (um milésimo do quilograma) é o mesmo que 1 g
- 0,01 kg (um centésimo do quilograma) é o mesmo que 10 g
- 0,1 kg (um décimo do quilograma) é o mesmo que 100 kg

RECORDE
0,5 = 0,50 =
= 0,500 =
= 0,5000 = ...
1,3 = 1,30 =
= 1,300 = ...

Você vai estudar:
- Números racionais na forma decimal em contexto de medidas.
- Localização de números racionais na forma de fração e na forma decimal em uma mesma reta numérica.

1. Complete as adições para que resultem em 1 metro.

Atenção! Observe as unidades de medida de comprimento.

a) 75 cm + ? cm = 1 m
b) 0,65 m + ? cm = 1 m
c) 0,5 m + ? cm = 1 m
d) 60 cm + ? m = 1 m
e) 0,9 m + ? cm = 1 m
f) 0,1 m + ? m = 1 m
g) 30 cm + ? m = 1 m
h) 0,2 m + ? m = 1 m

2. Escreva em ordem crescente as medidas de comprimento em cada caso. Depois, localize essas medidas de forma aproximada em um intervalo de 1 unidade da reta. Veja no item **a** como o intervalo de reta deve ser construído.

a) 7,8 m   7,17 m   7,24 m   7,93 m   7,07 m

```
  7 m                              8 m
```

b) 1,03 m   1,67 m   1,99 m   1,34 m   1,23 m
c) 8,5 m   8,25 m   8,8 m   8,34 m   8,15 m

3. Complete as adições para que resultem em 1 quilograma.

Atenção! Observe as unidades de medida de massa.

a) 930 g + ? g = 1 kg
b) 0,400 kg + ? g = 1 kg
c) 0,8 kg + ? g = 1 kg
d) 0,72 kg + ? kg = 1 kg
e) 35 g + ? kg = 1 kg
f) 500 g + ? kg = 1 kg
g) 0,2 kg + ? kg = 1 kg
h) 0,350 kg + ? g = 1 kg

4. Escreva em ordem crescente as medidas de massa em cada caso. Depois, localize essas medidas de forma aproximada em um intervalo de reta dividido em décimos.

a) 1,9 kg   2,3 kg   0,4 kg   1,75 kg
b) 3,2 kg   2,5 kg   3,8 kg   2,25 kg
c) 1,25 kg   1,97 kg   0,65 kg   2 kg

5. Observe que numa mesma reta numérica podemos localizar números na forma de fração e na forma decimal.

Para cada item a seguir, construa um intervalo de reta e represente os números. Em seguida, ordene-os do maior para o menor.

a) $1\frac{1}{4}$ 2,24 $3\frac{2}{5}$ 4,35

b) 0,8   3,45 $2\frac{2}{3}$ $1\frac{1}{4}$

c) 1,25   1,19 $\frac{3}{5}$ $2\frac{3}{5}$

d) 5,6 $5\frac{3}{4}$ 5,7 $5\frac{3}{5}$

ATIVIDADES EXTRAS
PRÁTICA 3

1. Observe o intervalo de 0 a 1 representado em duas retas numéricas paralelas. Em uma delas os números estão na forma de fração, e na outra, na forma decimal.

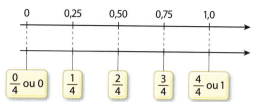

Repare que nas duas retas os intervalos de 0 a 1 foram divididos em 4 partes iguais e que:

$\frac{1}{4} = 0{,}25$; $\frac{2}{4} = 0{,}50$; $\frac{3}{4} = 0{,}75$

Agora, em cada caso a seguir, observe o par de retas paralelas e descubra que números na forma decimal foram representados pelas letras A, B e C, e que números na forma de fração foram representados pelas letras D, E e F.

a)

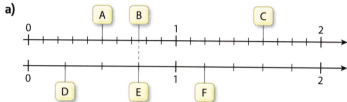

b)

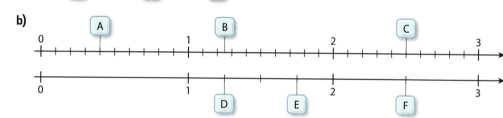

2. Desenhe o intervalo da reta numérica que começa em 0 e termina em 4 e depois localize nela os números a seguir.

$2\frac{1}{2}$ $\frac{2}{5}$ $3\frac{3}{6}$ $3\frac{1}{2}$ $2\frac{4}{8}$ $\frac{4}{10}$

3. Observe os esquemas que ajudam a obter frações equivalentes.

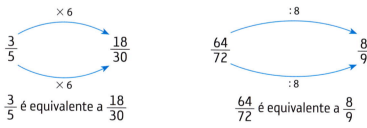

$\frac{3}{5}$ é equivalente a $\frac{18}{30}$ $\frac{64}{72}$ é equivalente a $\frac{8}{9}$

Agora, use esquemas como esses para descobrir os números que faltam para obter frações equivalentes.

a) $\frac{3}{5}$ é equivalente a $\frac{?}{25}$

b) $\frac{5}{6}$ é equivalente a $\frac{20}{?}$

c) $\frac{1}{10}$ é equivalente a $\frac{7}{?}$

d) $\frac{25}{100}$ é equivalente a $\frac{1}{?}$

e) $\frac{27}{36}$ é equivalente a $\frac{?}{4}$

f) $\frac{128}{256}$ é equivalente a $\frac{1}{?}$

Você vai estudar:
- Representação de números na forma de fração e na forma decimal em retas paralelas.
- Frações equivalentes.

ATIVIDADES EXTRAS

PRÁTICA 4

RECORDE

Medidas de comprimento

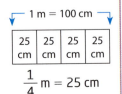

$\frac{1}{4}$ m = 25 cm

Medidas de tempo

$\frac{3}{4}$ h = 45 min

Medidas de massa

1 kg = 1.000 g

$\frac{1}{4}$ kg = 250 g

Você vai estudar:
- Números mistos.
- Ordenação e comparação de números mistos na reta numérica.

---

1. Júlia comprou um tecido de 5 metros de comprimento para fazer duas cortinas. Para a janela menor foram usados $\frac{3}{4}$ m de tecido. O restante, ou seja, $4\frac{1}{4}$ m do tecido, foi usado para a cortina da janela maior. A representação $4\frac{1}{4}$ m indica 4 metros inteiros e $\frac{1}{4}$ de outro metro é chamada de **número misto**.

Repare que o número misto tem uma parte inteira e outra fracionária:

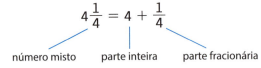

Quantos centímetros de tecido foram usados para cada cortina?

Agora, use números mistos para expressar as medidas a seguir.

a) Dois metros e cinquenta centímetros (em metros).
b) Um metro e vinte e cinco centímetros (em metros).
c) Cinco metros e vinte centímetros (em metros).
d) Três horas e quarenta e cinco minutos (em horas).
e) Duas horas e quinze minutos (em horas).
f) Quatro quilogramas e quinhentos gramas (em quilogramas).
g) Um quilograma e duzentos e cinquenta gramas (em quilogramas).

2. Identifique a qual letra indicada na reta numérica corresponde cada número misto a seguir. Depois, escreva-os em ordem crescente.

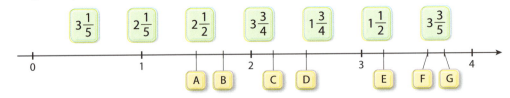

3. Dayse comprou $5\frac{1}{2}$ kg de carne. Dora comprou $5\frac{3}{4}$ kg da mesma carne. Quem comprou mais carne? Use a reta numérica para ajudá-lo a encontrar a resposta. Depois, expresse em gramas quanto cada uma comprou.

4. Ana comprou uma renda de $4\frac{3}{4}$ m de comprimento para enfeitar dois vestidos. Bárbara precisou comprar $4\frac{4}{5}$ m da mesma renda para enfeitar outro vestido. Quem comprou mais renda? Quantos centímetros a mais? Relacione essas medidas com pontos da reta numérica e verifique quem comprou mais.

5. Denise gastou $1\frac{3}{4}$ h para ir de sua casa até a escola. Bob gastou $1\frac{1}{2}$ h para chegar à mesma escola. Quem gastou menos tempo, Denise ou Bob? Quantos minutos a menos? Verifique sua resposta usando uma reta numérica.

6. Em um condomínio existem 5 caixas-d'água de 1.000 litros cada uma. Certa manhã, 2 caixas-d'água estavam cheias, 2 estavam vazias e 1 estava com $\frac{3}{5}$ da caixa vazia. Quantas caixas-d'água estavam cheias nessa manhã? (Responda usando um número misto. Depois, escreva o número de litros de água correspondente.)

ATIVIDADES EXTRAS
PRÁTICA 5

R1. Um cinema tem capacidade para 520 pessoas sentadas. Em um dia de lotação completa nesse cinema, 1 em cada 5 pessoas comiam pipoca durante uma sessão de filme. Quantas pessoas no total comiam pipoca nesse dia?

Resolução

Construímos uma tabela para auxiliar na compreensão e na solução do problema.

Número de pessoas que comiam pipoca	1	2	4	10	100	100 + 4 = 104
Número total de pessoas	5	10	20	50	500	500 + 20 = 520

Então, 104 pessoas comiam pipoca.

1. Imagine que, na situação descrita na atividade acima, 3 em cada 4 pessoas eram crianças. Quantas crianças estavam no cinema? (**Há mais de uma forma de resolver o problema.**)

2. Complete as tabelas e, depois, responda às questões.

Distância percorrida em quilômetros	1	2	3	4	8	11	20	24
Tempo em minutos	30	?	?	?	?	?	?	?

Número total de tomates	5	10	15	20	100	900
Número de tomates amassados	?	4	?	?	?	?

a) Quantos minutos são necessários para percorrer 12 quilômetros?

b) Em 1 hora e meia são percorridos quantos quilômetros?

c) Em uma caixa com 120 tomates, quantos estão amassados?

d) Se houver 6 tomates amassados, qual é o total de tomates?

3. Use uma tabela como recurso para auxiliar na resolução dos problemas a seguir.

a) Em um supermercado, 1 em cada 10 laranjas, do total de 420 laranjas, estava estragada. Quantas laranjas estavam estragadas?

b) João mora em uma cidade localizada a uma distância de 300 km da cidade em que mora seu filho. Um dia, João foi visitar o filho dirigindo o carro a uma velocidade de 60 km por hora. Quantas horas João gastou para chegar à casa do filho?

c) Ao esperar uma amiga em uma estação de metrô, Bruna percebeu que passava 1 novo trem a cada 3 minutos. Sabendo que a estação fica aberta 18 horas por dia, quantos trens passam por essa estação em um dia?

d) Sabe-se que 3 copos de suco de laranja custam R$ 12,00. Quantos reais pagaremos por 7 copos desse suco?

4. Renata precisa tomar um medicamento da seguinte forma: 1 comprimido deve ser tomado a cada 4 horas durante 7 dias. Se em cada caixa existem 4 cartelas com 4 comprimidos em cada cartela, quantas caixas de comprimidos devem ser compradas para que não falte medicamento até o final do tratamento?

Você vai estudar:
- Resolução de problemas com uso de tabelas e conceito de proporcionalidade.

ATIVIDADES EXTRAS
PRÁTICA 6

1. Nos intervalos de reta a seguir, cada "salto" representa 1 décimo do metro, ou seja 0,1 m ou 10 cm. Identifique a medida em metros que está faltando em cada intervalo de reta.

a)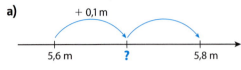

c)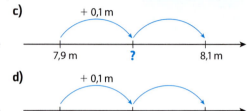

b)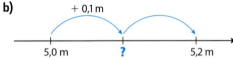

d)

2. Agora, os "saltos" representam 5 centavos, ou seja, R$ 0,05 em cada intervalo de reta. Identifique a quantia em reais que está faltando em cada intervalo de reta.

a)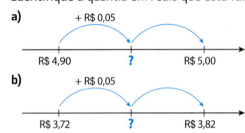

c)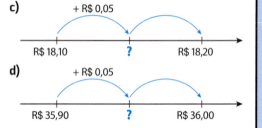

b)

d)

3. Nos itens a seguir, represente em cada reta numérica uma sequência numérica crescente com cinco termos.

a) Cada salto representa R$ 2,00.

f) Cada salto representa 0,60 m.

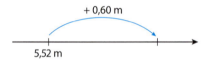

b) Cada salto representa 5 m.

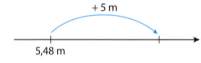

g) Cada salto representa 0,27 kg.

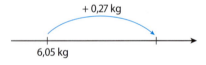

c) Cada salto representa 3,0 L.

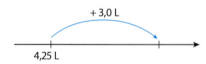

h) Cada salto representa R$ 0,25.

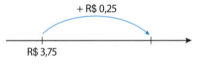

d) Cada salto representa 4 kg.

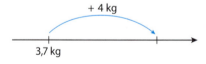

i) Cada salto representa R$ 2,35.

e) Cada salto representa 0,30 L.

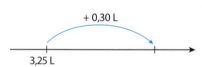

j) Cada salto representa 4,12 m.

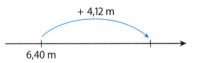

Você vai estudar:
- Adição com números racionais na forma decimal usando "saltos" na reta numérica como recurso.

ATIVIDADES EXTRAS
PRÁTICA 7

1. Nos intervalos de reta a seguir, cada "salto" representa 1 décimo do metro, ou seja, 0,1 m ou 10 cm. Identifique a medida em metros que está faltando em cada intervalo de reta.

a)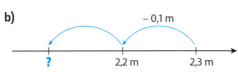

c)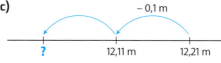

b)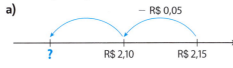

d)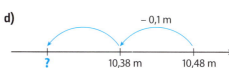

2. Agora, os "saltos" representam 5 centavos, ou seja, R$ 0,05 em cada intervalo de reta. Identifique a quantia em reais que está faltando em cada intervalo de reta.

a)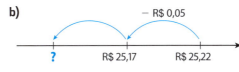

c)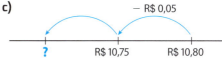

b)

d)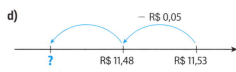

3. Nos itens a seguir, represente em cada reta numérica uma sequência numérica decrescente com cinco termos.

a) Cada salto representa R$ 4,00.

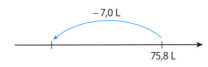

f) Cada salto representa 0,70 m.

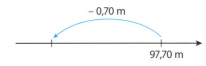

b) Cada salto representa 7,0 L.

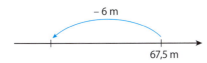

g) Cada salto representa 0,40 kg.

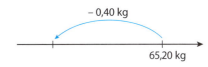

c) Cada salto representa 6 m.

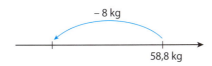

h) Cada salto representa R$ 0,45.

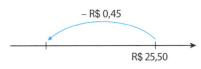

d) Cada salto representa 8 kg.

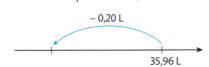

i) Cada salto representa R$ 3,75.

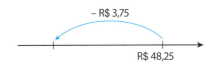

e) Cada salto representa 0,20 L.

j) Cada salto representa 7,16 m.

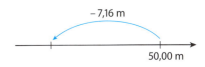

Você vai estudar:
- Subtração com números racionais na forma decimal usando "saltos" na reta numérica como recurso.

ATIVIDADES EXTRAS
PRÁTICA 8

RECORDE
- 1 m = 100 cm
- 1 kg = 1.000 g
- 1 L = 1.000 mL

1. Complete as tabelas com as medidas que estão faltando.

a)
Massa em quilograma (kg)	$\frac{1}{2}$ kg	$\frac{1}{4}$ kg	$1\frac{1}{2}$ kg	$\frac{3}{4}$ kg	$2\frac{3}{4}$ kg	$\frac{1}{8}$ kg
Massa em grama (g)	?	?	?	?	?	?

b)
Capacidade em litro (L)	$\frac{1}{2}$ L	$\frac{1}{4}$ L	$1\frac{1}{2}$ L	$\frac{3}{4}$ L	$2\frac{3}{4}$ L	$\frac{1}{8}$ L
Capacidade em mililitro (mL)	?	?	?	?	?	?

c)
Comprimento em metro (m)	$\frac{1}{2}$ m	$\frac{1}{4}$ m	$1\frac{1}{2}$ m	$\frac{3}{4}$ m	$2\frac{3}{4}$ m	$\frac{1}{8}$ m
Comprimento em centímetro (cm)	?	?	?	?	?	?

2. A primeira linha das tabelas mostra a massa em quilograma de certo produto. A segunda linha mostra o preço em reais da massa correspondente. Complete os espaços que faltam.

a)
Massa em quilograma (kg)	1 kg	2 kg	$2\frac{1}{2}$ kg	4 kg	10 kg
Preço em real	R$ 2,50	?	?	?	?

b)
Massa em quilograma (kg)	1 kg	?	?	?	?
Preço em real	R$ 3,80	R$ 7,60	R$ 11,40	R$ 15,20	R$ 19,00

3. Complete as tabelas.

a)
Massa em grama (g)	100 g	250 g	500 g	750 g	1.500 g	2.300 g
Massa em quilograma (kg)	$\frac{1}{10}$ kg	$\frac{1}{4}$ kg	?	$\frac{3}{4}$ kg	?	$2\frac{3}{10}$ kg
Preço em real	R$ 1,20	?	?	?	?	?

b)
Comprimento em centímetro (cm)	10 cm	25 cm	50 cm	75 cm	150 cm	270 cm
Comprimento em metro (m)	$\frac{1}{10}$ m	?	$\frac{1}{2}$ m	$\frac{3}{4}$ m	$1\frac{1}{2}$ m	?
Preço em real	?	?	R$ 4,50	?	?	?

4. Certo refrigerante é vendido em garrafas de 1 L pelo preço de R$ 4,80 e em garrafas de $1\frac{1}{2}$ L pelo preço de R$ 7,10. Júlia precisa comprar 10 L de refrigerante para uma festa. Qual situação é mais econômica: comprar 10 garrafas de 1 L ou comprar 6 garrafas de $1\frac{1}{2}$ L mais uma garrafa de 1 L?

Você vai estudar:
- Medidas expressas por números mistos.
- Preenchimento de tabelas usando conceito de proporcionalidade.

ATIVIDADES EXTRAS
PRÁTICA 9

Você vai estudar:
- Decomposição de números na forma decimal.
- Adição e subtração com números na forma decimal usando a reta numérica como recurso.

1. Descubra quanto representa **?** em cada caso.

a)
Formar 1 L
0,4 L + ?
0,7 L + ?
0,2 L + ?
0,8 L + ?

b)
Formar 2 m
0,7 m + ?
1,8 m + ?
0,9 m + ?
1,3 m + ?

c)
Formar 3 kg
0,6 kg + ?
1,2 kg + ?
1,5 kg + ?
2,5 kg + ?

d)
Formar R$ 4,00
R$ 0,50 + ?
R$ 1,30 + ?
R$ 2,70 + ?
R$ 3,20 + ?

R1. Decomponha os números 2,5 e 12,75 separando a parte inteira da parte decimal.

Resolução

2. Decomponha os números separando a parte inteira da parte decimal.
a) 5,25   b) 4,05   c) 4,5   d) 15,06   e) 27,9   f) 30,41

R2. Calcule o resultado das adições dando "saltos" crescentes na reta numérica.

Resolução

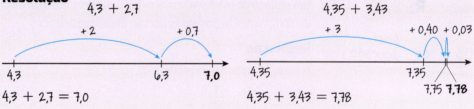

3. Use a reta numérica para fazer as adições.
a) 7,2 + 2,9   b) 38,6 + 2,4   c) 23,7 + 4,5   d) 3,28 + 2,14

R3. Calcule o resultado das subtrações dando "saltos" decrescentes na reta numérica.

Resolução

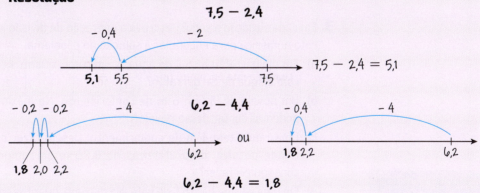

4. Use a reta numérica para fazer as subtrações.
a) 6,3 − 3,2   b) 19,4 − 13,1   c) 13,7 − 10,5   d) 5,32 − 0,76

ATIVIDADES EXTRAS
PRÁTICA 10

Você vai estudar:
- Multiplicação e divisão com números na forma decimal usando a reta numérica como recurso.

R1. Solange comprou 4 pães e pagou R$ 1,20 cada um. Quanto Solange pagou, no total, por esses pães?

Resolução

A situação pode ser representada em uma reta numérica:

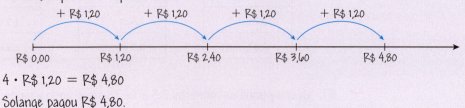

4 · R$ 1,20 = R$ 4,80

Solange pagou R$ 4,80.

1. Use a reta numérica para calcular os resultados das multiplicações.
a) 4 · 1,25
b) 6 · 0,25
c) 8 · 0,2
d) 5 · 1,5
e) 10 · 2,35

2. Veja ao lado os preços de algumas bijuterias que Rita comprou para vender em sua loja. Depois, calcule quanto ela pagou na compra dos itens a seguir. Represente os cálculos em uma reta numérica.
a) 3 pares de brincos azuis
b) 4 pares de brincos dourados
c) 2 colares
d) 5 pulseiras
e) 3 anéis verdes
f) 5 anéis dourados

R2. Um pedaço de madeira tem 6 m de comprimento. No máximo, quantos pedaços de 0,5 m de comprimento podemos cortar dessa madeira?

Resolução

A situação pode ser representada na reta numérica:

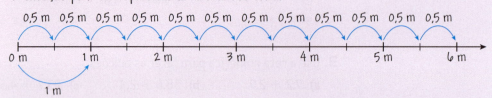

A medida 0,5 m cabe 12 vezes em 6 m → 6 : 0,5 = 12

Então, podemos cortar, no máximo, 12 pedaços de 0,5 m dessa madeira.

3. Em cada situação a seguir, escreva a operação de divisão necessária e, em seguida, use a reta numérica para encontrar a solução do problema.
a) Em um garrafão há 5 L de água. No máximo, quantos copos de 0,2 L podemos encher com a água desse garrafão?
b) Um novelo de lã tem 6 m de comprimento. No máximo, quantos pedaços de 0,6 m podemos cortar desse novelo?
c) Uma tábua tem 4 m de comprimento. Desejo fazer com essa tábua a maior quantidade possível de prateleiras de 0,25 m de comprimento. Quantas prateleiras conseguirei fazer?
d) Em uma vasilha há 1,5 L de leite. No máximo, quantos copos de 0,25 L podemos encher com essa quantidade de leite?
e) Um rolo de fio tem 6 m de comprimento. No máximo, quantos pedaços de 0,75 m posso cortar utilizando esse rolo?

ATIVIDADES EXTRAS
PRÁTICA 11

1. Observe as jarras e escreva para cada item uma multiplicação que leve à resposta da questão.

a) Duas jarras de 0,5 L formam quantos litros de água?
b) Duas jarras de 0,25 L formam quantos litros de água?
c) Quatro jarras de 0,25 L formam quantos litros de água?
d) Cinco jarras de 0,5 L formam quantos litros de água?
e) Cinco jarras de 0,25 L formam quantos litros de água?

2. Agora, observe a jarra ao lado e escreva para cada item uma sentença matemática que leve à resposta da questão.

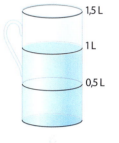

a) Três jarras de 0,5 L formam quantos litros de água?
b) Duas jarras de 1,5 L formam quantos litros de água?
c) Quatro jarras de 0,5 L formam quantos litros de água?
d) Quatro jarras de 1,5 L formam quantos litros de água?
e) Cinco jarras de 1,5 L formam quantos litros de água?

3. Veja como Joana e Fábio pensaram para multiplicar mentalmente 6 · R$ 1,50 e 5 · R$ 2,50.

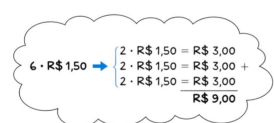
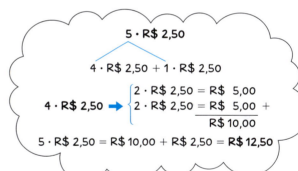

Você vai estudar:
- Multiplicação de um número na forma decimal por um número inteiro a partir da ideia de *dobro* ou *dobro mais uma vez* (ou *mais vezes*).

Pensando como Joana e Fábio, faça estas multiplicações:

a) 8 · R$ 2,50
b) 10 · R$ 1,25
c) 12 · R$ 3,50
d) 6 · R$ 4,25
e) 20 · R$ 1,25
f) 40 · R$ 1,25
g) 5 · R$ 3,20
h) 7 · R$ 1,25
i) 11 · R$ 4,25
j) 13 · R$ 2,25
k) 21 · R$ 2,25
l) 8 · R$ 1,20

ATIVIDADES EXTRAS

PRÁTICA 12

Você vai estudar:
- Divisão com números na forma decimal associada à ideia de *quantas vezes cabe*.
- Resolução de problemas com uso de tabelas e conceito de proporcionalidade.

1. Observe os recipientes abaixo e escreva, para cada item, uma divisão que leve à resposta da questão. Fizemos o item **a** como exemplo para você.

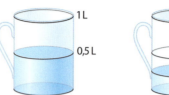

a) Quantas vezes 0,5 L cabe em 1 L?
  0,5 L cabe duas vezes em 1 L → 1 : 0,5 = 2
b) Quantas vezes 0,25 L cabe em 0,5 L?
c) Quantas vezes 0,25 L cabe em 1 L?
d) Quantas vezes 0,5 L cabe em 1,5 L?
e) Quantas vezes 0,25 L cabe em 1,5 L?
f) Quantas vezes 0,5 L cabe em 3 L?
g) Quantas vezes 0,5 L cabe em 2,5 L?
h) Quantas vezes 1,5 L cabe em 6 L?

2. Veja, ao lado, como Bob pensou para dividir R$ 12,50 por 2.

Pensando como Bob, calcule o resultado das divisões.

R$ 12,00 : 2 = R$ 6,00
R$ 0,50 : 2 = R$ 0,25 +
―――――――――
R$ 6,25

Logo, R$ 12,50 : 2 = R$ 6,25

Bob

a) R$ 14,30 : 2
b) R$ 16,80 : 4
c) R$ 25,40 : 5
d) R$ 36,60 : 6
e) R$ 30,90 : 30
f) R$ 75,50 : 25

3. Agora, veja como Ana dividiu R$ 6,40 entre 4 crianças. Depois, calcule o resultado das divisões a seguir.

a) R$ 6,50 : 5
b) R$ 8,70 : 3
c) R$ 24,50 : 5
d) R$ 30,00 : 4
e) R$ 45,60 : 6

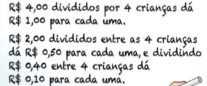

R$ 6,40 = R$ 4,00 + R$ 2,00 + R$ 0,40
R$ 4,00 divididos por 4 crianças dá R$ 1,00 para cada uma.
R$ 2,00 divididos entre as 4 crianças dá R$ 0,50 para cada uma, e dividindo R$ 0,40 entre 4 crianças dá R$ 0,10 para cada uma.
Então eu calculo R$ 1,00 + + R$ 0,50 + R$ 0,10 e encontro o total de R$ 1,60 para cada criança.

4. Descubra o preço de 100 g de queijo e o preço de 450 g de batata. *Dica*: no item **b** preencha toda a tabela para facilitar os cálculos.

a)

Preço do queijo	R$ 25,00	?
Massa	1 kg ou 1.000 g	100 g

b)

Preço da batata	R$ 3,00	?	?	?	?
Massa	1 kg ou 1.000 g	100 g	50 g	400 g	450 g

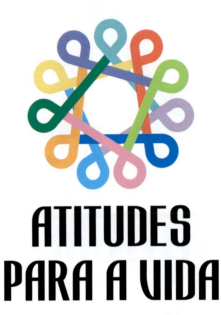

ATITUDES PARA A VIDA

As *Atitudes para a vida* são comportamentos que nos ajudam a resolver as tarefas que surgem todos os dias, desde as mais simples até as mais desafiadoras. São comportamentos de pessoas capazes de resolver problemas, de tomar decisões conscientes, de fazer as perguntas certas, de se relacionar bem com os outros e de pensar de forma criativa e inovadora.

As atividades que apresentamos a seguir vão ajudá-lo a estudar os conteúdos e a resolver as atividades deste livro, incluindo as que parecem difíceis demais em um primeiro momento.

Toda tarefa pode ser uma grande aventura!

PERSISTIR

Muitas pessoas confundem persistência com insistência, que significa ficar tentando e tentando e tentando, sem desistir. Mas persistência não é isso! Persistir significa buscar estratégias diferentes para conquistar um objetivo.

Antes de desistir por achar que não consegue completar uma tarefa, que tal tentar outra alternativa?

Algumas pessoas acham que atletas, estudantes e profissionais bem-sucedidos nasceram com um talento natural ou com a habilidade necessária para vencer. Ora, ninguém nasce um craque no futebol ou fazendo cálculos ou sabendo tomar todas as decisões certas. O sucesso muitas vezes só vem depois de muitos erros e muitas derrotas. A maioria dos casos de sucesso é resultado de foco e esforço.

Se uma forma não funcionar, busque outro caminho. Você vai perceber que desenvolver estratégias diferentes para resolver um desafio vai ajudá-lo a atingir os seus objetivos.

CONTROLAR A IMPULSIVIDADE

Quando nos fazem uma pergunta ou colocam um problema para resolver, é comum darmos a primeira resposta que vem à cabeça. Comum, mas imprudente.

Para diminuir a chance de erros e de frustrações, antes de agir devemos considerar as alternativas e as consequências das diferentes formas de chegar à resposta. Devemos coletar informações, refletir sobre a resposta que queremos dar, entender bem as indicações de uma atividade e ouvir pontos de vista diferentes dos nossos.

Essas atitudes também nos ajudarão a controlar aquele impulso de desistir ou de fazer qualquer outra coisa para não termos que resolver o problema naquele momento. Controlar a impulsividade nos permite formar uma ideia do todo antes de começar, diminuindo os resultados inesperados ao longo do caminho.

ESCUTAR OS OUTROS COM ATENÇÃO E EMPATIA

Você já percebeu o quanto pode aprender quando presta atenção ao que uma pessoa diz? Às vezes recebemos importantes dicas para resolver alguma questão. Outras vezes, temos grandes ideias quando ouvimos alguém ou notamos uma atitude ou um aspecto do seu comportamento que não teríamos percebido se não estivéssemos atentos.

Escutar os outros com atenção significa manter-nos atentos ao que a pessoa está falando, sem estar apenas esperando que pare de falar para que possamos dar a nossa opinião. E empatia significa perceber o outro, colocar-nos no seu lugar, procurando entender de verdade o que está sentindo ou por que pensa de determinada maneira.

Podemos aprender muito quando realmente escutamos uma pessoa. Além do mais, para nos relacionar bem com os outros — e sabemos o quanto isso é importante —, precisamos prestar atenção aos seus sentimentos e às suas opiniões, como gostamos que façam conosco.

PENSAR COM FLEXIBILIDADE

Você conhece alguém que tem dificuldade de considerar diferentes pontos de vista? Ou alguém que acha que a própria forma de pensar é a melhor ou a única que existe? Essas pessoas têm dificuldade de pensar de maneira flexível, de se adaptar a novas situações e de aprender com os outros.

Quanto maior for a sua capacidade de ajustar o seu pensamento e mudar de opinião à medida que recebe uma nova informação, mais facilidade você terá para lidar com situações inesperadas ou problemas que poderiam ser, de outra forma, difíceis de resolver.

Pensadores flexíveis têm a capacidade de enxergar o todo, ou seja, têm uma visão ampla da situação e, por isso, não precisam ter todas as informações para entender ou solucionar uma questão. Pessoas que pensam com flexibilidade conhecem muitas formas diferentes de resolver problemas.

ESFORÇAR-SE POR EXATIDÃO E PRECISÃO

Para que o nosso trabalho seja respeitado, é importante demonstrar compromisso com a qualidade do que fazemos. Isso significa conhecer os pontos que devemos seguir, coletar os dados necessários para oferecer a informação correta, revisar o que fazemos e cuidar da aparência do que apresentamos.

Não basta responder corretamente; é preciso comunicar essa resposta de forma que quem vai receber e até avaliar o nosso trabalho não apenas seja capaz de entendê-lo, mas também que se sinta interessado em saber o que temos a dizer.

Quanto mais estudamos um tema e nos dedicamos a superar as nossas capacidades, mais dominamos o assunto e, consequentemente, mais seguros nos sentimos em relação ao que produzimos.

QUESTIONAR E LEVANTAR PROBLEMAS

Não são as respostas que movem o mundo, são as perguntas.

Só podemos inovar ou mudar o rumo da nossa vida quando percebemos os padrões, as incongruências, os fenômenos ao nosso redor e buscamos os seus porquês.

E não precisa ser um gênio para isso, não! As pequenas conquistas que levaram a grandes avanços foram — e continuam sendo — feitas por pessoas de todas as épocas, todos os lugares, todas as crenças, os gêneros, as cores e as culturas. Pessoas como você, que olharam para o lado ou para o céu, ouviram uma história ou prestaram atenção em alguém, perceberam algo diferente, ou sempre igual, na sua vida e fizeram perguntas do tipo "Por que será?" ou "E se fosse diferente?".

Como a vida começou? E se a Terra não fosse o centro do universo? E se houvesse outras terras do outro lado do oceano? Por que as mulheres não podiam votar? E se o petróleo acabasse? E se as pessoas pudessem voar? Como será a Lua?

E se...? (Olhe ao seu redor e termine a pergunta!)

APLICAR CONHECIMENTOS PRÉVIOS A NOVAS SITUAÇÕES

Esta é a grande função do estudo e da aprendizagem: sermos capazes de aplicar o que sabemos fora da sala de aula. E isso não depende apenas do seu livro, da sua escola ou do seu professor; depende da sua atitude também!

Você deve buscar relacionar o que vê, lê e ouve aos conhecimentos que já tem. Todos nós aprendemos com a experiência, mas nem todos percebem isso com tanta facilidade.

Devemos usar os conhecimentos e as experiências que vamos adquirindo dentro e fora da escola como fontes de dados para apoiar as nossas ideias, para prever, entender e explicar teorias ou etapas para resolver cada novo desafio.

PENSAR E COMUNICAR-SE COM CLAREZA

Pensamento e comunicação são inseparáveis. Quando as ideias estão claras em nossa mente, podemos nos comunicar com clareza, ou seja, as pessoas nos entendem melhor.

Por isso, é importante empregar os termos corretos e mais adequados sobre um assunto, evitando generalizações, omissões ou distorções de informação. Também devemos reforçar o que afirmamos com explicações, comparações, analogias e dados.

A preocupação com a comunicação clara, que começa na organização do nosso pensamento, aumenta a nossa habilidade de fazer críticas tanto sobre o que lemos, vemos ou ouvimos quanto em relação às falhas na nossa própria compreensão, e poder, assim, corrigi-las. Esse conhecimento é a base para uma ação segura e consciente.

IMAGINAR, CRIAR E INOVAR

Tente de outra maneira! Construa ideias com fluência e originalidade!

Todos nós temos a capacidade de criar novas e engenhosas soluções, técnicas e produtos. Basta desenvolver nossa capacidade criativa.

Pessoas criativas procuram soluções de maneiras distintas. Examinam possibilidades alternativas por todos os diferentes ângulos. Usam analogias e metáforas, se colocam em papéis diferentes.

Ser criativo é não ser avesso a assumir riscos. É estar atento a desvios de rota, aberto a ouvir críticas. Mais do que isso, é buscar ativamente a opinião e o ponto de vista do outro. Pessoas criativas não aceitam o *status quo*, estão sempre buscando mais fluência, simplicidade, habilidade, perfeição, harmonia e equilíbrio.

ASSUMIR RISCOS COM RESPONSABILIDADE

Todos nós conhecemos pessoas que têm medo de tentar algo diferente. Às vezes, nós mesmos acabamos escolhendo a opção mais fácil por medo de errar ou de parecer tolos, não é mesmo? Sabe o que nos falta nesses momentos? Informação!

Tentar um caminho diferente pode ser muito enriquecedor. Para isso, é importante pesquisar sobre os resultados possíveis ou os mais prováveis de uma decisão e avaliar as suas consequências, ou seja, os seus impactos na nossa vida e na de outras pessoas.

Informar-nos sobre as possibilidades e as consequências de uma escolha reduz a chance do "inesperado" e nos deixa mais seguros e confiantes para fazer algo novo e, assim, explorar as nossas capacidades.

PENSAR DE MANEIRA INTERDEPENDENTE

Nós somos seres sociais. Formamos grupos e comunidades, gostamos de ouvir e ser ouvidos, buscamos reciprocidade em nossas relações. Pessoas mais abertas a se relacionar com os outros sabem que juntos somos mais fortes e capazes.

Estabelecer conexões com os colegas para debater ideias e resolver problemas em conjunto é muito importante, pois desenvolvemos a capacidade de escutar, empatizar, analisar ideias e chegar a um consenso. Ter compaixão, altruísmo e demonstrar apoio aos esforços do grupo são características de pessoas mais cooperativas e eficazes.

Estes são 11 dos 16 Hábitos da mente descritos pelos autores Arthur L. Costa e Bena Kallick em seu livro *Learning and leading with habits of mind*: 16 characteristics for success.

Acesse http://www.moderna.com.br/araribaplus para conhecer mais sobre as *Atitudes para a vida*.

CHECKLIST PARA MONITORAR O SEU DESEMPENHO

Reproduza para cada mês de estudo o quadro abaixo. Preencha-o ao final de cada mês para avaliar o seu desempenho na aplicação das *Atitudes para a vida*, para cumprir as suas tarefas nesta disciplina. Em *Observações pessoais*, faça anotações e sugestões de atitudes a serem tomadas para melhorar o seu desempenho no mês seguinte.

Classifique o seu desempenho de 1 a 10, sendo 1 o nível mais fraco de desempenho, e 10, o domínio das *Atitudes para a vida*.

Atitudes para a vida	Neste mês eu...	Desempenho	Observações pessoais
Persistir	Não desisti. Busquei alternativas para resolver as questões quando as tentativas anteriores não deram certo.		
Controlar a impulsividade	Pensei antes de dar uma resposta qualquer. Refleti sobre os caminhos a escolher para cumprir minhas tarefas.		
Escutar os outros com atenção e empatia	Levei em conta as opiniões e os sentimentos dos demais para resolver as tarefas.		
Pensar com flexibilidade	Considerei diferentes possibilidades para chegar às respostas.		
Esforçar-se por exatidão e precisão	Conferi os dados, revisei as informações e cuidei da apresentação estética dos meus trabalhos.		
Questionar e levantar problemas	Fiquei atento ao meu redor, de olhos e ouvidos abertos. Questionei o que não entendi e busquei problemas para resolver.		
Aplicar conhecimentos prévios a novas situações	Usei o que já sabia para me ajudar a resolver problemas novos. Associei as novas informações a conhecimentos que eu havia adquirido de situações anteriores.		
Pensar e comunicar-se com clareza	Organizei meus pensamentos e me comuniquei com clareza, usando os termos e os dados adequados. Procurei dar exemplos para facilitar as minhas explicações.		
Imaginar, criar e inovar	Pensei fora da caixa, assumi riscos, ouvi críticas e aprendi com elas. Tentei de outra maneira.		
Assumir riscos com responsabilidade	Quando tive de fazer algo novo, busquei informação sobre possíveis consequências para tomar decisões com mais segurança.		
Pensar de maneira interdependente	Trabalhei junto. Aprendi com ideias diferentes e participei de discussões.		

Atitudes para a vida